サーチ理論に基づく労働市場の研究

失業と賃金格差の
経済分析

山上 俊彦

三恵社

序文

本書は筆者が日本福祉大学経済学部在職時における労働市場に関する研究内容を中心にとりまとめたものである。「サーチ理論に基づく労働市場の研究」という主題に取り組んだのは，人的資本理論を中心とした労働経済学の既存理論のみでは説明不可能な労働問題が日本のみならず世界で多々発生したことに起因する。

欧州諸国では特に若年層を中心とした失業率の継続的な上昇といった労働市場の硬直化、賃金格差の拡大といった分配面での問題も抱えている。日本もその例外ではない。

ここで求められているのは、これらの諸問題の発生要因を把握し，有効な政策対応策を行ってきたかを的確に評価することである。そのためには，新たな分析手法が求められる。

労働経済学の分析手法は人的資本理論の導入により，1970年代以降，飛躍的に精度が向上した科学的体系となったことは事実である。これにサーチ理論に基づく考察を加えることで，労働経済学はより精緻かつ科学的な体系となった。サーチ理論は労働市場の摩擦に焦点を当てることで，分権的労働市場の均衡について考察するものである。この結果，これまで解明できなかった均衡失業や賃金格差といった事象が相当程度，説明可能となった。その結果，より効果的な政策立案が可能となっている。

このような意味において，2010年のノーベル経済学賞がサーチ理論を用いた労働市場モデルであるDMPモデルを構築したダイヤモンド，ピサリデス，モーテンセンの3氏に授与されたことは時宜を得たものであり意義深いものがある。またモーテンセン氏等によって開発された均衡サーチモデルあるBMモデルは賃金格差分析の重要な手段となっている。

このことは欧米において，サーチ理論が研究や政策の場に普及していることを意味する。そうであるにも関わらず，この理論が日本において労働市場分析や政策立案の場で十分に浸透しているとは言い難いことも事実である。

1990年代以降の日本経済は，バブル崩壊の影響から脱しきれず，停滞している。1990年頃までの日本経済論は「なぜ日本は成功したか」を主題としていた。つまり日本経済を称賛して長所を列挙するものであった。しかしその後は「なぜ日本はダメなのか」に焦点が当てられるようになった。日本経済の停滞要因につ

いて不良債権による金融システムの機能低下，高齢化・低出生率といった人口要因，世界的競争の激化に伴う日本経済の相対的地位低下等があげられる．

このような問題に対して，日本では正面から向き合うことなく，弥縫策で対応してきた．「デフレ」克服のためと称しての財政支出拡大と長期にわたる金融緩和政策はその象徴である．その結果は巨額の財政赤字の積み上げによる財政の維持可能性の喪失，消費税率の引き上げ，低金利と歩調を合わせた潜在成長力の低下である．

労働市場においても閉塞感が漂っている．賃金が上昇しない，完全失業率が上昇する，労働条件が劣化する，賃金格差が拡大する，貧困層が増加するといった問題点が指摘されている．このような問題に対して政府の検討会等において議論が交わされたところである．

ここでも，問題の要因に迫る分析や議論は殆どなかった．日本的雇用慣行等のシステムや慣例を停滞の要因と見なすことは，日本経済の成長要因を停滞要因に置き換えたに過ぎない．その結果として，雇用の流動化や雇用保護立法の緩和が唱えられることがしばしばあった．労働市場政策としてのこれらの提言は理論的根拠が希薄で実証的根拠に欠けるものであり，ハイエクの批判する設計主義に自分自身が陥るという自己撞着の空理空論である．

労働市場の効率性，公平性を向上させるためには，精緻な分析と実証的根拠が求められる．このような中で労働市場の摩擦を理論的に解明することが求められる．筆者はその第一歩として労働市場における不均衡分析を行った．その延長線上にあるのがサーチ理論の研究である．サーチ理論と人的資本理論を統合することは，今後の労働市場分析に大きく寄与する．

サーチ理論を労働経済学の共有財産とすることで研究者の資質が向上することは日本における政策議論において大いに寄与すると確信する。本書はこれらを実践に移すことで政策議論の向上に寄与することを目的としている。

本書は首尾一貫してDMPモデルとBMモデルに基づいた議論を展開していることから．論旨は統一され矛盾のないものとなっている．そのために，抽象度の高い議論となっている．このような事情から本書中では，モデルのフレームワークの説明が繰り返されている箇所があることを当初に記しておきたい．また，労働市

場を分析対象としていることから，労働市場に関する基本概念を補論という形で記した．本書はその性格上、Pissarides と Mortensen の理論の概要書という性格を持ち合わせている．本書の内容が，読者の方々の日本の労働市場研究に貢献することができれば,それに替わる喜びはない.

2023 年 12 月　　　　　　　　　山上俊彦

目次

序論 サーチ理論と労働市場

1. はじめに

　本書は，サーチ理論を用いて労働市場の経済分析を行った筆者の研究の集大成である．労働市場においては情報の非対称性等の摩擦が存在するため，失業や賃金格差が発生することがサーチ理論により解明されてきたところである．このような摩擦を考慮した場合，分権的市場を念頭においた分析が求められる．本書ではこのような観点から労働市場の分析を行ったものである．

　筆者は，バブル崩壊後の 1990 年代から 2000 年代当初にかけて，金融機関系調査研究組織においてミクロ・マクロ経済特に金融・労働市場の分析を行った経験がある．金融市場と労働市場は経済を動かす両輪である．労働市場を分析する中で困難を感じたことは，失業率の水準や変動を説明すること，労働市場政策の効果を検証すること，賃金水準の決定要因は何かを見出すことであった．なぜならば，これらを統一的に説明できる理論が当時は存在しなかったからである．

　金利や為替レートについては決定要因についての理論が整備されている．短期金利は中央銀行の行動から説明が可能であり，長期金利であれば，金利の期間構造やリスクプレミアムを考慮すれば良い．為替レートであれば，購買力平価説にバラッサ・サムエルソン効果を考慮すれば良い．これらの理論を検証するための計量分析手法もある程度確立されている．金利や為替レートについて将来を予想することは時系列分析を用いてもかなり困難を伴う．しかし過去の推移についてはバブル以外は理論で相当に追跡が可能である．バブルの発生要因と崩壊後の不良債権への対応が難題であったことも事実である．

　一方，失業については従前の労働市場理論が中央集権的な市場を想定し，賃金調整により需給が均衡することを前提としているため説明ができない．ところが現実に失業は存在する．経済学は理論では説明できない失業問題を経済学の最重要課題として扱うというアポリアを内包していると言える．

　従前の労働市場の分析においては人的資本理論が支柱であった．人的資本理論により長期雇用の重要性や賃金格差等，重要問題が解明されてきたところである．しかしながら，人的資本理論による分析には限界がある．完全競争を前提とし，流動性制約を考慮しないという条件下では，教育を受けようとすれば誰かが資金

を供給してくれる，人的資本投資は所得を引き上げることになる．流動性制約や生来の能力，環境を考慮しても基本的な結果は変わりない．人的資本理論のみで賃金格差を全て説明することはできない．人的資本理論の内容を十分に理解していない場合，努力は報われる，格差は全て努力の量の差により発生する，失業は自己責任である，という誤った方向の極論に至ることになる．

　政府による職業紹介，雇用補助，雇い入れ補助等の積極的労働市場政策，賃金課税（補助），雇用保護立法，失業手当の支給等の受動的労働市場政策に関しては，労働需給が均衡するのであれば，そもそも必要はない．労働市場に政府が介入することは市場の資源配分機能を損なうことになる．

　現実に労働市場政策が採られるということは，労働市場において需給均衡が達成できないことを多くの政策担当者が認識しているからである．既存の経済理論においては，労働市場政策は全て労働市場への介入となり，その効果は否定されてしまう．しかし労働市場において摩擦が存在する状況において，労働市場政策は労働市場を需給均衡へと導くことを目的とした市場機能を補完する政策と捉えるべきものである．

　失業問題とともにバブル崩壊後に問題となったのは格差拡大である．賃金水準については，労働市場が完全であれば職種間賃金格差はなくなる方向に向かうことになり，均等化差異の問題のみが残るはずである．このため産業間賃金格差や企業規模間賃金格差も縮小方向に向かうはずである．しかし，労働者の特質に着目した場合，生産性の水準が等しいと思われる労働者が同一賃金を支払われていないというのは，日常において観察される事象である．教育や経験等の努力が重要であることは言うまでもない．問題はそれで説明できない部分をどうするのかということである．賃金格差のうち技能の差異に起因する部分は人的資本理論で説明できるものの，説明できない残差は均等化差異や企業規模で制御しても説明されずに残される．

　このような労働市場の難問に対して既存理論を直に当てはめようとする手法で臨むと，実態と乖離した結論が導かれる．金融不安でリストラが進展すると日本の完全失業率が10％台に上昇する，正社員を容易に解雇可能とすれば新規雇用者数が増えて失業率が低下する，賃金格差が発生するのは自己責任といったコメンテイターの意見等である．

　一方，真摯な政策議論もあった．1990年代後半の金融不安時にも厚生労働省（旧労働省）を中心に失業者を移動させるための積極的労働市場政策が採用された．これは画期的な政策であった．しかしながら，理論的根

2

拠が曖昧で制度設計が甘かったこと，データが不十分で効果の検証が殆どなされなかったという問題点があった．その結果，次第にこれらの政策は採用されないようになって現在に至っていることは遺憾である．

このような難問に対応するためには，労働市場における不均衡や政府の介入等の効果については別途，分析道具を必要とする．筆者はその第一歩として，不均衡分析を労働市場に適用し，2000 年代初頭までの日本の労働市場の需給不均衡の推移，賃金，雇用の同時調整過程を分析した．これは失業と欠員の併存を前提とするもので，UV 曲線を想定していた．

サーチ理論による失業分析は不均衡分析の延長線上にあるものである．労働市場に摩擦の概念を導入し，分権化市場を想定すれば，市場の不均衡から生じる諸問題は相当程度，解明できることが分かってきた．このためには労働者と企業の探索活動を分析するサーチ理論を必要とする．サーチ理論は Stigler の論文を嚆矢とし，McCall 等により発展した．これを労働市場の分析手法として精緻化したのは Pissarides, Mortensen, Diamond によるところが大きい。サーチ理論と人的資本理論は労働経済学における二本柱である．

具体的な理論内容としては，労働者と企業のサーチ活動と労働者と企業の賃金交渉においてマッチングの概念を導入した理論を構築することであり，Diamond, Pissarides, Mortensen によって構築された DMP モデルがその代表である．分権的労働市場が買手独占的状態にあり，摩擦のある状況においては資源配分の最適性はパレート最適ではなく，ホシオス(Hosios)条件に代置される．最適性の基準は失業を前提とした分配を考慮したものに変更しなければならなくなる．

DMP モデルを用いることで賃金が均衡水準にある場合の失業率を求めることが可能となる．均衡失業が発生するのはミスマッチを理由として失業と欠員が同時に発生することに起因する．このことは従前，慣習的に用いられてきた UV 曲線に理論的根拠を与えたことになる．

雇用創出・雇用喪失を導入した DMP モデルは Mortensen-Pissarides (MP) version と呼ぶべきもので，雇用創出・雇用喪失の理論的発生要因を説明するものである．雇用創出・喪失は職務の開廃を対象とするものであり，労働者の移動と密接に関連しているため，その意義は大きい．

MP version には，積極的労働市場政策における個別の政策手段や受動的労働市場政策である失業手当の置換率を変数として組み込むことが可能である．このため，各政策変数が均衡に与える効果を分析することが

できる．従前の社会実験的手法による効果推定も有効な手段であるが，均衡に与える効果を分析することができなかった．従前の政策効果分析を補完するものとして，DMP モデルは有効な政策分析手段となり得る

さらに，雇用保護立法についても保護の程度を変数として MP version に組み込むことが可能である．この結果，解雇の厳格性が失業率に与える影響を検証することが可能となる．さらに解雇と関連して手切れ金の役割についての論考を進めることが可能となる．このことが，労働者保護が必ずしも労働市場の効率を低下させるとは限らないという結論を導くことを可能とする．

マクロ経済分析にミスマッチの概念を導入することが可能である．RBC(Real Business Cycle)モデルにDMP モデルを組み込むことでマクロ経済における失業率や欠員率を他の経済変数と整合的な形で推定できる．この場合，名目賃金の下方硬直性といった概念を導入する必要性はない．RBC モデルについては，非現実的等の批判が数多くなされたが，事実はそうではない．様々な理論を包摂できる優れたモデルであることが証明されたと言える．

同質の労働者であっても賃金格差が発生することについてはDMP モデルと並ぶ重要モデルである Burdett and Mortensen(BM)モデルにより説明が可能である．労働市場が買手独占的状況にある場合，企業は超過利潤を得ることが可能である．一方，労働者は on the job search を行うことでより高い賃金掲示を行う企業に移動しようとする．この結果、人的資本蓄積とは無関係に賃金格差が発生することとなる．

買手独占的労働市場においては，一旦雇い入れた労働者との雇用を継続した方が企業にとっては超過利潤を得る上で望ましい．雇用契約に制約が課される状況では，企業は賃金が段階的に上昇する賃金・在職期間契約の掲示や対抗提案を行う可能性がある．このような状況においては経験年数に応じて賃金が上昇することとなり，クロス・セクションにおける賃金格差が発生することになる．BM モデルは，人的資本の蓄積のない状況においても賃金プロフィールが右上がりであることを説明する有効な論拠となる．人的資本理論で説明できない賃金格差の発生要因を検討する上で BM モデルは有効であり，人的資本理論を補完するものとして重要な意味を持つ．BM モデルにおける均衡状態において，賃金の累積分布関数，確率密度関数を導出することが可能である．これらに現実妥当性があれば賃金格差も分析はより精度の高いものとなる．

欧米では，サーチ理論を扱った大学院生用の労働経済学の教科書である Cahuc and Zylberberg(2004)が既

に定評を得ている．日本においても学部学生用の教科書として宮本(2019)が登場している．荒井(2013)はサーチ理論の概要について記述がなされている．このような優れた書籍が労働経済学の共有財産となり研究者の資質が向上することは日本における政策議論において大いに寄与すると確信する．

2．本書の構成

本書は第Ⅰ部「失業と労働市場政策」と第Ⅱ部の「賃金構造と格差」の第2部構成となっている．第Ⅰ部では，労働市場を対象としたサーチ理論，特にDMPモデルとその応用を概観するとともに失業発生要因について雇用創出・雇用喪失を含めて検討する．さらに失業抑制のための労働市場政策の効果について検証する．第Ⅱ部では，賃金格差を対象としたサーチ理論，特にBMモデルとその応用について概観するとともに賃金格差の発生要因について考察することで，賃金構造について考察する．さらに賃金構造と格差について検証を行う．最後に結章として総括と展望がなされる．

第Ⅰ部では，第1章～第5章で構成される．

第1章では労働市場に摩擦が存在する場合の概念である均衡失業率やUV曲線の歴史的経緯について説明する．これらの概念は失業分析に有用であるものの，従前は理論的根拠が不十分であった．これに対してDMPモデルでは，賃金水準，失業率，欠員率が整合的に決定されるとともに，均衡失業率やUV曲線の理論的根拠が与えられることが示される．

次にDMPモデルに外生的ショックの到来確率を導入することで雇用創出・雇用喪失について分析できることが示される．雇用創出・雇用喪失は労働経済学において最も重要な概念の一つであり，失業状態も含めた労働者の移動との関連を分析することが可能となる．雇用創出・雇用喪失を考慮したDMPモデルにおいては，労働者の移動の理論的根拠が与えられる．この場合，雇用調整が実施されるか否かの分岐点である留保生産性，失業率，欠員率，賃金率を整合的に求めることができる．さらに外生的ショックが失業率に与える効果を検証できることが示される．

雇用創出・雇用喪失を考慮したDMPモデルであるMP versionは様々な応用可能性を持ち合わせていることを示す．DMPモデルに，労働市場政策に関連する変数を組み込むことで，政策が均衡状態の失業率に与え

る効果を検証することが可能となることを示す．このことは，外生的ショックが発生した場合にどのような政策対応をするべきかの議論に貢献するものである．

第2章では雇用保護立法の経済分析を行う．Part1では，DMPモデルを用いた雇用保護立法の労働市場に与える効果についての分析に焦点を当てる．従来，法律学の分野で議論されていた雇用保護立法については経済学においても議論の対象となっている．しかしながら，DMPモデルを用いた分析以前は隔靴掻痒の感を免れなかった，雇用保護立法が失業率に与える影響についてのこれまでの経済学における議論を概観する．次にMP versionを用いてこれまでの解明できなかった課題を解明できることが示される．

雇用保護立法を政策的観点から議論する場合，すでに締結された労働契約の内容を事後修正することは難しい．従って雇用保護立法の部分的緩和が現実的対応となる．つまり，正社員の既存の労働契約は変更できないので，これから雇用される新規雇用や非正規雇用についての雇用保護を緩和することとなる．この効用保護立法の部分的緩和という就業形態の多様化への方向性を持つ政策が労働市場にどのような影響を与えるのかについての議論が展開される．

雇用保護立法緩和の現実的解として提案されるのが，単一雇用契約である．単一雇用契約は一時点以降において雇用開始される全ての労働者に同一の雇用契約を適用するものである．ここでは，MP versionを用いることで単一雇用契約は雇用保護立法の部分的緩和よりも失業抑制効果があることが示される．

Part2では，雇用保護立法を補完する雇用主の対応としての，解雇の事前告知や手切れ金の存在理由と効果について議論が展開される．ここでは，DMPモデルに保険市場を導入することでが分析に有効であることが示される．解雇の事前告知や手切れ金については，立法化された強制的な場合と労使交渉による自発的な場合がある．手切れ金の議論については，保険としての役割と失業手当との関係にも着目しなければならない．労働者がリスク回避的で保険市場が完全ではない場合，労使間の交渉により解雇の事前告知や手切れ金の支払いが内生的に決定される．この場合，雇用保護立法は労働市場のルールを追認したものになる．強制的か自発的であるかに関わらず手切れ金は，労働者がリスク回避的な場合，保険数理上の最適額が求められることが示される．

第3章では，MP versionを用いて労働市場政策の効果を検証する．従来の政策効果分析では制御グループ

(control group)と処置グループ(treatment group)に観察対象を分けて差の差分析等で評価を行っていた. このような手法は一般的に確立された優れた手法である. 但し, これらの手法には均衡という概念が反映されていない. これに対して, 一般均衡モデルに基づく定常状態における分析を行うことは, 政策が均衡値に与える影響である均衡効果を分析することができるとともに, 個々の政策の相互関係についても考察が可能となる.

ここでは日本の労働市場を念頭に雇用補助, 雇い入れ補助, 賃金税, 解雇税, 失業手当等の政策変数が労働市場の均衡にどのような影響を与えるかについて, カリブレーション(calibration)に基づくシミュレーションで示される. これはパラメータを適切に設定することで実績データを追跡するとともに政策による均衡値への影響度を計測するものである.

第4章では, 雇用調整助成金の失業回避効果について考察がなされる. 雇用調整助成金は日本において雇用維持のための最重要な労働市場政策の手段である. 諸外国においても STW(Short Time Work)として補助金を支出している場合がある. しかしながら, その失業回避効果を分析することは極めて困難である. Part1 では雇用調整助成金の雇用維持効果についての従前の研究結果について概観する. 次に政策変数を導入した MP version に雇用調整助成金の助成率を組み込むことを検討する. ここでは MP version においては雇用保蔵を正当化することが可能であることを提示する. 景気後退時に雇用保蔵を促進することで失業を未然に防ぐのが雇用調整助成金の機能であると想定し, モデル構築する. なお, モデルの構造上, 雇用調整助成金の受給意思決定は事後的に決定されるものである.

Part2 では, Part1 で構築したモデルに準拠して. カリブレーションに基づくシミュレーションで雇用調整助成金の失業回避効果を試算する. 他の政策変数を制御した場合に, 生産性の低下幅と雇用調整助成金の助成率が変動した場合の失業回避効果について検討が加えられる.

第5章では, on the job search を伴う転職行動を考慮した場合の失業率や賃金の動きについて検討がなされる. 従前の経済学では失業者は一旦, 離職して職探しをするという前提が置かれていた. しかしながら, on the job search は実際に行われている. Part1 では, 転職行動とサーチ理論の関連について検討がなされる. 転職活動の際に on the job search を行うことに関する研究の概観がなされる. 転職行動を理論的に考察するために, Pissarides により開発された MP version に on the job search を組み込んだモデルの紹介がなされる. こ

れは, 雇用者が on the job search を開始する留保賃金と解雇が行われる場合の留保賃金の 2 段階留保賃金構造となったモデルである.

Mortensen 等により開発された BM モデルでは賃金分散をもとめるために on the job search が導入されている, BM モデルの発展形として賃金分散と労働者の移動をより明確にするために, on the job search の努力を内生化するモデルが開発されている. この on the job search の手法は DMP モデルにも導入されており, マクロ経済変数の変動を追跡することに有用であることが示される.

Part2 では, on the job search を伴う転職行動を考慮に入ることが, 雇用喪失や失業率、賃金等にどのような影響を与えるのか検証がなされる. ここでは MP version に on the job search を組み込んだモデルを用いてカリブレーションに基づくシミュレーションを行い, 転職費用が on the job search を通して失業率や賃金に与える効果が示される.

第 II 部は第 6 章～第 8 章で構成される.

第 6 章では, BM モデルを用いることで労働者が同質の場合であっても賃金格差が発生することについて説明できることが示される. 賃金格差については, 職種間のみならず産業間, 企業規模間においても観察されるところである. 賃金格差については人的資本理論により説明できない部分をいかに説明するかが大きな課題である. 過去の研究結果の概観から, 説明できない格差部分は観察されない労働者の特質, 企業の賃金政策といった固定効果に起因するという結果となっている. 固定効果を追求することは賃金格差要因としてマッチングや運・不運に要因を求めることにつながる. このため, サーチ理論を賃金格差分析に用いることとなった. BM モデルを用いることで, 外部からの賃金掲示に対して呼応する on the job search が行われている場合, 同質の労働者であっても賃金に格差が発生することが示される.

第 7 章では, BM モデルに新機軸を導入することで右上がりの賃金プロフィールを説明できることが示される. Part1 では対抗提案を用いた賃金プロフィールに関する議論が展開される. 賃金プロフィールの説明に関する従前の研究を概観した結果, 賃金プロフィールの形状を説明する標準的理論は人的資本理論であること, 人的資本理論で説明できない残差についてはインセンテイプや レント・シェアリング, あるいは労働者と企業の相性といった観点から説明が試みられてきたことが示される.

マッチングが賃金プロフィールに影響を与えることは，BM モデルで賃金プロフィールを説明する試みにつながる．対抗提案モデルでは，買手独占的労働市場において，賃金が労働の限界生産力を下回っている限り，企業が離職を防ぐ目的で外部からの賃金掲示に対して対抗提案を行う．その結果，人的資本の蓄積がなくても賃金は在職期間に応じて上昇することが示される．対抗提案モデルには実現可能性の観点からの批判もあるが，賃金分散や労働市場の 2 重構造に関して深い洞察を得ることができることが示される．．

　Part2 では，賃金・在職期間契約モデルについて説明する．買手独占的労働市場において賃金・雇用契約に制約がある場合，賃金・在職期間契約モデルでは，当初賃金を低く設定して一定期間後に賃金が上昇する，あるいは緩やかに上昇すると約束することが離職を防止して効率的であることが証明される．この結果，人的資本の蓄積がなくても在職期間に応じて賃金が上昇することが説明可能となることが示される．また企業間のみならず企業内賃金格差についての洞察を得ることができる．

　サーチ理論に基づく賃金格差の解明は，人的資本理論と補完的であると捉えることが可能である．そのため，両者を統合したモデル構築が試みられるようになっている．その内容について概観し今後の方向性について展望する．

　第 8 章では，BM モデルに基づき，日本の正社員の賃金格差発生要因について実証分析が行われる．賃金の確率密度分布は右方に歪んでいる．この形状をモデルで描写することは非常に難しいとされてきた．BM モデルに人的資本理論を組み込むことで賃金密度関数が妥当なものとなることが示される．さらに，この状況下において賃金分散要因を人的資本要因と摩擦要因に分割することが可能となる．

　ここでは，日本における個票データを用いて男女正社員について賃金分散要因の実証分析を行う．その結果，日本では人的資本蓄積が賃金分散に与える効果が確認されるものの，従前より説明できる比率が低くなっている可能性があること，人的資本投資の収益率が低下していることが示唆される．日本では，学卒一括採用を含めた求職活動におけるマッチングの影響が賃金格差に大きいことが示される．

　以上のように，本書ではサーチ理論を労働市場分析に応用することについての最新の研究結果を紹介するとともに、実証分析結果が提示される．さらにこれらを補完するものとして基礎的概念等について適宜，補論を付した．

第 I 部　失業と労働市場政策

第1章　サーチ理論と均衡失業率

2010 年のノーベル経済学賞はサーチ理論の開発と労働市場分析への応用に貢献した Diamond, Mortensen, Passarides 教授に授与された. サーチ理論は摩擦の存在を前提としているため, 労働者の求職行動や企業の求人行動, 賃金決定の分析に有用である. これらにマッチング関数を組み合わせることで UV 曲線の理論的根拠が与えられる. このような均衡失業理論のフレームワークは DMP モデルと呼ばれており, Walras 型労働市場に替る仕組みを提供するものである. DMP モデルは失業構造の解明, 賃金決定方法, 社会的最適条件の在り方, 雇用政策の効果の検証に多くの知見を与えるものであるため, 労働市場分析の標準モデルとなっている.

Key Words：DMP モデル,　分権化、　失業・欠員, サーチ理論, マッチング関数, UV 曲線, ホシオス条件

1. はじめに

スウェーデン王立科学アカデミーは, 2010 年 10 月 11 日, 2010 年のアルフレッド・ノーベル記念経済学スウェーデン国立銀行賞を MIT の Diamond 教授, ノースウェスタン大学の Mortensen 教授, London School of Economics の Passarides 教授に授与すると発表した. 受賞理由はサーチ理論の開発とその応用である.

失業と欠員の併存することで発生する構造的・摩擦的失業の構造を解明するためには, 情報の偏在等の摩擦を考慮した労働市場における分権的取引の理論を確立しなければならない. この難題に挑戦し, 均衡失業理論を確立したのが Diamond, Mortensen と Pissarides であり, 時期的には 1980～1990 年代に当たる. 均衡失業理論は人的資本理論[1]と並んで労働経済学における金字塔であり, その後の経済分析の発展に多大な貢献をした.

均衡失業理論では, サーチ理論の職探しと求人への適用とマッチング関数の導入により, UV 曲線の理論的根拠が与えられた. その結果, 構造的・摩擦的失業の構造が解明されるとともに, 雇用対策や労働市場における様々な制度的要因が賃金や雇用に与える影響を分析することが可能となった. 均衡失業理論モデルは, Diamond, Mortensen 及び Pissarides の業績にちなんで DMP モデル[2]と呼ばれている. DMP モデルを用いた均衡失業理論に関する業績の集大成は Pissarides (1990) (2000) である.

DMP モデルは, 新古典派, ケインジアンいずれにとっても共通の労働市場分析の標準モデルとして世界中で用いられている. その理由は, 失業と欠員の併存を説明できること, 雇い入れ補助金等の雇用政策の失業抑制効果や解雇規制といった制度的要因が労働市場に与える影響を定性的に捉えることができること, 操作性に富んでおりカリブレーションといった数値分析を行うことに適

---

[1] 人的資本理論の代表的著作としては Becker(1975)(1993)がある.

[2] Hall(2005,p.50),The Royal Swedish Academy of Science(2010,p.2)

していること等の利点があることである. 従って, 各国の雇用政策の立案にも大きく寄与していて
いる.

DMP モデルの登場は, 経済学の教科書を書き換える必要に迫られる程の重要性を持つものである. DMP モデルを用いて労働市場を体系的に説明した労働経済学の教科書としては, Cahuc and Zylberberg (2004) がある. マクロ経済学の教科書においても, Ljungqvist and Sargent (2004) に見られるように, DMP モデルは採用されるようになっている. これらの書物は世界で最も優れた大学院生向けの経済学の教科書に分類されるものであるが, 今後, 日本においても学部学生向け教科書を含めて労働経済学の教科書は修正が必要となることはいうまでもない.

DMP モデルはその重要性にも関わらず, 我が国においては有効に政策に反映されていない. 労働問題の専門家による雇用政策や最低賃金, さらには解雇権の制約等の制度が与える影響についての議論においても, DMP モデルを十分踏まえたものとなっていない. 摩擦の存在を前提としていない Walras 型労働市場という土俵上で, 「制度的要因が資源配分を歪めるので制度を廃止するべきである」という同義反復の議論を行っているに過ぎない場合が多い. 日本における雇用政策の議論は先進諸国と比較して周回遅れの古色蒼然としたものであった.

本章では DMP モデルの概略とその応用に関して Diamond, Mortensen, Pissarides, 特に後 2 者の業績に焦点を当てて述べることとする. 2 で伝統的労働市場モデルの限界について述べ, 3, 4 において DMP モデルの骨格となる基本モデル, 雇用創出・雇用喪失を内生的に組み込んだモデルを提示し, 5 で技術進歩が雇用に与える影響の概略を示し, 6 では社会的厚生に関連する効率性の議論を紹介する. さらに 7 では政策への応用, 8 では数値分析に関する課題を述べ, 最後に DMP モデルの意義と課題について言及する.

2. 失業問題と摩擦

失業問題は, 経済問題の専門家の頭を常に悩ませてきた問題である. 労働市場が完全競争状態, 一ヵ所でオークションがなされる集権的取引が行われる Walras 型労働市場においては, 労働者は瞬時に移動が可能であり均衡点で賃金と雇用が決定されるため, 労働者の移動に伴う摩擦的失業は発生するものの, 基本的には自発的失業以外の失業は存在しないことになる. しかし, 問題は, 自発的失業以外の失業者は現実に存在するということである[3].

---

[3] Cahuc et al.(2004,pp.516-517) は, 労働市場の (Walras 型) 競争モデルの限界として, ①景気変動は賃金よりもむしろ雇用量に影響を与えるにも関わらず, 競争モデルでは賃金が伸縮すると想定していること, ②競争モデルでは失業といった市場の非効率を説明できないこと, ③競争モデルにおいては賃金決定における労使交渉といった制度的要因を考慮していないことを指摘している.

Keynes (1936, 邦訳 pp.4-22) は, 賃金は労働の限界生産物に等しいという古典派の第一公準を受容するものの, 賃金の効用は雇用量の限界不効用に等しいという第二公準を否定することで, 非自発的失業は存在しないという古典派的市場観を批判した. Keynes は, 失業問題は短期的には労働者の貨幣錯覚にともなう名目賃金の下方硬直性と需要不足に起因すると想定し, その対策としての有効需要の理論を提示した.

古典派と Keynes の失業理論は, Walras 的市場観を前提とした議論であることは共通している. Keynes (1936, 邦訳 pp.7-8) は調整が種々不正確なために継続的な完全雇用が妨げられる摩擦的失業は自発的失業と両立するものと想定した. しかし, 経済学者の頭を悩ませたのは, このような議論では説明不可能な失業が存在することである. 需要と供給のミスマッチに起因する構造的失業については説明が難しいとされてきたところである.

Keynes を批判した Friedman は構造的・摩擦的失業と密接に関連した自然失業率の概念を提示し, 財政, 金融政策の限界を説いたが[4], 自然失業率の水準は最適なのか, あるいは, どのような政策が自然失業率に影響を与えるのかという問題は残したままであった[5].

失業 (U：unemployment) と欠員 (V：vacancy) が併存することは従来, 多くの労働問題専門家から指摘されてきたところである. 失業率と欠員率 (共に労働力に対する比率) のトレード・オフ関係は UV 曲線あるいはベバリッジ曲線として知られている[6].

UV 曲線は構造的・摩擦的失業を分析する際の有力な道具とされてきた. Dow and Dicks-Mireaux (1958,pp.4-6) は図 1-1 の図 B に示されるように UV 曲線と 45 度線の交点を労働市場の機能不完全の程度を示す指標とした. これまでの失業問題に関する調査・研究では, 図 B を用いて, 市場の不完全の程度を構造的・摩擦的失業率であると捉え, UV 曲線の上方, 下方へのシフトで労働市場の柔軟性と構造的・摩擦的失業の動向を把握することが試みられてきた. 従来の日本における UV 曲線を用いた政策提言も殆どが, この手法を用いたものである[7].

UV 曲線を用いた構造的・摩擦的失業率の計測結果は, 積極的労働市場政策の重要性を喚起するとともに有効需要喚起一辺倒の雇用対策に修正を迫るものとして一定の評価は与えられるべきものである. しかし, この計測手法は UV 曲線の理論的根拠に欠けるという弱点があるため, 結果の解釈や雇用対策の効果の検証に一定の制約が課されることとなる.

---

[4] Friedman (1968,pp.7-11).
[5] Shimer(2010,p.1).
[6] Beveridge (1944,pp.18-20) は, 完全雇用 (full employment) とは, 公正な賃金を支払える仕事の欠員数が失業数を上回っており, 離職者が職に就くために長期間を要しないこと, 労働市場が売り手市場であることとしている.
[7] 水野 (1992), 樋口 (2001), 大竹, 太田 (2002), 玄田, 近藤 (2003), 佐々木 (2004) 等参照. また, 厚生労働省 (2005) 「労働経済白書」等においても同様な分析がなされている.

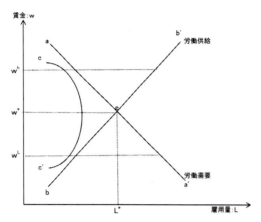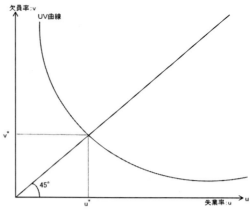

図 A 労働市場の均整と観察される雇用量　　　図 B UV 曲線と構造的摩擦的失業率

資料：各種参考文献を基に作成

図 1-1　従来型の UV 曲線の概念図

　Hansen (1970) は, UV 曲線の理論的根拠を Walras 型労働市場に不均衡的要因を導入すること
で説明を試みた. Hansen (1970,pp.5-11) は, 労働市場に不均衡が存在する場合, Short side の原則
から図 1-1 の図 A の労働需要と労働供給のクロスの左半分 aeb が観察されるが, 失業と欠員が併
存する場合は曲線 cc'に示されるように観察される雇用量がさらに左方に存在していること, 均衡
点 e に対応する賃金 w^* の下で欠員と失業が等しくなることを指摘することで, 図 B に示される構
造的・摩擦的失業の理論的基礎を与えた. この考えは以後の均衡失業理論の発展につながるもので
あり, Pissarides (2000,p.34) は Hansen のフレームワークは, DMP モデルの中核概念であるマッ
チング関数の存在と整合的なものであると指摘している.

3. DMP モデルの基本

　DMP モデルの基本フレームワークは, Diamond(1982a) (1982b)[8],Mortensen (1982)[9]において
その理論的基盤が提示され, Pissarides(1985a)(1985b) によってより一般的な労働市場への応用
がなされた[10]. DMP モデルは, 求職者の職探し, 求人側の採用活動という両方向のサーチ活動と,
両者のマッチングで構成される.

---

[8] Diamond (1982a,p.881-882) は分権的市場では多数の解が存在して不安定かつ非効率であると想定しており,
　同 (pp.892-894) において政策効果の分析のためにモデルを一般的なものへと発展させなければならないと
　している.

[9] Mortensen (1982) は DMP モデルの基礎となる一般的理論を提示したものであり, 分権的取引における効率
　性についても論じている.

[10] Petrongolo and Pissarides(2001,pp.394-399) におけるマッチング関数の推定結果一覧から, マッチング関
　数に関する議論は 1980 年代後半以降に活発になったことがわかる. 従って, ここで挙げた文献はマッチング
　関数が洗練されたものとはなっていない.

DMP モデルの想定する労働市場について Pisarrides (2000,p.3) は, 取引が分権化された経済活動であること, つまり労働者と企業双方にとって調整されていない (uncoordinated), 時間消費的 (time-consuming) で, 高くつく (costly) ものであるとしている.

　労働者がランダム・サーチを行い, 賃金が内生化される賃金掲示モデル (wage posting model)[11]を採用すると, 賃金が最低水準に退化 (degenerate) して, 企業は利潤を独占し, サーチは意味を失ってしまうというダイヤモンドの逆説 (Diamond Paradox) が発生する[12]. この問題を回避するため, DMP モデルでは, 労働者と企業がランダム・マッチングで出会ってから賃金交渉を行う形の両面サーチ・モデル (two-sided search model) が採用されている[13]. 賃金交渉を行うということは企業が買手独占的要素を持っていることを前提としていると解釈できる.

　DMP モデルの展開には雇用創出 (job creation) 論も大きく関わっている[14]. 雇用創出論においては, 職務 (job) に労働者が割り当てられることで雇用創出がなされ, 職務から労働者が離れることで雇用喪失(job destruction)が発生する. そして職務フロー(job flow) と労働者フロー(workers flow) が失業率水準に影響を与えていることが明らかにされる. Davis and Haltiwanger(1992,pp.819-823) は, 雇用創出と雇用喪失は負の相関関係があること, 雇用創出よりも雇用喪失の方が変動が大きいこと, 雇用再配置を説明できるマクロ経済学が必要であることを指摘している.

　DMP モデルは雇用創出・雇用喪失過程を内包することでさらに発展した[15]. DMP モデルでは, 雇用創出はマッチングにより欠員に労働者が割り当てられることで内生的に決定されるとしている. 一方の雇用喪失は職務に特有 (job-specific), あるいは固有の生産性ショック (idiosyncratic productivity shocks) に起因し, 労働者が職務から離れることで発生するとされている[16].

---

[11] 清水 (2007,p.57) はマッチングの前段階で企業が賃金を示すことを掲示 (posting), マッチングが成立した後の交渉過程で企業が賃金を示すことを提示 (offering) としている. 但し, Mortensen (2003) の分脈を追うと, wage posting game において賃金を掲示する行為を提示 (offer) と表現しており, 厳密な区別はなされていない.

[12] Diamond (1971,pp.164-165).

[13] ダイヤモンドの逆説を回避するために, ランダム・サーチにおいて複数の賃金掲示 (wage posting) がなされるモデルを構築することが可能である. このモデルはサーチ理論を賃金分散の解明に適用するものであり, この分野の業績の集大成は Mortensen (2003) である.

[14] 雇用創出論の集大成としては Davis, Haltiwanger and Schuh (1996) がある.

[15] Cahuc et al.(2004) の第 9 章, 第 10 章においても, 雇用創出論の一環として DMP モデルが解説されている.

[16] Pissarides(2000,p.8) は, 職務に特有のショックはその仕事が生み出す商品の相対価格を変動させる需要の構造的シフト, 固有の生産性ショックは生産における単位費用の変動に起因するものであり, これらは嗜好や技術のシフトに関連した実物ショックであるとしている.

本節では雇用喪失を外生変数とする DMP モデルを基本モデルと位置付けて，その概要を Mortensen and Pissarides(1999b,pp.2571-2583), Pissarides (2000) 第 1 章及び Cahuc et al. (2004) 第 9 章第 3 節に基づいて解説する[17]. ここでは完全な資本の中古市場が成立していると仮定するため資本は考慮しないが，モデルに資本を組み込んで拡張することは可能である[18].

マッチング関数は，求人と求職のマッチング過程を描写するものであり，フローとしての雇い入れ人数 (新規の就業者数) m を求職者数 d と欠員数 v で説明する[19]. 但し，基本モデルでは job to job の労働者フローは扱わないため，求職者数 d は失業者数 u と一致する. マッチング関数を一次同次の凹関数として設定する[20][21].

$$m = m(v, u) \cdots\cdots(3\text{-}1)$$

欠員が充当される確率は，

$$\frac{m(v,u)}{v} = m\left(1, \frac{u}{v}\right) = q(\theta), \theta \equiv \frac{v}{u} \cdots\cdots(3\text{-}2)$$

失業者が失業状態から脱出できる確率(ハザード・レート)は，

$$\frac{m(v,u)}{u} = \frac{v}{u}\frac{m(v,u)}{v} = \theta q(\theta) \cdots\cdots(3\text{-}3)$$

となり，θ は労働市場逼迫度 (tightness) である. なお，欠員が埋まる確率 $q(\theta))$ は θ の減少関数である. 失業から脱出できるハザード確率 $\frac{m}{u} = \theta q(\theta)$ は θ の増加関数である. つまり，同一サイドのサーチ参加者が増えると出会える確率が低下するグループ内外部性，反対サイドの参加者が増えると確率が上昇するグループ外外部性の存在を示している.

労働力を$L(= 1)$，生産性ショックの到来確率 (＝雇用喪失率) をλ とし，λ はポアソン分布に従うものとする. 失業者数の変化率は，

$$\dot{u} = \lambda(L - u) - \theta q(\theta)u \cdots\cdots(3\text{-}4)$$

となる。両辺を L で割ることで失業率の変動は，

---

[17] サーチ理論や DMP モデルについては，今井 (2007) (2010), 坂口 (2004) (2008), 佐々木 (2007), 宮本 (2009) によって概略が紹介されている. 本論の執筆に際しては，これらの先行業績を参照させていただいた.

[18] Pissarides(2000,pp.23-26).

[19] Pissarides(2000,pp.7-8) は，マッチング関数は，資源投入とアウトプットの関連を示すものであり，異質な労働者や企業の費用を要する取引過程に関する含意を得られること，関数自体は取引過程から導出できるが，ミクロ経済学的基礎は確立していないことを指摘している.

[20] マッチング関数の理論的根拠については，これまでにも議論が積み重ねられてきたところであるが未だ確立しておらず，ブラック・ボックスであるという批判もある (Petrongolo and Pissarides(2001, pp.424-425). ディレクテッド・サーチ (Directed Search) と賃金掲示の組み合わせは，マッチング関数というブラック・ボックスの内部に入る試みであると言える (Rogerson,Shimer and Wright,p.10).

$$\dot{u} = \lambda(1 - u) - \theta q(\theta)u \quad \cdots\cdots(3\text{-}5)$$

となる[22]。さらに定常状態を想定すると、$\dot{u} = 0$ となるので、

$$u = \frac{\lambda}{\lambda + \theta q(\theta)} \quad \cdots\cdots(3\text{-}6)$$

となり，マッチング関数の性質から原点に対して凸の UV 曲線を示している．

　企業はリスク中立的であり，生産要素は労働のみとする．賃金交渉をモデル化するために，企業の職務は 1 つであり，雇い入れているか欠員のいずれかであるとする．毎期の生産量を p，毎期の実質賃金を w，利子率を r，毎期の欠員に伴う費用は生産性に比例するので pc とおく．雇い入れている場合の企業の期待利潤 J，欠員の場合の企業の期待利潤 V は次のベルマン方程式を満たす．

$$rJ = p - w + \lambda(V - J) \quad \cdots\cdots(3\text{-}7)$$

$$rV = -pc + q(\theta)(J - V) \quad \cdots\cdots(3\text{-}8)$$

　キャピタル・ゲインは想定しないので，資本コストはフローの利潤と状態変化に伴う期待純利潤の和として示されることを意味する．自由参入条件 V = 0 と (3-8) から次式が導かれる．

$$J = \frac{pc}{q(\theta)} \quad \cdots\cdots(3\text{-}9)$$

　さらに (3-7)，(3-9) から次式が導かれる．

$$\frac{pc}{q(\theta)} = \frac{p - w}{r + \lambda} \quad \cdots\cdots(3\text{-}10)$$

(3-10) は賃金 w と労働需給逼迫度 θ の負の相関関係を示すもので，Pissarides(2000,p.19) はこの式を雇用創出曲線としており，Walras 型労働市場における労働需要に相当する．

　次に賃金を内生化するために，労働者の行動をモデル化する．労働者はリスク中立的であり，簡単化のため労働の非効用は考慮しない．全ての職務で同一賃金を提示するとし，労働者が雇用されている場合の効用を W，失業している場合の効用を U，失業給付の受給等の失業に伴う所得を z とおくと，それぞれの期待効用は次のベルマン方程式で示される[23]。

$$rW = w + \lambda(U - W) \quad \cdots\cdots(3\text{-}11)$$

$$rU = z + \theta q(\theta)(W - U) \quad \cdots\cdots(3\text{-}12)$$

　DMP モデルでは，マッチングの成果に伴い余剰 (rent) が発生し，賃金は余剰の分け合いルール

---

[22] Cahuc et al.(2004,p.522)では、労働力人口全体の増加分は、当初は失業状態であると想定している。

[23] Pissarides(2000,p.14)では、(3-11),(3-12) から雇用状態と失業状態では前者の方か恒常所得が大きいことが示される。

(Sharing rule) に基づいた交渉で決定される. 総余剰 S は労働者と企業のレントの和であり, 次のように定義される.

$$S = (W - U) + (J - V) \quad \cdots\cdots (3\text{-}13)$$

労働者の交渉力を γ とおき, 全ての企業で同一賃金が成立すると想定すると, ナッシュ交渉解では w は次式のように定義される.

$$w = \mathrm{argmax}(W - U)^{\gamma}(J - V)^{1-\gamma} \quad \cdots\cdots (3\text{-}14)$$

1 階の条件は,

$$W - U = \gamma S、J - V = (1 - \gamma)S \quad \cdots\cdots (3\text{-}15)$$

であり, 交渉の結果としての労働者と企業の取り分を示す. 自由参入条件を用いると, 賃金は留保賃金と余剰の取り分の和となる.

$$w = rU + \gamma(p - rU) \quad \cdots\cdots (3\text{-}16)$$

さらに、(3-11), (3-13)から,

$$rU = z + \frac{\gamma}{1-\gamma}pc\theta \quad \cdots\cdots (3\text{-}17)$$

となり、これを(3-16)に代入して賃金方程式が求められる.

$$w = (1 - \gamma)z + \gamma p(1 + c\theta) \quad \cdots\cdots (3\text{-}18)$$

(3-18) は θ に関する増加関数であり, Walras 型労働市場における労働供給に相当する.

モデルは (3-6), (3-10), (3-18) で構成され, 均衡値の決定は図 1-2 に示される. 労働市場の需給関係は図 1-2 の図 C に示すように, w との関係を示す図に置き換えられる. (3-10) と (3-18) から,

$$\frac{(1-\gamma)(p-z)}{r+\lambda+\gamma\theta m(\theta)} = \frac{pc}{m(\theta)} \quad \cdots\cdots (3\text{-}19)$$

が導かれ, 均衡値 (w^*, θ^*) が求められる. 図 D に示されるように, (3-19) を基にして求められる均衡値 θ^* を与える u と v の組み合わせは原点からの直線である雇用創出条件に相当し, (3-6) で示される UV 曲線との交点で均衡失業率が決定される. DMP モデルにおける均衡失業率は, UV 曲線が 45°線と交わる箇所を必ずしも意味しないことに注意する必要がある.

なお, 基本モデルを動学化することで定常状態からの離脱を描写できる. その際には, キャピタル・ゲインを考慮し, 賃金は常に再交渉されることとし, 欠員率と賃金率が跳躍するという前提を置くことになる[24].

---

[24] Pissarides(2000,pp.26-33).

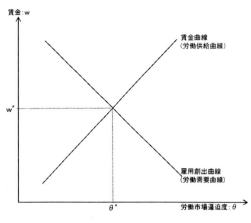

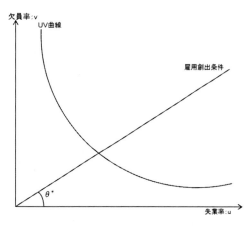

図 C　均衡賃金と均衡労働市場逼迫度　　　　図 D　UV 曲線と均衡失業率

資料：Pissarides(2000)を基に作成

図 1-2　DMP モデル（基本モデル）における労働市場と UV 曲線の概念図

　基本モデルにおいて外生変数が失業率に与える影響を Pissarides(2000,pp.20-23) に従って述べる．生産性 p が上昇すると雇用創出曲線が上方にシフトして賃金が上昇し，雇用創出条件が反時計回りに回転して均衡失業率は低下し，欠員率は上昇する．失業に伴う所得 z が増加すると，労働供給曲線が上方シフトすることで，賃金が上昇するとともに労働市場逼迫度 θ は低下し，企業の雇用創出意欲は低下する．労働者の交渉力 γ が上昇した場合も同様の効果が表れる．さらに雇用創出線を時計回りに回転させることで欠員率は減少し，均衡失業率は上昇する．利子率 r の上昇は将来の職務の現在価値を小さくすることで，生産性ショックの到来確率 λ の上昇は職務の寿命を短縮することで，共に雇用創出曲線を下方シフトさせて労働市場逼迫度と賃金を低下させるとともに，図 D における雇用創出条件を時計回りに回転させて失業率を上昇させる．λ の上昇は失業率の一定水準下での失業への労働者フローを増加させるので，定常状態を保つために UV 曲線は上方にシフトする．この他にマッチング関数のパラメータの値の変動も UV 曲線のシフト要因となる[25]．

4. 雇用創出・雇用喪失理論への応用

　雇用創出・雇用喪失を内生化した DMP モデルは，Mortensen and Pissarides(1993)(1994) によって提示されたものであり，MP version と呼ばれる[26]．本章では，その概要を Mortensen and Pissarides(1994,pp.398-409)，(1999b,pp.2582-2587)，Pissarides(2000) 第 2 章に従って説明する．

---

[25] これらの影響は，Cahuc et al.(2004,pp.547-548) に従うと次のようにまとめられる．外生的ショックには集計的ショックと再配置ショックがある．生産性の水準，利子率，労働者の交渉力，失業給付水準等の変動は集計的需要や供給を変動させるものの UV 曲線には影響を与えない．一方，生産における事業再構築等の再配置は UV 曲線をシフトさせるため，状況に応じた対応が必要とされる．

[26] Mortensen et al.(2003,p.44)．

MP version に関して Pissarides (2000,p.37) は，Davis and Haltiwanger(1992) 等の雇用創出理論と整合的であるとしている．本節では資本を考慮しないが，MP version に資本を組み込んでモデルを拡張することは可能である[27].

　企業の生産性 p は生産性ショックが発生するまで維持され，固有の生産性ショックにより生産性が留保生産性を下回ると雇用喪失が発生する．固有の生産性ショック x の分布は$G(x), 0 \leq x \leq 1$，到来確率λはポアソン分布に従うとする．生産性は px となり，x＝1 のとき新規の職が生まれる．労働者を雇い入れている場合の企業の期待利潤を$J(x)$，留保生産性を R とおくと，

$$J(R) = 0 \quad \cdots\cdots(4\text{-}1)$$

が成立する．失業率の変動は，

$$\dot{u} = \lambda G(R)(1 - u) - \theta q(\theta)u \quad \cdots\cdots(4\text{-}2)$$

となる．定常状態では$\dot{u} = 0$が成立するので，

$$u = \frac{\lambda G(R)}{\lambda G(R) + \theta q(\theta)} \quad \cdots\cdots(4\text{-}3)$$

となり，雇用喪失を考慮した留保生産性 R にも依存する UV 曲線が求められる．

　固有の生産性ショックを考慮した場合の，企業にとっての雇い入れた場合の期待利潤は，賃金を$w(x), 1 \geq x \geq R$ とおくと，

$$rJ(x) = px - w(x) + \lambda \int_R^1 J(k)\, dG(k) - \lambda J(x) \quad \cdots\cdots(4\text{-}4)$$

となる．労働者にとって雇用されている場合の期待効用は，

$$rJ(x) = w(x) + \lambda \int_R^1 J(k)\, dG(k) + \lambda G(R)U - \lambda J \quad \cdots\cdots(4\text{-}5)$$

となる．総余剰を$S(x) = (W(x) - U) + (J(x) - V)$ とおくと，拡大された賃金交渉における分け合いルールは$1 \geq x \geq R$ について次式となり，ショックが到来する毎に交渉が行われる．

$$J(x) - U = \gamma S(x), \quad J(x) - U = (1 - \gamma)S(x) \quad \cdots\cdots(4\text{-}6)$$

　固有の生産性ショックが最大値 (x＝1) のとき，雇用創出がなされるので，新規の欠員の期待利潤は，

$$rV = -pc + q(\theta)(J(1) - V) \quad \cdots\cdots(4\text{-}7)$$

となる．自由参入条件から，

$$J(1) = \frac{pc}{q(\theta)} \quad \cdots\cdots(4\text{-}8)$$

---

[27] Pissarides(2000,pp.57-58).

22

が求められる. また, 失業の利得式 U はx＝1 において (3-17) と同一の型となる. (4-1), (4-3), (4-6), (4-8) から各変数の均衡値を求めるために, 賃金方程式を導く. U, (4-6), (4-8) から失業した場合の労働者の期待収益が求められる.

$$rU = z + \theta q(\theta)(J(1) - U) = z + \frac{\gamma}{1-\gamma}pc\theta \quad \cdots\cdots(4\text{-}9)$$

(4-4), (4-5) と自由参入条件を考慮することで, 次の賃金方程式が導かれる.

$$w(x) = (1 - \gamma)z + \gamma p(x + c\theta) \quad \cdots\cdots(4\text{-}10)$$

(4-1), (4-4), (4-6), (4-8) から雇用創出条件は, 次のようになる.

$$(1 - \gamma)\frac{1-R}{r+\lambda} = \frac{c}{q(\theta)} \quad \cdots\cdots(4\text{-}11)$$

これはθ が増加すると R が減少することを示す. 同様な手法で雇用喪失曲線は次式となる.

$$R - \frac{z}{p} - \frac{\gamma c}{1-\gamma}\theta + \frac{q}{r+\lambda}\int_R^1 (k - R)dG(k) = 0 \quad \cdots\cdots(4\text{-}12)$$

これはθ が増加すると R が増加することを示す.

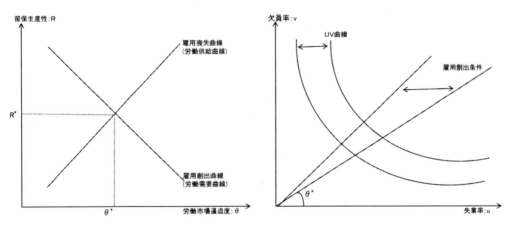

図 E 保留生産性と労働市場逼迫度　　　　図 F UV 曲線と均衡失業率

資料：Pissarides(2000)を基に作成

図 1-3　DMP モデル (MP version) における労働市場と UV 曲線の概念図

　以上から MP version は (4-3), (4-11), (4-12) から構成されることになる. 図 1-3 の図 E に示されるように, (4-11), (4-12) から均衡値 (R*, θ*) が求められる. 均衡賃金はこの結果をもとに (4-10) から求められる. 次に図 1-3 の図 F に示されるように, 傾きθ* の雇用創出条件と (4-3) の UV 曲線から均衡失業率が決定される. 雇用創出・喪失モデルも動学モデルに拡張が可能であり, 留保生産性も跳躍する変数となる[28].

---

[28] Pissarides(2000,pp.59-63).

このモデルにおいて特筆するべきは，均衡失業の観点から，景気後退時においても雇用調整を実施せずに次の景気回復時に備える雇用保蔵 (labor hoarding) についての理論的基盤を提供したことである[29]．Pissarides(2000,pp.44-45) に従うと雇用保蔵は次のメカニズムで行われるようになる．(4-9) と (4-12) から明らかなように留保生産性は失業者の留保賃金率よりも低い．これは，(4-12) の積分部分で表示される企業にとって職務が充足されていることのオプションバリューが正であるからである．このことは，生産性ショックで利益が出ない場合でも，企業は次の生産性回復時に備えて雇用を確保しておき，労働者を探索する費用を節約することを意味する．

生産性 p と失業手当 z が均衡失業率に与える影響を Pissarides(2000,pp.48-49) に従って見てみる．p の上昇は雇用喪失曲線を下方シフトさせて労働市場逼迫度 θ を増加させるとともに留保生産性 R を低下させる．定常状態下においては，雇用創出，雇用喪失，失業は抑制される．さらに，θ が上昇することで雇用創出条件が反時計回りに回転するとともに，R の低下により UV 曲線が下方シフトすることで均衡失業率が低下するが，欠員率が低下するか否かは不明確である．また，失業手当 z の上昇は生産性の上昇と反対の経路で均衡失業率に影響を与える．

金利 r，ショックの到来確率 λ，労働者の交渉力 γ が均衡失業率に与える影響については，Pissarides (2000,pp.53-56) に従うと次のようになる．r の上昇は将来の仕事が生み出す利得の現在価値を低下させるため，雇用創出曲線は下方に，雇用喪失曲線は上方にシフトさせることとなり，θ は減少するが R については不確定である．λ の上昇は仕事の寿命を短縮するため，雇用創出曲線を下方シフトさせることで θ を低下させるが，R が低下して雇用創出を促す面もある．交渉力 γ の上昇は，雇用創出曲線を下方に，雇用喪失曲線を上方にシフトさせるため，θ は低下するものの，R については不確定である．つまりこれらの変数の均衡失業率に与える影響は事前に断言できない．

5. 技術進歩と雇用創出・雇用喪失

DMP モデルでは，ジョブ・サーチの実行者を失業者のみならず就業者の仕事探索であるオン・ザ・ジョブ・サーチ(on the job search)へと拡大することで，job to job の労働者フローをモデルに組み込むことが可能であり，労働者の企業間移動を考慮した多くの知見を得られることとなった[30]．また，ジョブ・サーチの密度 (intensity) や企業の求人広告 (job advertising) といった努力の

---

[29] 雇用保蔵は，従来，蓄積された人的資本の喪失回避がその根拠とされてきたところである．Oi(1962, p.538,pp.554-555)は，企業の採用や教育訓練投資により生じる固定費用により労働は準固定的生産要素の性格を帯びて短期的には景気後退時に労働の限界生産力が賃金を下回っても解雇はなされないとした．

[30] Pissarides (2000) 第 4 章．

度合いがマッチングを改良する場合のモデル[31], マッチングの相性によって労働生産性が変動するという不確実性を含んだモデルへの拡張も行われている[32].

DMP モデルにおいては成長理論の導入により, 失業率が一定である均斉成長 (balanced growth) へのモデル展開が可能である[33]. その一環として, 技術進歩が雇用に与える影響の分析が可能となった. その鍵となる概念が資本化効果 (capitalization effects) と創造的破壊効果 (creative destruction effects) である.

資本化効果と創造的破壊効果は次のように説明できる[34]. DMP モデルの均斉成長理論において, 技術進歩が具体化されない (disembodied), 労働増大的 (labor augmenting) なものであると想定すると, 技術進歩の恩恵は全ての現存する職務が受けることになる. 金利水準 r は技術進歩率 g と中立的であり g<r である. 生産性と賃金はともに上昇率 g で増加する. 雇用創出費用は当初に要するものであり, 雇用創出に付随する利益は将来発生する. 将来の期待利益の現在価値は, 実効割引率が (r−g) へと低下することで大きくなり, 雇用創出が促進されて均衡失業率は低下することを資本化効果と呼ぶ.

技術進歩が具体化された (embodied) ものである場合, 新規投資された設備に関連する職務のみが恩恵を受けて賃金が上昇するため, 現在職に就いている労働者は新技術を使いこなせるように学習する必要性がある. その一方で, 恩恵を受けない職務は陳腐化するため雇用喪失が発生することになる. さらに間接的には雇用創出を抑制する結果, ジョブがマッチしている期間が短縮して均衡失業率は上昇する. この効果を Schumpeter にちなんで創造的破壊効果と呼ぶ.

資本化効果を用いた成長モデルは Pissarides(2000,pp.75-82), 創造的破壊効果を用いた成長モデルは Pissarides(2000,pp.82-89) に示される. 問題はこの二つの効果を同時に比較考量することである[35].

Mortensen and Pissarides(1998) は, 成長モデルにおいて資本化効果と創造的破壊効果の比較考量を行った. Mortensen and Pissarides(1998,p.734-737) に従ってその概要をまとめると次のようになる. 新しい職務には技術進歩が具体化されているが, 従前の職務に関しては機械を操作でき

---

[31] Pissarides (2000) 第5章.

[32] Pissarides (2000) 第6章.

[33] Pissarides (2000) 第3章.

[34] 資本化効果の説明は Mortensen and Pissarides(1999a,pp.1207-1208), Pissarides(2000,p.75-77), 創造的破壊効果の説明は Aghion and Howitt(1994,p.477-478), Pissarides(2000,p.83) に従った.

[35] 資本化効果, 創造的破壊効果という用語は Aghion et al.(1994) が用いたものである. Aghion et al.(1994) は, DMP モデルをベースとした雇用喪失を内生化した成長理論の構築を試みたものであり, 具体化された技術進歩が既存資本を陳腐化させる一方で, 労働者が learning-by-doing による労働生産性の向上をもたらすことを想定し, 資本化効果と創造的破壊効果を比較考量している.

るように労働者を教育するための費用を要する. つまり, 企業家は労働者の技能を最新のものに更新する (update) することで職務を刷新 (renovation) すると想定される. 構造的変動により更新費用が雇用創出費用よりも嵩む場合は, 従前の職務が棄却される創造的破壊効果が発生し, 費用が低く済む場合には, 従前の職務が維持される. 技術進歩が新しい職務に具体化された場合, 職務の存続期間が短いと更新費用が嵩んでしまう. 一方で, 全ての職務が継続的に更新されると技術進歩は具体化されないものとなり, 資本化効果が発現する. いずれの効果が支配的かは更新費用の高低に依存する. これは更新費用が 0 の場合を資本化効果, 無限大のときを創造的破壊効果の究極の姿ととらえ, どちらが支配的になるかの分岐点となる費用水準を求めるものである.

Pissarides and Vallanti(2007) は Mortensenet al.(1998) を拡大した成長モデルを構築して TFP と失業率の関連を検証した. Pissarides et al.(2007,pp.607-610) は, 実証分析の結果から TFP と失業率には負の相関関係があり, 定常状態において創造的破壊効果は把握できないこと, 資本化効果は若干把握できるとしている.

6. DMP モデルにおける社会的最適

失業と欠員が併存する労働市場においては, サーチ活動に伴う外部性が発生する. このような状況においては競争均衡がパレート最適を保証するという厚生経済学の第 1 定理は成立しない. 摩擦の存在する状況下での効率性の問題は Diamond (1981).(1982b) 等において問題提起されたが明確な解答はえられなかった[36].

均衡失業理論における社会的厚生の最大化条件は, Hosios (1990) によって提示されたため, ホシオス条件 (Hosios condition) と呼ばれている. ホシオス条件は DMP モデルにおける中核理論となるものであり, 政策提言において必要不可欠である.

ここではまず, 基本モデルにおける最適条件について, Hosios(1990,pp.281-289), Pissarides(2000,pp.183-188), Cahuc et al. (2004) 第 9 章の第 6 節に基づいて説明する.

社会全体の総生産を Ω, 労働者一人当たりの生産量を y とすると,

$$\Omega = yL(1 - u) + zu - pcv \quad \cdots\cdots(6\text{-}1)$$

となり, 1 人当たりに直すと,

$$\frac{\Omega}{L} = y(1 - u) + zu - pc\theta u \quad \cdots\cdots(6\text{-}2)$$

となる. 社会計画者は, 定常状態 (3-5) を制約条件として次の社会的厚生関数を θ と u に関して最

---

[36] 最適条件を探るための事情は, Mortensen (1986,pp.897-904) に述べられている.

大化する[37].

$$\max \omega = \int_0^\infty e^{-\delta t}[y(1-u) + zu - pc\theta u]dt \quad \cdots\cdots(6\text{-}3)$$

この問題の最適化条件は, 最大値原理を用いるとともに定常状態で評価することで,

$$\frac{[1-\eta(\theta)](y-z)}{q + \theta q(\theta)\eta(\theta)} = \frac{pc}{q(\theta)} \quad \cdots\cdots(6\text{-}4)$$

となる. 但し, $\eta(\theta) = -\frac{\theta q'(\theta)}{q(\theta)}$であり, $\eta(\theta)$はマッチング関数が一次同次の場合の失業者数に関する弾性値である. (6-4)と(3-19)から, $\gamma = \eta(\theta)$が成立することが社会的最適化と市場解が一致するための必要十分条件であり, ホシオス条件と呼ばれる.

次に雇用創出・喪失モデルにおける最適条件について, Mortensen and Pissarides(1999b, pp.2587-2589), Pissarides(2000,pp.188-190) に従って解説する.

社会計画者は, 基本モデルの y(1-u) を生産性の平均値に置き換えた次式で示される社会的厚生関数をθと u に関して最大化する.

$$\omega = \int_0^\infty e^{-\delta t}[\bar{y} + zu - pc\theta u]dt \quad \cdots\cdots(6\text{-}5)$$

x＜R のとき雇用喪失が発生するため, y の運動 (evolution) は次式で表わされる.

$$\dot{y} = p\theta q(\theta)u + \lambda(1-u)\int_R^1 ykfG(k) - \lambda Y \quad \cdots\cdots(6\text{-}6)$$

(2-2)と(6-6)を制約条件として(6-5)を最大化するこの問題の最適化条件は,

$$[1-\eta(\theta)]\frac{1-R}{r+\lambda} = \frac{c}{q(\theta)} \quad \cdots\cdots(6\text{-}7)$$

$$R - \frac{z}{p} - \frac{\eta(\theta)}{1-\eta(\theta)}c\theta + \frac{q}{R+\lambda}\int_R^1 (x-R)dG(k) = 0 \quad \cdots\cdots(6\text{-}8)$$

となる. (6-7), (6-8)と(4-11), (4-12)を一致させることからホシオス条件は$\gamma = \eta(\theta)$となる. ホシオス条件は, 失業と欠員の併存を前提とした場合の社会的最適状態は, 分配率を考慮したものになること, 欠員を補充するために一定の失業を必要としていることを示している. 但し, ホシオス条件はマッチング関数が一次同次でない場合は成立しないこと, 一次同次であっても労働者や企業の異質性を仮定すると定常状態においても成立しないことが知られている[38].

分配率が高すぎる($\gamma > \eta(\theta)$)と, 失業率は高すぎて欠員率は低すぎることになる. 分配率が低すぎる($\gamma < \eta(\theta)$)と, 失業率は低すぎて欠員率は高すぎることになる. 分配率の水準は雇用されている労働者のみならず, 失業者のサーチ活動にも影響を与える. Pissarides(2000, pp.186-188) は, 分配率が低すぎる場合, 社会計画者による企業への課税により賃金交渉において分配率を高くする

---

[37] 社会計画者は功利主義者 (Utilitarian) であると想定されている. つまり, 均衡失業理論においても通常の厚生経済学と同様に功利主義に立脚して効率性を捉えていることには相違ない.

[38] Rogerson,Shimer and Wright(2005,p.983).

27

必要があること，賃金交渉において失業者の所得にも配慮することで外部性は内部化されること
を指摘している[39]．

7. DMP モデルの政策への応用

DMP モデルの特筆すべき貢献は，これまで不明確であった労働需給を調整するための労働市場
政策の効果を理論的に説明できるようになったことである．これは雇用創出・喪失モデルの完成
に負うところが大きいため，1990 年代後半以降に業績が積み重ねられた．本節では Mortensen et
al.1999b, pp.2601-2607)，Pissarides(2000,pp.205-234)に基づいて雇用創出・喪失モデルを用
いた政策の効果の分析について解説し，次にその応用について検討する．

Pissarides(2000,p.205) は政策手段として，労働者によって支払われる賃金課税 (wage tax:t)，
雇用期間に亘って支給される雇用補助 (employment subsidy:a)，雇い入れ時の補助 (hiring
subsidy:H)，企業によって負担される解雇税 (firing tax:F)，さらに失業手当 (unemployment
compensation:ρ) を想定している．前 4 者は積極的労働市場政策 (ALMP:Active Labor Market
Policy) に分類されるもので，賃金負担の増減という形に集約されて，モデルに組み込まれる．失業
手当の支給は受動的労働市場政策 (PLMP:Passive Labor Market Policy) に分類されるもので，モ
デルでは留保賃金の上昇として扱われる．

Pissarides(2000,pp.205-207) に従って，政策変数を具体的に設定する．税構造として，職務 j に
ついてのグロスの賃金をw_j，税率を $t(0 \leq t < 1)$とし，労働者が受け取る補助金 τ も含めた所得に
課税されるとする．労働者が受け取るネットの賃金は，$(1-t)(w_j+\tau)$ であり，労働者から税務当局
へのネットの移転は，

$$T(w_j) = tw_j - (1-t)\tau \quad \cdots\cdots(7\text{-}1)$$

である．均衡賃金 w に関して$T(w) \geq 0$と想定し，$\tau > 0$であれば累進課税，$\tau = 0$であれば比例課税，
$\tau < 0$であれば逆進課税である．

労働者は失業した際には失業手当 b を受給する．この額は本来，留保生産性以上の職務において
支給される賃金に比例するものであるが，Pissarides(2000,p.214) では操作性を考慮して，労働生
産性に比例するものであると想定する．置換比率を ρ とおくと，

$$b=\rho(1-t)(p+\tau) \quad \cdots\cdots (7\text{-}2)$$

---

[39] 今井 (2010 年 11 月 1 日，2 日) は，分配率を低下させると失業率は低下するが低賃金の仕事が増えるので必
ずしも社会的に望ましくないこと，リーマン・ショック以降の日本の失業率水準は米国等と比較して相対
的に低く，上昇幅も小さいが，低賃金の仕事が増えた可能性があることを指摘している．

となる.

　企業は職務 j に関して雇い入れ期間中に労働者の技能とは無関係に雇用補助 a を受け取る. 生産性の高い労働者の雇い入れと解雇には費用が嵩むため, 生産性に比例した補助と課税 pH, pF が設定される.

　生産性ショック x が到来する度に, 賃金は再交渉される. 雇い入れ時は雇い入れ補助金, 解雇時は解雇課税を考慮したナッシュ交渉解が想定できる. 雇い入れ時の職務 j の賃金 (＝outsider wage) を w_{0j}、解雇時の職務 j の賃金 (＝insider wage) を w(x)$_j$ とおくと,

$$w_{0j} = \text{argmax}(W - U)^{\gamma}(J + pH - V)^{1-\gamma} \quad \cdots\cdots(7\text{-}3)$$

$$w(x)_j = \text{argmax}(W - U)^{\gamma}(J + pF - V)^{1-\gamma} \quad \cdots\cdots(7\text{-}4)$$

となる. 固有の生産性ショックを考慮した場合, (7-3), (7-4) の 1 階の条件, 自由参入条件及び $w_{0j} = w_0$、$w(x)_j = w(x)$ から賃金方程式は次のように設定される.

$$w_0 = (1 - \gamma)\left[\frac{z}{1-t} - (1 - \rho)\tau + \rho p\right] + \gamma\{[1 + c\theta - \lambda F + (r + \lambda)H]p + a\} \cdots\cdots(7\text{-}5)$$

$$w(x) = (1 - \gamma)\left[\frac{z}{1-t} - (1 - \rho)\tau + \rho p\right] + \gamma[(x + c\theta + rF)p + a] \cdots\cdots(7\text{-}6)$$

　課税と補助金を考慮した企業の期待利潤は雇い入れている場合と欠員がある場合でそれぞれ,

$$rJ(x) = px + a - w(x) + \lambda \int_R^1 J(k)\,dG(k) - \lambda G(R)pF - qJ(x) \quad \cdots\cdots(7\text{-}7)$$

$$rV = -pc + q(\theta)(J^{out}(1) + pH - V) \quad \cdots\cdots(7\text{-}8)$$

となる. ここで $J^{out}(1)$ は, 賃金水準が雇い入れ時の賃金方程式 (7-5) を満たしており, x＝1 のときの期待利潤である. 雇用喪失は, 解雇税も考慮されて決定されるので, 次式が成立する.

$$J(R) + pF = 0 \cdots\cdots(7\text{-}9)$$

政策評価を含んだ労働者の期待効用は, 雇用されている労働者と失業者でそれぞれ,

$$rW = w - T(w) + \lambda(U - W) \quad \cdots\cdots(7\text{-}10)$$

$$rU = z + b + \theta q(\theta)(W - U) \quad \cdots\cdots(7\text{-}11)$$

となる. 雇用創出曲線は, (7-5), (7-6), (7-7), (7-8), (7-9) と自由参入条件から,

$$(1 - \gamma)\left(\frac{1-R}{r+\lambda} - F + H\right) = \frac{c}{q(\theta)} \quad \cdots\cdots(7\text{-}12)$$

となる. 一方, 雇用喪失曲線は (7-6), (7-9) から,

$$R + \frac{a + (1-\rho)\tau}{p} - \rho + rF - \frac{z}{p(1-t)} - \frac{\gamma c}{1-\gamma}\theta + \frac{q}{r+\lambda}\int_R^1(k - R)dG(k) = 0 \quad \cdots\cdots(7\text{-}13)$$

となる. UV 曲線は, 従前の雇用喪失の場合の (2-3) と同じ式となる. R と θ の均衡値は, 図 1-4 の図 G に示されるように, (7-12), (7-13) から求められる. 次に, 図 H に示されるように傾き θ^* の雇用創出線と UV 曲線から均衡失業率が求められる. 政策変数を操作すると, 図 1-4 の図 G に示す

29

ように,雇用創出曲線と雇用喪失曲線をシフトさせる.Rが上昇した場合,雇用喪失が加速され,θが上昇した場合,雇用創出が加速される.均衡失業率はこの結果を受けて図Hに示されるように傾きθ*の雇用創出条件が回転して決定されるが,政策によってはUV曲線がシフトする.

　各労働市場政策の効果は,Pissarides(2000,pp.217-219)に従うと,次のようにまとめることができる.雇用補助aと税補助τは,雇用喪失曲線を下方シフトさせることで雇用喪失を防ぐとともに雇用創出を促進する.さらにUV曲線を下方シフトさせ,雇用創出条件を反時計回りに回転させることで均衡失業率を低下させる.賃金税率tは雇用喪失曲線を上方シフトさせることで雇用喪失を加速するとともに雇用創出を抑制する.さらにUV曲線を上方シフトさせ,雇用創出条件を時計回りに回転させることで均衡失業率を上昇させる.雇い入れ補助Hは雇用創出曲線を上方シフトさせるために,雇用創出と雇用喪失の双方を加速する.次にUV曲線を上方シフトさせ,雇用創出条件を反時計回りに回転させるため,均衡失業率への影響は確定しない.解雇税Fは,雇用創出曲線と雇用喪失曲線を共に下方シフトさせることで雇用喪失を抑制するが,雇用創出についての効果は明確ではない.さらにUV曲線を下方シフトさせるものの,雇用創出条件を時計回りに回転させるため,均衡失業率への影響は確定しない.失業給付の置換比率ρは,雇用喪失曲線を上方シフトさせるので雇用創出を抑制し雇用喪失を加速するとともに,UV曲線を上方シフトさせ,雇用創出条件を時計回りに回転させるため,失業率を上昇させる[40].

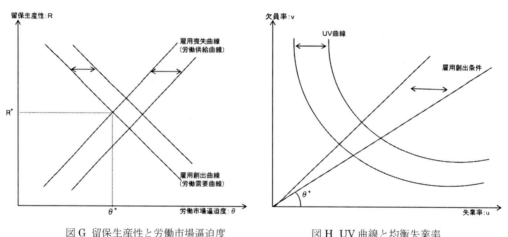

図G　留保生産性と労働市場逼迫度　　　　図H　UV曲線と均衡失業率

資料:Pissarides(2000)を基に作成

図1-4　DMPモデル(雇用創出・喪失モデル)における政策効果

---

[40] 今井(2010年11月3日,5日)は日本の解雇規制について,整理解雇の4要件を考慮すると企業は解雇を先延ばしするため雇用喪失は抑制される一方で,新規の求人は減少することで雇用創出は抑制されるため,失業率への影響は明確ではないこと,解雇規制を緩和してセーフティ・ネットを整備することは失業率の上昇につながることを指摘している.

Cahuc et al.(2004,pp.659-664) は, 基本モデルを用いて雇用補助額が賃金に比例するように設定した場合の効果を検討しており, その概要は以下のとおりである. 補助率を s とすると, 企業が受け取る補助額はws, 支払う賃金はw(1 − s) となる. このような雇用補助は労働市場逼迫度を上昇させて失業率を低下させるものの, 賃金が上昇するために企業の費用低下効果は低いこと, 特定の労働者に焦点を当てると効果が期待できること, 失業手当受給額が賃金水準に連動するように設定されている (indexation) 場合, 労働市場逼迫度は影響を受けず, 雇用補助は企業から労働者への再分配として機能することが示される.

Cahuc et al.(2004,pp.692-697) は, 基本モデルを用いて失業給付の受給資格の有無が与える影響を次のように示した. 失業手当は通常, 就業しなければ受給資格がない. 受給資格がない失業者は何らかの扶助に頼ることになるが, 扶助額が引き上げられると受給資格がない者の失業率は上昇する. 一方, 失業手当が引き上げられると, 受給資格のない者の就業意欲が高まり失業率は低下するが, 受給資格のある者の失業率は上昇するため, 全体の失業率の動向は不明確となる.

Cahuc et al.(2004,pp.664-668) は基本モデルを用いて積極的労働市場政策である政府による直接雇用の効果を次のように示した. 政府が創出した職務は全て充当される, 政府部門と民間部門では賃金水準と雇用喪失率は同一である, という前提が満たされている場合, 政府の直接雇用は図 C の賃金曲線を上方シフトさせることで賃金を上昇させて民間の職務をクラウド・アウトする. その一方でマッチングの効率性が向上して図 H の UV 曲線を下方シフトさせるため, 均衡失業率が低下するか否かは明確ではない.

Cahuc et al. (2004,p.737-741) は, 雇用創出・喪失モデルを用いて解雇費用の与える影響を分析するために, DMP モデルにおける労働生産性を確率変数とし, 解雇費用を考慮した場合の雇用保蔵を以下のように説明した. 企業は労働者の生産性が留保生産性以下に低下しても, 解雇費用を考慮すると解雇を控える可能性がある. これは景気が回復して損失を補填することを意図したものでオプション価格を考慮した行動である. このように雇用喪失が抑制される一方で, 解雇費用は期待利潤を低下させるために新規雇用を抑制する. 失業率の動向は, この両効果が相殺された結果なので不確定である. さらに Cahuc et al. (2004,p.741-745) は事前に解雇費用の存在が労使双方に知られている場合, 賃金交渉において解雇費用を考慮した賃金決定がなされるため, 解雇費用は雇用には影響を与えないとしている.

労働市場政策を実行するに当たっては政策相互の関連を重視して, 整合性を確保しなければならない. Coe and Snower(1997,pp.1-3) は, DMP モデルに政府の収支を加えたモデルを用いて, 労働市場政策が目標を達成するためには, 複数の政策手段の相互の代替・補完関係を重視しなければな

らいこと，解雇規制や失業手当の在り方も他の政策との代替・補完の観点から捉える必要性を指摘した．

Pissarides(2000,pp.218-219) は，H と F を同額として解雇税と雇い入れ補助を同時に実施すると，雇用喪失曲線を下方シフトさせることで雇用創出を促進するとともに雇用喪失を抑制し，UV 曲線を下方シフトさせてマッチングを改善するため，均衡失業率は低下するとしている．このことは，Mortensen and Pissarides(1999c,pp.255-261) において，カリブレーション(calibration)[41]により検証されている．

Pissarides(1985b,pp.128-129) は，失業手当の財源を賃金課税に求めると雇用喪失が増幅され，雇用補助の財源を賃金課税に求めると雇用創出効果が相殺されることを指摘した．Mortensen et al. Pissarides(1999b,pp.2604-2607) はカリブレーションによって，賃金課税率と失業保険の置換比率を共に上昇させると失業率が上昇すること，雇い入れ補助と解雇税を共に引き上げると失業率に影響を与えないことを示した．

労働市場政策には規範的分析を導入することも重要である．Pissarides(2000,p.225,229) は政策の制度設計に際して，失業者や貧困層への所得補償といった市場の外での公平性を政策目的とする場合は労働市場の均衡に影響を与えないようにすること，賃金交渉では効率性は達成できないため，サーチ活動に伴う外部性による影響を内部化するようにすることの必要性を指摘している．

均衡に影響を与えないようにするためには，政策の効果が雇用創出と雇用喪失に中立的であることが望まれる．Pissarides(2000,pp.225-228) に従うと，そのための条件は，(7-12), (7-13) における政策変数の集計値が 0 となることである．つまり H と F が同額であることに加えて，ρ が a か τ で補償されること，F あるいは H が a の必要性を減じることである．

サーチの外部性を内部化する場合，ホシオス条件が達成されるように政策が決定されなければならない．Pissarides(2000,p.230) は，$\gamma > \eta$ の場合，費用が嵩むので十分な職務が提供されないことから，雇い入れ補助 H はより額を大きくするべきであり，雇い入れ補助 H と解雇税 F が決定された状況においては雇用補助 a や税補助 τ を引き上げなければならないとしている．

労働市場における仲介者，特に政府が設置する公共職業安定所や民間の職業紹介所については従来，必要性は認識されていたところであるが，その機能についての分析は必ずしも十分ではなかった．Yavas(1994,p.406) は，労働者と企業のサーチ活動において，仲介者の存在が，自己を高く評価する労働者と労働者を低く評価する企業を排除すること，ジョブ・密度を低下させること，サー

---

[41] Cahuc et al.(2004,p.534) に従うと，カリブレーションとはパラメータに想定できる値を割り振って数量的予測を行うものであり，予測結果はパラメータの設定値に依存するために解釈に当たっては注意が必要であり，頑健な結果を得ることでモデルの特性を把握できる．

チに費用が嵩む場合に効率性を高めるが, 費用がかからない場合には効率性は低下することを指摘した.

Cahuc et al.(2004,pp.644-647) は, 仲介者が公的な場合, ホシオス条件を考慮すると労働市場逼迫度の最適値は変化しないこと, 効率的であるためには, 仲介者による職業紹介の限界費用がその限界便益に一致すること, 仲介者が追加された場合の限界費用がその限界便益に一致することが必要であることを指摘している. さらに Cahuc et al. (2004,pp. 647-649) では, 仲介者が私的な機関であり, 成功報酬を求職者と求人企業双方から受け取ると想定した場合, ホシオス条件を満たしている場合においても仲介者の過剰サービス生産により混雑現象が発生することを指摘した上で, 公共職業紹介機関の存在が正当化されるとしている.

8. DMP モデルの発展と数値計算

DMP モデルはカリブレーションによる数値計算を行うことに適している. 確率離散変数型 DMP モデルを用いたカリブレーションの嚆矢となったのは, Mortensen と Pissarides の一連の研究である[42]. Mortensen(1994,p.1123) は, on the job search を考慮することでカリブレーションの精度が向上すること, 米国のデータを用いて雇用創出と雇用喪失が負の相関を持っていることを示した[43].

マクロ経済学の分野においても, リアル・ビジネス・サイクル (real business cycle:RBC) 理論の実証面における精度は, DMP モデルを組み込むことで向上したことが確認されている[44]. RBC 理論は本来, Walras 型均衡モデルであるが, 労働市場における摩擦を考慮に入れることでリアル・ビジネス・サイクル・マッチング (real business cycle matching:RBCM) モデルに拡大することが可能である.

Merz(1995,pp.286-287) は, 標準的 RBC モデルによるカリブレーションでは生産性ショックの各変数への伝播をうまく描写できなかったが, DMP モデルを組み込むことで解決できること, 労働市場関連の変数が過去に依存していることを説明できることを指摘している.Andolfatto

---

[42] Mortensen and Pissarides(1993,pp.211-219) (1994,pp.409-412).

[43] Cahuc et al.(2004) では DM P モデルの簡易なカリブレーション結果が提示されている.失業給付の与える影響に関しては同 (pp.534-537, pp.540-542, pp.549-550, pp.702-703), 最低賃金の与える影響に関しては同 (pp.726-727), 解雇権の与える影響に関しては同 (pp.745-748) において紹介されている.

[44] RBC モデルのカリブレーションとして, Merz (1997), Andolfatto (1996) は雇用喪失を外生的に扱うとともに離職率を一定としている. 雇用喪失を内生化したものには den Haan, Ramey and Watson(2000) がある.

33

(1996,pp.128-129) は RBCM モデルのカリブレーションで生産性ショックに対する労働時間等の
マクロ経済変数を追跡することが可能となったことを指摘する[45].

　DMP モデルのカリブレーション結果については, ナッシュ交渉解による賃金決定システムに
問題があり, 生産性ショックの伝播を描写できないという批判がある[46]. Shimer(2005a,pp.25-26)
は, 米国のデータを用いて雇用喪失を外生変数とする DMP モデルのカリブレーションを行い, ナ
ッシュ交渉解に基づく賃金決定方式では, 交渉力が一定なので, 生産性ショックが発生した場合に
賃金が変動することで企業の雇用創出意欲が抑制されるため, 失業率と欠員率のトレード・オフ
関係は導かれるものの, 失業率と欠員率及び労働市場逼迫度の変動の 11% しか説明できないこと,
離職率ショックに対して欠員率は反応せず, 失業率と欠員率のトレード・オフ関係を導けないこ
とを示した[47].

　Pissarides(2009,p.1339-1940) が指摘するように, DMP モデルにおいてナッシュ交渉解から求
められる賃金方程式の性質を考慮すると, 生産性ショックに対して賃金の反応は小さく, 雇用の反
応が大きいはずである. そのため, Pissarides(2009,p.1340) はこの問題を失業変動率パズル
(unemployment volatility puzzle) と呼んでいる.

　この問題を回避するために, DMP モデルの賃金設定方法に修正を加えるカリブレーション手法
がある. Hall(2005,p.50) は, ナッシュ交渉解では労働者の交渉力が景気変動に関わらず一定であ
ることが問題であると指摘し, DMP モデルの賃金交渉において賃金粘着性 (wage stickiness) を
考慮することでこの問題が解決できるとした. Hall(2005,p.50-51) は, 賃金粘着性は賃金交渉にお
いて受容される賃金の幅が景気変動に応じて変動するのに対して賃金は一定水準となることから
発生するものであり, 賃金硬直性と比較してマッチング過程とより統合されたものであるとして
いる[48].

---

[45] Yahiv(2000) はイスラエルのデータを用いて雇用喪失率を外生変数とした DMP モデルの構造的推定を行い,
　　サーチ費用や外部性, マッチング過程の摩擦を推計するとともにカリブレーションでショックの失業率に与
　　える影響について検証し, モデルの有用性とマクロ経済学への発展の可能性を示した.

[46] Andolfatto (1996,pp.128-129) は RBCM モデルのカリブレーションの欠点として, 欠員の変動性(volatility)
　　の一部分しか追えないこと, 賃金の動きを追えないことを指摘していた. Cole and Rogerson (1999,pp.954-
　　955) は, DMP モデルのカリブレーションは失業期間が 10 カ月以上の場合に景気変動を説明できるが, これ
　　は平均失業期間を上回っているので実際のデータを説明する力は低いと指摘している.

[47] 坂口 (2008,pp.163-164) は Shimer(2005a) に添って日本に関するカリブレーションを行い, 失業率変動を十
　　分には追跡できないとしている.

[48] 賃金粘着性の議論はシェア・エコノミーを提唱した Weitzman (1984,pp.39-48,邦訳 pp.59-70) が行ってお
　　り, そこでは, 企業は労働者と賃金に関して粘着的な, 明示的あるいは暗黙の契約を締結すること, 米国の賃
　　金契約では, 当初は団体交渉によって賃金が決定され, 雇用量が決定されるため, 粘着的賃金と変化する雇用
　　量が見られることを指摘している. このことは, シェア・エコノミーでは労使交渉は賃金粘着性を通常は発

DMP モデルにおける賃金設定方法には問題はないとして，マッチングの調整費用等を見込んでカリブレーション手法を改善する手法がある．Hagedorn and Manovskii(2008,pp.1692-1693) は，基本モデルに基づくカリブレーションを行い，賃金の労働生産性に関する弾性値を決定する労働者の交渉力がホシオス条件を満たすように設定すること，失業給付水準を超える非労働市場活動の便益を設定することで，モデルが米国の失業率や欠員率の変動を追跡できることを示した[49]．

Mortensen and Nagypál(2007a,pp.327-329) は，Shimer(2005a) について検討を加えた結果，マッチング関数の欠員率に対する弾性値が低いこと，マッチングの機会費用と生産性の差が大きいこと，職を見つける確率の賃金へのフィードバック効果が強いことが失業率の変動を追跡できない要因であると指摘し，モデルを修正すれば失業変動の 2/3 は説明できるとした．

Mortensen and Nagypál(2007b,pp.645-647) は，Shimer(2005a) についてさらに検討を加えた結果，雇用喪失を内生化することで生産性ショックに対する失業率変動をより追跡できること，生産性が勤続に伴い上昇する場合，生産性ショックに対する失業率の変動をより追跡できることを示した．

Pissarides(2009,pp.1339-1342) は，新規の雇用創出に影響を与えるのは，新規のマッチングにおけるナッシュ交渉解に基づく賃金であること，賃金の変動は新規職務の賃金において観察されること，既存の職務の賃金は交渉により一旦固定されることで賃金粘着性が観察されることを指摘し，雇用創出は生産性とマッチング費用に影響を受けることを考慮することで失業率の変動を追跡できることを指摘した．

カリブレーションの結果の適合性に関する議論においては，カリブレーションの技巧の問題と賃金・雇用創出の性質に関する問題が混在している．賃金の粘着性概念の精査，留保賃金水準の設定，雇用創出と賃金の関係，job to job[50] の要因は経済学において非常に重要な問題であり，カリブレーションの技術論とは区別して議論する方が望ましいように思われる．

生させるが，分配率を固定すると賃金粘着性が消えることを意味する．つまりシェア・エコノミーと DMP モデルでは賃金概念に共通する部分が多いが，労使交渉が反対の含意をもたらす場合もあることになる．

[49] Costain and Reter(2008,pp.1121-1123) は，Hagedorn and Manovski(2008) の結果に同意するものの，外部ショックに対する失業率の変動を追跡できるようにカリブレーションを行うと，政策変数の操作に対して失業率の変動が小さくなることが問題であり，失業率以外の変数にもこの問題は生じるとしている．

[50] Mortensen et al.(2007a,p.344) は，DMP モデルのカリブレーションにおいて，失業を経由しない労働者移動(job to job transition)を考慮する必要性を指摘している．

9. 今後の展望

　経済学の歴史は失業問題の解明に多くが割かれてきたと言える．Walras型労働市場に基づく従来型の議論において，労働市場に不均衡が生じる様々な理由が提示されてきたが，いずれも隔靴掻痒の感は否めなかった．また，政府が労働市場に介入する積極労働市場政策の存在意義や失業手当の支給等の受動的労働市場政策との関連は必ずしも明確ではなかった．政府による職業紹介，解雇権制約といった労働市場に関する制度の在り方についても，その経済学的意義が不明確なままで議論されてきたところである．

　これらの諸問題に対して明確な解答を与えたという意味でDMPモデルの意義は大きい．DMPモデルではさらに，労働市場政策相互の関連，さらには政策と課税の関係について検証が加えられており，複数の雇用政策を同時に実施しても条件を満たさなければ効果は必ずしも倍加しないことが示される．

　DMPモデルの賃金決定理論に関して議論が喚起されることは，賃金が内生化される場合のサーチ・モデルに特有の脆弱性に起因するものである．逆説的に言うならば，脆弱性があるからこそサーチ理論は賃金問題に様々な洞察を与えるのである．DMPモデルとBMモデル等に代表される賃金分散の分析を統合する必要性があることは言うまでもない．DMPモデルは職務フロー(job flow)を説明するものの労働者フロー(workers flow)までは説明する理論ではない．Job flow は workers flow に包含されるものであるが，worker flow の要因は経済学的には十分に解明されていない．雇用創出・雇用喪失と雇用再配置の間の workers flow を描写する理論を構築することが必要である[51]．

　DMPモデルに基づいて，日本の雇用政策議論の問題点を述べる．課税に関する問題においては，課税自体が市場に影響を及ぼすため，政策効果と課税の影響を比較考量しなければならない．日本では国会や政党マニフェストにおいて新規政策と財源に関する議論が行われているが，それらの殆どは単に，歳入と歳出のバランスのみを目的とした安易な財源調達や歳出の組み換えに焦点が置かれている．これは目的税を排除するという財政原則に抵触するばかりか，政策相互間の関連も無視したものである．このような児戯にも等しい帳尻合わせ議論は即刻，停止し，実のある政策議論を展開するべきである．

　経済雑誌や政府審議会等で頻繁に展開される労働市場制度に関する通説は，多くの問題を孕んでいる．「整理解雇の4要件による解雇権の制約をなくせば失業率は低下する」という主張は，解雇規制のみに着目した部分均衡的なものであり，政策相互間の補完関係は考慮に入れられていない．「非正規雇用を増やせば，労働市場の効率性が向上する」という主張は，ホシオス条件を考慮したも

---

[51] この問題を最初に指摘したのは Cole and Rogerson (1999,p.935) である．

のとは言えない.「公共職業安定所の民営化や手数料徴収が効率性を向上させる」という主張は, 仲介者の機能を正当に評価したものとは言えない.

　以上の議論から, DMP モデルが日本の労働市場議論に多くの示唆を与えること, 今後, 検証するべき課題を提供することが分かる. 日本においては, DMP モデルに基づく実証分析も殆ど行われるには至っていない. 実際に発動されてきた雇用政策は, 目的が明確ではなく, 政策相互間の補完性も十分に考慮されていない. それは現在の雇用政策の効果の検証の貧弱さにつながっている. 雇用調整助成金の失業率抑制効果, 雇用保険が積極的労働市場政策と受動的労働市場政策を包含して財源が一括徴収されていること等について DMP モデルを用いて検証することは重要な課題である.

第 2 章　労働市場政策と雇用保護立法の評価

(Part 1：政策評価モデルと保護立法緩和の分析)

雇用保護立法が労働市場に与える効果については，理論的根拠や実証分析の結果を顧みずに議論されている場合が多い．解雇権の制約を規制緩和の観点から批判した政策提言がなされたり，異なる方向を向いた整合性に欠ける政策が提案・実行されたりする場合もある．雇用保護立法が与える効果は，保護立法が外生的与件であると想定した場合，政策付き DMP モデルによって検証可能である．雇用保護立法は，失業率を下げる方向と上昇させる方向に同時に働くため，先験的には効果は不明であることが示される．さらに，DMP モデルの職務を細分化することで，一方では保護の継続，他方で保護立法の緩和という異なる方向を向いた政策を評価することが可能となる．その結果，新規雇用が短期雇用に限定され，短期雇用の雇用喪失が発生しやすく長期雇用への転換が困難となるため，固有の生産性ショックが発生した場合には失業率が上昇することが示される．

Key Words：雇用保護立法, 手切れ金, 解雇税, 部分的緩和, DMP モデル, MP version

1. はじめに

　一般的に自由主義国においては，雇用契約において企業と労働者は対等であり，契約自由の原則が認められている．つまり労働者はいつでも職を辞することができ，雇い主はいつでも労働者を解雇できる．しかしながら，労働者は雇い主よりも交渉力は劣位にあるため，雇用保護立法 (employment protection legislation) の一環として，雇い主の解雇権を制約する政策や法手続きが各国で実施されている．その手段としては手切れ金 (severance pay) の支払いや事前告知 (advanced notice of dismissal) の設定，解雇税 (firing tax) を課す等がある．

　このような立法が一般化したのは，近年のことである．OECD (1999b,p.51) は，雇用保護立法の起源は第 2 次世界大戦以前にまで遡るが，現在の立法は 1950 年代〜1970 年代にかけて形成されたものであること，特に 1973 年の第 1 次石油危機後の景気後退は集団解雇を含む分野での様々な保護手段を採用する契機となったとしている[1]．但し，全ての雇用が解雇権制約の対象となる訳ではない．雇用契約には雇用期間に定めのない長期雇用契約 (long-term /permanent labor contract) と固定期間雇用契約 (temporary labor contract, fixed/short-term duration labor contract) がある．雇用期間の定めのない契約は，いつでも解約される場合もあるため随意雇用 (at will employment) とも呼ばれる．内容変更可能な雇用契約 (open ended labor contract) とも呼ばれる．解雇が制約されるのは雇用期間に定めのない長期雇用が対象であり，正規雇用とされる．短期雇用である固定期間契約については，その利用が規制される場合が多く，非正規雇用とされる．

---

[1] 日本における雇用保護立法の概要は〔補論 I〕に記載している．

解雇権を制約する施策については，法学的見地のみならず，経済学的観点からも議論されているところである. 仮に労働市場に摩擦が存在しないのであれば，雇用保護立法は資源配分を歪めるものであり，パレート最適条件は成立しないという見解も成立し得る. この場合，雇用保護立法は，法 (law) の精神を枉げる為政者による恣意的立法として批判されるであろう.

　解雇権の制約といった雇用保護立法について懸念が表明されるようになった背景には，欧州の 1990 年代における高い失業率がある. OECD (1994a,p.36) は，雇用保護立法は解雇費用を上昇させることで解雇を困難にすることが目的であるが，雇い主に新規雇用を躊躇わせること，雇用保護の程度が厳しい欧州では長期失業率が高く，雇い主は労働力の柔軟性 (flexibility) 確保の必要性に対応するために一時契約等の手段に訴えることを指摘している[2]. OECD (1994a) においては，失業率を低下させるために雇用戦略 (jobs strategy) が提示され，雇用保護立法の緩和もその一環として提起されてきた.

　しかしながら，雇用保護立法の労働市場に与える効果に関する議論には陥穽に陥り易い危険性を秘めていることも事実である. OECD の雇用戦略のうち雇用保護立法の緩和に関しては，必ずしもその効果に関しては実証分析結果を伴うものではない[3]. そうであるにも関わらず，OECD の見解に無批判に追随した「識者」が存在したことも一方では事実である.

　Pissarides (2001,pp.131-132) は，政策関連の時事解説者 (policy commentator) の代表的見解として，雇用保護は労働市場の柔軟性を低下させ，技術進歩や市場統合に伴う構造変動に応えることができないために，高い失業率と少数派が不利を被るユーロ動脈硬化 (eurosclerosis)[4] につながるといった言説が流布されたことを指摘している.

　日本においても，解雇権が制約されることで，企業が採用行動に慎重になり，失業率が上昇しているという OECD (1994a) の見解を受け売りした理論・実証双方の分析の根拠を欠く政策提言が

---

[2] OECD (1994a,p.36) は，雇用保証は転職を抑制することでオン・ザ・ジョブ・トレーニングへの投資を奨励するものであり，解雇の自由と雇用保証のバランスが必要であると指摘している. さらに，OECD (1994a, p.46) は，立法又は中央レベルでの労使交渉を通して不公平あるいは差別的解雇を禁止する条項を確立すること，経済的理由による解雇を認めるとともに分権的労使交渉により協議されること，構造改革や新規雇用を妨げる解雇制約を緩めること，固定期間契約を認めるとともに正規雇用の保護を相対的に緩めること，固定期間契約終了時にボーナスを支給することを提言している.

[3] Pissarides (2001,pp.132) は，OECD が政策提言したにも関わらず，OECD (1999b) における実証分析において雇用保護が失業率の低下とは関連性が認められないことを指摘している.

[4] ユーロ動脈硬化は Giersch (1985,pp.1-2,5) が 1970～1980 年代のヨーロッパ経済の停滞に対して下した診断であり，特に高失業率に見られるように労働市場において停滞が顕著であると指摘した. Giersch (1985, pp.7-10) は，動脈硬化の背後には労働市場の諸制度があり，その中に解雇に伴う費用があると指摘している.

随所で提示されたところである[5]. 仮に, 政策提言を行った「識者」本人がこのような言説について確信を持っていたとしても, それは直観に基づく個人的見解に過ぎない.

雇用保護立法の経済効果については従前から実証分析が多数, 試みられてきたところである. 但し, 実証分析を積み重ねても, 理論モデルが完全な労働市場に立脚している場合, 雇用保護立法は雇用創出を抑制するという結果に結びつきやすい. 労働市場に摩擦が存在しないことを前提とした議論は, 雇用保護立法による解雇権制約の負の効果を強調する同義反復的議論に陥りがちである. Walras 型労働市場モデルに基づいた検証を行うことには限界がある.

雇用保護立法が労働市場に与える効果については, 1990 年代の段階では理論モデルとして確立していなかった. 従って, 実証分析に際しても, 労働需要関数等に解雇費用等を説明変数として加えることが行われてきたが, 雇用保護立法の外生性が検証された訳ではなく, その結果も説得力が低いものとなる場合が多かった.

問題となるのは, このように理論的, 実証的に不確実な主張であるにも関わらず, 雇用保護立法を社会的規制とみなして, 「解雇規制」を緩和することが労働市場の効率性を向上させるとともに失業率を低下させるという提言を受けて, 労働者保護政策の緩和が議論されてきたことである.

特に問題となるのは解雇権制約の緩和を部分的に実施したことである[6]. これは 1980 年代以降に実施された雇用保護立法の緩和政策の一環であり, 正規雇用の雇用契約を緩和対象とすることは政治的に難しいことから, 緩和対象を限定するものである. つまり, 固定期間雇用については, 解雇は行いやすいが, 更新や期間に制約があるため, これを推進するものである.

雇用保護立法の部分的緩和は, 雇用喪失を回避するために, 長期雇用の保護を維持あるいは強化し, 一方で雇用創出を促すために, 短期雇用に関連する法規を緩和するという政策である. この政策は, 正規雇用についての解雇権を制約したままで解雇しやすい非正規雇用を増やすものであることから, 長期雇用と固定期間雇用契約の間の相対的厳格性の格差を拡大するものである[7].

OECD (1999a,pp.20-21) は, 欧州諸国において雇用保護立法の緩和政策が主として非正規雇用を対象として実施されたこと, OECD もそれを奨励してきたことを指摘している. 但し, OECD (2006,p.12) では, 雇用戦略の見直しにおいて雇用保護立法と失業率の理論的関係は不確かであること, 厳格過ぎる雇用保護は効率性を損なうが, 労働市場の改革が非正規雇用を対象とした部分的なものに偏っていたために弊害が派生していることを認めている.

---

[5] 日本における雇用保護立法緩和議論については {補論 II} に記載している.

[6] これは限界部分における柔軟性 (Flexibility at the Margin) を追求したものである (Boeri and Garibaldi (2007), Sala.Silva and Toledo (2012)).

[7] このような労働者保護立法の改革は 2 層改革 (two tier reform) と呼ばれる (Boeri and Garibaldi (2007)).

解雇権制約に関する整合性に欠ける政策は, 労働市場に副作用を及ぼすことは必定である. このような政策議論を克服するためには, 異なる観点からの考察が必要となる. 労働市場が買手独占的であるといった企業が労働者に対して優越的地位にある場合には, 企業の解雇権を制約することが正当化される可能性が発生する. 但し, 不完全労働市場を想定していても, 理論的根拠が明確でなければその説得力は低く, 様々な解釈の余地を残すことになる.

理論的フレームワークを構築するためには, 労働市場に摩擦が存在することを前提とする必要性がある. このような考察は DMP (Diamond-Mortensen-Pissarides) モデルの開発によって可能になった. DMP モデルは摩擦のある労働市場を扱う標準的モデルとなっている. 雇用保護立法の経済効果のみならず, 公共職業安定所による職業紹介によるマッチング機能の向上, 雇い入れ補助金, 賃金補助といったいわゆる積極的労働市場政策に分類される雇用政策の効果を検証するためには, DMP モデルに拠らなければならない.

DMP モデルを用いた政策効果の分析においては, 雇用保護立法は外生的与件であると想定されている. この場合, 解雇権を制約することは必ずしも失業率に負の影響を与えるものではないことが示される. また, 摩擦が存在する状況下においては, 最適条件としてはパレート最適条件に替ってホシオス条件が成立することが求められる.

本章の Part1 は, DMP モデルに基づいた雇用保護立法の効果に関する議論を展開するものである. 2 では雇用保護立法の効果に関する議論を概観し, 3 では DMP モデルを用いた政策評価方法について雇用保護立法に力点を置いて解説する. 4 では雇用保護立法の部分的緩和の与える効果についての議論を解説し, 5 では今後の課題と展望を述べる.

2. 雇用保護立法の効果に関する議論の系譜

ここでは 1990 年代以降の雇用保護立法の効果に関する議論を概観する[8].

雇用保護立法の経済効果を実証するためには解雇の困難性を計測するとともに, 解雇費用を求めなければならない. Bertola (1990,p.853) は, Emerson (1988) の記述に基づいて日本を含む 10 カ国の雇用保護ランキングを作成し, 最も困難な国はイタリア, 日本は 6 位であることを示している. また, Bentolila and Bertola (1990,pp.399-401) は欧州 4 カ国の解雇費用と雇い入れ費用の推定を試みた.

---

[8] 1990 年代における雇用保護立法指標, 解雇費用が労働市場に与える影響についての理論・実証分析は, 中田 (黒田) (2001) による包括的な概観がある. 雇用保護立法が労働市場に与える効果についての実証分析については, 1990 年代の業績については OECD (1999b,pp.119-125), 1990 年代〜2000 年代初頭にかけての業績については Addison and Teixeira (2003), 1990 年代から 2010 年前後にかけての業績については, OECD (2013,pp.69-74) による概観がある. 本論の執筆においても参照させて頂いた.

なお, Lazear (1990) は, 1956 年〜1984 年における主要先進 19 カ国における法制度上の解雇の難易度を告知期間と手切れ金支給額で提示しており, その結果を数値化した OECD (1999b, p.67) では, 日本は最も解雇を行いやすい国家であると位置付けられている. これは, 日本では制定法では原則, 解雇が自由であったことによる.

OECD では雇用保護立法指標 (Indicators of Employment Protection Legislation: Indicators of EPL) を公表してきたところである. 但し, 現時点で共通の評価尺度が有るわけではない. 法令上, 解雇は自由であると規定されている場合であっても判例によって解雇権が制約されている場合もある. また就業形態によって雇用保護の在り方が異なっている場合もある.

OECD (1994a) の background paper である OECD (1994b) において 1980 年代後半を対象とした 6 段階指標の作成が試みられた[9]. その後, OECD (1999b) において 1990 年代後半を対象とした立法 (legislation) に限定せず規制 (regulation) まで範囲を拡大した指標が公表されている.

OECD (1999b) においては, 正規雇用者の解雇に対する保護の程度[10], 非正規雇用に関する規制, 集団解雇に関する追加要求を低い方から 6 段階で点数化して総合している. 日本については, 正規雇用者に関する解雇の困難性において, 解雇権濫用法理, 特に整理解雇の 4 要件が含まれているため 4.3 と高い値となっている. そのため, 正規雇用者に関しては 6 段階の 2.7 で, 27 カ国中低い方から 20 位と雇用保護の程度が厳しい国家として扱われている. 但し, 非正規雇用に関する規制, 集団解雇に関する要求を加えると 2.3 で 14 位と中程度の国となる.

OECD (2004) では, 1990 年代後半を対象とした指標の改定を行っており, 日本については裁判での扱いを再検討した結果, 解雇の困難性は 3.5 と修正されたため, 正規雇用に関しては 2.4 で 17 位, 総合では 1.9 で 10 位となっている. OECD (2004) は, 2003 年を対象とすると, 日本は正規雇用に関しては 2.4, 総合では 1.8 としている[11].

OECD の雇用保護指標から言えることは, 日本では民法, 労働基準法上は, 解雇は相対的に厳しく制約されていないが, 解雇権濫用法理を加味すると解雇の困難度は上昇する. このために, 正規雇用と非正規雇用の扱いに差があることになる. しかし, 雇用保護の程度が著しく高い国ではないという結果となっている.

---

[9] これは 1980 年代を対象とした Grubb and Wells (1993) を拡大したものである.

[10] ①解雇手続きの不便さ, ②個別解雇の告知と手切れ金, ③解雇の困難性から構成される.

[11] OECD はその後も, Venn (2009), OECD (2013) において雇用保護立法指標の改定を行っている. Venn (2009,pp.8-10) は 2008 年を対象とした指標を提示しており, 日本の値は変動していない.
OECD (2013) においては, 2013 年を対象とした指標を提示するとともに, データ収集方法を修正し, 過去に遡って数値を改訂している. OECD (2013) の付属資料によると, 日本は解雇の困難性は 34 カ国中 25 位と高いものの, 正規雇用についての指数は 2.09 で 10 位となっており, 雇用保護の程度は高くない.

雇用保護立法が労働市場に与える効果について取り組んだパイオニアの1人がLazear(1990)である．これは，摩擦が存在しない完全競争的な労働市場においてもコースの定理を援用すれば手切れ金が資源配分に中立的になることを示したものである．Lazear (1990,pp.pp.700-706) は，企業と労働者がリスク中立的な場合，労働者が手切れ金相当の入場料を入職時に支払うような効率的な雇用契約が成立していれば，企業から労働者への金銭移転である手切れ金の効果は相殺されるものであることを指摘し，手切れ金を義務付けるといった雇用保護立法の資源配分に与える効果は消滅することを示した．Lazear(1990,pp.706-723) は，実証分析結果から雇用契約の設計が不十分である場合，雇用保護立法は雇用率を低下させること，但し，それは失業率の上昇に直結するとは断定できないことを示した．

Lazear (1990) の提示したモデルは雇用保護立法の効果について正面から議論したものではない．しかし，以後の理論研究において，企業から労働者への金銭移転である手切れ金ではなく，企業が解雇時に課税される企業から政府への金銭移転の影響に議論の焦点が移行することとなったことにこの研究の意義がある[12]．

雇用保護立法が労働市場に与える効果としては，解雇を抑制することで雇用喪失を抑制すること，新規採用を抑制することで雇用創出を抑制することが挙げられる．いずれの力が強いかで雇用量が増加するか否かが決定される．ここで重要なことは異なる方向の両者を比較することであり，「解雇規制が新規雇用を抑制するので失業率は高くなる」といった政策評論家の論評は事象の片側のみを見た根本的に偏った認識であることに留意する必要性がある．

OECD (1999b) は，雇用保護指標を用いた実証分析を変量効果・一般化最小二乗法を用いて行っている．OECD (1999b,pp.71-89) は，雇用保護指標は全体の失業率には影響を与えていないこと，但し失業率と雇用率の人口構成に影響を与えている可能性があること[13]，労働力の失業へのフローと失業からのフローを抑制して失業期間を長期化させることを示している．この結果については，OECD の政策提言において実証分析の根拠が不十分であったことを示すものである．

この問題を部分均衡で捉えたのが Bertola (1990) で，これをさらに発展させたのが，Bentolila et al. (1990) である．Bertola (1990) は買手独占的な企業の労働需要関数に解雇と雇い入れ費用を考慮し，景気の善し悪しを確率モデルとして捉えてカリブレーションを行い，解雇費用による解雇抑制効果が新規採用抑制効果を上回ることで雇用者数は増えることを示した．

---

[12] Ljungqvist(2002,p.829).

[13] Addison and Teixeira(2003,pp.85-89) は，雇用保護が失業等に与える効果としては全体効果 (overall effects) と構成効果 (compositional effects) があること，構成効果については実証分析が不十分であることを指摘している．但し，構成効果についての研究動向については，OECD (2013) においてまとめられている．

この問題に諸要因を考慮に入れて対応するためには，一般均衡モデルに労使交渉過程を導入しなければならないところである．解雇費用が雇用水準に与える効果について，一般均衡のフレームワークを用いて扱ったのは，Hopenhayn and Rogerson (1993) である[14]．Hopenhayn et al. (1993) では，摩擦のない状況での確率的労働需要関数を想定し，固有の生産性ショックの到来による雇用創出時の課税を想定するとともに，消費と労働投入から労働者が効用を得るとして，課税が雇用水準と社会的厚生について与える影響をカリブレーションを行って求めた．Hopenhayn et al.(1993) は解雇費用による解雇抑制効果が新規採用抑制効果を下回ることで1年分の賃金相当の課税は雇用水準を 2.5%低下させること，このとき生産性は 2%減少して，消費を通して社会的厚生も 2%低下することを示した．

雇用保護は失業率の変動を小さくするが，一方で賃金変動を大きくするのではないかという指摘がある[15]．雇用保護立法が賃金硬直性に与える効果について Bertola (1990) はインサイダー・アウトサイダー(insider outsider)理論に基づいて労働需要を所与とした企業行動から検証を加えている．但し，部分均衡においては賃金か労働需要いずれかが外生変数であるために説得性のある実証は困難である．Hopenhayn et al.(1993) では，賃金をニューメレールとしており，賃金分析を捨象している．

市場に摩擦の存在する場合における雇用保護立法の効果を評価するにはサーチ理論を用いた DMP モデルの政策付き MP version 構築まで待たねばならなかったのである．DMP モデルに解雇費用を外生的に組み込むことについての完成形は，Pissarides (2000) において示される．

この分野の当初の試みは DMP モデルに雇用保護政策を組み込んだ Burda (1992) である．Burda (1992) は，解雇時に企業に課す課税負担と労働者の受け取る手切れ金の額の差が失業率や労働需給逼迫度に影響を与えるとして，企業負担の方が大きいと失業率が上昇して労働市場逼迫度は低下するとした．これは完成されたモデルではないが，政策付きサーチモデルの方向性を示したものである．

Garibaldi (1998) は，生産性が閾値を下回って解雇が必要な場合に，企業は解雇許可を得るまで待つ形で解雇費用を織り込んだ確率的 DMP モデルを用いたシミュレーションの結果，解雇費用が高いと失業率は変化しないが，労働力の再配置が抑制されることを示した．

---

[14] Ljungqvist(2002,pp.830-831)は，Hopenhayn et al.(1993)では、解雇費用は生産性の低下を意味しており、雇用籤で働かない可能性を選択することで失業をもたらすために雇用者は減少すること、DMP モデル等のマッチングモデルでは解雇費用は労使交渉で労働側が有利になるよう働くために雇用を増やすことを指摘している．

[15] Bertola(1990,p.851).

Blanchard and Portugal (2001) は, DMP モデルに解雇費用を導入して雇用喪失と失業期間に与える効果を検討し, 雇用保護の強いポルトガルは米国よりも失業率が高い訳ではないが, 失業に陥る確率が低く, 失業期間が長いことを示した. また, Blanchard et al.(2001) は労使交渉における解雇費用の上昇が企業にとっての実現可能賃金(feasible wage)を低下させるとしている.

Saint-Paul(2000) は, DMP モデルをベースとして, 独自のレント分析, 政治的要因を考慮した一般均衡分析を行っており, 雇用保護の労働市場に与える影響を理論化した先駆的業績の１つである. Saint-Paul(2000) は, 現在職についている労働者 (インサイダー) が失業者 (アウトサイダー) と比較して過大な賃金レントを得ている場合, つまり自分の市場価値を超えた賃金を得ている場合の, 両者の行動と企業行動, 政策担当者 (社会計画者) の意思決定を考える.

Saint-Paul (2000,p.102) は, 雇用保護の効果として次の２点を指摘する. 第１に, 解雇を制約されていることで新規雇用者のもたらす期待収益が低下することから, 企業の新規採用への誘引を低下させること, その結果, 失業から就業への労働力の移動は減少し, 失業期間は延びること, その一方で解雇の費用が嵩むために, 就業から失業への労働力の移動は減少すること, この結果, 雇用者の純増減がどうなるかについては不明確であることである. 第２に, 表面上, 雇用を維持することで他の生産性の高い部門での活動を抑えることとなり, 社会全体の生産性が低下して生活水準や賃金が低下することである.

以上から, 労働者は賃金低下と失業確率の低下のトレード・オフを考慮することで雇用保護水準を選択し, その際はレントの大きさが重要な要因となることが示される[16]. また, 失業者は雇用者よりも低い雇用保護を選好し, マーケットもそれを追認することが示される[17].

Saint-Paul(2000,pp.113-130) は, 生産性ショックが発生した場合を次のように想定する. 企業の生産性が高い場合と低い場合を想定し, 低い場合, 事業所閉鎖もあり得る. 雇用保護がなされない場合を柔軟な市場, 雇用保護がなされる場合を硬直的な市場とする. 失業者は柔軟な市場を選好し, 雇用者は雇用保護立法を支持する. レントを発生させる硬直的な労働市場においては, 雇用保護が強化されて労働市場の効率を低下させる一方で, 雇用保護がレントを増幅させる. 雇用保護をどの水準に設定するかは社会計画者の意思決定に依存する. 但し, 雇用保護を緩めても雇用者が増加する保証はない. 既存企業の労働者が解雇され, 新規産業で労働者が雇用されるようになるが, 後者の数が前者の数を上回る保証はないからである. また, 賃金レントが削減されることで企業の新規雇用が活発になり失業期間が短縮される場合でも, 同様である. レントが閾値を下回る場合は雇用保護により雇用者数は増加する.

---

[16] Saint-Paul(2000,pp.102-103).

[17] Saint-Paul(2000,pp.109-113).

ここまでの議論は労働者全般に関する雇用保護立法の影響を論じたものであるが, 雇用保護立法の部分的緩和に関しては短期雇用に与える効果を検証しなければならない. 雇用保護立法の部分的緩和は 1980 年代前半のスペインでの改革を嚆矢として 1980 年代半ばから 2000 年代初頭において, 欧州, ベルギー, ドイツ, イタリア, オランダ, スウェーデン, ポルトガル等で実施されてきた政策である[18].

なお, OECD の雇用保護立法指標については, 正規雇用と非正規雇用について指標が提示されているが, 両者は算出基準が異なるため, 両者の比率でもって相対的厳格さを比較考量するといったことはできない. また, 数年毎に数値が公表されているため, 雇用保護立法の部分的緩和状況を時系列で追うことも難しい.

Blanchard and Landier (2002) は, DMP モデルを発展させた雇用保護立法の部分的緩和効果を検証するモデルを提示している. このモデルをより洗練されたものとしたのが, Cahuc and Postel-Vinay (2002) である.

Blanchard et al. (2002, pp.F214-F215) は, フランスを念頭においた議論において, 固定期間契約の労働者を雇い入れることを認める雇用保護立法の部分的緩和の効果は予想に反したものであり, 入職水準の職務での転職率を高めて失業率を上昇させること, 失業率が高くならない場合であっても失業期間の長さや入職水準の職に就く長さを考えると労働者の状況は改善されないとした. Blanchard et al.(2002, pp.F214-F215) は, この理由として, 企業は入職水準の職務での新規雇用を増やすが, 解雇費用の高い正規雇用への転換をためらうことを指摘し, 生産性の低い入職水準の職が増えて正規雇用が減少するとした.

Sala et al.(2012) は DMP モデルに短期雇用確率を導入して失業率の変動率が高くなることを示している. Sala et al.(2012, pp.993-995) は, OECD 加盟国のデータから, ポルトガル, スペイン, スウェーデン等の長期雇用の保護が強くて解雇費用が高く, 固定期間雇用の期間や更新が制約されている国は, 短期雇用者比率が高いこと, 失業率の変動が大きいことを指摘する.

このような事情から, 雇用契約の有り方についての提言がなされている. その 1 つは, 新規の労働者全員が内容変更可能な単一雇用契約 (single open-ended labor contract) を締結するというものがある[19].

雇用保護政策については, 外生的に政策として決定されるのではなく, 内生的に労使間の関係で決定されるということも想定される. 保険市場が不完全で, 労働者がリスク回避的な場合, 手切れ

---

[18]　Boeri et al.(2007, pp.F359-F360 の指摘による.
[19]　García-Pérez and Osuna (2014) においてその効果が検討されている.

金や事前告知が最適な条件を導くことを Pissarides (2001) (2010) はサーチモデルを用いて証明している.

手切れ金については, 雇用契約が手切れ金を相殺するように契約が締結されない場合, あるいは労働者がリスク中立的ではない場合に, 議論の対象となる. また, 手切れ金支給が内生的に決定される場合には, 議論の重要性が高まる. 手切れ金の額の自主的決定については, Auray, Danthine and Poschke (2014) がサーチモデルを用いたモデルを展開している. これは解雇する場合の手切れ金の適正額を求めるという動きにもつながる重要なものである.

3. MP version による労働市場政策の効果分析

DMP モデルに雇用喪失を内生化した Mortensen and Pissarides (1994) は, DMP モデルの Mortensen-Pissarides (MP) version[20]と呼ぶべきものであり, 政策変数を導入することが可能なモデルである. MP version に基づいて雇用政策を分析したのが, Pissarides (2000,pp.205-234) であり, さらにカリブレーションを行った修正版が Mortensen and Pissarides (2003) である.

これらのモデルは政策変数のうち特に課税と補助金に焦点を当てたものとなっている. 政策変数は全て外生変数であり, 労働者と企業はリスク中立的と想定している. 雇用保護立法は解雇税という形態で議論されている. 解雇税は解雇に際して政府が企業に対して課税するものであり, 企業から労働者への所得移転である手切れ金とは性質が異なる.

MP version の基本構造と政策変数の組み込みの概要については第1章において提示したところである. 以下では, 解雇費用の影響を考察するために, 政策変数付き MP version の詳細を, Pissarides(2000), Mortensen et al.(2003) に基づいてより詳細に解説する.

DMP モデルの基本モデルを次のように設定する[21].

マッチング関数は, 凹関数で, 規模に関して収穫一定, 職探しと求人は均一の密度で行われると想定する. v:欠員率, u:失業率[22], $m(v,u)$:マッチング率とおくと一次同次のマッチング関数は次式で示される.

$$m(v,u) = m\left(1,\frac{u}{v}\right)v \equiv q(\theta)v \quad \cdots\cdots(3\text{-}1)$$

ここで $\theta(=\frac{v}{u})$ は労働需給逼迫度である. $q=(\theta)$は欠員が埋まる確率(欠員期間ハザード)で θ について減少, $\frac{1}{q(\theta)}$ は欠員の平均期間である. $\theta q(\theta)$ は労働者が仕事を見つける確率(失業期間ハザー

---

[20] Mortensen and Pissarides (2003,p.44).

[21] Pissarides (2000,pp.6-10).

[22] 労働者数は L, 欠員数は V, 失業者数は U, $v = \frac{V}{L}$, $u = \frac{U}{L}$ と想定している.

ド) でθについて増加, $\frac{1}{\theta q(\theta)}$ は失業の平均期間である. 雇用喪失の発生率をλ∈[0,1] とおくと, 労働者のフローについて,

$$\dot{u} = \lambda(1-u) - \theta q(\theta)u \quad \cdots\cdots(3\text{-}2)$$

が成立するので, 定常状態では均衡失業率は次式で示される.

$$u = \frac{\lambda}{\lambda + \theta q(\theta)} \quad \cdots\cdots(3\text{-}3)$$

基本的な DMP モデルにおいては政府が雇用政策を発動しない場合, 雇用創出曲線と賃金方程式は次式で構成される[23].

$$\text{雇用創出曲線}: p - w - \frac{(r+\lambda)pc}{q(\theta)} = 0 \quad \cdots\cdots(3\text{-}4)$$
$$\text{賃金方程式}: w = (1-\beta)z + \beta(1+c\theta)p \quad \cdots\cdots(3\text{-}5)$$

ここで, w は賃金, p は職務の生産物 (生産性), r は金利, z は失業手当を含まない失業期間中の帰属所得, pc は欠員費用であり, pcθ は企業にとっての雇い入れ費用, 賃金は労使交渉により決定されるのでβ∈[0,1] は労働者の相対的交渉力である[24].

ここでは課税と補助金の効果を検証することが目的であるため, 政策手段として賃金課税, 雇用補助金, 雇い入れ補助金, 解雇税, 失業手当を次のように想定する[25].

賃金課税については, w_j：職務 j における粗賃金, τ：税補助, t：税率(0 ≤ t < 1)とおくと, 労働者が受け取る純賃金は$(1-t)(w_j + \tau)$, 労働者から税務当局への移転は次式となる.

$$T(w_j) = tw_j - (1-t)\tau \quad \cdots\cdots (3\text{-}6)$$

但し, 均衡賃金 w に関して, $T(w) \geq 0$ でなければならない. このときτ＞0：累進税, τ＝0：比例課税, τ＜0：逆進課税である. 雇用補助金は, 雇用期間において, 労働者の生産性とは無関係に補助金 a が支払われる[26]. 雇い入れ補助金と解雇税は, 共に, 労働者の技能に比例すると想定する. H：

---

[23] Pissarides (2000,pp.18-23).

[24] Mortensen et al.(2003,p.48) では, pc とは別に訓練費用等を含んだ C を想定して pC も費用として考慮している.

[25] Pissarides (2000,pp.205-207).

[26] Mortensen et al.(2003,p.49) では, 課税と雇用補助を合体した*a +tw* を雇い主に対する線形労働課税・補助計画であるとし,

  t ＝0の場合, *a*＜0であれば純粋補助金, *a*＞0であれば一括雇用税,

  t＞0の場合, *a*＜0であれば累進課税, *a*＞0であれば逆進税,

  τを根底にある給与税として, *t*＜τについては, τ−tは賃金補助となる.

49

補助金率, F：解雇税とおくと, 雇い入れ補助金は pH, 解雇税は pF となる[27]. 失業手当について
は, b：失業手当, ρ：税引き後の置換率 $(0 \leq \rho < 1)$, w：平均賃金とおくと, 次式で示される[28].

$$b = \rho[w - T(w)] \cdots\cdots (3\text{-}7)$$

以下では, Pissarides (2000,p.207-213) に従って固有の生産性ショックが存在しない場合の政
策モデルへの発展を考える. これは政策が賃金に与える効果を考えるためのものである.

まず, 賃金決定について政策を考慮する[29].

ここでは賃金 w_j を支払う職務を想定する. 政策を考慮した場合の価値方程式は次のようにな
る.

失業者の政策付き純価値： $\quad rU = z + b + \theta q(\theta)(W - U) \cdots\cdots (3\text{-}8)$

雇用者の政策付き純価値：$rW_j = w_j - T(w_j) + \lambda(U - W_j) \cdots\cdots (3\text{-}9)$

企業の政策付き欠員の純価値：$rV = -pc + q(\theta)(J + pH - V) \cdots\cdots (3\text{-}10)$

企業の政策付き職務の純価値：$rJ_j = p + a - w_j - \lambda(J_j + pF) \cdots\cdots (3\text{-}11)$

外部 (当初) 賃金 w_{oj} は次式を最大化するように選択される.

$$B_0 = (W_j - U)^{\beta}(J_j + pH - V)^{1-\beta} \cdots\cdots (3\text{-}12)$$

内部 (継続) 賃金 w_j は次式を最大化するように選択される.

$$B = (W_j - U)^{\beta}(J_j + pF - V)^{1-\beta} \cdots\cdots (3\text{-}13)$$

w_{oj} と w_j はそれぞれ課税を考慮した次式を満足させる[30].

$$\beta \frac{1 - T'(w_j)}{r+\lambda}(J_j + pH - V) + (1 - \beta)(-\frac{1}{r+\lambda})(W_j - U) = 0 \cdots\cdots (3\text{-}14)$$

$$\beta \frac{1 - T'(w_j)}{r+\lambda}(J_j + pF - V) + (1 - \beta)(-\frac{1}{r+\lambda})(W_j - U) = 0 \cdots\cdots (3\text{-}15)$$

(3-14) (3-15) と自由参入条件 $V = 0, w_j = w$ から外部賃金方程式と内部賃金方程式が導出され
る.

$$w_0 = \frac{1-\beta}{1-\rho(1-\beta)}\left[\frac{z}{1-t} - (1-\rho)\tau\right] + \frac{\beta}{1-\rho(1-\beta)}[(1 + c\theta - \lambda F + (r+\lambda)H)p + a] \cdots\cdots (3\text{-}16)$$

$$w = \frac{1-\beta}{1-\rho(1-\beta)}\left[\frac{z}{1-t} - (1-\rho)\tau\right] + \frac{\beta}{1-\rho(1-\beta)}[(1 + c\theta + rF)p + a] \cdots\cdots (3\text{-}17)$$

---

[27] Mortensen et al.(2003,pp.46-47) では, 生産性 p は特定の技能グループに共通する生産性であるとしており,
労働市場の技能グループによる分割と相互の無関連性を想定している.

[28] 式の操作が煩瑣な場合は, $b = \rho[p - T(p)]$ に代替できる (Pissarides (2000,p.207).

[29] Pissarides (2000,pp.207-212).

[30] 限界課税が存在する場合には、労使が課税回避のために賃金を抑制して労働分配率を低下させる
Mortensen et al.(2003,p.54).

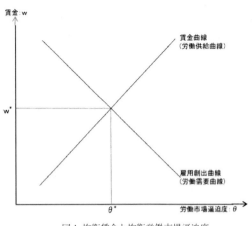
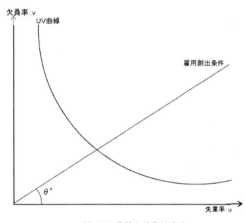

図A 均衡賃金と均衡労働市場逼迫度   図B UV曲線と均衡消失率

資料：Pissarides(2000 を基に作成

図 2-1 DMP モデル (基本モデル) における政策効果

(3-16) から，外部賃金は雇い入れ補助の一定割合分高くなり，解雇税の一定割合分低くなること，(3-17) から．内部賃金は雇い入れ補助金には依存しないが，解雇税の一定割合分高くなることがわかる[31]．つまり，F＞H ならば，外部賃金は内部賃金よりも低い．共通した特性としては，置換率 ρ は，失業の帰属所得を上昇させることで労働者の威嚇点を引き上げるために賃金を上昇させること，賃金は雇用補助の一定割合分高くなること，税補助は労働者に支払われるものであるが，実質的には企業と労働者で分け合うこと，限界税率 t は，余暇をより魅力的にすることが判明する．

　次に雇用創出条件について考える[32]．

　(3-10) (3-11) から自由参入条件V＝0を課すことで，雇用創出曲線 (3-4) の一般型が導かれる．

$$p - w - a + p\left[(r+\lambda)H - \lambda F - \frac{r+\lambda}{q(\theta)}c\right] = 0 \quad \cdots\cdots(3\text{-}18)$$

モデルを解くためにF＞H と仮定して，外部賃金 (3-16) を (3-18) に代入して雇用創出条件を求める．

$$p - a + \tau - \lambda pF + (r+\lambda)H = \frac{z}{(1-\rho)(1-t)} + \frac{pc}{(1-\rho)(1-t)}\{\beta\theta + \left[1 - (1-\beta)\rho\frac{r+\lambda}{q(\theta)}\right]\} \quad \cdots\cdots(3\text{-}19)$$

ここで，(3-3) と (3-19) から均衡失業率が求められる．

　以上の議論を取りまとめると，雇用創出曲線 (3-18) と賃金方程式 (3-17) の関係は，図 2-1 の図Aに示されている．また，雇用創出条件 (3-19) と UV 曲線 (3-3) の関係は図 B に示されている．

　ここでの議論から，労働市場に摩擦があり，雇い主が買手独占的地位にある場合，労使交渉が行われることで賃金が外部の労働者と内部の労働者の 2 部構成となること，解雇税は労働者の交渉

---

[31] 解雇税が内部賃金を上昇させるのは，一旦，雇用が創出されると解雇税が雇い主への信頼となるために，労使交渉において労働者の交渉力を強化することによる (Mortensen et al.(2003,p.54))．

[32] Pissarides (2000,pp.212-213)．

での地位を有利化することで内部賃金を上昇させるとともに外部賃金を低下させることが分かる. また, 雇い入れ補助や雇用補助も賃金に影響を与えるので, これらの政策との兼ね合いも考えなければならない. この結果は, 解雇税と失業手当の代替性, 解雇税と賃金課税の補完性について検討しなければならないことを示唆している. なお, 税率引き上げが余暇を魅力的にすることは, 消費税率を引き上げる場合, 考慮に入れなければならない重要事項である. つまり消費税率を引き上げると労働供給量は減少することになる.

次に Pissarides (2000,pp.213-219) に従って, 固有の生産性ショックが存在する雇用創出・雇用喪失を内生化した MP version における政策モデルを考える. この場合, 雇用創出曲線と雇用喪失曲線から留保生産性と労働市場逼迫度が決定される.

まず, 雇用創出曲線と雇用喪失曲線を求める[33].

固有の生産性ショックが発生した場合, 固有の生産性が R 以下の職務は喪失する. 固有の生産性ショックがある場合の職務の資産価値を次のように想定する.

政策なしの職務の資産価値：$rJ(x) = px - w(x) + \lambda \int_R^1 J(s)dG(s) - \lambda J(x)$ ……(3-20)

R は (3-20) から $J(R) = 0$ と定義される. 企業は固有の生産性パラメータが最大の場合 ($x = 1$), 雇用を創出する. 固有のショックは率 $\lambda \in [0,1]$ で到来し, 分布 $G(s)$ から籤引きされる. ショック到来毎に賃金交渉が行われる. 固有の生産性パラメータが x の場合の賃金率をw(x) とする.

政策なしの賃金方程式：$w(x) = (1 - \beta)z + \beta(x + c\theta)p$ …… (3-21)

政策を (3-20) と (3-21) に導入する. (3-7) の失業手当は次のように一般化される.

$$b = \rho(1 - t)[p + \tau] \quad \cdots\cdots(3\text{-}22)$$

外部賃金方程式は, (3-16) を求めた方法に$x = 1$と想定し, (3-22) を導入することで得られる. このとき, 失業者と雇用者の純価値は, (3-8), (3-9) に (3-22) を代入したものを用いる.

$$w_0 = (1 - \beta)\left[\frac{z}{1-t} - (1 - \rho)\tau + \rho p\right] + \beta[1 + c\theta - \lambda F + (r + \lambda)H]p + \beta a \quad \cdots\cdots(3\text{-}23)$$

内部賃金方程式は, (3-17) の一般化である.

$$w(x) = (1 - \beta)\left[\frac{z}{1-t} - (1 - \rho)\tau + \rho p\right] + \beta[x + c\theta + rF]p + \beta a \quad \cdots\cdots(3\text{-}24)$$

雇用喪失曲線を導くために, (3-20) に政策を考慮した次式を求める.

$$rJ(x) = px + a - w(x) + \lambda \int_R^1 J(s)dG(s) - \lambda G(R)pF - \lambda J(x) \quad \cdots\cdots(3\text{-}25)$$

欠員からの利得：$rV = -pc + q(\theta)(J^0 + pH - V) \quad \cdots\cdots (3\text{-}26)$

---

[33] Pissarides (2000,pp.213-217).

52

ここでJ^0は, $x=1$で賃金が(3-23)を満たす場合の(3-25)における資産価値である. 内部賃金(3-24)については, (3-25)から$J(1)$が求められる. 雇用喪失の場合, 企業は$J(x)$を諦めてpFを支払う. $J(x) < -pF$ならば, 固有の生産性xの職務は喪失し, 次の留保生産性方程式が発生する.

$$J(R) + pF = 0 \cdots\cdots(3\text{-}27)$$

(3-25)から$J(R)$を求めて(3-27)に代入し, さらに$R=x$について(3-26)を満たす$w(R)$を用いると. 次式が求められる.

$$pR + a - w(R) + \lambda \int_R^1 J(s)dG(s) + \left[r + \lambda(1 - G(R))\right]pF = 0 \ \cdots\cdots(3\text{-}28)$$

(3-25)(3-27)を考慮すると, 次式が成立する.

$$J(x) = (1 - \beta)\frac{p(x-R)}{r+\lambda} - pF \ \cdots\cdots(3\text{-}29)$$

(3-24)から求めた$w(R)$と, (3-29)から求めた$J(s)$を(3-28)に代入することで雇用喪失曲線が求められる.

$$R + \frac{a+(1-\rho)\tau}{p} - \rho + rF - \frac{z}{p(1-t)} - \frac{\beta c}{1-\beta}\theta + \frac{\lambda}{r+\lambda}\int_R^1(s - R)dG(s) = 0 \ \cdots\cdots(3\text{-}30)$$

雇用創出曲線は自由参入条件$V=0$についての(3-26)から導出できる. (3-23)(3-24)に着目し, (3-25)から次式を得る.

$$(r + \lambda)[J^0 - J(R)] = (1 - r)(1 - R)p - \beta(r + \lambda)(H - F)p \ \cdots\cdots(3\text{-}31)$$

$V=0$についての(3-26)と(3-31)から次式を得る.

$$J^0 = \frac{pc}{q(\theta)} - pH \ \cdots\cdots(3\text{-}32)$$

(3-32)と(3-27)から雇用創出曲線が導かれる.

$$(1 - \beta)\left(\frac{1-R}{r+\lambda} - F + H\right) = \frac{c}{q(\theta)} \ \cdots\cdots(3\text{-}33)$$

(3-30)と(3-33)をグラフにしたものが図2-2の図Aであり, 留保生産性の閾値と労働市場逼迫度が求められる. 賃金については(3-23)(3-24)に労働市場逼迫度の均衡値を代入して求める.

失業率については次のように考える[34].

図2-2の図Aで求められた労働市場逼迫度の均衡値θ^*を傾きとした原点を起点する政策付き雇用創出条件を想定する. 均衡失業率は政策変数付き雇用創出条件と次の修正されたベバリッジ曲線から求められる.

$$u = \frac{\lambda G(R)}{\lambda G(R) + \theta q(\theta)} \ \cdots\cdots(3\text{-}34)$$

---

[34] Pissarides (2000, p.218).

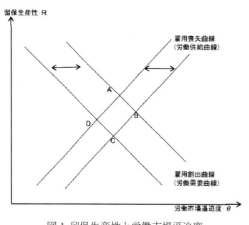

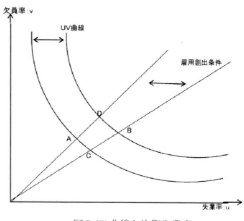

図A 留保生産性と労働市場逼迫度

図B UV 曲線と均衡失業率

資料：Pissarides(2000 を基に作成

図 2-2 　 MP version における政策効果

修正された UV 曲線と政策半数付き雇用創出条件は図 2-2 の図 B に示され，ここで均衡失業率が導かれる．

　労働市場政策の効果について解説する[35].

　図 2-2 の図 A から，所与の失業率の下での政策の効果が導かれる．雇用補助 a と所得税補助 τ は，雇用喪失曲線を下方シフトさせて，雇用喪失を減少させ雇用創出を増加させる (A→B). 税率 t は，雇用喪失曲線を上方シフトさせて，雇用喪失を増加させ雇用創出を減少させる (B→ A). 雇い入れ補助 H は，雇用創出曲線を上方シフトさせて，雇用創出と雇用喪失を共に増加させる (D→A)[36]. 解雇税 F は雇用創出曲線を下方に，雇用喪失曲線を下方にシフトさせることで，雇用喪失を減少させるが．雇用創出に与える効果は不明確である (A→C)[37]. 失業手当 b 又は ρ は雇用喪失曲線を上方にシフトさせて，雇用創出を抑制し，雇用喪失を増やす (B→A). これは高い失業手当は賃金を上昇させて，新規職務の期待利得と継続価値を減少させることによる[38].

---

[35] Pissarides (2000,pp.217-219).

[36] 雇い入れ補助は，継続的な補助である雇用補助とは異なり，一時的な補助であるため，需給逼迫度 θ の上昇による労働者の選択肢拡大に伴う雇用喪失を相殺することは期待できない (Pissarides (2000, p.218)).

[37] (3-30) (3-33) を F について微分することで解雇税は雇用創出を低下させることが示されるが，両者が同時にシフトすると結果は曖昧になる．これは，一旦，雇用創出がなされると，職務は確率 1 で解雇税を支払うため，職務の期待利得が低下する一方で，職務の維持期間の延長は失われた期待利得のいくばくかを取り戻すことによる(Pissarides (2000,p.218)).

[38] Mortensen et al.(2003,pp.58-59) は，雇用に係る一括の補助や税は低技能グループに対して効果が大きいこと，補助金を生産性に比例させると差別的効果は消滅すること，課税は余暇への補助となるために生産性に比例させても差別的効果は消滅しないことを指摘している．

次に図 2-2 の図 B から政策が失業率に与える効果が導かれる．雇用補助 a と所得税補助 τ は，UV 曲線を内側にシフトさせ，雇用創出条件を反時計回りに回転させることで，失業率を低下させる (B→A)．税率 t は所得税補助等との効果を与えて失業率を上昇させる (A→B)．雇い入れ補助 H は，UV 曲線を外側にシフトさせ，雇用創出条件を反時計回りに回転させるので，失業への効果は不明確である (C→D)．解雇税 F は H とは反対の効果を与えるので，失業への効果は不明確である (D→C)．置換率 ρ は，UV 曲線を外側にシフトさせ，雇用創出条件を時計回りに回転させることで，失業率を上昇させる (A→B)．

　本節において，検討してきたように雇用喪失を内生化した MP version では，雇用保護立法における解雇権の制約を費用で表わすことで，労働市場に与える効果について検証することが可能となっている．これは他の政策手段，賃金課税や雇い入れ補助，失業手当との相互依存関係も考慮に入れることが可能となり，政策相互間の補完性，代替性を検討することも可能となっている．解雇の費用負担については複合的な効果が相殺されて現れるものであり，失業率が上昇するか低下するかについては先験的には言えないことを示した点にモデルの意義がある．つまり様々な状況を想定してシミュレーションを行わなければならないのである．

4. サーチ理論と雇用保護立法の部分的緩和

　MP version をベースとした雇用保護を取り扱うモデルについては，2 通りの発展が考えられる．1 つは雇用保護立法の部分的緩和の効果を織り込むことである．これは職務を雇用契約によって 2 分割するものである．

　もう 1 つの方向は解雇制約行動の内生化である．Pissarides (2001,p.133) は従前の雇用保護政策に関する議論においては，政策が外生的に与えられて雇用創出や賃金等に与える効果が計算されていることを指摘するとともに，雇用保護政策が正当化されるモデル構築が必要であることを指摘する．この批判は前述の MP version にも該当するものであることは言うまでもない．

　Cahuc and Postel-Vinay (2002) は，MP version に職務の細分化と雇用保護程度の差異を導入することで，雇用保護立法の部分的緩和の正規雇用と非正規雇用に与える効果について検討した．これは正規雇用のみを保護対象として非正規雇用に関する規制を緩和すると外的ショックに対して失業率が上昇する可能性を示唆したものである．

　Cahuc et al. (2002) の危惧は，その後のリーマンショックを機に現実のものとなった[39]．

---

[39] Bentolila,Cahuc,Dolado and Le Barbanchon (2012,pp.F157-F159) の指摘による．

Bentolila et al.(2012,pp.F157-F.159) は, 従前の失業率が 8% 程度とほぼ同水準であったフランスとスペインについて, 危機後, フランスは 10% 程度に留まったのに対して, スペインは 20% 以上に上昇したと指摘する. さらに, Bentolila et al.(2012) は, フランスとスペイン共に, 正規雇用については雇用保護立法により保護されているものの, 非正規雇用についての雇用保護立法の部分的緩和が進展したスペインにおいて雇用喪失が大きく, 全体の失業率の上昇が大きくなることを, シミュレーションを行うことで検証した.

なお, これらの研究は定常状態を対象としたものであり, 不確実性を考慮した動学モデルで雇用保護立法の部分的緩和の過渡期における影響を検討したのが Boeri et al. (2007) である. Boeri et al.(2007,pp.F358-F359) は, 雇用保護立法の部分的緩和は, 景気拡大期には固定期間雇用を新規雇用として増やすこと, 景気後退期には正規雇用がいるために期間雇用は増加しないことから, 過渡期には蜜月効果 (honeymoon effect) が見られること, 但し, 雇用創出は生産性の低下をもたらすことを指摘した.

以下では, Cahuc et al.(2002,pp.69-81) に基づいて, 雇用保護立法が部分的に緩和された場合の効果について説明し, 必要に応じて Bentolila et al.(2012) の内容を追記する.

モデルの基本は次のように設定される[40].

労働契約には長期契約と固定期間契約がある. 長期契約は正規雇用に適用されるもので, 事前に契約期間は決定されておらず, 契約終了には企業から政府への移転である固定費用 f が発生する. 固定期間契約は 1 期間の短期契約であり, 費用なしで終了するか, 長期雇用に転換される. 固定期間契約の雇用は高い余剰が得られることから企業に選好されるので, 契約には政府の承認が必要であるとし, 新規縁組のうち比率 π に制約される. ここでは f と π が政策変数である. このモデルでは長期契約の雇用の初年度は解雇自由であり, 2 年目以降は長期継続雇用となり解雇権が制約される. 固定期間契約は 1 年終了時に解雇あるいは長期契約への転換が図られる.

労働者と企業はリスク中立的であると想定する. 各企業の生産物 ε は, 区間 $[\underline{\varepsilon}, \overline{\varepsilon}]$ について分布 $\varphi(= \Phi')$ かから選択される無作為の職務に固有の生産性パラメータである. 短期職務は確率 π で創出される. 新たな職務は生産性 ε で始まり, 生産性ショックに確率 $\lambda \in [0,1]$ で遭遇する. 前節と同様に失業率は u, 欠員率は v とすると, 労働者数を 1 とすることでマッチング確率 $m(u,v)$ は新規縁組数を示している. 市場逼迫度 θ, 欠員が埋まる確率 $q(\theta)$, 失業者が職に出会う確率 $\theta q(\theta)$ は前節と同様である.

次に賃金, 雇用創出, 雇用喪失について解説する[41].

---

[40] Cahuc et al.(2002,pp.69-71).

[41] Cahuc et al.(2002,pp.71-77).

職務の状態を次のように定義する.

短期契約の下での運用：状態 s

長期契約の下での初年度運用で解雇費用は免れる：状態 0

長期契約の下での次年度以降の運用で解雇費用は発生する：状態 1

職務等の資産価値については次のように定義する[42].

欠員の企業価値：V

雇用状態にある場合の企業にとっての価値：$J^s(\varepsilon), J^0(\varepsilon), J^1(\varepsilon)$

労働者にとっての雇用の価値：$W^s(\varepsilon), W^0(\varepsilon)\ W^1(\varepsilon)$

労働者にとっての失業の価値：U

労働者の相対的交渉力を $\beta \in [0,1]$, 結合利得を $i = 0, s$ について $S^i(\varepsilon)$, 状態 1 について $S^1(\varepsilon)$ とおくと労使間の分配は次式で示される.

$$J^i(\varepsilon) - V = (1-\beta)S^i(\varepsilon)$$

$$J^1(\varepsilon) - (V - f) = (1-\beta)S^1(\varepsilon) \quad \cdots\cdots(4\text{-}1)$$

h：欠員を維持することの費用, z：失業者の楽しむフロー, σ：雇用保護税からの税収を再分配した一括移転, $w_s(\varepsilon)$：固定契約による職務に支払われる賃金, $w_0(\varepsilon)$：長期契約による職務の初年度に支払われる賃金, $w_1(\varepsilon)(> w_0(\varepsilon))$：次年度以降の賃金とする. 雇い主は $J(\varepsilon) > V$ であれば短期契約の労働者を雇い入れ, $J^0(\varepsilon) > V$ でであれば長期契約の労働者を雇い入れる. 将来は割引率 $\frac{1-\delta}{\delta}, \delta < 1$ で割り引かれる. $V, J^s(\varepsilon), J^0(\varepsilon), J^1(\varepsilon), W^s(\varepsilon), W^0(\varepsilon), W^1(\varepsilon), U$ についての価値方程式が導かれる.

$$V = -h + \delta q(\theta)[\pi \int_{\underline{\varepsilon}}^{\bar{\varepsilon}} \mathrm{Max}\,[J^s(x), V]d\varphi(x) + (1-\pi)\int_{\underline{\varepsilon}}^{\bar{\varepsilon}}\mathrm{Max}\,[J^0(x), V]d\varphi(x) + \delta[1-q(\theta)]V \cdots\cdots (4\text{-}2)$$

$$U = z + \sigma + \delta\theta q(\theta)[\pi \int_{\underline{\varepsilon}}^{\bar{\varepsilon}}\mathrm{Max}\,[W^s(x), U(\varepsilon)]d\varphi(x) + (1-\pi)\int_{\underline{\varepsilon}}^{\bar{\varepsilon}}\mathrm{Max}\,[W^0(x), U(x)]d\varphi(x) + \delta[1-\theta q(\theta)]U$$
$$\cdots\cdots\cdots (4\text{-}3)$$

$$J^s(\varepsilon) = \varepsilon - w_s(\varepsilon) + \delta\{(1-\lambda)\mathrm{Max}[J^0(\varepsilon), V] + \lambda \int_{\underline{\varepsilon}}^{\bar{\varepsilon}}\mathrm{Max}\,[J^0(x), V]d\varphi(x) \cdots\cdots(4\text{-}4)$$

$$W^s(\varepsilon) = w_s(\varepsilon) + \sigma + \delta\{(1-\lambda)\mathrm{Max}[W^0(\varepsilon), U] + \lambda \int_{\underline{\varepsilon}}^{\bar{\varepsilon}}\mathrm{Max}\,[W^0(x), U]d\varphi(x) \cdots\cdots (4\text{-}5)$$

$$J^0(\varepsilon) = \varepsilon - w_0(\varepsilon) + \delta\{(1-\lambda)\mathrm{Max}[J^1(\varepsilon), V-f] + \lambda \int_{\underline{\varepsilon}}^{\bar{\varepsilon}}\mathrm{Max}\,[J^1(x), V-f]d\varphi \cdots\cdots(4\text{-}6)$$

$$W^0(\varepsilon) = w_0(\varepsilon) + \sigma + \delta\{(1-\lambda)\mathrm{Max}[W^1(\varepsilon), U] + \lambda \int_{\underline{\varepsilon}}^{\bar{\varepsilon}}\mathrm{Max}\,[W^1(x), U]d\varphi \cdots \cdots\cdots(4\text{-}7)$$

$$J^1(\varepsilon) = \varepsilon - w_1(\varepsilon) + \delta\{(1-\lambda)\mathrm{Max}[J^1(\varepsilon), V-f] + \lambda \int_{\underline{\varepsilon}}^{\bar{\varepsilon}}\mathrm{Max}\,[J^1(x), V-f]d\varphi(x) \cdots\cdots(4\text{-}8)$$

---

[42] Bentolila et al.(2012) では, 長期契約の職務においては解雇費用に加えて解雇の事前告知が必要であると想定し, 事前告知下にある長期雇用についての価値も算定している.

57

$$W^1(\varepsilon) = w_1(\varepsilon) + \sigma + \delta\{(1-\lambda)\text{Max}[W^1(\varepsilon), U] + \lambda \int_{\underline{\varepsilon}}^{\bar{\varepsilon}} \text{Max}\,[W^1(x), U]d\varphi(x) \cdots\cdots(4\text{-}9)$$

(4-1), (4-2) と雇用創出のための自由参入条件 V＝0 は, 次式を含意する.

$$\frac{h}{\delta(1-\beta)q(\theta)} = \pi \int_{\underline{\varepsilon}}^{\bar{\varepsilon}} \text{Max}\,[S^s(x), 0]d\varphi(x) + (1-\pi) \int_{\underline{\varepsilon}}^{\bar{\varepsilon}} \text{Max}\,[S^0(x), 0]d\varphi(x)\cdots\cdots(4\text{-}10)$$

(4-1) (4-10) を (4-3) (4-7) に代入することで縁組の総余剰を得る.

$$S^s(\varepsilon) = \varepsilon - z + \delta\{(1-\lambda) \int_{\underline{\varepsilon}}^{\bar{\varepsilon}} \text{Max}\,[S^s(x), 0]d\varphi(x) + \lambda \int_{\underline{\varepsilon}}^{\bar{\varepsilon}} \text{Max}\,[S^0(x), 0]d\varphi(x) - \frac{\beta}{1-\beta}h\theta \cdots\cdots (4\text{-}11)$$

$$S^0(\varepsilon) = \varepsilon - z + \delta\{(1-\lambda) \int_{\underline{\varepsilon}}^{\bar{\varepsilon}} \text{Max}\,[S^1(x), 0]d\varphi(x) + \lambda \int_{\underline{\varepsilon}}^{\bar{\varepsilon}} \text{Max}\,[S^1(x), 0]d\varphi(x) - f\} - \frac{\beta}{1-\beta}h\theta \cdots\cdots (4\text{-}12)$$

$$S^1(\varepsilon) = S^0(\varepsilon) + f \cdots\cdots (4\text{-}13)$$

それぞれの職務の生産性が低下して棄却値になると雇用喪失が発生する. (4-11) (4-12) (4-13) から, 閾値生産性は, $S^s(\varepsilon_s) = 0$, $S^0(\varepsilon_0) = 0$, $S^1(\varepsilon_1) = 0$ を満足させる生産性である.

(4-12) (4-13) から長期契約の職務の喪失基準は次式のとおりとなる.

$$\varepsilon_1 - z + (1-\delta)f + \lambda\delta \int_{\underline{\varepsilon}}^{\bar{\varepsilon}} S^1(x)\,d\varphi(x) - \frac{\beta}{1-\beta}h\theta \cdots\cdots(4\text{-}14)$$

積分項を部分積分し, $S^1(\varepsilon_1)=0$ と (4-12) を考慮すると, 長期契約職務の雇用喪失曲線(LTJD) が求められる.

$$\varepsilon_1 - z + (1-\delta)f + \frac{\lambda\delta}{1-\delta(1-\lambda)} \int_{\varepsilon_1}^{\bar{\varepsilon}} [1-\Phi(x)]dx = \frac{\beta}{1-\beta}h\theta \cdots\cdots(\text{LTJD})$$

(LTJD) では, ε_1 は θ の増加関数であること, θ を所与とすると f の増加は ε_1 を低下させることが示される. $S^0(\varepsilon_0) = 0$ と (4-12) から長期契約の雇用を受諾する基準が求められる.

$$\varepsilon_0 - z + \delta\lambda f + \frac{\lambda\delta}{1-\delta(1-\lambda)} \int_{\underline{\varepsilon}}^{\bar{\varepsilon}} [1-\Phi(x)]\,dx = \frac{\beta}{1-\beta}h\theta \cdots\cdots(4\text{-}15)$$

(LTJD) から (4-15) を控除すると長期契約の職務の受諾生産性 (LTJA) が求められる.

$$\varepsilon_0 = \varepsilon_1 + f[1-\delta(1-\lambda)] \cdots\cdots(\text{LTJA})$$

固定期間契約の職務は, 解雇費用を要しないので継続する長期契約の職務よりも喪失されやすい. 解雇費用は生産性のより低い職務を維持することで利益を発生させる. 新規縁組は, 閾値生産性がより高い場合に限って, 固定期間契約に限定されて成立する. (4-11), (LTJD), (LTJA) から部分積分を用いることで固定期間契約の職務の受諾生産性 (STJA) が求められる.

$$\varepsilon_s = \varepsilon_1 + (1-\delta)f + \frac{\lambda\delta}{1-\delta(1-\lambda)} \int_{\varepsilon_1}^{\varepsilon_0} [1-\Phi(x)]dx \cdots\cdots(\text{STJA})$$

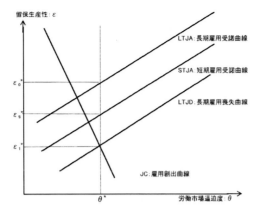

注：Cahuc et al.(2002) に基づき作成

図 2-3 長期及び短期雇用契約と雇用創出・雇用喪失

固定期間契約の職務の受諾生産性は，継続する長期契約の職務の閾値生産性よりも高く，長期契約の雇用の初年度の受諾生産性よりも低い．このため，打ち切り生産性の順位は$\varepsilon_1 \leq \varepsilon_s \leq \varepsilon_0$である．雇用創出曲線 (JC) は (4-11) (4-12) を (4-10) に代入して求められる．

$$\frac{h[1-\delta(1-\lambda)]}{\delta(1-\beta)q(\theta)} = \int_{\varepsilon_0}^{\bar{\varepsilon}}\left[1 - \Phi(x)\right]dx + \pi[1 - \delta(1 - \lambda)]\int_{\varepsilon_s}^{\varepsilon_0}\left[1 - \Phi(x)\right]dx \cdots\cdots(JC)$$

ε_1は θ の減少関数となる．ε_1 が低くなると職務をより長く継続するため，より利益の出る職務のために，企業はより多くの欠員を掲示する．ε_1 が一定の場合，解雇費用 f が上昇すると雇用創出を抑制する．

(JC) (LTJD) (LTJA) (STJA) の関係は図 2-3 に示される[43]．(LTJA) と (STJA) で定義されたε_0とε_sを (JC) に代入し，(LTJD) との均衡から$(\varepsilon_1^*, \theta^*)$ が決定され，ε_0^* とε_s^* が得られる[44]．

次に失業について検討する[45]．

定常状態における失業率はθ^*、ε_1^*、ε_0^*、ε_s^* と失業フローから求められる．各期において，$m(u,v)$：企業と労働者の接触数，$\pi[1 - \Phi(\varepsilon_s^*)]$：固定期間契約数，$(1 - \pi)[1 - \Phi(\varepsilon_0^*)]$：長期契約数なので，固定契約の職務数は$\pi[1 - \Phi(\varepsilon_s)]m(u,v)$ である．生産性ショックがない場合には，生産

---

[43] Bentolila et al.(2012) では，JC, LTJD, LTJA の 3 本の式で説明を試みている．

[44] 賃金方程式は，

　　短期契約：$w_s(\varepsilon) = (1 - \beta)z + \beta(\varepsilon + h\theta)$,

　　長期契約の初年：$w_s(\varepsilon) = (1 - \beta)z + \beta(\varepsilon + h\theta) - \delta\beta f$,

　　継続する長期契約：$w_s(\varepsilon) = (1 - \beta)z + \beta(\varepsilon + h\theta) + (1 - \delta)\beta f$

となる (Cahuc et al.(2002,p.77))．

[45]Cahuc et al.(2002,pp.77-78)．

性が ε_0^* よりも低い職務について，ショックが到達した場合にはこのうち $\lambda\Phi(\varepsilon_0^*)$ の職務について雇用喪失が発生する．長期雇用に転換されず雇用喪失が発生する短期契約数は，

$$\pi m(u,v)\{(1-\lambda)[\Phi(\varepsilon_0^*)-(\varepsilon_s^*)]+\lambda\Phi(\varepsilon_0^*)[1-\Phi(\varepsilon_s^*)]$$

である．長期契約職務数は，

$$1-u-\pi[1-\Phi(\varepsilon_s^*)]m(u,v)$$

であり，生産性ショックが到達した場合には，このうち $\lambda\Phi(\varepsilon_1^*)$ の職務が喪失する．定常状態における失業率は次式で示される．

$$u^* = \frac{\lambda\Phi(\varepsilon_1^*)}{\lambda\Phi(\varepsilon_1^*)+\theta^* q(\theta^*)\{\lambda\Phi(\varepsilon_1^*)\pi[1-\Phi(\varepsilon_s^*)]+[1-\Phi(\varepsilon_0^*)][1-\lambda\pi\Phi(\varepsilon_s^*)]\}} \quad \cdots\cdots(4\text{-}16)$$

失業率は，ε_1 の上昇とともに長期契約の職務が喪失することで上昇し，ε_0 の上昇とともに固定期間契約の職務が喪失することでも上昇する．また，短期職務は長期職務よりも喪失しやすいために，q の上昇とともに失業率は上昇する．

　以上のように Cahuc et al.(2002) は，雇用保護立法の部分的緩和により，新規縁組に関して要求される生産性水準から雇用創出は固定期間契約に限定されること，固定契約から長期雇用への転換にはさらに生産性の要求水準が高まること，固定期間契約の雇用喪失が失業率上昇につながることを示した．

　ここで解雇費用 f と固定期間契約比率π の上昇が与える影響について解説する[46]．

　解雇費用 f の増加については {命題 1} が，短期雇用比率π の上昇については {命題 2} が成立する．両者が与える効果は図 2-4 に示されている．

{命題 1}

　f が増加すると，

　LTJD を下方シフトさせて，所与の θ について長期契約職務の雇用喪失を抑制，LTJA
　を上方シフトさせて，所与の θ について短期契約職務の雇用喪失を促進，STJA を上方
　シフトさせて，所与の θ について短期契約職務の雇用創出を抑制，

　JC を下方シフトさせて，θを低下させる．

{命題 2}

　Π が増加することは，LTJD, LTJA, STJA に影響を与えないが，JC を上方にシフトさせることで固定契約職務の雇用創出を促進する．均衡においては，

$$\frac{\partial\theta^*}{\partial\pi}>0, \frac{\partial\varepsilon_1^*}{\partial\pi}>0, \frac{\partial\varepsilon_0^*}{\partial\pi}>0, \frac{\partial\varepsilon_s^*}{\partial\pi}>0$$

---

[46]　Cahuc et al.(2002,pp.78-81).

となるため, 雇用創出と雇用喪失が促進され, 失業者の厚生は上昇する.

{命題 1} から, 解雇費用 f を高めると, 長期契約の雇用にはより高い生産性が要求されるために, 固定期間契約を長期雇用契約に変換することを抑制するが, 均衡値θ*、ε₁*、ε₀*、 εₛ*、u* に与える影響は不明確である. 但し, Bentolila et al.(2012,p.F172) は, 解雇費用 f が増加することは, 固定期間契約から長期契約への転換が抑制されるために, 欠員数が減少する中での短期契約の雇用者の転職を促進することで失業率を上昇させる可能性があることを指摘している.

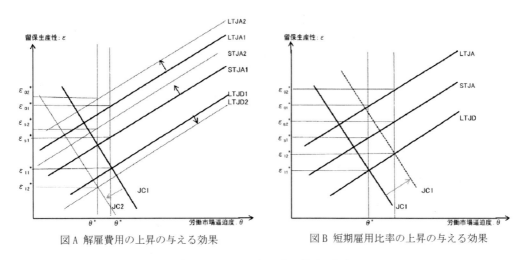

図A 解雇費用の上昇の与える効果 　　　図B 短期雇用比率の上昇の与える効果

注 : Cahuc et al.(2002) に基づき作成
図 2-4 長期及び短期雇用契約と雇用政策の効果

{命題 2} から, 固定期間契約比率πを引き上げると, 固定期間契約の職務は長期契約の職務よりも大きな余剰を生むため, 固定期間契約の職務が創出される. 雇い主は受諾生産性に対してより敏感となるので, 転職頻度が上昇する. 雇用創出と喪失が同時に発生するので, 失業に与える効果は不明確である. しかし, 市場逼迫度θの上昇は失業者の状況を改善する. 固定期間契約の受諾生産性の上昇は. 雇用喪失を増加させることで移転所得を増やすことになり, 失業者の厚生を改善する. 雇用者に与える効果は, 労使交渉を通して高い賃金を得られることと, 雇用喪失が増加することから不明確である.

f とπ の複合効果については先験的には結論を出せないため, シミュレーションを行わなければならない. Cahuc et al.(2002,pp.82-83) は, f を上昇させた場合, π の値が上昇するの応じて失業率は上昇することを示している. Bentolila et al.(2012,p.F173) は, 解雇費用が大きい場合, πの上昇は固定期間契約の労働者の転職を促進して失業率を上昇させること, 固定期間契約の職務へのショックが上昇したりミスマッチが拡大したりするとθを低下させて失業率を上昇させることを指摘している.

本節での検討結果は, 正規雇用を保護した状態で非正規雇用を増加させる政策が, 解雇費用の格差の拡大により, 余剰の拡大の観点から新規雇用を非正規雇用に限定するとともに, 長期契約の雇用は創出されにくいことが示される. さらに固定期間契約から長期雇用への転換が難しいことから, 非正規雇用の転職を増加させることにつながることが示される. その一方で長期継続雇用は解雇されにくいことになる. 固有の生産性ショックが発生した場合, 失業率は上昇する. これは, 解雇費用が雇用創出を抑制することが要因なのではなく, 部分的緩和による解雇費用の格差に起因するものである.

5. 今後の展望

　ここまで, 雇用保護立法の労働市場に与える効果について検討するための理論フレームワークについて検討してきた. DMP モデルをベースとすることで, 従来, 検証することのできなかった課題に対して取り組みことが可能となった.

　モデルからは, 雇用保護立法を緩和すれば失業率が低下する, あるいは雇用者が増えるという議論は成立しないことが分かる. このような議論は, 雇用創出のみを見て雇用喪失をみていない議論である.

　雇用保護立法は 1970 年代以降に制度として確立されたものであり, 古い歴史を持つものではない. 但し, 雇用保護立法を, 労働市場を一定の方向に誘導するといった市場設計する意図を持った恣意的立法として批判することは早計である. なぜならば, 労働市場における確立された慣習を近年になって法制度化したという解釈も可能であるからである. その意味において雇用保護立法の内生性について検討することは重要である.

　日本における解雇権濫用法理も企業経営における慣習を追認したものという解釈も可能である. 従って, 解雇権を制約する判例を「社会的規制」と捉えることは適切ではない.「解雇規制」緩和論が一般に浸透しなかったのは当然であろう. 社会における慣習を含めたルールを全て規制とみなすこと, 解雇可能な条件を立法化しようとする思考は, 真の自由主義者の思想とは言い難い.

　雇用保護立法が労働者の移動を抑制して効率性を低下させている可能性は否定できない. しかし雇用保護を緩和すれば, 効率性が向上する保証はない.「解雇規制」を緩和すれば, 効率性を向上させることができるという発想は, 規制に反対しつつ社会を制御可能として理想社会を設計しようとする危険な考えである.

　雇用保護法制の部分的緩和が与える効果については, 日本の労働市場に関して示唆するところが多い. 労働者派遣法の一連の改正, 有期雇用契約の継続雇用についての法改正等は雇用保護立法の部分的緩和政策あるいはその修正と位置付けることができる. また, 日本においても契約社

員, パート・タイマー, 派遣社員等の非正規雇用は, 柔軟性の確保のみならず収益性の観点から企業にとって望ましい就業形態であり, 新規雇用に際しての雇用創出割合が高い[47]. しかし, これらの雇用形態が一定期間経過後に正規雇用に転換される可能性は低い. また, 正規雇用の雇用創出が抑制されることで, 結果的に非正規雇用の転職は増えることになる. このような実態解明にDMPモデルに基づく理論は大きな貢献をするであろう.

日本においてもこれまでの雇用保護立法に関する議論は, 経済理論, 実証分析結果を踏まえていなかったものであり, 再考を要する. 雇用保護立法に関する日本語文献では未だにサーチ理論に言及していないものが多い. 日本で実施されてきた雇用保護立法の部分的緩和については, 議論が十分ではない. このような状況にも関わらず, 有期雇用契約に関する法令や労働者派遣法の改正等を実施している. また, 雇用保護立法と他の政策手段との補完性に関しても議論が不十分である. 特に解雇権制約と解雇税や失業保険の関係についての考察が不十分である. 解雇権制約の効果については直感では予想できないものであり, サーチ理論を用いた日本を対象としたシミュレーションと評価が必要であろう.

今後の課題としては, 雇用保護制度が内生的に決定される場合を検討すること, 手切れ金の最適額の算定, 雇用保護制度と失業保険の代替・補完関係, 新規雇用契約における単一労働契約 (single labor contract), 特に期間の定めのない契約の有効性について議論することである.

---

[47] 厚生労働省 (2015,p.1,6) は 2002 年以降の景気拡大時に非正規の雇用が増加した後に正規雇用が増加したこと, 2012 年以降の景気回復過程において雇用創出は非正規雇用が大半であることを示している.

第 2 章　政策分析モデルと雇用保護立法の評価

（Part2：解雇告知と補償, 単一長期雇用契約の経済分析）

労働者保護立法の経済効果の評価に当たっては, 解雇の事前告知や手切れ金の存在理由と効果, 単一長期雇用契約の導入の効果の検証といった課題がある. これらについては, DMP モデルを拡大発展させることが有効である. 解雇の事前告知や手切れ金については, 立法化された強制的な場合と労使交渉による自発的な場合がある. 手切れ金の議論については, 保険としての役割と失業手当との関係にも着目しなければならない. 労働者がリスク回避的で保険市場が完全ではない場合, 労使間の交渉により解雇の事前告知や手切れ金の支払いが内生的に決定される. この場合, 雇用保護立法は労働市場のルールを追認したものになる. 強制的か自発的であるかに関わらず手切れ金は, 労働者がリスク回避的な場合, 保険数理上の最適額が求められる. 雇用保護立法の部分的な緩和による弊害を解決するために新規雇用に適用される単一長期雇用契約は, 労働市場の 2 重構造を解消するために一定の効果があることが示される.
Key Words：DMP モデル, 2 重構造, リスク回避, 事前告知, 手切れ金, 単一長期雇用契約

1. はじめに

　雇用保護立法の経済効果をいかに評価するかは, 労働経済学における大きな課題である. 厳密な分析をするためには, サーチ理論に基づいた DMP(Diamond-Mortensen-Pissarides)モデルを発展させる必要がある. DMP モデルに雇用創出・雇用喪失を内生化したのが, Mortensen-Pissarides(MP) version である[1].

　解雇の際の雇い主から労働者への金銭移転である手切れ金 (severance pay) は, 労働者がリスク中立的で賃金が伸縮的であるならば, 雇用契約が効率的になされることになることで, 労働市場への効果は相殺される[2]. そのため, 解雇税のように雇い主から政府への金銭移転である解雇費用のみに議論の焦点を絞ればよいことになる. 解雇費用が発生する場合, 雇用創出は抑制されるものの, 雇用喪失も同時に抑制される. 従って, 失業率が上昇するか否かは先験的には断言できない. 但し, 労働者の移動が抑制されることは事実である.

　Pissarides (2000,pp.205-234) は MP version に基づいて解雇費用の与える効果を分析した. そこでは労働者がリスク中立的である場合, 外生変数として解雇費用を考慮した場合の, 失業率に与える効果が検討されている.

1　Mortensen and Pissarides (1994).
2　Lazear(1990).

欧州を中心に, 雇用保護立法が労働市場を硬直的にしているとの観点から立法の緩和が実施された. しかし, 既存の正社員についての雇用契約の内容を変更することは困難であるため, 正規雇用の職務を遂行する解雇費用の低い非正規雇用の利用制限を緩和する雇用保護立法の部分的緩和が行われた[3].

MP version を発展させて, 部分的緩和の与える効果について分析したのが, Cahuc and Postel-Vinay (2002) であり, Part1 にて解説した. 概略は以下のようになる. 雇用保護立法の部分的緩和を実行すると, 好況時には新規雇用のうち非正規雇用の割合が高くなり, 雇用者数の増加幅は大きくなる. しかし, 非正規雇用から正規雇用への転換のために要求される生産性水準が高く, 非正規雇用の転職が多くなる. 生産性ショックが発生した場合, 非正規雇用者の失業者が大量に発生する可能性がある.

雇用保護立法については, 解雇の事前告知や手切れ金の有効性についての検討は未だ十分ではない. 手切れ金については雇用保護立法の一環として規定されている場合と労使が自発的に支給に合意している場合があり, これらの状況別に有効性の検討を行う必要性がある. さらに, 手切れ金と失業保険の関係といった他の制度との代替・補完関係を考慮しなければならない.

通常の MP version での想定とは異なり, 労働者は一般的にはリスク回避的と考えられている. 保険市場が完全ではない場合には, 労使間交渉により, 事前告知や手切れ金の支払いを約束することで解雇が抑制されることが正当化される可能性がある. この考えは, 日本における雇用保護政策について検討する場合にも重要である. つまり, 日本における雇用保護政策が自発的に形成された慣習であれば, 解雇を抑制しようとする雇用保護立法はそれを追認したものに過ぎなくなるからである.

また, 雇用保護立法の部分的緩和が労働市場の 2 重構造[4]をもたらすことへの対応策としての新規雇用を対象とした単一長期雇用契約についての効果を考察する必要がある. 雇用保護の程度を正規雇用と非正規雇用で揃えることが難しいのであれば, このような提案は現実性の高いものとして評価すべきであろう.

---

[3] Dorado (2012,p.24).
[4] 労働市場の 2 重構造については, 当初は米国の第 2 次世界大戦後の, 高賃金で訓練を受け転職の少ない主要労働者(primary worker)と低賃金で技能水準が低いく転職の多い補助的労働者(secondary worker)から構成される労働市場を描写するものであったが, 欧州では短期雇用労働者が長期雇用に転換できない状況を指している (Lepage-Saucier, Schleich and Wasmer(2013,p.7).

本章の Part2 では 2 で手切れ金や単一長期雇用契約についてのこれまでの議論を取りまとめ, 3 で雇用保護が内生的に決定される場合の意思決定, 4 で手切れ金の最適額の導出, 5 で単一長期雇用契約の導入効果について検討を加え, 6 で今後を展望する.

2. 雇用保護政策の必要性と経緯

ここでは, 解雇の事前告知や手切れ金といった雇用保護政策の存在理由と効果, 単一長期雇用契約の提唱の経緯について概観する.

手切れ金とは, 法的に義務付けられた場合でも労使間交渉等により自発的に決定されたものであっても, 雇い主が解雇された労働者に, 経験年数と直近の給与から決定される額を一括補償として支払うものである[5].

但し, 手切れ金の発生した歴史的経緯や経済効果については未だに, 理論的にも実証的にも満足の得られる解答はない. Holzmann and Vodopivec (2012,p.2) は, 手切れ金は強制的, 自発的に関わらず, 世界中のあらゆる所得階層の国において存在するものであり, その起源, 合理性, 経済効果が不明確であるとしている.

Holzmann,Pouget,Vodopivec and Weber (2012,p.17) は, 手切れ金は社会保険制度が導入される以前において, 先立つものとして存在していることから, 失業補償あるいは年金支給の原初的形態であると指摘している. つまり, 手切れ金については失業保険との関連を検討しなければならない. この点については手切れ金に限らず, 解雇税と失業手当の関連についても議論しなければならないことを示唆する.

手切れ金の所得保障効果は不十分なものである. Holzmann et al.(2012,pp.2-3) は, 手切れ金が失業期間と関係なく同額が支払われることによる受益と偶発事件における必要性の関連性の欠如という機能の洗練性の低さ, 積立金不足等に起因する不払い, 不利な立場の労働者をカバーしないことによる労働市場の 2 重構造の生起をその理由として挙げている.

また, Holzmann et al.(2012,p.3) は, 手切れ金が自発的に導入される場合には, 長期の雇用を促進することで訓練を行う誘引となるために生産性が向上するという潜在的な効率性の向上が見込めるものの, 労働市場の硬直化を招くという潜在的な効率性の低下が予想されることを指摘している. このような非効率性が指摘されるにもかかわらず, なぜ手切れ金は存在するのかが検証されなければならない.

---

[5] Holzmann and Vodopivec (2012,p.2).

Lazear (1990) は実証分析結果において義務的な手切れ金が雇用者/人口比率や労働力率に負の影響を与えていること, それが雇用契約の柔軟性の欠落に起因するものと指摘している. 但し, Lazear (1990) の実証分析は, データの制約と説明変数が少ないことから改善の余地があるため, その後も追証が行われたところである[6].

Addison and Teixeira (2005) は, OECD 諸国のパネル・データを用いて手切れ金が雇用率や失業率等の労働市場指標に与える効果を検証した. その結果は, 手切れ金の効果は, 推定期間や他の説明変数に何を用いるかによって異なり, 失業率を有意に上昇させる結果が導かれる場合もあるが, 他の指標に与える効果は不明確で, 決定的なことは言えないというものであった. Addison et al.(2005,p.362) は, 手切れ金が労働市場に影響を与えないとは結論できないこと, 手切れ金の役割については十分に理解されていないこと, その効果は簡単には計測できないことを指摘している.

手切れ金は市場の摩擦や賃金の硬直性を考慮した場合, 労働者がリスク中立的であっても資源配分には中立的ではないことが示されている. Alvarez and Veracierto (2001,pp.495-497) は一般均衡モデルに契約と再配置における摩擦を導入することで, 保険市場が不完全な場合, 手切れ金は雇用に正の効果を与えることを示している. Garibaldi and Violante (2005,pp.799-802) は, 解雇費用のうち解雇税よりも手切れ金の額が大きいために, 賃金に硬直性がある場合には手切れ金の非効率性が強調されるものの, 賃金に硬直性があってもインサイダーの賃金のみに手切れ金が反映される中長期的に制約を内部化可能である場合, 手切れ金の中立性は回復されること, 但し, アウトサイダーにまで手切れ金が賃金に反映されることで賃金が解雇費用を内部化できない完全硬直性を持つ場合には手切れ金は解雇税と同一の効果を果たすことを指摘している[7].

労働者がリスク回避的であり, 雇用保護の保険的役割を考慮した場合, 解雇の事前告知や手切れ金支給が労使交渉等により内生的に決定される場合がある. Pissarides (2001) (2010) は DMP モデルの欠点を修正しつつリスク回避的労働者を想定し, 雇用保護政策である解雇の事前告知と手切れ金支給が内生的に決定されることについて検証した.

雇用保護政策の内生的決定の重要性は制度の経済学の観点からも首肯される. 青木 (2002) は, 制度とはゲーム的相互作用の過程で浮かび上がり, 当然と誰からも受け取られるようになった自己拘束的なルールと定義し, 日本において恣意的な解雇は判例で違法とされることは, 一般的認識を追認したものであり, その逆ではないと指摘する.

---

[6] Addison and Grosso (1996) は, その代表的な実証分析である.
[7] Fella (2012) は, MP Version に賃金の下限を設定することで賃金の硬直性を導入し, 義務的な手切れ金は, 非効率な解雇の場合, 雇用喪失を防ぎ, 雇用創出を促進することを検証している.

このことは法制度の有効性を考察する際にも有益である．なぜなら，雇用保護立法は慣習として確立された事項を追認したものとなるからである．この場合，雇用保護立法は労働市場を歪めたものとは必ずしもならない．Pissarides (2001) (2010) は，制度が確定する過程を経済学的に論証したものと捉えることが可能である．

ここで考慮しなければならないのは，労働者がリスク回避的である場合に，手切れ金の保険としての役割を考慮した最適額はいかに導出されるかということである。Fella and Tyson (2013, pp.415-418) は，私的に最適な手切れ金は雇用喪失リスクの保険であり，その規模は雇用喪失による生涯資産の減少額が下限となること，労働者のレントが大きいと手切れ金の額が増加すること，失業保険の置換率と負の関係があること，義務的な手切れ金の支給による雇用喪失効果は，賃金の低下によって相殺されることを示唆している．また，Auray et al.(2014) は手切れ金の水準の具体的な最適条件を求めている．

義務的な手切れ金の存在の正当性や最適額については労働者がリスク中立的な場合にも導出可能である．Boeri,Garibaldi and Moen (2014) は，労働者がリスク中立的であっても賃金カーブが上昇するのであれば企業経営の観点から手切れ金の存在が正当化されることを示している．

Boeri et al. (2014,pp.2-3) は，手切れ金の特質として，解雇理由（経済的要因，懲戒），あるいは裁判所による公正，不公正の判断によって額が異なること，つまり恣意的要因に左右されること，経験年数に応じて額が増える事実に着目する．このとき手切れ金の額は，

　　　　不公正な解雇（経済的要因，懲戒に関わらず）＞ 経済的要因による解雇 ＞ 懲戒解雇

となる[8]．Boeri et al. (2014,pp.10-13) は，労働者がリスク中立的な 2 期間モデルを想定した場合，第 1 期に企業特殊技能への投資を行わない怠け者の労働者は第 2 期に懲戒解雇され，投資しても第 2 期の生産性が低い労働者は経済的要因で解雇されるとする．このとき，労働者の日和見的態度を防ぐための賃金後払い制度の下では，経済的要因による解雇における義務的な手切れ金の最適額 T^* は内部賃金と外部賃金の差額（レント）に等しく，C：自己投資の機会費用，g：怠け物の労働者の解雇が公正と判断される確率とすると，

$$T^* = \frac{C}{1-g}$$

---

[8] Boeri et al.(2014,p.7).

であることが示される[9]. この場合, 懲戒解雇の費用は gT なので, 企業は解雇を実施する[10]. 続いて Boeri et al. (2014,pp.15-19) は, 不公正か否かが裁判で決定される場合について考察を加え, 不公正な解雇の場合の手切れ金 T_U は, 裁判所の監査確率を λ とすると, $T_U = \frac{T}{\lambda}$ となり, 経済的要因による場合よりも大きくなることを示した. これらの結果は, 人的資本投資の費用や企業から放逐される可能性が経験年数とともに高くなる場合, 最適な手切れ金は経験年数とともに大きくなること, 人的資本費用が増加すると賃金も高くなるので手切れ金は賃金と連動して増加すること, 解雇が公正であると判断される確率 g が高いと手切れ金は経験年数とともに増加することを示唆する[11].

雇用保険の設計に際して雇用保護立法との同時決定を試みたのは, Blanchard and Tirole (2008) である. Blanchard et al.(2008) は, 解雇税と失業保険は別個のものとして検討するのではなく, 関連性を考慮しなければならないと指摘し, さらにこれらと手切れ金との関連についても考察する. Blanchard et al. (2008,pp.46-55) は, 労働者がリスク回避的である場合, 失業手当は解雇税の税収で賄われることが最適であること, 企業に手切れ金支給を課すことで失業手当を賄うことは可能となるが, 企業負担が労働者への支払を上回って効率性が損なわれる場合があるため, 第3者が税の徴収と失業手当と手切れ金の支給を行う必要性があることを指摘している.

雇用保護立法の部分的緩和がもたらした混乱については, スペインの事例が顕著であった[12]. このためスペインでは新規雇用に関して新たな雇用契約を導入するといった労働市場改革を実施してきたところである[13]. これらと並行して, 「スペインの労働市場の再出発のための提言」が 100 人の経済学者によってなされた[14]. 同提言では, 雇用保護立法の部分的緩和が, 景気拡大期には低生産性産業に偏るものの雇用創出をもたらす一方で, 景気後退期には雇用喪失を増幅させることから, 失業率の volatility を抑制する必要性があることを指摘し, 労働市場の 2 重構造を終結させるために, 新規雇用には単一長期雇用契約 (single permanent labor contract) を導入するべきこと

---

[9] Boeri et al.(2014,p.12).なお, 多期間モデルにおいては, 自己投資を怠ると次期に懲戒解雇されるとした場合の t 期における最適な手切れ金 T_t は, R_t: 仕事に就いていることのレント, C_t: 自己投資の機会費用, ρ: 割引率, g_y: 怠け物の労働者が放逐される確率とすると, 次式が成立する (Boeri et al.(2014,pp.13-15).

$$T_t = R_t = \frac{C_t/\rho}{1 - g_t}$$

[10] Boeri et al.(2014,p.13).

[11] Boeri et al.(2014,p .20).

[12] Bentolila,Cahuc,Dolado and Le Barbanchon (2012),Boeri and Garibaldi(2007) においてその経緯と理論的背景が記されている.

[13] スペインの労働市場改革については, {補論Ⅲ} に記されている.

[14] Andrés et al.(2009) 参照.

が提言されている. さらに, 同提言では失業手当支給方法の改善, 中央集権的労使交渉の在り方の是正, 積極的労働市場政策の失業者保護との共同運営が提言されている. ここで提案された単一長期雇用契約とは, 経験年数に応じて手切れ金が増加することで短期雇用者が雇用期間満了時に大量解雇されることを防ぐためのものである[15].

単一長期雇用契約を導入する際には, 既存の非正規雇用への手切れ金の導入, 手切れ金の雇用保険との同時決定といった重要な論点がある. 雇用保護立法の部分的緩和による労働市場の 2 重構造問題の解決策としてスペインの労働市場改革はどのように機能したのか, 経済学者 100 人の提言は有効か否かについて検討することは今後の労働市場を展望する上で重要である.

なお, 単一長期雇用契約については, スペインで提唱された型の CPSR(contracts with continuous progressive seniority) と, 採用後に一定の猶予期間を設ける CLPP(contracts with large probationary period) があり, 適用形態には, 短期雇用を単一長期雇用契約に交代する, 全ての雇用を単一長期雇用契約に交代する等がある[16]. フランスで 2005 年〜2006 年にかけて導入が試みられた CNE (contrat nouvelle embauche) と CPE (contrat premire embauche) は若年層の新規雇用に猶予期間を設けて雇用促進を図るものであり, CLPP に分類されるものである[17]. なお, 単一長期雇用契約とは必ずしも, 長期あるいは無期と 認識されているとは限らない[18].

3. 雇用保護政策と保険市場

ここでは一定の条件下においては雇用保護政策が労使交渉により内生的に決定されることについて検討する.

Pissarides (2001) (2010) は労働者がリスク回避的である場合, 所得保険の観点から労使間で自発的な解雇制約が合意されることを論じたものである. 買手独占的労働市場においては, 雇い主が解雇制約を含んだ雇用契約を選択して労働者が受諾する. 保険市場が完全であれば, 労働者保護は必要ないものの、労働市場においてモラル・ハザードは発生する. 労働者の資本市場へのアク

---

[15] García-Pérez and Osuna (2014,p.2). なお, Dolado, Lalé and Siassi(2015,p.2) によれば, 単一長期雇用契約は Blanchard et al.(2003) が解雇に伴う人的資本の喪失, 精神的費用といった負の外部性を企業が内部化することを意図して提唱したものであり, その後, スペインのみならずイタリア, フランスにおいても経済学者によって提唱されたものである.

[16] Lepage-Saucier et al.(2013,pp.18-19,25-26).

[17] Lepage-Saucier et al.(2013,p.21).

[18] Cebrin, Moreno and Toharia (2005) は, 1997 年にスペインにおいて導入された単一長期雇用契約である長期雇用促進契約に関して, 通常の無期限契約とは認識されていないことを実証的に示している.

セスに制約があり, 保険市場が完全ではない場合, モラル・ハザードへの対応として手切れ金は雇用期間の不確実性に関するリスク (employment risk : 雇用リスク) に対する保険の完全代替, 解雇の事前告知は失業期間の不確実性に関するリスク (unemployment risk : 失業リスク) に対する追加保険であること, 但し企業にとっては労働者のジョブ・サーチ戦略の監視に失敗することはモラル・ハザードを招くために, 最適な事前告知は失業リスクの十分な保険ではなくなることが示される[19].

Pissarides (2001) は DMP モデルを修正した無限期間のモデルにおいて, 労働者の効用最大化と企業の利潤最大化から, 手切れ金と解雇の事前告知の必要性を論じている. Pissarides(2010) は, 3 期モデルを用いて, 労働者の特定された効用 (水準) を最小費用で達成する企業(principal) と労働者 (agent) の誘引両立性に基づく principal-agent 問題を解くことで, 手切れ金と解雇の事前告知の必要性を論じている. 以下では, Pissarides (2001) に従ってモデルの概要を解説し, 必要に応じて Pissarides (2010) の内容を追記する.

モデルの基本は次のように設定される[20].

企業はリスク中立的, 労働者はリスク回避的である. 雇用者は賃金 w, 失業者は所得 b を得る. 雇用されている場合も失業している場合も職探しをしている場合, 職務は確率 $a \geq 0$ で到来する. 労働者は同質であり, 自ら失業を選択することはないと想定する.

職務の生産性を p とし, 職務を維持するためには期間当たり $R \in [0, p)$ の費用を要する. 負のショックが確率 λ で到来し, 職務の生産性は 0 となるため, 企業は職務を閉鎖して労働者を解雇するか, 労働者に職務終焉を告知し, 労働者は将来時点において解雇されることになる. 解雇は確率 $s \geq 0$ で到来するポアソン分布する事象であり, 定常状態では解雇の事前告知の平均期間は $\frac{1}{s}$ である. このとき, 告知は, 短期間 dt について解雇確率 sdt という形態を採る. 解雇確率 s が高い場合, 雇用保護の度合が低く, 雇用の柔軟性が高いことを意味している. s=∞ の場合, 告知なしで解雇されるため, 柔軟性は最大となる. 逆に s=0 の場合, 解雇は行われない. 告知には, 非生産的職務が維持されることで費用 R が支払われること, 労働者は失業手当を放棄することという 2 タイプの費用が企業と労働者にとって発生する. これに対して, 手切れ金σ は, 企業から労働者への移転であり, 職務の純利益を減少させるものではない.

---

[19] Pissarides (2010,pp.613-614).但し, Pissarides (2001,p.156) では雇用期間の不確実性に関するリスクを unemployment risk と表現が逆転している.

[20] Pissarides (2001,pp.139-141).

まず, 完全な保険が存在する場合の消費選択について説明する[21].

消費を c とすると効用の流列は u(c) となる. 失業者の時点 t での効用は次式で示される.

$$U(t) = \int_t^\infty e^{-(\delta+a)(\tau-t)}\left(u\big(c(\tau)\big) + aW(\tau)\right)d\tau \quad \cdots\cdots(3\text{-}1)$$

ここで δ は時間選好率, $W(\tau)$ は職務が受諾された時点 τ における期待生涯効用である.

$$W(\tau) = \int_t^\infty e^{-(\delta+\lambda)(z-\tau)}\left(u\big(c(z)\big) + \lambda W_n(z)\right)dz \quad \cdots\cdots(3\text{-}2)$$

ここで $W_n(z)$ は非生産的職務からの生涯の期待効用である.

$$W_n(z) = \int_z^\infty e^{-(\delta+s+s)(t-z)}\big(u(c(t)) + aW(t) + sU(t)\big)dt \quad \cdots\cdots(3\text{-}3)$$

労働者は予算制約の下で, それぞれの状態において効用を最大化する. 所得変動リスクに対して保障する年金を購入できる保険市場が存在する場合, 状態に関わらず消費は恒常所得に依存する. 金利が $r(=\delta)$ であれば, 消費プロフィールは平滑であり, 生涯効用に代入して積分すると生涯効用との関係が導かれる.

$$W = W_n = U = \frac{u(c)}{r} \quad \cdots\cdots(3\text{-}4)$$

いずれの状況も生涯効用は等しいので, 職探しをする必要性がないというモラル・ハザードが発生する[22]. 利潤の現在割引価値は次式で示される.

$$J = \frac{p-w-R}{r+\lambda} - \frac{\lambda}{r+\lambda}\frac{R+w+s\sigma}{r+a+s} \quad \cdots\cdots(3\text{-}5)$$

ここで第 1 項は生産的局面での利潤の現在割引価値, 第 2 項は非生産的職務が維持される期間の費用である. (3-5) は *s* =0 のときに最大化, s＝∞ のときに最小化される. 賃金はゼロ利潤条件 (J＝0) から次式で示される.

$$w = \frac{(r+a+s)p-\lambda s\sigma}{r+a+s+\lambda} - R \quad \cdots\cdots(3\text{-}6)$$

賃金は事前告知と手切れ金に応じて減額されることになる. 消費は次式で示される.

$$c = \frac{r+a}{r+a+\lambda}(p-R) + \frac{\lambda(sb-(r+a)R)}{(r+a+\lambda)(r+a+s)} \quad \cdots\cdots(3\text{-}7)$$

ここで, 手切れ金は私的保険があるために機能せず, 事前告知は消費を低下させる. *s* ＝∞ の場合, 消費は最大化され次式となる.

---

[21] Pissarides (2011,pp.141-143).

[22] Pissarides (2010,p.620) は, もう 1 つのモラル・ハザードである一時的解雇について言及している. これは相性のよい労働者と企業が結託して一時的に縁組を解消するもので, 限界生産物相当の損失が発生するが, 失業手当と保険料分の利得が得られ, 利得が損失よりも大きい場合は最適となる.

$$c = \frac{(r+a)(p-R)+\lambda b}{r+a+\lambda} \quad \cdots\cdots(3\text{-}8)$$

次に労働者が資本市場への接近を制約されている場合の手切れ金の役割について検討する[23].

手切れ金は企業から労働者への移転であり, 労働者が失業する際に受け取る. 保険市場が存在しない場合, 労働者は負のショック到来リスクに備えて, 失業中の消費を維持するために雇用期間の初期に多くの貯蓄を行う[24]. 手切れ金は雇用リスクに対する保険として機能し, 労働者は賃金抑制の形でプレミアムを支払い, 企業は雇用終了時に支払を約束する. 最適な支払は, 失業中の消費が雇用されている場合の最適水準に保たれるように選択される. この時, 手切れ金は保険の完全代替となる. 労働者は最適な消費流列と手切れ金を選択し, 企業は資金を調達する.

$A_w(t)$: 労働者が生産的局面において企業に対して潜在的に有する純資産状況, $A_n(\tau)$: 職務の非生産的局面における労働者の純資産状況とし, 企業は生産的職務に就いた労働者から $p-R$ を調達して $c(t)$ を支払い, $A_w(t)$ を金利 r で運用する. ゼロ利潤下における労働者の企業に対する純資産状態の動向は次式となる.

$$\dot{A}_w(t) = rA_w + p - R + \lambda \left(A_n(t) - A_w(t)\right) \quad \cdots\cdots(3\text{-}9)$$

(3-2) を, 制約条件 (3-9) の下で, $c(z), A_w(t), A_n(\tau)$ について最大化すると, $r=\delta$. において, 生産的局面 (w) における平滑な賃金プロフィールと次式を得る.

$$u'(c_w) = \frac{\partial W_n(t)}{\partial A_n(t)} \quad \cdots\cdots(3\text{-}10)$$

非生産的局面 (n) における労働者の純資産の動向は次式で示される.

$$\dot{A}_n(\tau) = rA_n(\tau) - R - c(\tau) + aA_n(\tau) + s(A_n(\tau) - \sigma(\tau)) \quad \cdots\cdots(3\text{-}11)$$

(3-3) を制約条件 (3-11) の下で最大化すると, 平滑な消費プロフィールと次式が導かれる.

$$\frac{\partial W_n(t)}{\partial A_n(t)} = u'(c_n) = \frac{\partial U(t)}{\partial \sigma(t)} \quad \cdots\cdots(3\text{-}12)$$

(3-10) と (3-12) を統合することで, 最適な手切れ金がある場合, 労働者は在職期間中の平滑な消費流列を維持し, 企業は平滑な賃金と解雇時の一括払いの手切れ金を支給することが分かる. つまり

---

[23] Pissarides (2001,pp.143-144).Pissarides (2010,p.620) は, リスク中立的企業からリスク回避的労働者への状況依存的な移転を導入することで雇用契約はパレート最適という意味での改善が可能であるとしている.

[24] Pissarides (2010,p.619) は, 雇用リスクは右上がりの消費プロフィールを, 失業リスクは右下がりの消費プロフィールをもたらすとしている.

手切れ金は雇用リスクに対する雇用者の貯蓄を保証するものであり，失業リスクに対する失業者の貯蓄を保証するものではない[25].

　次に労働者が資本市場にアクセスできない場合の，解雇の事前告知について検討する[26]．この問題は直感的に理解することが難しく，理論的に最適条件を求めることが困難である．従って，Pissarides (2001) においても，手切れ金と分離した上で，シミュレーションで解を見つける手法が採用されている．

　失業手当が不十分である場合，失業者は貯蓄した手切れ金を取り崩す．消費は当初は高水準であるが，ジョブ・サーチが首尾よくいかなければ，次第に低下する．しかし，解雇の事前告知は，所得低下を伴わずに転職する機会をもたらす．これは職務が非生産的となった場合に，解雇を遅らせることが失業リスクに対する部分的保険となることを意味する[27]．

　資産がない場合の効用フローは雇用者では $u(w(t))$，失業者では $u(b)$ である．企業のゼロ利潤制約下において，労働者は生涯効用の最大化を図り，賃金プロフィール $\{w(t)\}$ と事前告知 s を選択する．手切れ金については考慮しない．

　賃金が一定でない場合，時点 0 で始まる職務についての利潤の現在割引価値は次式で示される．

$$J = \int_0^\infty e^{(r+\lambda)t}\big(p - w(t) - R + \lambda J_n(t)\big)dt \quad \cdots\cdots(3\text{-}13)$$

ここで $J_n(t)$ は，時点 t で始まる非生産的局面における利潤の現在割引価値である．

$$J_n(t) = \int_t^\infty e^{-(r+a+s)(\tau-t)}(w(\tau) + R)d\tau \quad \cdots\cdots(3\text{-}14)$$

　生産的機会を受諾する労働者は，次の非負条件に制約される．

$$J \geq 0 \quad \cdots\cdots(3\text{-}15)$$

　雇用期間の消費は $c(t)=w(t)$，失業期間の消費は $c(t)=b$ とすると，効用関数は $r=\delta$ について (3-1)〜(3-3) となる．生産的機会を受け取る労働者の最大化問題は次のようになる．

$$\max_{\{w(t)\},s} W \quad s.t. J \geq 0 \quad \cdots\cdots(3\text{-}16)$$

μ を共役変数とすると，オイラー条件から賃金プロフィールは平滑で次式を満たす．

$$u'(w)=\mu \quad \cdots\cdots(3\text{-}17)$$

---

[25] Pissarides (2001,p.135)(2010,pp.622-623) は，手切れ金は雇用リスクに対する保険となることから，職務が3期間を通して生産的な場合，消費は平滑であること，但し手切れ金は失業リスクに対する保険とはならないので，職務が非生産的になった場合には消費は低下，他の職に就くと消費は増加することを示している．

[26] Pissarides (2001,pp.144-149).

[27] Pissarides (2010,p.623).

平滑な賃金構造についての (3-13) の積分は，$\sigma = 0$ についての (3-5) で示される利潤の現在価値となる．解雇に遅れが生じた場合の損失は次式である．

$$J_n = \frac{R+w}{r+a+s} \quad \cdots\cdots(3\text{-}18)$$

効用関数は，失業期間中，非生産的職務に雇用されている期間，生産的職務に雇用されている期間はそれぞれ次式を満たす．ここで，$\overline{W}$ は，現在の職務の契約のパラメータに影響されない新規職務によって得られる効用を示すものとする．

$$U = \frac{u(b)+a\overline{W}}{r+a} \quad \cdots\cdots(3\text{-}19)$$

$$W_n = \frac{u(w)+a\overline{W}+sU}{r+a+s} \quad \cdots\cdots(3\text{-}20)$$

$$W = \frac{u(w)+\lambda W_n}{r+\lambda} \quad \cdots\cdots(3\text{-}21)$$

打ち切り期間の選択は変更されることになり一定の s に制約される．労働者は職務に当初就いた場合，s が最適に選択された平均期間 $\frac{1}{\lambda}+\frac{1}{s}$ の定常賃金プロフィールが特定された契約を受け取る．(3-15) の制約の下で (3-20) を最大化するように s は選択され，定常賃金 w について次式が成立する $\frac{\partial W_n}{\partial s}+\mu\frac{\partial J_n}{\partial s}$ の符号に支配される．

$$\frac{\partial W_n}{\partial s}+\mu\frac{\partial J_n}{\partial s} = \frac{(r+a)U-u(w)-aW+\mu(w+R)}{(r+a+s)^2} \quad \cdots\cdots(3\text{-}22)$$

(3-1) (3-17) から (3-22) は次式に書き改められる．

$$\frac{\partial W_n}{\partial s}+\mu\frac{\partial J_n}{\partial s} = \frac{u(b)-u(w)+u'(w+R)}{(r+a+s)^2} \quad \cdots\cdots(3\text{-}23)$$

最大化の点において制約 (3-15) は等号が成立するので，最適賃金は次式となる．

$$w = \frac{r+a+s}{r+a+s+\lambda}p - R \quad \cdots\cdots(3\text{-}24)$$

s＝0 の場合，職務は終了しない．

$$w_0 = \frac{r+a}{r+a+\lambda}p - R \quad \cdots\cdots(3\text{-}25)$$

s＝∞ の場合，職務は非生産的となった時点で終了する．

$$w_\infty = p - R \quad \cdots\cdots(3\text{-}26)$$

s＝0 の場合は，全ての企業が同一の賃金を掲示し，逼迫度は平均値と一致する対照均衡において効用関数が次式となり，サーチ活動がないので，均衡とはなりえない．

$$W = W_n = \frac{u(w)}{r} \quad \cdots\cdots(3\text{-}27)$$

s＞0 の場合は，対照均衡における効用関数は次式を満たす．

$$W - W_n = \frac{s[u(w)-u(b)]}{(r+a+\lambda)(r+a+s)} \quad \cdots\cdots(3\text{-}28)$$

$$W_n - U = \frac{u(w)-u(b)}{r+a+s} \quad \cdots\cdots(3\text{-}29)$$

非生産的職務に就いている場合,失業している場合いずれも職探しの誘引を確保するための十分条件は w >b である.(3-24)から,事前告知がなされる場合は,そうでない場合よりも賃金が低下するため,賃金と失業手当の乖離が縮小し,失業中の職探し時間は短縮される.最適事前告知期間が長くなれば賃金率は低下する状況下において,最適事前告知期間は賃金と失業手当の最適な関係を達成する.

事前告知期間 $\frac{1}{s}$ は,有限の s について (3-23) が 0 になるならば与えられ,全ての有限の s について正ならば与えられないことになる.最適事前告知期間は定性的に導くことができないため,シミュレーションによって推定される.(3-23)(3-24)から次式を定義する.

$$f(s;.) \equiv u(b) - u(w) + u'(w)(w + R) \quad \cdots\cdots(3\text{-}30)$$

$u(\cdot)$ が線形 (リスク中立的) であれば,$f(s;.)$ は常に正になり,事前告知はなされない.$s=\infty$ における $f(s;.)$ が負となる置換比率 $\rho \equiv \frac{b}{w}$ の範囲を相対的リスク回避度 γ が一定の効用関数から求める.

$$u = \frac{w^{1-\gamma}}{1-\gamma} \quad \cdots\cdots(3\text{-}31)$$

$f(s;.)$ は ρ について単調増加であり,$f(\infty,\rho)=0$ となるρ が存在する.この棄却限界値より小さいρ において最適な s は有限となる.この棄却限界値は次式で示される.

$$\rho_{max} = \left(\frac{\gamma - \frac{R}{p}}{1 - \frac{R}{p}}\right)^{\frac{1}{1-\gamma}} \quad \cdots\cdots(3\text{-}32)$$

最適な事前告知期間は (3-30) から求められる.解雇の事前告知は,労働者がリスク回避的で失業保険が不十分な場合にのみ最適である.解雇の事前告知は追加的な所得保険であり,雇用所得と失業所得の乖離を縮小するとともに労働者にジョブ・サーチの誘引を与えて失業なしの転職を可能とする[28].

次にサーチ・モデルの均衡を求める[29].

---

[28] Pissarides (2001,p.135). Pissarides (2010,p.626) は,価値関数 (効用関数) が凹型の場合で,企業が労働者のジョブ・サーチを監視可能であれば,解雇の事前告知は全ての状態における消費を平坦にすること,監視できない場合には,サーチが不首尾となったり失業したりしたときの消費は低下し,成功したときの消費は増加するとしている.Pissarides (2010,p.626) は,企業の費用関数が凸型で,企業が労働者のジョブ・サーチを監視不可能な場合,事前告知期間にある労働者の生涯効用は雇用期間とともに低下するとしている.さらに Pissarides (2010,p.627) は,失業補償について$b < b^*$ であれば最適契約は解雇の事前告知を行い,$b \geq b^*$ であれば告知が行われないb^* が存在するとしている.

[29] Pissarides (2001,pp.149-153).

均衡は賃金基準, 職務終了基準, 市場逼迫度で定義される. 雇用喪失基準はここまでの議論で求められる. 生産的職務を e, 非生産的職務を n とすると定常状態では $\lambda e = sn$ が成立する. 雇用喪失は sn で示され, 雇用喪失率は $\frac{sn}{n+e}\left(=\frac{\lambda s}{\lambda+s}\right)$ となる.

雇用創出曲線を加える. 企業 i は欠員を埋めるために, 確率 λ で到来するショックを条件とした賃金 $w_i(t)$ と解雇率 s_i を掲示する. 欠員数の応募者数に対する比率 θ_i は市場の需給逼迫度を示している. マッチング率は収穫一定のマッチング関数で与えられ, 職への到達率は $q(\theta_i)$ で $q'(\theta_i) \leq 0$, 弾性値は $-\eta \in (0,1)$ である. 労働者が職にマッチする確率は $\theta_i q(\theta_i)$ と定義する.

失業者の期待利得 U_i は, $c_i(t) = w_i(t)$, $s = s_i$, $a = \theta_i q(\theta_i)$ のときに (3-1)〜(3-3) から計算できる. 最も魅力的な契約で職のプール i に参加した場合の利得を U とすると, 企業 i は次式を制約として欠員の現在割引価値を最大にする賃金と解雇確率を選択する.

$$U_i \geq U \quad \cdots\cdots(3\text{-}33)$$

欠員 i を持ってプールに加わることの期待利得を V_i, 欠員を維持する費用を k, 充足した職務の期待利得を J_i とすると次式が成立する.

$$rV_i = -k + q(\theta_i)(J_i - V_i) \quad \cdots\cdots(3\text{-}34)$$

平滑な賃金プロフィールが与えられた場合の最大化問題は次のとおりである.

$$\max_{w_i, s_i, \theta_i} V_i = \frac{-k + q(\theta_i)J_i}{r + q(\theta_i)} \quad \cdots\cdots(3\text{-}35)$$

$$J_i = \frac{p - w_i - R}{r + \lambda} - \frac{\lambda}{r + \lambda}\frac{R + w_i}{r + a + s_i} \quad \cdots\cdots(3\text{-}36)$$

$$\text{s.t. } U_i = \frac{u(b) + \theta_i q(\theta_i)W_i}{r + \theta_i q(\theta_i)} \geq U \quad \cdots\cdots(3\text{-}37)$$

$$W_i = \frac{u(w_i)}{r + \lambda} + \frac{\lambda}{r + \lambda}\frac{u(w_i) + a\overline{W} + sU}{r + a + s} \quad \cdots\cdots(3\text{-}38)$$

w_i と θ_i に関する最大化から次式が導かれる. 但し μ はラグランジュ乗数である.

$$-\frac{q(\theta_i)}{r + q(\theta_i)}\frac{1}{r + \lambda} + \mu\frac{\theta_i q(\theta_i)}{r + q(\theta_i)}\frac{u'(w_i)}{r + \lambda} = 0 \quad \cdots\cdots(3\text{-}39)$$

$$-\frac{q'(\theta_i)(J_i - V_i)}{r + q(\theta_i)} + \mu\frac{q(\theta_i)(1 - \eta)}{r + q(\theta_i)}(W_i - U_i) = 0 \quad \cdots\cdots(3\text{-}40)$$

(3-39) (3-40) から分配ルールが導かれる.

$$W_i - U_i = \frac{\eta}{1 - \eta}u'(w_i)(J_i - V_i) \quad \cdots\cdots(3\text{-}41)$$

s_i に関する最大化からは内点解の条件が求められる.

$$\frac{q'(\theta_i)}{r+q(\theta_i)}\frac{R+w_i}{(r+\lambda)(r+a+s_i)^2} + \mu\frac{\theta_i q(\theta_i)}{r+q(\theta_i)}\frac{(r+a)U-a\overline{W}-u(w_i)}{(r+\lambda)(r+a+s_i)^2} = 0 \quad\cdots\cdots(3\text{-}42)$$

(3-19) (3-39) を用いると最適な内点解 s_i の境界条件が求められる.

$$u(b)-u(w)+u'(w)(w+R)=0 \quad\cdots\cdots(3\text{-}43)$$

(3-41) (3-43) は, 需給逼迫度 θ_i を与件として, 賃金と最適解雇政策について解かれる. θ_i は(3-37)から求められる. 集計された均衡は対照的であるために $w=w_i, \overline{W}=W_i, U=U_i$ とする. さらにゼロ利潤条件 $V_i=0$ を課すと, (3-34) (3-36) と対照均衡から, 雇用創出曲線が導かれる.

$$p - \frac{r+s+\lambda+\theta q(\theta)}{r+s+\theta q(\theta)}(w+R) = \frac{(r+\lambda)k}{q(\theta)} \quad\cdots\cdots(3\text{-}44)$$

左辺は $s=\infty$ の場合, 労働者の純収入は $p-w+R$ であり, 右辺は労働者を雇い入れる場合の期待費用であることから (3-44) は告知期間のある場合の一般化された労働需要を示す. 均衡は w, s, θ で決定されるので解は (3-41) (3-43) (3-44) から求められる. (3-28) (3-29) と $V=0$ についての (3-35) を (3-41) に代入することで新しい分配ルールが次式で示される.

$$\frac{u(w)-u(b)}{u'(w)} = \frac{\eta k}{(1-\eta)q(\theta)}\frac{(r+\theta q(\theta)+\lambda)(r+\theta q(\theta)+s)}{r+s+\theta q(\theta)+\lambda} \quad\cdots\cdots(3\text{-}45)$$

(3-43) から w が求められ, (3-44) (3-45) から s と θ が求められる. 以上の議論をとりまとめると次のようになる[30].

(3-43) と (3-45) から w を消去し, (3-44) (3-45) から次式を求める.

$$p = \left\{\frac{\eta}{1-\eta}\left(r+\theta q(\theta)+\lambda\right)+r+\lambda\right\}\frac{k}{q(\theta)} \quad\cdots\cdots(3\text{-}46)$$

需給逼迫度 θ は失業保険や雇用保護のパラメータからは独立に決定される. 雇用創出は $\theta q(\theta)(1-e)$ で示されるので, 事前告知期間が最適に選択されると, 政策変数に影響を受けない. 雇用創出曲線 (3-44) と均衡軌跡 (3-46) は図 2-2-1 の図 A に示される. (3-44) から事前告知期間が長くなると雇用創出は抑制されるので雇用創出曲線は右下がりである. 失業手当が増加すると (3-43) から賃金が増加して雇用創出線を下方にシフトさせる. その結果, 事前告知期間は短縮されるが賃金上昇の影響を相殺することで雇用創出は変化しない. このことは失業補償と雇用保護は関連していることを示す.

---

[30] Pissarides (2001,pp.153-156).

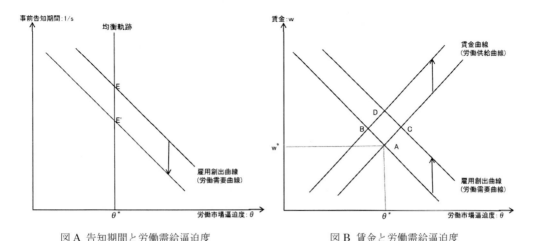

図 A 告知期間と労働需給逼迫度　　　　　　図 B 賃金と労働需給逼迫度

注：Pissarides (2001) を基に作成

図 2-2-1 解雇の事前告知がある場合の失業保険の効果

　雇用創出曲線 (3-44) と賃金方程式である分配ルール (3-45) は, 事前告知期間 s が固定されている場合, 図 2-2-1 の図 B に示される. このとき均衡点はA(θ*, w*) である. 失業手当が増加すると賃金が増加するが, 事前告知期間が固定されているので均衡点は雇用創出曲線に沿って B へと移動する. 仮に政府が事前告知期間を (3-43) から決定される最適な水準以上に固定して, s を低下させるとすると, 雇用創出費用が低下して雇用創出曲線は上昇し, 低生産性の職務を維持する費用が低下するので賃金曲線は上昇するため均衡点は A から D へと移動する. そのため雇用創出の増加と雇用喪失の増加が同時に発生するため, 雇用創出が増加するか否かは先験的には判断できない.

　手切れ金と解雇の事前告知は代替的かつ補完的機能を有していると考えられる. 但し, 両者の相互関係は理論的には明確に判断できる段階ではないため, シミュレーションを実施しなければならない. Pissarides (2010, pp.627-632) は, カリブレーション によって次の結果を提示している. 労働者のリスク回避度が高くなると, あるいは失業中の所得が低くなると, より長い解雇の事前告知期間が選択される. 失業手当が支給されない場合, 最も長い事前告知期間が選択され, 失業手当が多くなると, 事前告知なしが選択される. つまり失業手当は事前告知期間を左右する. さらに失業手当が増額された場合, 事前告知がなくても手切れ金が支給されると生涯効用は増加することが示される. つまり失業手当とリスク回避度が手切れ金と事前告知期間の選択に影響を与えることになり, 失業手当が多くリスク回避度が低いと手切れ金を選好し, 失業手当が少なくリスク回避が高いと長い事前告知期間を選択することになる.

　以上の議論から, 保険市場が完全であれば雇用リスクや失業リスクの問題は生起せず, 解雇の事前告知や手切れ金は消費流列に対して効果を持たず, 賃金と消費は共に平滑なものとなる. 保険市

場が存在しない場合，手切れ金は雇用者が失業する状態を考慮して消費を抑制する必要性を低下させる．手切れ金が最適に選択されれば，賃金と消費は共に平滑なものとなる．但し，手切れ金と失業保険の関係についての検証は今後の課題である．また，手切れ金の最適水準や労働市場に与える効果については別途検討する必要性がある．解雇の事前告知は失業期間が長引くことを防止する部分保険である．但し，最適な水準は前提条件に依存するため，一般的な解の導出には至っていない．

4. 手切れ金の最適額の導出

ここでは，手切れ金の最適額に関して検討する．Auray et al. (2014) は，MP version に基づきリスク回避的な労働者を想定して，法的に強制されたものと，労使協定により合意された手切れ金の最適額について，検討を加えている．ここでは，Auray et al. (2014,pp.11-17) に基づき，手切れ金の最適額算出方法を解説する．

基本設定は MP version に次のような修正を加えたものとなる[31]．

労働者は所得を全て消費すると想定し，消費 c から得られる効用は相対的リスク回避度一定の次式で示される．

$$u(c) = \frac{c^{1-\sigma}-1}{1-\sigma} \quad \cdots\cdots(4\text{-}1)$$

σ は相対的リスク回避度である．また，将来の効用の割引率を$\rho(>0)$，賃金を w，失業手当を b とする．産業部門は$i = \{u, n\}$となり，u を労働組合組織部門，n を非労働組合組織部門とすると，労働組合員比率はζ_u，非組合比率は$\zeta_n = 1 - \zeta_u$ となる．

欠員を掲示する際の費用をκ，企業の生産物は xz で，x は企業の固有の生産性で当初は$x = 1$，z は集計された生産性とする．生産性は確率λ で変動し，新しい生産性は [0,1] 上に定義された均一確率分布関数χから籤引きされ，閾値生産性はR_jとする．解雇に際しては月額賃金に$\alpha \geq 0$を乗じた手切れ金支払いを伴う．

一次同次のマッチング関数を次のように想定する．

$$M_j = Au_j^{\mu}v_j^{1-\mu} \quad \cdots\cdots(4\text{-}2)$$

---

[31] Auray et al.(2014,pp.11-13).

ここで M_j : 部門 j におけるマッチング件数, u_j : 部門 j における失業者数, v_j : 部門 j における欠員数, A : マッチングの効率を示す定数, μ : マッチングの失業に対する弾力性である[32]. マッチング関数の性質から, 需給逼迫度は $\theta_j = \frac{v_j}{u_j}$, 欠員が埋まる確率は $q_j = \frac{M_j}{v_j}$, 失業者が仕事を見つける確率は $\theta_j q_j = \frac{M_j}{u_j}$, 全体の失業率は $u = \sum_j \zeta_j u_j$ である.

労働者は貯蓄がないものとし, 解雇された労働者は手切れ金で, 失業期間中に支払われる年金を購入する. 保険数理的に公正な保険の配当性向は $(r + \theta q)\alpha w$, 失業中の所得は $b_\alpha = b + (r + \theta q)\alpha w$ ある. 価値方程式は次のように設定される[33].

失業者の価値方程式は次式で示される.

$$rU_j = u(b) + \theta_j q_j (W_j - U_j) \quad \cdots\cdots(4\text{-}3)$$

雇用者の価値方程式は次式で示される.

$$rW_j = u(w_j) + \lambda \chi(R_j)\left[\frac{u(b_{\alpha_j}) - u(b)}{r + \theta_j q_j} - (W_j - U_j)\right] \cdots\cdots(4\text{-}4)$$

企業にとっての欠員の価値方程式は次式で示される.

$$rV_j = -\kappa + q_j(J_j(1) - V_j) \quad \cdots\cdots(4\text{-}5)$$

自由参入条件は次式で与えられる.

$$V_j = 0 \; \forall_j \Rightarrow J_j(1) = \frac{\kappa}{q(\theta_j)} \quad \cdots\cdots(4\text{-}6)$$

生産性 x の職務の価値方程式は次式で与えられる.

$$rJ_j = xz - w_j + \lambda\left[\chi(R_j)(V_j - \alpha_j w_j) + \int_{R_j}^1 J_j(y)d\chi(y) - J_j(x)\right] \cdots\cdots(4\text{-}7)$$

留保生産性は次の性質を持つ.

$$J_j(R_j) = -\alpha_j w_j \quad \cdots\cdots(4\text{-}8)$$

均衡失業率と賃金は次のように設定される[34].

フローの均衡から失業率は次式となる.

$$u_j = \frac{\lambda \chi(R_j)}{\lambda \chi(R_j) + \theta_j q_j} \quad \cdots\cdots(4\text{-}9)$$

労働者と企業は出会った後に, 賃金と手切れ金について交渉する. 労働組合は, 企業の反応を与件として, 労働者の価値を最大化する.

$$\max_{w, \alpha} \mathcal{L} = W_u \quad \cdots\cdots(4\text{-}10)$$

---

[32] A はコブ・ダグラス型生産関数の技術進歩, μ は分配率に相当する.

[33] Auray et al.(2014,pp.13-14)

[34] Auray et al.(2014,p.14).

非組合組織産業では個別に企業とナッシュ交渉を行う. 交渉力をηとすると次式となる.

$$\max_{w_n, \alpha_n} (W_u - U_n)^\eta (J_n(1) - V_n)^{1-\eta} \quad \cdots\cdots(4\text{-}11)$$

定常状態における解は以上の式から求められる. 次に手切れ金の最適額を求める[35].

労働組合組織, 非組織に関わらず完全保険であるためには, (4-11) の w と α についての一階の条件から次式が満たされなければならない.

$$\frac{\eta}{W_n - U_n}(u'(w_n) + \lambda R_n \alpha u'(b_{\alpha_n})) = \frac{1-\eta}{J}(1 + \alpha_n \lambda R_n) \quad \cdots\cdots(4\text{-}12)$$

$$\frac{\eta}{W_n - U_n} u'(b_{\alpha_n}) = \frac{1-\eta}{J} \quad \cdots\cdots(4\text{-}13)$$

(4-12) (4-13) から (4-14) さらに (4-15) が導かれる[36].

$$u'(w_n) = u'(b_{\alpha_n}) \quad \cdots\cdots(4\text{-}14)$$

$$\eta J = (1 - \eta)\frac{W_n - U_n}{u'(w_n)} \quad \cdots\cdots(4\text{-}15)$$

つまり, 労働者は賃金の一部を削減しても, 手切れ金を選択する. 労使交渉では完全保険を達成するために, $b_\alpha = w_n$ を選択する. 賃金と失業手当を生産性と比例する w = ωz, b = ρzと設定すると, 次の最適条件が導かれる.

$$\alpha^* = \frac{1-\rho}{r+\theta q} \quad \cdots\cdots(4\text{-}16)$$

この結果は,

$$手切れ金の最適乗率 = \frac{1 - 失業手当置換率}{金利 + 職務遭遇率} \quad \cdots\cdots(4\text{-}17)$$

であることを示している. このモデルは手切れ金がない (α＝0) 場合, MP version に相当し, 雇用創出曲線 (3-6) と賃金方程式 (3-15) はα が大きくなると下方シフトして労働需給逼迫度 θ が低下するとともに賃金 w が低下することを示している[37].

手切れ金が与える効果は, 乗率α が法的に決定されているか, 交渉で決定されているかで相違が発生する. Auray et al.(2014,p.24) は, カリブレーション を用いて法的に決定されている場合, 手切れ金は雇用創出と雇用喪失を共に抑制するので純効果は不明確であるとしている. Auray et al. (2014) の議論に従うと, 労使交渉で手切れ金の水準が決定される場合には, 乗率α が完全保険を満たす水準であるか否かの検証と, 雇用創出と雇用喪失を抑制する効果についての検証を カリブレーション によって確認することができる.

---

[35] Auray et al.(2014,pp.15-16).

[36] Auray et al.(2014,p.15).

[37] Auray et al.(2014,pp.16-17).

Auray et al. (2014,pp.29-30) は, 労働組合交渉力が高いと乗率 α は大きくなること, 欧州において乗率 α が 2〜5 と低いノルウェー, フランス, スウェーデン, ドイツでは法定乗率はモデルから算出される通常の交渉結果と同一水準であること, 乗率αが 8〜15 と中位のポルトガル, スペイン, ベルギーでは, モデルから求めた通常の交渉結果よりも高く, 労働組合の選好が反映されていること, 乗率 26 のイタリアについては説明ができないことを指摘している.

失業手当との関連に着目した手切れ金の最適水準となる条件が金利, 割引率, 職務遭遇率に依存するという結果は首肯できるものである. 政策として手切れ金と失業手当の水準を決定するのであれば, 両者の関係についてより深い議論が必要となる. また, 労使交渉により手切れ金が適正水準以上に設定されているのであれば, 労働市場が非効率なものとなる可能性がある.

サーチ・モデルにおいてリスク回避的労働者を想定したその後の議論としては Lalé(2015) がある. Lalé(2015,p.1,pp.26-17) は, 保険市場が不完全な状況では義務的な手切れ金は賃金交渉において内部化されることで解雇の罰金や失業手当の必要性を減らすこと, 高額の手切れ金の効果は右上がりの賃金プロフィールで相殺されるために資源配分に限定的な効果しかないこと, 低い失業手当と一体となった少額の一括支払いの手切れ金は厚生水準を改善することを指摘している.

5. 単一長期雇用契約の効果

雇用保護立法の部分的緩和は, 失業率のヴォラティリティー(volatility)を拡大するのみならず, 経験年数の分布を 2 極化させ, 技能水準の格差をもたらす可能性がある[38]. このような状況に対して, スペインの経済学者等によって提唱されている, 新規雇用について経験年数に応じて手切れ金が増加する単一長期雇用契約を導入することの効果について検討する.

スペインで 2012 年の労働市場改革においては, 不公正な解雇の場合の手切れ金が経験年数 1 年に応じて 45 日から 33 日分の賃金に縮小, 最大 24 カ月分の賃金とされた. 新規雇用に対して導入された長期雇用契約は, 提言された雇用契約とは異なり, 中小企業については, 手切れ金なしの 1 年間の猶予期間付きで雇い入れされた若年と高齢層への補助金が支給される企業家長期雇用契約 (EPC : Entrepreneurs Permanent Contract) であった. これは, 猶予期間付きの単一長期雇用契約と考えられるものである.

---

[38] García-Pérez and Osuna (2014,p.2)

García-Pérez et al. (2014) は, MP version に, 生産性, 雇用期間, 手切れ金の異なる長期及び短期職務, 短期雇用から長期雇用への内生的転換, 企業から労働者の移転であり経験年数の関数である手切れ金, 賃金の下方硬直性を導入することで労働市場の 2 重構造に対応可能なものとし, スペインの 2012 年の労働市場改革と単一長期雇用契約の効果の比較を行った. 但し労働者はリスク中立的と想定していること, 手切れ金と経験年数の関連性考慮していることから, 前述の Boeri et al. (2014) と共通点のあるモデルとなっている. 従って, 保険需要は考慮されていない.

以下では, García-Pérez et al.(2014,pp.3-6) に基づいてモデルを解説する.

モデルの基本は次のように設定される[39].

企業は欠員を掲示し, 欠員費用をc_vとする. 労働者の状況は状態空間$S = \left\{ \{0,1\} \times \varepsilon \times D \right\}$で示される. ここで 0 は失業, 1 は雇用状態, $\varepsilon = \{\varepsilon_1, ..., \varepsilon_n\}$は労働者の質水準集合, $D = \{1, ..., N\}$は勤続年数を示している. 労働者と企業はリスク中立的であり, $\beta(0 \le \beta < 1)$：割引率, C_t：消費流列とすると労働者の期待効用は$\sum_{t=1}^{\infty} \beta^t C_t$で示される.

新しい縁組の生産性は, 入職時点の水準ε_eから, 外部ショックに反応してマルコフ連鎖に従って運動する. 実現値 ε_{t+1} は, $\varepsilon, \varepsilon' \in \varepsilon$についての条件付き遷移確率 $\Gamma(\varepsilon'|\varepsilon) = \Pr\{\varepsilon_{t+1}|\varepsilon_t\}$ を持つ独立同一分布に従う. 生産物の価格は $y(\varepsilon_t)$ である.

マッチング関数は, 失業者数を u, 欠員数を v とすると m ＝ m (u,v) で示される一次同次の凹関数である. ここまでの議論と同様に労働需給逼迫度を$\theta(= \frac{v}{u})$とすると, 欠員が埋まる確率は$q(\theta)$, 失業者が職を見つける確率は$\theta q(\theta)＝\alpha(\theta)$である.

固有の生産性ショックは既存の縁組みに影響を与え, 労使は賃金交渉を行う. ここで決定した賃金を基に企業は現在の縁組の継続と労働者の解雇のいずれかを選択するが, 意思決定は雇用契約が長期雇用 (PC) か短期雇用 (TC) かに依存する. TC における契約期間を d とすると, d_{max}^t が最長期間であり, 契約更新は $d_{max}^t - 1$ までとなる. 更新しない場合は, TC から PC への転換又は雇い止めを検討しなければならない.

企業行動は次のように描写される[40].

欠員の価値方程式は次式で示される.

$$V = C_v + \beta(q(\theta)J^{tc}(\varepsilon_e, 1) + (1 - q(\theta)V) \quad \cdots\cdots(5\text{-}1)$$

---

[39] García-Pérez et al.(2014,pp.3-4).

[40] García-Pérez et al.(2014,pp.4-5).

ここで V は欠員の価値, $J^{tc}(\varepsilon_e, 1)$ は第 1 期が TC の企業価値, ε_e は入職時の縁組の生産性水準である.

企業の価値方程式は次式以降で示される.

$$J^{tc}(\varepsilon, d) = \max\{y(\varepsilon)(1-\gamma) - w^{tc}(\varepsilon, d)(1+\zeta^{tc}) + \beta \sum_{\varepsilon'} \Gamma(\varepsilon'|\varepsilon)J^{tc}(\varepsilon', d') - s^{tc}(\varepsilon, d-1) - c_V +$$
$$\beta(q(\theta)J^{tc}(\varepsilon_e, 1) + (1-q(\theta)V)\} \quad \cdots\cdots(5\text{-}2)$$

$$g^{tc} = \begin{cases} 1 & \text{縁組が継続する場合} \\ 0 & \text{労働者が解雇される場合} \end{cases}$$

ここで $J^{tc}(\varepsilon, d), J^{tc}(\varepsilon', d')$：それぞれ TC の今期と次期の企業価値, γ：PC と TC の生産性格差 (PC の生産性＞TC の生産性), $y(\varepsilon)(1-\gamma)$：産出物, $w^{tc}(\varepsilon, d)$：賃金, ζ^{tc}：社会保障税率の企業負担分, $s^{tc}(\varepsilon, d-1)$：TC の手切れ金, g^{tc}：意思決定基準である.

$$J^{ppc}(\varepsilon, d) = \max\{y(\varepsilon)(1-\tau) - w^{ppc}(\varepsilon, d)(1+\zeta^{pc}) + \beta \sum_{\varepsilon'} \Gamma(\varepsilon'|\varepsilon)J^{pc}(\varepsilon', d') - s^{tc}(\varepsilon, d-1) - c_V +$$
$$\beta(q(\theta)J^{tc}(\varepsilon_e, 1) + (1-q(\theta)V)\} \quad \cdots\cdots(5\text{-}3)$$

$$g^{ppc} = \begin{cases} 1 & \text{雇用契約が TC から PC へと変更される場合} \\ 0 & \text{労働者が解雇される場合} \end{cases}$$

ここで $J^{ppc}(\varepsilon, d), J^{pc}(\varepsilon', d')$：それぞれ今期 (PC に変更される TC の最終期) と次期 ($d^t_{max} + 1$：PC の初期) の企業価値, τ：訓練費用, $y(\varepsilon)(1-\tau)$：産出物, $w^{ppc}(\varepsilon, d)$：賃金, ζ^{pc}：社会保障税率の企業負担分, g^{ppc}：意思決定基準である.

$$J^{pc}(\varepsilon, d) = \max\{y(\varepsilon)\Lambda(d) - w^{pc}(\varepsilon, d)(1+\zeta^{pc}) + \beta \sum_{\varepsilon'} \Gamma(\varepsilon'|\varepsilon)J^{pc}(\varepsilon', d') - s^{pc}(\varepsilon, d-1) - c_V +$$
$$\beta(q(\theta)J^{tc}(\varepsilon_e, 1) + (1-q(\theta)V)\} \quad \cdots\cdots(5\text{-}4)$$

$$g^{pc} = \begin{cases} 1 & \text{雇用契約が継続される場合} \\ 0 & \text{労働者が解雇される場合} \end{cases}$$

ここで $J^{pc}(\varepsilon, d), J^{pc}(\varepsilon', d')$：それぞれ PC の今期と次期の企業価値, $\Lambda(d)$：経験関数, $y(\varepsilon)$：産出物, $w^{pc}(\varepsilon, d)$：賃金, $s^{pc}(\varepsilon, d-1)$：PC の手切れ金, g^{pc}：意思決定基準である.

労働者の行動は次のように描写できる[41].

労働者の価値方程式は次式以降で示される.

$$W^{tc}(\varepsilon, d) = \tilde{\Phi}(g^{tc} = 1)[W^{tc}(\varepsilon, d) + \beta \sum_{\varepsilon'} \Gamma(\varepsilon'|\varepsilon)W^{tc}(\varepsilon', d')] + \tilde{\Phi}(g^{tc} = 0)[U + s^{tc}(\varepsilon, d-1)] \quad \cdots\cdots(5\text{-}5)$$

$$W^{ppc}(\varepsilon, d) = \tilde{\Phi}(g^{ppc} = 1)\left[W^{ppc}(\varepsilon, d) + \beta \sum_{\varepsilon'} \Gamma(\varepsilon'|\varepsilon)W^{pc}(\varepsilon', d')\right] + \tilde{\Phi}(g^{ppc} = 0)[U + s^{tc}(\varepsilon, d-1)]$$
$$\cdots\cdots(5\text{-}6)$$

$$W^{pc}(\varepsilon, d) = \tilde{\Phi}(g^{pc} = 1)[W^{pc}(\varepsilon, d) + \beta \sum_{\varepsilon'} \Gamma(\varepsilon'|\varepsilon)W^{pc}(\varepsilon', d')] + \tilde{\Phi}(g^{pc} = 0)[U + s^{tc}(\varepsilon, d-1)]$$
$$\cdots\cdots(5\text{-}7)$$

---

[41] García-Pérez et al.(2014,p.5).

$$U = b + \beta(\alpha(\theta)W^{tc}(\varepsilon_e, 1) + (1 - \alpha(\theta)U) \quad \cdots\cdots(5\text{-}8)$$

ここで，$W^{tc}(\varepsilon, d)$, $W^{ppc}(\varepsilon, d)$, $W^{pc}(\varepsilon, d)$, $W^{tc}(\varepsilon_e, 1)$：労働者のそれぞれの状態における価値関数，$\widetilde{\Phi}$：指示関数，U：失業者の価値方程式である．

均衡は次のように示される[42]

失業者数 U_t は次式で示される．
$$U_t = U_{t-1} + \sum_{i=1}^{N_{t-1}^{pc}}(1 - g_i^{pc}(\varepsilon, d)) + \sum_{i=1}^{N_{t-1}^{ppc}}(1 - g_i^{ppc}(\varepsilon, d)) + \sum_{i=1}^{N_{t-1}^{tc}}(1 - g_i^{tc}(\varepsilon, d)) - \alpha(\theta)U_{t-1} \quad \cdots\cdots(5\text{-}9)$$
ここで，N_{t-1}^{pc}, N_{t-1}^{ppc}, N_{t-1}^{tc}：t 期におけるそれぞれの状態の雇用者数である．

余剰 $S^{tc}(\varepsilon, d)$ は次式で示される．

$$S^{tc}(\varepsilon, d) = [J^{tc}(\varepsilon, d) - (V - s^{tc}(\varepsilon, d-1))] + [W^{tc}(\varepsilon, d) - (U + s^{tc}(\varepsilon, d-1))] \quad \cdots\cdots(5\text{-}10)$$

賃金のナッシュ交渉解は次式を最大化することで求められる．

$$\big[J^{tc}(\varepsilon, d) - \big(V - s^{tc}(\varepsilon, d-1)\big)\big]^{1-\pi}\big[W^{tc}(\varepsilon, d) - \big(U + s^{tc}(\varepsilon, d-1)\big)\big]^{\pi}\cdots\cdots(5\text{-}11)$$

1 階の条件は次式で示される．

$$(1 - \pi)S^{tc}(\varepsilon, d) = J^{tc}(\varepsilon, d) - s^{tc}(\varepsilon, d-1) \quad \cdots\cdots(5\text{-}12)$$

$$\pi S^{tc}(\varepsilon, d) = W^{tc}(\varepsilon, d) + (U + s^{tc}(\varepsilon, d-1) \quad \cdots\cdots(5\text{-}13)$$

賃金は以下のように導かれる．
$$w^{tc}(\varepsilon, d) = \max\{w_{min}, \pi y(\varepsilon)(1 - \gamma) + (1 - \pi)U + s^{tc}(\varepsilon, d-1) + \beta(\pi\sum_{\varepsilon'}\Gamma(\varepsilon'|\varepsilon)J^{tc}(\varepsilon', d') - (1 - \pi)\sum_{\varepsilon'}\Gamma(\varepsilon'|\varepsilon)W^{tc}(\varepsilon', d'))\}\cdots\cdots(5\text{-}14)$$

$$w^{ppc}(\varepsilon, d) = \max\{w_{min}, \pi y(\varepsilon)(1 - \gamma) + (1 - \pi)U + s^{tc}(\varepsilon, d-1) + \beta(\pi\sum_{\varepsilon'}\Gamma(\varepsilon'|\varepsilon)J^{tc}(\varepsilon', d') - (1 - \pi)\sum_{\varepsilon'}\Gamma(\varepsilon'|\varepsilon)W^{tc}(\varepsilon', d'))\} \quad \cdots\cdots(5\text{-}15)$$

$$w^{pc}(\varepsilon, d) = \max\{w_{min}, \pi y(\varepsilon)\Lambda(d) + (1 - \pi)U + s^{tc}(\varepsilon, d-1) + \beta(\pi\sum_{\varepsilon'}\Gamma(\varepsilon'|\varepsilon)J^{pc}(\varepsilon', d') - (1 - \pi)\sum_{\varepsilon'}\Gamma(\varepsilon'|\varepsilon)W^{pc}(\varepsilon', d'))\} \quad \cdots\cdots(5\text{-}16)$$

モデルは労働者と企業の各状態における価値方程式と賃金交渉によって構成されている．Garcia-Prez et al. (2014,pp.6-10) は，カリブレーション を行い，スペインの労働市場改革が，失業率を 10.5%（16.9%→15.2%），雇用喪失を 7.5%（12.6%→11.7%）低下させるものの費用を要すること，提言された単一長期雇用契約では，人的資本投資が増加することを考慮すると失業率を 31.5%（16.9%→11.6%），雇用喪失を 35%減少させること，雇用期間 3 年未満の労働者比率を 26.7%から 6.1%へと低下させることで経験年数の分布状況を改善することを指摘している．Dolado (2012) は 2012 年の改革内容について，内部の柔軟性確保策については評価できるが，2 重構造の解消には効果が低いであろうと指摘している．Garca-Prez and Jansen (2015) の検証結果は，Dolado (2012) の見解を追認したものとなっている．

---

[42] García-Pérez et al.(2014,pp.5-6).

Garca-Prez et al. (2014) では単純化のために, 労働者はリスク中立的であると想定している. その後は, サーチ・モデルにおいてリスク回避的労働者を想定した単一長期雇用契約の有効性についての検証が行われている. Dolado, Lalé and Siassi (2015) は, 当初は雇用保護水準が低く, 一定期間経過後に経験年数に応じて保護の度合が高まる CPSR と CLPP の混合型の単一長期雇用契約を想定し, 最適な契約形態について検証を加えいる. その結果は, 当初は 1 年の猶予期間を設定し, その後は経験年数 1 年当たり 14 日分の賃金補償の傾きを持つ, 次第に手切れ金が増額される契約が生涯効用を最大化するとした[43].

単一長期雇用契約の効果については, 政策の効率性についても今後, 検討する必要性がある. また, 改革における労使交渉の柔軟性の向上については, モデル化に際して考慮する必要性がある.

6. 今後の展望

本論では, 雇用保護の代表的手段である解雇の事前告知と手切れ金支給についての内生的決定, 手切れ金の最適水準の条件, 新規雇用に手切れ金を導入して 2 重構造を解消しようとする単一雇用契約の効果の検証について, DMP モデルを基本とした理論フレームワークに基づいて述べてきたところである.

雇用保護の内生性については, 労働政策立案に際しての重要な論点となる. 労働者がリスク回避的である場合, 雇用保護政策には社会的厚生の観点から意義がある. この場合, 内生的に決定されたものを恣意的立法 (legislation) によって修正することは難しい. そうであるにも関わらず, 日本においては恣意的立法によって労働市場を枉げようとする議論が後を絶たない.

手切れ金については労働者がリスク回避的である場合, 強制的, 自発的を問わず社会的厚生の観点から重要であり, 今後は失業手当との関連を考慮して議論しなければならない. 手切れ金の適正水準についての議論は, 正規雇用を対象とした内部労働市場の柔軟性確保, 非正規雇用への単一契約の導入と言った政策立案に際して重要な役割を果たすと考える. 但し, 手切れ金は法制度との関係を考えた場合, 解雇の公正, 不公正によって額は変わってくるものである. 日本においては解雇の正当性と手切れ金との関連についての議論が不十分である.

現在, 解雇等の労働紛争解決手段として賠償金を用いる議論が政府内部においてなされている[44]. 政府内部の検討会においては, 正規雇用の解雇促進を目的とした恣意的立法を指向するべきでは

---

[43] Dolado et al.(2015,p.4).

[44] 厚生労働省が 2015 年 10 月に設置した「透明かつ公正な労働紛争解決システム等の在り方に関する検討会」.

ない. 単一長期雇用契約の導入議論を含めて, 手切れ金の議論は正規雇用の解雇促進に援用すべきものではないことはここまで論じてきたことからの当然の帰結である. 日本ではこれまで外部の労働市場の柔軟性についての議論がなされてきた. そのため正規雇用者と非正規雇用者を対立関係にあるものと捉えた偏った見解に基づく政策提言がなされてきた. 議論しなければならないのは正規雇用と非正規雇用の雇用保護の程度の格差の解消である.

但し, 労使交渉において正規雇用者に何らかの超過レントが与えられている場合には, 内部の労働市場の柔軟性確保等の政策が必要である. スペインの労働市場改革において重視された内部の柔軟性については日本の労働政策を検討する際にも参考になる面が多い. 労働組合組織率が低下した現在においても, 春闘の影響力は強いものがある. その意味でも内部労働市場の柔軟性確保は重要である.

現在, 日本においても雇用保護立法の部分的緩和による弊害を是正するために, 非正規雇用の待遇を改善しようとする動きがある[45]. それ自体は評価するべきことであるが, 正規雇用の待遇を低下させることは解とはならない. 内部の労働市場の柔軟性を確保しつつ, 新規雇用に新たな雇用契約を義務付けるといった政策が必要である.

既存の正規雇用に関する保護立法を変えるためには, 恣意的立法に拠るのではなく, 「制度の大転換推進」[46]による雇用ルールの再構築が必要である. 雇用契約の統一化は, 新たな雇用ルール構築のための意思統一プロセスが日本社会において機能する程度に依存すると考えられる. これは今後の重要な検討事項である.

---

[45] 厚生労働省の「正社員転換・待遇改善実現本部」は「正社員転換・待遇改善実現プラン」(2016 年 1 月) を策定している.

[46] 青木 (2002).

〔補論 I：日本の雇用保護立法〕

　ここでは各種論文等に紹介されている雇用保護立法に関する共通した記述をとりまとめた上で筆者の所見を加える.

　雇用期間の定めのない正規労働者の解雇に関して民法では 2 週間前に予告すれば雇用契約は解約可能であると規定されている (第 627 条 1 項). 労働基準法では使用者が労働者を解雇する場合, 少なくとも 30 日前に予告しなければならない, 予告をしない場合には 30 日分以上の平均賃金を支払わなければならないとの条件が課されている (第 20 条の 1). これらは整理解雇を念頭においたものではなく, 制定法上は雇い主の解雇権は広く制約されている訳ではない[1].

　但し, 従前より, 雇い主の解雇権の濫用は判例で制限されていた. 普通解雇・懲戒解雇に当たっては, 客観的に合理的な理由を欠き, 社会通念上相当であると認められない場合は, その権利を濫用したものとして, 解雇は無効とすることという判例法理が確立されている[2]. これは解雇権濫用法理と呼ばれており, 民法の権利の濫用 (第 1 条 3 項) を念頭に置いたものである. なお,2003 年の労働基準法改正により, 労働基準法第 18 条 2 項として解雇権濫用法理は条文化され, 2007 年に労働契約法第 16 条に移行した.

　集団 (整理) 解雇に当たっても, 解雇権濫用法理は適用される. この場合, 社会通念上相当であるためには, 別個に判例が確立しており, ①人員削減の必要性, ②採用中止, 配転・出向, 希望退職等の整理解雇回避努力義務の履行, ③被解雇者選定の合理性, ④解雇される本人や労働組合への説明等の手続きの妥当性の整理解雇の 4 要件が満たされることが必要となっている[3]. これは解雇権濫用法理の一類型としての整理解雇法理である[4].

　解雇については労働契約法では具体的基準は示されていないこと, 整理解雇については,判例で正当性の判断基準が提示されていることから, 解雇の有効, 無効は裁判によって決定されることになる. この場合, 裁判には費用を要するため資金的に余裕がある, あるいは労働組合の支援を得られる大・中堅企業の従業員に原告は限定される場合が多いと考えられる. そのため, 大・中堅企業は裁判を避けるために解雇を極力控える傾向がある. 但し, 退職金割り増しという形での雇用調整はしばしば実施されている. これは形を変えた解雇の金銭解決制度とも言える.

---

[1] 労働政策研究・研修機構 (2007,p.7).
[2] 日本食塩製造事件 (最高裁昭和 50 年 4 月 25 日).
[3] 東洋酸素事件 (東京高等裁判所昭和 54 年 10 月 29 日).
[4] 労働政策研究・研修機構 (2007,p.8).

一方で中小企業の場合, 労働者は裁判に訴えることが難しいため解雇は比較的容易であるとされている. つまり中小企業では4要件を全て満たしていない, あるいは判例に制約されず制定法に従って解雇が実施されている場合が多いと考えられる[5].

日本においては判例で正規雇用と非正規雇用の間に雇用保護において差があるとともに, 正規雇用についても大・中堅企業と中小企業の労働者間において取扱に差があるという形態となっている. 但し, 退職金の割り増し支給等の金銭的な解決という手段を含めると全般的に雇用調整の困難度は著しく高いものではない.

2001年10月から実施されている個別労働紛争解決制度や2006年4月から実施されている労働審判制度は, 中小企業労働者や非正規雇用者も利用可能な制度である. 労働政策研究・研修機構(2012), 濱口(2016)は個別労働紛争解決制度における労働局のあっせん状況を調査したものである. 紛争内容は解雇に限定されないが、金銭解決が圧倒的に多いことが示される. 濱口(2016)では労働審判制度においても解決策が金銭解決に集中していることが示される. 中小企業では解雇の金銭解決制度あるいは賠償制度は実態として一定程度, 普及していると言える. 問題はその額が適正か否かである.

{補論II：日本における雇用保護立法緩和議論}

日本においては, 雇用保護立法を社会的規制と見做して, 解雇権制約の緩和を「規制緩和」の観点から議論されることが多かった. これは, 市場主義, 新自由主義を自称する一部法・経済学者 (彼 (女) 達は本当に自由主義の精神や哲学を理解できていたかについては相当に疑問がある) が規制緩和, 構造改革の一環として提起したものである. 解雇基準や手続きのルールを立法化し, 解雇を円滑に行えるようにすれば労働市場が柔軟になり, 衰退 (低生産性) 産業から成長 (高生産性) 産業に労働者が移動して一国全体の生産性が向上する, 企業は新規雇用者を増やすことで雇用者数が増加する, あるいは失業率が低下するといった主として経済的効率の観点からの問題提起である.

しかし解雇を容易かつ円滑にすることが雇用者全体の利益につながるという考えは, 雇用保護立法の解雇抑制効果を無視したものであること, 雇用保護立法の緩和が雇用創出を促進するもの

---

[5] 労働政策研究・研修機構 (2013,p.33-54) では退職・解雇に関する制度・慣行の詳細な調査結果が記されており, 整理解雇を行った企業のうち正社員100人未満の企業においては, 解雇回避のために配置転換, 希望退職, 残業規制等を実施する割合が低いこと, 解雇回避措置を行わない割合が8.6%となっていることが示されている.

ではないことから，その論理の説得力の無さに感情的反発も加わって国民には理解されなかったようである．

　解雇基準や手続きのルールを立法化する考えは本質的に矛盾を抱えている．法令を補完する判例で雇用保護がなされているのであるから，判例に違背する立法化はそもそも不可能なのである．これは立法に反対しつつ立法化を行うという自己撞着である．労働契約法に見られるように，結局は権利の濫用を防ぐという判例での考えがルールとして立法化されるという結果となった．

　また，雇用保護立法が労働者の移動を抑制しているとしている一方で，「解雇規制」の緩和で労働力の流動化を促すというのは矛盾している．規制緩和によって労働者が自己の想定する通りに移動するというのは転倒論理である．労働者の移動は市場が決めるものであり，規制を緩和すれば労働者が移動するとは限らない．

　以下では政府の規制緩和関連の関係委員会等における議論を紹介する．委員会等での議論は「解雇規制」緩和を主張する一部の法・経済学者の主張が集約されたものである．なお，規制緩和論者の議論には解雇権濫用法理と整理解雇の4要件を混同している場合があるので注意が必要である．

　「解雇規制」緩和の議論は1990年代後半，政府の行政改革推進本部規制改革委員会においてなされた．規制改革委員会は，「解雇規制」については，解雇権濫用法理が判例上確立しているが，裁判所が解雇を容易には認めないために，かえって企業の採用意欲をそいで雇用者数が増加しないこと，「解雇規制」は在職者（インサイダー）には有利に働くが，これから企業に就職しようとする者や一旦企業を辞めて再就職しようとする者（アウトサイダー）には不利に働く傾向があること，解雇権濫用の法理は当事者（インサイダー）間の利害調整のみが行われており，それ以外の者（アウトサイダー）の利害が反映されない解決法であること，法律ではなく，判例に解決を委ねた解雇規制の現状について，裁判ではその恩恵に与れる者が労働組合の後ろ盾といった資力のある労働者に限られていることが欠点であること等を指摘し，立法化も含めて検討する必要があると提言されている[6]．また，規制改革委員会は，職業紹介の自由化，労働者派遣業務の拡大，有期雇用契約の弾力化の推進を提言している[7]．

　同委員会は，これらに加えて，事業開始後あるいは採用後の一定期間に限り解雇規制の適用を除外する，あるいは整理解雇に当たって，判例のいう解雇回避の努力義務に代えて再就職の援助や能力開発支援を企業に課すことを立法化することを提唱している[8]．

---

[6] 行政改革推進本部規制改革委員会「規制改革についての第2次見解（1999年12月14日）」．

[7] 行政改革推進本部規制改革委員会「規制改革についての第2次見解（1999年12月14日）」．

[8] 行政改革推進本部規制改革委員会「規制改革についての見解（2000年12月12日）」なお，同委員会の考え方については「規制改革に関する論点公開（2000年7月26日）」に詳細に記されている．

ここから, この時点において「解雇規制」緩和論者の判例法理に対する理解は不十分であり, 解雇手続きを立法化で対応することは手段として有効でないことを認識していなかったことが分かる. 有効ではないのは, 立法化しても判例は依然として有効であるからである. また, 雇用保護立法の全面的緩和と部分的緩和の区別が明確ではなく議論が錯綜していたことが分かる.

　規制改革推進本部を継承した総合規制改革会議は, 引き続き解雇権濫用の法理を規制とみなして議論を続けた. 議論の過程で, 経営者や労働組合が総合規制改革の方針に対してどのような態度を示したかは, その後の議論の行方を占う上で重要である. 日本経営者団体連盟は職業紹介の自由化, 派遣業務の拡大, 有期雇用契約の弾力化に賛成する一方で, 解雇ルール法制化は解雇規制の強化となることを懸念している[9]. 一方, 日本労働組合総連合会は職業紹介の自由化と派遣労働業務の拡大には慎重であり, 解雇ルールを立法化するに当たっては最低限, 解雇権濫用の法理や整理解雇の4要件を立法化しなければならないとしている[10].

　経営者は判例が条文化されることを危惧しており, 労働者は判例の条文化を却って歓迎していることを示している. この時点で立法化は判例法理の制定法化となることを労使双方は正確に把握していたことを示している.

　総合規制改革会議の答申は, 職業紹介の自由化, 派遣労働者, 有期雇用労働者の拡大を提起するとともに, 解雇については, 法律は予告手続等を規定しているだけで, 解雇権濫用法理を始めとする判例法で規制されているのが現状であることから, 解雇の基準やルールを立法で明示することを検討するべきであるとしている[11]. 答申の趣旨は, 現在の判例よりも緩やかな解雇基準やルールを立法化して労働市場の柔軟性を高めることにあることは明白である.

　また, 続く答申では, さらに一歩踏み込んで, 立法化に当たっては解雇ルールと試用期間との関連, 解雇の際の救済手段として職場復帰のみならず「金銭賠償方式」を選択肢として導入することを提起している[12].

　その後の経緯を追うと, 職業紹介と労働者派遣に関する規制が緩和されたものの, 解雇に関しては労働契約法に判例法理が条文化されたことで規制緩和論者の意図とは反対結果となった. その結果, 雇用保護立法の部分的緩和がなされたことになる.

---

[9] 総合規制改革会議議事概要 (第8回2001年9月18日).

[10] 総合規制改革会議議事概要 (第8回2001年9月18日).

[11] 総合規制改革会議 『重点6分野に関する中間取りまとめ』 (2001年7月24日), 『規制改革の推進に関する第1次答申』 (2001年12月11日).

[12] 総合規制改革会議 『規制改革の推進に関する第2次答申』 (2002年12月12日), 『規制改革の推進に関する第3次答申』 (2003年12月22日).

正規雇用と非正規雇用の雇用保護の格差は新たな問題を呼ぶことになる.「解雇規制」緩和論者は，この格差をなくすために正規雇用の保護を緩和することを求めている．しかしながら，「解雇規制」緩和論が結果として部分的緩和につながったのであるから，この格差について批判を加えることは自己撞着である.

「金銭賠償方式」については，その後，解雇の金銭解決という形で再提起されることとなる．労働契約法の制定に際して，結果的には採択されなかったが，事前の研究会である今後の「労働契約法制の在り方に関する研究会」の報告書において，解雇の金銭解決も検討課題として挙がっている[13].同報告書では，公平かつ客観的な観点からその是非が詳細に検討されており，解雇の有効・無効の判断と金銭解決の判断とを同一裁判所においてなすことは迅速な解決とはならない可能性があること，解決金は雇用関係を解消する代償であること，労働者からの申し立てと企業からの申し立ての是非について論じられている.

2015 年の規制改革会議において解雇の金銭解決は再提案されている．同会議では，裁判のみならず個別労働紛争解決制度も含めた解雇無効時において，現在の雇用関係継続以外の権利行使方法として，金銭解決の選択肢を労働者に明示的に付与し，選択肢の多様化を図ることを検討すべきであると提言している[14].

「規制緩和論者」は当初の思惑通りに解雇権の「規制緩和」が捗らなかったために，労働者を解雇すること自体を目的として解雇の金銭解決を提示するに至っている．解雇の金銭解決は雇用保護立法の緩和とは別次元の問題であり、解雇を容易にするために金銭解決を持ち出すことは判例による法の支配を恣意的に覆そうとする自由主義に反する思想である.

本論でも論じたように，雇い主が解雇の際に手切れ金を支給するのは，保険市場が不完全で労働者がリスク回避的な場合である．金銭解決については手切れ金の最適水準と運用方法に議論が必要である.

{補論Ⅲ：スペインの労働市場改革動向}

スペインでは，フランコ体制が崩壊した後も厳格な雇用保護立法が維持されていた．1970 年代の民主中道連合 (UCD ：Unión de Centro Democrático) 政府は，フランコ体制下における厳格な

---

[13] 厚生労働省『今後の労働契約法制の在り方に関する研究会報告書』(2005 年 9 月 15 日).
[14] 規制改革会議『規制改革に関する第 3 次答申』(2015 年 6 月 16 日). この提言は首相官邸における日本経済再生本部による『「日本再興戦略」改訂 2014—未来への挑戦—』(2014 年 6 月 24 日) の内容を踏まえたものと考えられる.

雇用保護規制を緩和することは民主制への移行を妨げると考えたため, 1980 年に雇用保護を明文化した労働者憲章 (Workers' Statute) が承認された[15].

　同憲章では[16], 長期契約 (permanent contracts) についての解雇要件 (客観的理由, 経済的・組織的・技術的理由, 懲戒) を定めており, 労働者は労働法廷に控訴可能で, 公正, 不公正, 無効は裁判官が決定する. 懲戒解雇以外は事前告知が必要である. 手切れ金は, 不公正な解雇の場合, 経験年数 1 年に応じて 45 日分, 最大 42 カ月分の賃金, 公正な解雇の場合, 経験年数 1 年に応じて 20 日分の賃金で最大 12 カ月分の賃金にいずれも暫定賃金 (約 2 カ月) 分を加算したものとしている. 無効の場合は, 職場復帰, 不公正な場合, 雇い主は手切れ金を支払うか再雇用の選択を迫られる. 短期契約 (temporary contracts) については, 季節労働のみに限定している. さらに集団解雇には公的承認が必要である. また, 労使交渉の法的枠組みも規定されていたが, 企業レベル, 産業レベル, 国家レベルでの役割分担は明確ではなかった.

　しかしながら, このような雇用保護制度を維持することは困難であり, スペインは制度の改革とその修正に追われることとなった. まず, 1980 年半ばから 2000 年代初頭のスペインにおける労働市場改革の動向を, Bentolila,Dolado and Jimeno (2008) を軸として Toharia and Malo (2000), OECD (2009) を参照して解説する.

　雇用保護立法の部分的緩和は左派の社会労働党 (PSOE : Partido Socialista Obrero Español) 政権によって 1984 年に実施された (Law 32/1984). これは第 2 次石油危機の影響により失業率が上昇したために労働市場の柔軟性が求められたことで, 労働組合の反対があったものの, 政治的に実施されたものである[17]. つまり, フランコ体制下で確立された雇用保護制度を維持することは困難になったのである.

　その内容は[18], 雇用促進契約 (EPC : Employment Promotion Contract)[19] では, 短期契約で正規職務を担うことが可能で最低期間 6 カ月, 最長期間 3 年で 3 年終了時に雇い主は雇い止めか長期雇用への転換を図ること, 解雇に際して労働法廷に控訴できないこと, 手切れ金は経験年数 1 年に応じて 12 日分の賃金と解雇費用が低く定められていることである. このことは, 短期雇用契約は短期活動のみに求められるといういわゆる因果律原則 (causality principle) を破ること, つまり恒常的活動に短期雇用者を連続的に雇うことが可能であることを意味する[20].

---

[15] Bentolila et al.(2008,p.49).

[16] 憲章の内容は Toharia et al. (2000, p. 312), Bentolila et al. (2008, pp. 49-50), OECD (2009, pp. 314-316) に従った.

[17] Bentolila et al.(2008,p.50).

[18] Bentolila et al.(2008,p.50).

[19] EPC は 1982 年に導入されていたものの, 当初は効果がなく, 1984 年の改革以降に効果が表れたものである (OECD (2009,p.314)).

[20] Toharia et al.(2000,p.313).

この改革は短期雇用者比率を急激に高めてスペインの労働市場に正規雇用と非正規雇用の2層構造をもたらすことになる．スペインでは短期雇用者比率が1987年には15%程度であったものが，1990年代前半には35%程度に上昇した[21]．

失業手当の利用が容易になったことも相俟って雇い主が短期雇用の解雇を安易に行い，長期雇用への転換が図られないことから，1992年の改革 (Decree 1/1992) により，長期雇用契約には社会保障負担の払い戻し，EPC は最低期間12カ月，最長期間4年へと拡大した[22]．

1994年以降は短期雇用の増加による部分的雇用保護立法の緩和の弊害[23]を抑えるために，スペイン政府によって抑制的な雇用保護改革が数回に亘って実施されることとなった．つまり長期雇用と短期雇用の雇用保護の乖離を縮小させることが図られた．

社会労働党政権によって実施された1994年の改革 (Law 11/1994) では[24]，長期雇用については個別解雇では客観的な解雇理由の範囲が若干拡大されて経済的要因も含まれることとなり，集団解雇が促進され，短期雇用については因果律原則の復活により固定期間職務に限定されたため，不利な立場の労働者を除いて EPC が廃止されて，手切れ金制度が消滅した．また労使交渉において分権化により，下位レベルでの修正を認めた[25]．

右派の国民党 (PP：Partido Popular) 政権によって実施された1997年の改革 (Law 63/1997) は，より徹底したものであった．改革では[26]，短期雇用の縮小と長期雇用の拡大のために，長期雇用に関しては，30〜44歳で失業期間1年未満以外の者が新規雇用される場合と従前の短期雇用が長期雇用に転換される場合に限定して4年間利用可能な長期雇用促進契約 (PEPC：Permanent Employment Promotion Contract) が導入され，不公正な解雇の場合の手切れ金が経験年数1年に応じて33日分の賃金で最大24カ月分の賃金に引き下げられるとともに，社会保障費負担の払い戻しと短期契約適用理由の強化がなされた．

2001-2002年の改革 (Law 12/2001, 45/2002) では，PEPC の対象を失業期間6カ月以上と16〜30歳にも拡大し，不公正な解雇と認識されて裁判所に手切れ金が預け入れられている場合の暫定賃金が廃止されるとともに，短期雇用については手切れ金として経験年数1年に応じて8日分の賃金が支払われることとなった[27]．

---

[21] Bentolila et al.(2008,pp.50-51).

[22] Bentolila et al.(2008,p.50).

[23] 短期雇用の増加による労働市場の分断化の拡大と歪みの発生は専門家の共通認識となっていた

[24] Toharia et al.(2000,p.314),Bentolila et al.(2008,p.51).

[25] OECD (2009,p.317).

[26] Toharia et al.(2000,pp.314-315), Bentolila et al.(2008,p.51).

[27] Bentolila et al.(2008,p.51).

2000 年代に入って，スペインの労働市場改革の問題点，言い換えると雇用保護立法の部分的緩和の失業率に与える影響が明白になってきた．2000 年代前半では短期雇用から期限のない雇用への転換率は 4％程度であった[28]．このため，2006 年の改革（Decree 1/2006）により，31〜45 歳の短期雇用者を 2007 年まで PEPC の対象とすること，2006 年中の長期雇用への転換と PEPC の 3 年以上の継続への補助金支給，長期契約の雇用者雇い入れに対する税額控除の設定，短期雇用継続の制限が設けられた[29]．Bentolila et al. (2008,p.52) は，この改革で転換比率が上昇して短期雇用は 35％から 29％へと低下したが，その効果は一次的であったと指摘している．

雇用保護立法の部分的緩和の弊害は，2007 年のサブプライムローン問題，2008 年 9 月のリーマン・ショックの前後で失業率に与える影響が対照的であったことにより，決定的となる．リーマン・ショック以前の 10 年間は欧州の雇用創出の 1/3 はスペインが担っていたが，リーマン・ショック後は短期雇用において高い雇用喪失率を示し，失業率は 2007 年の 8％から 2012 年には 26％に上昇した[30]．Wölfl and Mora-Sanguinetti (2011,p.7) は，スペインにおいて過去 20 年間に構造的失業は減った訳ではないこと，失業率のヴォラティリテーが大きいことは相当程度，名目賃金の硬直性と短期雇用の拡大によるとしている．さらに Wölfl et al. (2011,pp.8-9) は，スペインにおいてはリーマン・ショック後に長期失業率が上昇していることは構造的失業が増加している可能性を示唆すること，長期失業は貧困に陥る可能性が高いことを指摘している[31]．

以下では，世界金融危機後のスペインの労働市場改革について，Wölfl et al.(2011), Dolado (2012), Suárez Corujo (2013), OECD (2014), Picot and Tassinari (2014) に従って解説する．

社会労働党政権であるサパテロ政権は，2008 年から 2009 年にかけて雇用保護立法に関連する労働市場改革は必要ないと考えていた．この背後には，正規雇用者に対して配慮があったと考えられる．政府は，失業率上昇は雇用保護立法の弊害よりもむしろ景気後退に起因するものであると考え，ケインズ的手法により景気回復を図った[32]．その一方では，失業率の上昇に対しては補助金を主

---

[28]　Bentolilaetal.(2008,p.52).

[29]　Bentolila et al.(2008,p.52).

[30]　García-Pérez et al.(2014,pp.1-2).

[31]　Wölfl et al.(2011,pp.5-7) は，1990 年代以降のスペインの労働市場を次のように総括している．雇用者/人口比率は 1990 年代から 2007 年まで上昇を続け，移民を吸収した．失業率もこの間，25％から 8％へと低下した．しかし，2007 年後半から 2010 年の間に失業率は 10％ポイント以上，上昇した．雇用者減少が著しいのは建設業と製造業の一部であり，国内での労働者の移動が少ないことは地域間の失業率格差を発生させた．失業率が上昇したのは移民と若年層（15〜24 歳）の失業が増加したことによる．これは，短期雇用の拡大に伴い，移民労働が低賃金労働者を必要とする建設業，サービス業等で増加したこと，若年層では低技能層の就労が増えたことが関係している．

[32]　Suárez Corujo (2013,p.3).

とする積極的労働市場政策を実行したことも事実である[33]. Suárez Corujo (2013,p.3) は, この時期において, 雇用を維持しつつ調整費用を低減させる内部労働市場の柔軟性 (internal labor market flexibility) という概念を発見したことは特筆されるべきであると指摘している.

　サパテロ政権は 2010 年から 2011 年にかけて, EU や IMF からの圧力を受けて, 柔軟性の向上, 労働市場の分断への取り組み, 技能向上といった EU の雇用政策のガイドラインに沿った, 長期雇用の解雇費用低減, 労使交渉の規制緩和に導く労働市場改革に着手した[34].

　2010 年の改革 (Law 10/2010)[35] では, 長期雇用における経済的要因による解雇の条件を拡大するとともに, 事前告知期間を 30 日から 15 日に短縮した. また, 客観的要因による解雇の場合の手切れ金を経験年数 1 年に応じて 45 日から 20 日に縮小した. PEPC については適用範囲を拡大し, 経験年数 1 年に応じて 33 日の手切れ金で解雇可能な特急解雇 (express dismissal) が適用された. 不公正と判断された解雇については雇い主には, 復職以外に経験年数 1 年に応じて 45 日で最大 42 カ月の手切れ金と暫定賃金の支給を選択可能となった. 短期雇用についてはその利用の制限を限界的に拡大し, 更新しない場合の手切れ金を 8 日から 12 日に引き上げた.

　2010 年の改革 (Decree 7/2011) は[36], 2010 年の改革で予定されていた政府よる労使交渉に介入したものであり, ショックに対応して賃金を伸縮させるために企業別交渉を産業別交渉よりも優位とするものであった.

　Wölfl et al.(2011,pp.11-12) は, 2010 年と 2011 年の改革が労働市場の柔軟性確保の必要性に対応するためには十分ではなかった理由として, 法的に解雇費用を低くしても実行手段が適切ではなく, 法的手続きに手間取り, 解雇が不公正と判断される場合が多いことで実質的には費用低減とはならないこと, PEPC には適用範囲が制限されていること, 短期雇用に期間制限を設けても職務内容の定義を変更すれば実質的に延長可能であることを挙げている.

　国民党のラホイ政権に替わったことで, 労働市場改革は進捗した. 2012 年の改革 (Law 3/2012) は, リーマン・ショック後の失業率上昇と「柔軟性＋保障」(flexiculity) に導かれてスペイン政府が行った 1984 年の改革に比肩すべきものであり, 目的は内部と外部の柔軟性を確保することである[37]. 改革の内容は次のとおりである[38].

---

[33] Wölfl et al.(2011,pp.9-10)

[34] Suárez Corujo (2013,p.4).

[35] Wölfl et al.(2011,p.14),Dolado (2012,p.24),Picot et al.(2014,pp.12-13).

[36] Wölfl et al.(2011,p.18),Picot et al.(2014,p.13).

[37] García-Pérez et al. (2014,p.2).

[38] OECD(2014,pp.10-12), Dolado(2012,p.25-26), Picot et al.(2014,pp.14-15), García-Pérez et al. (2014,p.2).

改革は労働市場をより動態的にすることで2重構造を解消することを目的としている．長期雇用については，不公正な解雇の場合の手切れ金が経験年数1年に応じて45日から33日分の賃金に縮小，最大42カ月分から24カ月分の賃金とされ，暫定賃金は廃止された．このため特急解雇は廃止された．経済的理由による解雇の定義の緩和がなされ，企業が3期以上の継続的な収入減に直面している場合の解雇も正当化された．集団解雇については労働組合との信義則に基づいた交渉は維持するものの公的承認は不必要となった．

　従業員数50名未満の中小企業については，企業家長期雇用契約（EPC ：Entrepreneurs Permanent Contract）が導入された．ここでは新規の長期雇用契約として，手切れ金なしの1年間の試行期間があり，雇い入れされた若年と高齢層への補助金が支給されるとともに，その後の解雇時には経験年数1年当たり過去に遡って公正な場合20日，不公正な場合33日の手切れ金が支給される．

　労使交渉改革の目的は，生産性と費用を合致させて競争力を回復させること，雇い主に雇用喪失との2者択一として経済状況の変動に応じて賃金と労働時間を調節するための手段を利用させることである．企業別労使交渉の合意事項を産業や地域における合意よりも優先させる下で，企業の要望に応えられるようにした．雇い主は，経済的理由等があれば労使協定の適用除外として，労働条件を変更可能とした．労働者代表との同意がない場合，仲裁がなされると紛争は裁判所によって再審されない．また，労使協定の延長は期間満了から最大1年に限定される．

　2012年の労働市場改革については，評価は定まっていない．しかし，効果については，規模は大きくなくても2重構造の解消には一定の成果を挙げていると認識されているようである．

　Dolado (2012,pp.27-28) は，2012年改革については単一雇用契約が導入されていないこと，積極的労働市場政策が雇用補助金支給に偏っており訓練支出が少ないこと，雇用保護の低下を失業手当で補うことが不十分であることを指摘している．

　Ministerio de Empleoy Seguridad Social (2013,pp.12-15) は，2012年改革の結果として，失業率の上昇度合いが低下したこと，雇用喪失率が低下したこと，単位労働費用の低下が競争力を高めたこと等を指摘している．

　OECD (2014, pp. 6-8) は，2012年改革について結論を下すには時期尚早であるが，労使交渉の在り方を変更することで賃金を適正にして雇用創出につなげたこと，雇用者数100人未満の中小企業等を中心とした長期の新規雇用を毎月25,000人分生み出したことで雇用促進に寄与したこと，長期雇用契約を促進して失業期間を短縮したこと，短期雇用契約の解雇を減らしたことを指摘している．

第3章　サーチ理論による労働市場政策の評価

労働市場政策の効果については, サーチ理論に基づく DMP モデルを用いることで検証が可能である. 本章では MP (Mortensen-Pissarides) version をベースとして, 日本を念頭に置いたカリブレーションに基づくシミュレーションを行うことで, 雇用保護立法, 雇い入れ補助金, 雇用補助金, 賃金課税, 失業手当置換率等の失業率に与える効果を検証した. 解雇税を課すことは雇用創出を抑制するものの雇用喪失を抑制するため, 失業率を低下させる. 解雇税を財源として雇い入れ補助金を支給することで両者の相乗効果を期待できる. 雇用補助金は失業率低下に有効であるが, 財源を何に求めるかの議論が必要である. 失業手当置換率の引き上げは失業率を上昇させる. これは雇用者の税負担を高めることにつながるため, 慎重に取り扱うべきものである. 労働市場政策は一つの政策を取り上げて可否を検討するのではなく, 他の政策や税負担との整合性を考慮する必要がある. また, マッチングの効率性向上は失業率低下に効果的な手段であり, 職業紹介機能向上についての議論が必要である.
Key Words：MP version, ホシオス条件, 解雇税, 手切れ金, マッチング効率性

1.　はじめに

　雇用政策にはマクロ経済政策としての財政・金融政策がある. 財政政策発動による有効需要喚起は, ケインズ理論に基づき, 需要サイドを刺激することで名目賃金の下方硬直性から発生する非自発的失業を救済することを目的としている. 金融緩和は, 名目賃金の下方硬直性から発生する物価上昇率と失業率のトレード・オフ関係を念頭に物価上昇率を引き上げて失業率を低下させることを目的とするものである.

　財政・金融政策の発動と並行して, ミクロ経済政策としての政府が労働市場に介入する労働市場政策がある. 1960 年代以降, 政府が労働市場に介入することで労働需給の調整を図る積極的労働市場政策 (Active Labor Market Policy: ALMP)が多くの先進諸国において採用されてきたところである. これは, 当初はフィリップス曲線を下方シフトさせることで高い物価上昇率と低い失業率というジレンマを解決する手段として用いられたものである[1]. ALMP と並行して, 失業手当等の失業中の生活を保証するための受動的労働市場政策 (Passive Labor Market Policy: PLMP) が発動される.

　Calmfors, Forslund and Hemstrm (2001,p.63) に従うと, ALMP は失業者に直接焦点を当てて雇用を高める手段であり, 失業と欠員のマッチングを改善する職業紹介, 職業訓練, 雇用補助等から構成される.

　日本においては積極的労働市場政策として, 従前から公共職業安定所による職業紹介や雇用調整助成金の支給が行われてきたところである[2]. これらに加えてバブル崩壊後の金融不安が拡がっ

---

[1]　Meidner(1969,p.161). ALMP は 1960 年代には Active Manpower Policy と呼ばれていた (OECD(1964)).

[2]　Duell et al.(2010,pp.21-23). Duell et al.(2010) は日本の積極的労働市場政策に関する解説である.

たため, 1998 年 4 月「緊急雇用開発プログラム」, 1998 年 11 月「雇用活性化総合プラン」, 1999 年 6 月「緊急雇用対策」, 1999 年 11 月「経済新生対策における雇用対策」, 2000 年 5 月「ミスマッチ解消を重点とする緊急雇用対策」が発動されて[3], 雇い入れ補助金等の ALMP に分類される政策が実施されたところである.

労働市場が完全であれば, ALMP や PLMP は必要ではない. この場合, 政府が市場に介入することは市場の資源配分機能を歪めることになる. しかしながら, 労働市場に摩擦が存在する場合, これらの政策の有効性が問われることになる.

従前, 労働市場政策, 特に ALMP の評価は難しく[4], 一般均衡理論を用いた分析については、理論的根拠は確立されていなかった. また, PLMP については, ALMP との関連性についての考察が不十分であった. サーチ理論に基づく DMP (Diamond-Mortensen-Pissarides) モデルは、摩擦のある労働市場を扱う標準的モデルとなっている. 特に, 雇用創出・雇用喪失を内生化した Mortensen and Pissarides (1994) によるモデルは Mortensen- Pissarides (MP version)[5]と呼ぶべきものであり, 政策変数を導入することが可能なモデルである. MP version に基づいて労働市場政策を分析したのが, Pissarides (2000) の第 9 章であり, さらにカリブレーションを行った修正版が Mortensen and Pissarides (2003) である. これらのモデルは政策変数のうち特に課税, 補助金, 失業手当に[6]焦点を当てたものとなっている. このような一般均衡モデルは政策の均衡効果 (equilibrium effect)も包含できる.

MP version を用いて ALMP や PLMP の効果について考察することの重要性については言うまでもない. 特に日本において重要なのは, MP version を用いて雇用調整助成金と雇用保護立法の効果について検討することである. これらの政策については, その弊害が政策コメンテーターによって頻繁に唱えられているにも関わらず, 理論的根拠が不明確なままで主張がなされてきたところである.

本章では, Mortensen et al.(2003) をベースとして日本を想定した政策シミュレーションを行い, 日本の労働市場政策の効果について検討するものである. 2. で MP version モデルのフレームワークを説明し, 3. で数値分析の概要を提示する. 4. でシミュレーション結果を提示し, 5. で今後の展望を行う.

---

[3] 厚生労働省 (2001) 参照.

[4] 〔補論Ⅳ〕参照.

[5] Mortensen et al.(2003,p.44).

[6] 政策により均衡が影響を受けた場合に生じる効果のこと(Cahuc and Le Barbanchon(2010, p.196)).

2. MP version に基づいた労働市場政策の効果分析

ここでは Mortensen et al.(2003,pp.45-59) に従って, モデルの枠組みと解を提示する.

モデルの枠組みのうち, 基本概念を説明する[7].

マッチング関数は, 凹関数で, 規模に関して収穫一定, 職探しと求人は均一の密度で行われると想定する.. v：欠員率、u：失業率[8]、m(v,u)：マッチング率とおくと一次同次のマッチング関数は次式で示される.

$$m(v, u) = m\left(1, \frac{u}{v}\right) v \equiv q(\theta)v \ \cdots\cdots(2\text{-}1)$$

ここで $\theta(= \frac{v}{u})$ は労働需給逼迫度, $q(\theta)$ は欠員が埋まる確率 (欠員期間ハザード) で θ について減少, $\frac{1}{q(\theta)}$ は欠員の平均期間である. $\theta q(\theta)$ は労働者が仕事を見つける確率 (失業期間ハザード) で θ について増加, $\frac{1}{\theta q(\theta)}$ は失業の平均期間である.

職務の生産性を p, 固有の生産性パラメータを x とすると職務の産出物は px で示される. 企業は固有の生産性パラメータが最大(x = 1)の場合, 雇用を創出する. 固有の生産性ショックが発生した場合, 固有の生産性が留保水準である以下の仕事については雇用喪失が発生する. 固有のショックはポアソン確率 $\lambda \in [0,1]$ で到来し, 分布 F(x) から籤引きされる. 労働者のフローについては,

$$\dot{u} = \lambda F(R)(1 - u) - \theta q(\theta)u \ \cdots\cdots(2\text{-}2)$$

が成立するので, 定常状態では均衡失業率は次の修正されたベバリッジ曲線から求められる.

$$u = \frac{\lambda F(R)}{\lambda F(R) + \theta q(\theta)} \ \cdots\cdots(2\text{-}3)$$

次に雇用創出と雇用喪失について説明する[9].

企業は生産性 p の職務を採用費用 pC を支払って掲示する. 企業にとっての採用費用 pC は, 雇い入れ・訓練・その他縁組特有の投資等の準備費用とする.

政策手段として賃金課税, 雇用補助金, 雇い入れ補助金, 解雇税を想定する. 雇い入れ補助金と解雇税は, 共に, 労働者の技能 p に比例すると想定する. これは技能が高い労働者は雇い入れと解雇が難しいと考えられることによる. H：補助金率,T：解雇税率とおくと, 雇い入れ補助金は pH, 解雇税は pT となる[10]. 雇い入れ補助金は雇い入れの際に雇用主に支払われるものである. p(C − H) は純雇用創出費用となる. 企業は, 雇用喪失が発生して解雇する際に解雇税 pT を支払う.これは解

---

[7] Mortensen et al.(2003,pp.47-48).

[8] 労働者数は L、欠員数は V、失業者数は U、$v = \frac{V}{L}$, $u = \frac{U}{L}$ と想定している.

[9] Mortensen et al.(2003,pp.48-55).

[10] Mortensen et al.(2003,pp.46-47) では, 生産性は特定の技能グループに共通する生産性であるとしており, 労働市場の技能グループによる分割と相互の無関連性を想定している.

雇自由の原則が制約された場合に企業が負担するものであり, 企業が労働者に支払う手切れ金ではない. 賃金課税については, 線形税・補助金計画：$a + tw$が雇い主に課される. 税率：$t = 0$の場合, $a < 0$であれば純雇用補助金, $a > 0$であれば一括固定雇用税となる. 税率：$t > 0$の場合, $a < 0$でであれば累進課税, $a > 0$でであれば逆進課税となる. 潜在的な賃金支払い税をτとすると, $t < \tau$の場合, $(\tau - t)$は賃金補助となる.

失業手当については, ρ：置換率$(0 \leq \rho < 1)$, $\overline{w}$：平均賃金とおくと, 賃金が技能に応じて支払われる場合, $\rho\overline{w}(p)$で示される[11]. さらに失業者は帰属所得bを受け取る.

固有の生産性ショックが存在する雇用喪失を内生化した場合, 雇用創出曲線と雇用喪失曲線から技能に応じた留保生産性と労働市場逼迫度$(R(p), \theta(p))$ が決定される.

賃金契約は, w_0 ：当初賃金 (外部賃金), $w(x)$：固有の生産性の場合の賃金率である継続賃金 (内部賃金) のペア$(w_0, w(x))$ で示される. ショック$z (< R)$ が発生した場合, r：金利, V：欠員の資産価値, J：職務の資産価値, U：失業の資産価値とおくと, 企業にとっての職務の資産価値$J(x)$ と労働者にとっての職務の資産価値 $W(x)$ は, 次式で示される.

$$rJ(x) = px - a - (1 + t)w(x) + \lambda \int_R^1 [J(z) - J(x)]dF(z) + \lambda F(R)[V - pT - J(x)] \quad \cdots\cdots(2\text{-}4)$$

$$rW(x) = w(x) + \lambda \int_R^1 [W(z) - W(x)]dF(z) + \lambda F(R)[U - W(x)] \quad \cdots\cdots(2\text{-}5)$$

留保生産性は次式で示される.

$$R = \max\{R_e, R_w\} \quad \cdots\cdots(2\text{-}6)$$

ここで$J(R_e) = V - pT$、$W(R_w) = U$である. 結合最適化の必要十分条件は, $R = R_e = R_w$, ここで$J(R) + W(R) = V - pT + U$ である.

新規縁組の期待利得をそれぞれ J_0 と W_0 とすると, 次式が成立する.

$$rV = q(\theta)[J_0 - V - p(C - H)] - pc \quad \cdots\cdots(2\text{-}7)$$

$$rU = b + \rho\overline{w} + \theta q(\theta)[W_0 - U] \quad \cdots\cdots(2\text{-}8)$$

新規縁組の期待利得は次式で示される.

$$rJ_0 = p - a - (1 + t)w_0 + \lambda \int_R^1 [J(z) - J_0]dF(z) + \lambda F(R)[V - pT - J_0] \quad \cdots\cdots(2\text{-}9)$$

$$rW_0 = w_0 + \lambda \int_R^1 [W(z) - W_0]dF(z) + \lambda F(R)[U - W_0] \quad \cdots\cdots(2\text{-}10)$$

自由参入条件から次式が導かれる.

$$V = 0 \Leftrightarrow \frac{pc}{q(\theta)} + p(C - H) = J_0 \quad \cdots\cdots(2\text{-}11)$$

賃金は労使交渉により決定され, $\beta \in [0,1]$ は労働者の相対的交渉力とすると, 当初賃金は次式から求められる.

---

[11] 式の操作が煩瑣な場合は、$b = \rho[p - T(p)]$ に代替できる(Pissarides(2000,p.207).

$$w_0 = \arg max \left\{ [W_j - U]^\beta \big(S_0 - (W_0 - U)\big)^{1-\beta} \right\}$$

$$\text{s.t. } S_0 \equiv J_0 - p(C - H) - V + W_0 - U \quad \cdots\cdots(2\text{-}12)$$

継続賃金については次式から求められる.

$$w(x) = \arg max \left\{ W(x) - U]^\beta \big(S(x) - (W(x) - U)\big)^{1-\beta} \right\}$$

$$\text{s.t. } S(x) \equiv J(x) - V + pT + W(x) - U \quad \cdots\cdots(2\text{-}13)$$

(2-12) (2-13) の一階の条件は次のとおりである.

$$\beta(J_0 - V - p(C - H)) = (1 - \beta)(1 + t)(W_0 - U) \quad \cdots\cdots(2\text{-}14)$$

$$\beta(J_x - V + pT) = (1 - \beta)(1 + t)(W(x) - U) \quad \cdots\cdots(2\text{-}15)$$

留保賃金が結合合理的であるためには次式が成立する必要性がある.

$$S(R) = J(R) - V + pT + W(R) - U = 0 \quad \cdots\cdots(2\text{-}16)$$

当初賃金方程式と継続賃金方程式が導出される.

$$w_0 = (1 - \beta)(b + \rho\overline{w}) + \frac{\beta}{1+t}[p - a + pc\theta - (r + \lambda)p(C - H) - \lambda pT] \quad \cdots\cdots(2\text{-}17)$$

$$w(x) = (1 - \beta)(b + \rho\overline{w}) + \frac{\beta}{1+t}[px - a + rpT] \quad \cdots\cdots(2\text{-}18)$$

次にモデルの解, つまり定常状態における市場均衡について説明する[12].

賃金方程式を資産価値方程式に代入した式を求め, さらに職務は, 次式が成立する場合に喪失すると想定する.

$$J(R) + pT = 0 \quad \cdots\cdots(2\text{-}19)$$

ここから, 雇用創出曲線と雇用喪失曲線が求められる.

$$J_0 = (1 - \beta)p\left(\frac{1-R}{r+\lambda} - T\right) + \beta\, p(C - H) \quad \cdots\cdots(2\text{-}20)$$

$$R + \frac{\lambda}{r+\lambda}\int_R^1 (z - R)dF(z) = \frac{a + (1+t)(b+\rho\overline{w})}{p} + \frac{\beta}{1-\beta}c\theta - rT \quad \cdots\cdots(2\text{-}21)$$

さらに, (2-11) と (2-20) から雇用創出曲線が導かれる.

$$(1 - \beta)\left(\frac{1-R}{r+\lambda} - T - C + H\right) = \frac{c}{q(\theta)} \quad \cdots\cdots(2\text{-}22)$$

所与の θ における賃金については (2-17) (2-18) で示される. 定常状態における新たに創出される職務の割合はF(R), 継続する職務の割合はF(x) − F(R)であることから平均賃金は次式で示される.

$$\overline{w} = w_0 F(R) + \int_R^1 w(x)dF(x) \quad \cdots\cdots(2\text{-}23)$$

平均賃金は次式のとおりである.

---

[12] Mortensen et al.(2003,pp.55-59).

$$\overline{w} = b + \rho\overline{w} + \frac{p\beta}{(1+t)(1-\beta)}\left[\frac{c}{q(\theta)}\Big((r+\lambda)F(R) + \theta q(\theta)\Big) + \frac{r(1-\beta)}{r+\lambda}\int_R^1 (x-R)dF(x)\right] \cdots\cdots(2\text{-}24)$$

集計所得は次式で求められる.

$$y = p\left[F(R) + \int_R^1 x\,dF(x)\right](1-u) + bu - pcv - pCm(v,u)$$

$$= p\left[F(R) + \int_R^1 x\,dF(x)\right](1-u) + \big(b - pc\theta - pC\theta q(\theta)\big)u \cdots\cdots(2\text{-}25)$$

以上からモデルは (2-3) (2-21) (2-22) (2-24) (2-25) で構成される. (2-21) と (2-22) をグラフにした ものが図 3-1 の図 A であり, 所与の職務の生産性 p に対応する留保生産性の閾値と労働市場逼迫 度の均衡値(R*,θ*)が点 E において求められる. 雇用創出曲線が上方シフトすると均衡点は A, 雇用 創出曲線が下方シフトすると均衡点は C, 両者がシフトすると均衡点は B へと移動する.

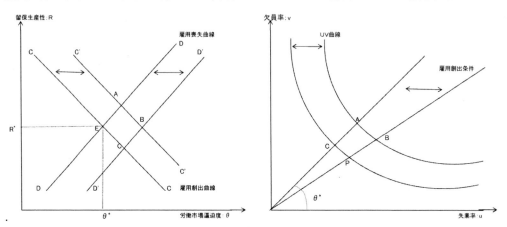

図 A 留保生産性と労働市場逼迫度　　　　図 B　UV 曲線と均衡失業率
資料：Pissarides(2000)を基に作成
図 3-1 MP version における政策効果

(R*,θ*)と (2-2) の関係は, 図 3-1 の図 B で示される. θ* を所与とした場合における u と v の組み 合わせを示す雇用創出条件とベバリッジ曲線の交点 C である点で均衡失業率は決定される. θ*が 低下すると交点は点 P となり, 均衡失業率は上昇する. これは雇用創出が抑制されることによる. ベバリッジ曲線が上方シフトすると交点はそれぞれ A あるいは B となり, 均衡失業率は上昇する.

Pissarides (2000,pp.218-219) は, 解雇税 T と雇い入れ補助 H を同率として同時に実施すると, 雇用喪失曲線を下方シフトさせることで雇用創出を促進するとともに雇用喪失を抑制し,UV 曲線 を下方シフトさせてマッチングを改善するため, 均衡失業率は低下するとしている.

3. MP version の数値分析

本節では, MP version のカリブレーションとシミュレーションを行うためのモデルの具体的枠 組みを提示する.

まず, Mortensen et al.(2003,pp.60-61) に従って関数形を特定化する.

マッチング関数については対数線形であると想定する。尺度パラメータは1，マッチングの失業弾力性をηとする。

$$m(v, u) = v^{1-\eta}u^\eta \quad \cdots\cdots(3\text{-}1)$$
$$\frac{m(v,u)}{v} = q(\theta) = \left(\frac{v}{u}\right)^{-\eta} = \theta^{-\eta} \quad \cdots\cdots(3\text{-}2)$$

固有の生産性ショックについては，区間$[\gamma, 1]$について一様分布を仮定する。

$$F(x) = \frac{x-\gamma}{1-\gamma} \quad \cdots\cdots(3\text{-}3)$$

以上から，定常状態のモデルを書き換える。(2-20)(2-22)は次のように書き換えられる[13]。

$$R + \frac{\lambda}{r+\lambda}\left(\frac{1}{1-\gamma}\right)\left(\frac{1}{2} - R + \frac{R^2}{2}\right) = \frac{a+(1+t)(b+\rho\overline{w})}{p} + \frac{\beta}{1-\beta}c\theta - rT \quad \cdots\cdots(3\text{-}4)$$
$$(1-\beta)\left(\frac{1-R}{r+\lambda} - T - C + H\right) = \frac{c}{\theta^{-\eta}} \quad \cdots\cdots(3\text{-}5)$$

(2-24)(2-25)は次のように書き換えられる。

$$\overline{w} = b + \rho\overline{w} + \frac{p\beta}{(1+t)(1-\beta)}\left[\frac{c}{\theta^{-\eta}}\left((r+\lambda)\frac{x-\gamma}{1-\gamma} + \theta\theta^{-\eta}\right) + \frac{r(1-\beta)}{r+\lambda}\frac{1}{1-\gamma}\left(\frac{1}{2} - R + \frac{1}{2}R^2\right)\right] \quad \cdots\cdots(3\text{-}6)$$
$$y = p\left[\frac{x-\gamma}{1-\gamma} + \frac{1}{1-\gamma}\left(\frac{1}{2} - \frac{1}{2}R^2\right)\right](1-u) + (b - pc\theta - pC\theta\theta^{-\eta})u \quad \cdots\cdots(3\text{-}7)$$

(2-3)は次のように書き換えられる。

$$u\left(\lambda\frac{R-\gamma}{1-\gamma} + \theta\theta^{-\eta}\right) = \lambda\frac{R-\gamma}{1-\gamma} \quad \cdots\cdots(3\text{-}8)$$
$$\theta = \frac{v}{u} \quad \cdots\cdots(3\text{-}9)$$

基本的にモデルは(3-4)(3-5)(3-6)(3-7)(3-8)(3-9)で成立し，内生変数はR、θ、$\overline{w}$、y、u、vである。

労働市場政策を実行するに当たっては政策相互の関連を重視して，整合性を確保しなければならない。そのためには，政策に規範的分析を導入することも重要である。

ホシオス条件は失業と欠員の併存を前提とした場合の社会的最適条件であり，最適状態は分配率を考慮したものになること，欠員を補充するために一定の失業を必要としていることを示している。分配率が高すぎる($\beta > \eta$)と，失業率は高すぎて欠員率は低すぎることになる。分配率が低すぎる($\beta < \eta$)と，失業率は低すぎて欠員率は高すぎることになる。

Pissarides (2000,p.230) は，($\beta > \eta$) の場合，労働費用が嵩むので十分な職務が提供されないことから，非効率性を是正するために雇い入れ補助金率 H を引き上げるべきであり，H が決定された状況においては雇用補助 a や潜在的税率 τ を引き上げなければならないとしている。

---

[13] ここでは、リーマン=スティルチェス積分(Riemann–Stieltjes integral)の性質から、

$$\int_a^a f(x)dg(x) = \int_b^a f(x)g'(x)dx$$

が成立することを利用している。

労働市場政策の規範的側面を検討する場合には, 政策が均衡に影響を与えないようにその効果が雇用創出と雇用喪失に中立的であることが望まれる. Pissarides (2000,pp.225-228) に従うと, そのための条件は雇い入れ補助金率 H と解雇税率 T が同率であることに加えて, 政策変数の集計値が 0 となることである.

　Mortensen et al.(2003,pp.61-63) に従うと, ホシオス条件が成立している均衡状態で, 次式のように各政策の和が 0 となる First-best の解を求めることができる.

$$\beta = \eta \cdots\cdots(3\text{-}10)$$
$$a + (1+t)(b + \rho\overline{w}) - rpT = b \cdots\cdots(3\text{-}11)$$
$$H = T \cdots\cdots(3\text{-}12)$$

　Mortensen et al.(2003,pp.63-64) に従うと, 雇用補助 a については, その規模を次式と定義する.

$$s = -\frac{a}{w} \cdots\cdots(3\text{-}13)$$

(3-4) は, 補助が均一の場合は $s = -\frac{a}{\overline{w}}$, 賃金比例の場合は $\frac{s(b+\rho)\overline{w}}{p}$, 下方シフトする.

　Mortensen et al.(2003,pp.66-67) に従うと, 雇い入れ補助率 H については, その規模を次式と定義する.

$$s = \frac{pH\theta\theta^{-\eta}u}{\overline{w}(1-u)} \cdots\cdots(3\text{-}14)$$

(3-5) は $\frac{sw(1-u)}{p}$, 上方にシフトする.

　理論的に予想できる各雇用政策の効果を Pissarides (2000,pp.217-219) に従ってとりまとめる.

① 雇用補助 a は, 雇用喪失曲線を下方シフトさせることで雇用喪失を防ぐとともに雇用創出を促進する. さらに UV 曲線を下方シフトさせ, 雇用創出条件を反時計回りに回転させることで均衡失業率を低下させる.

② 賃金税率 t は雇用喪失曲線を上方シフトさせることで雇用喪失を加速するとともに雇用創出を抑制する. さらに UV 曲線を上方シフトさせ, 雇用創出条件を時計回りに回転させることで均衡失業率を上昇させる.

③ 雇い入れ補助金率 H は雇用創出曲線を上方シフトさせるために, 雇用創出と雇用喪失の双方を加速する. さらに UV 曲線を上方シフトさせ, 雇用創出条件を反時計回りの回転させるため, 均衡失業率への影響は確定しない.

④ 解雇税率 F は, 雇用創出曲線と雇用喪失曲線を共に下方シフトさせることで雇用喪失を抑制するが, 雇用創出についての効果は明確ではない. さらに UV 曲線を下方シフトさせるものの, 雇用創出条件を時計回りの回転させるため, 均衡失業率への影響は確定しない.

⑤　失業手当置換率ρは，雇用喪失曲線を上方シフトさせるので雇用創出を抑制し雇用喪失を加速
　　させるとともに，UV 曲線を上方シフトさせ，雇用創出条件を時計回りに回転させるため，失
　　業率を上昇させる．

　本論では以下のシミュレーションも試みる．

　マッチングの効率性については，マッチング関数に効率パラメータ A_0 を導入することで求めるこ
とができる．

$$A_0 m(v, u) = A_0 m\left(1, \frac{u}{v}\right)v \equiv A_0 q(\theta)v \quad \cdots\cdots(3\text{-}15)$$

　ここまでの解雇税は労働者本人ではなく，その支出は政府に帰属する税である．企業から労働者
に解雇時に金銭を支払う手切れ金が必要となる．

　Auray et al.(2014pp.11-17) は，解雇における手切れ金の最適乗率を求めた．労働者がリスク回
避的な場合，賃金に対する手切れ金の乗率をαとすると，最適水準α^*は，次式で示される．

$$\alpha^* = \frac{1-\rho}{r+\theta q(\theta)} = \frac{1-\rho}{r+\theta\theta^{-\eta}} \quad \cdots\cdots(3\text{-}16)$$

　但し，Auray et al.(2014 pp.11-17) は，DMP モデルに相対的リスク回避度一定型効用関数を特
定して，この条件を内生的に導出している．また，手切れ金の存在が雇用創出曲線，雇用喪失曲線を
シフトさせる可能性があり，他の内生変数に影響を与える可能性がある．

　従って，本論で厳密に最適乗率α^*を導出するためには，αを内生化するように MP version を修
正しなければならない．ここではモデルの修正は行わず，求められてパラメータから事後的にαを
算出することとする．

　手切れ金の最適乗率は，早期退職の退職一時金割増額の妥当性，解雇の金銭解決における和解金
額の水準を議論する際の重要な指針となる．個別労働紛争解決制度における斡旋，労働審判制度に
おける調停，民事裁判においての和解において，解雇の解決金額の妥当性の検証が可能となる．

4.シミュレーション

　ここでは日本を念頭においた労働市場政策の効果に関するカリブレーションに基づくシミュレ
ーションを行った．計算に際しては Matlab と dynare を連結して実行した．

（1）ベースライン推定

　ベースライン・パラメータについては表 3-1 のとおりであり，Mortensen et al.(2003,p.60) を踏
襲した．Mortensen et al.(2003,p.60) は米国については失業手当置換率ρ：低，解雇税率 T：低，欧
州については失業手当置換率：高，解雇費用：高と想定している．解雇税率は米国で 0，欧州で 0.78，
失業手当置換率は米国で 0.2，欧州で 0.34 と設定されている．マッチング関数の失業者数弾力性

$\eta : 0.5$, 労働者の交渉力 $\beta : 0.5$ と想定しており, ホシオス条件が成立しているとしている. 雇用補助率 a と雇い入れ補助率 H については, First-Best 算出のための調整項とされる.

　日本については, 基本ケース (日本 1) において, 解雇費用：中, 失業手当置換率：低, と想定した. 具体的には, 日本では解雇税は課されないが雇用保護の程度が米国と欧州の中間として解雇税率 0.38, 失業手当置換率は米国と同水準の 0.2[14] とした. 応用ケースとして (日本 2) では, $\eta : 0.6$, $\beta : 0.6$ と想定した. (日本 3) では, $\eta : 0.5$, $\beta : 0.6$, (日本 4) では $\eta : 0.6$, $\beta : 0.5$ とホシオス条件が成立していない場合を想定した. (日本 5) については, 低金利ケースを想定した.

表 3-1 ベースライン・パラメータの値

項　目	記号	米国	欧州	日本 1	日本 2	日本 3	日本 4	日本 5
職務の生産性	p	1	1	1	1	1	1	1
金利	r	0.02	0.02	0.02	0.02	0.02	0.02	0.002
生産性ショック到達率	λ	0.1	0.1	0.1	0.1	0.1	0.1	0.1
ショックの分布の台の下限	γ	0.648	0.648	0.648	0.648	0.648	0.648	0.648
失業者数弾力性	η	0.5	0.5	0.5	0.6	0.5	0.6	0.5
労働者の交渉力	β	0.5	0.5	0.5	0.6	0.6	0.5	0.5
採用費用	c	0.3	0.3	0.3	0.3	0.3	0.3	0.3
雇用創出費用	C	0.3	0.3	0.3	0.3	0.3	0.3	0.3
余暇の価値	b	0.349	0.349	0.349	0.349	0.349	0.349	0.649
支払給与税率	$\tau = t$	0.2	0.2	0.2	0.2	0.2	0.2	0.2
解雇税率	T	0	0.78	0.39	0.39	0.39	0.39	0.39
失業手当置換率	ρ	0.2	0.34	0.2	0.2	0.2	0.2	0.2

資料：Mortensen et al.(2003) 等を参照して筆者

　失業者数弾力性の数値はマッチング関数の推定結果に基づく必要性があるが, その値には議論のあるところである. Blanchard and Diamond (1990,pp.167-169) は, 米国における値として 0.35～0.6, 米国の製造業については 0.67～0.71 としている. Coles and Smith (1996,p.595) は英国について 0.3 程度としている. Anderson and Burgess (2000,pp.95-97) は米国について 0.4～0.6 程度の値を提示している. Sunde (2007,pp.547-551) はドイツについて 0.4～0.6 程度の値を提示している. Lubik (2009,p.112) は, 米国について 0.7 としている. 日本については, 太田 (2002,p.262) は 0.737, Kano and Ohta (2005,p.32) は 0.56～0.588 としている. 従って, 0.5 はやや低めであるとも言える.

　これらの前提に基づくカリブレーションの結果は表 3-2 に示すとおりである. 米国と欧州は

---

[14] 日本においては失業給付 (雇用保険の基本手当) に上限があること, 完全失業者のうち基本手当受給者比率が 2009 年度で 27.4% であること (Duell et al.(2010,p.99)) 等を考慮している. 宮本, 加藤(2014,p.59) は 0.26 を用いている.

Mortensen et al.(2003,p.62) を再現したもので, 日本の1〜5は筆者の計算による. 失業率水準は高めの結果となっており, 今後, 検証が必要である.

　ここから推測できることは, 解雇税率が高まると失業率は低下するが, その反面, 欠員率は低下することである. つまり労働者保護立法の強化は雇用喪失を防ぐと共に雇用創出を抑制する効果があることが示される. また, 失業手当置換率 ρ が高いことは失業率を上昇させる可能性があることである. また, 労働者の交渉力 β が高まると失業率は上昇, 失業期間弾力性 η が高まると失業率は低下することが示される. さらに, 金利を低下させた場合, 欠員率は高まるが, 失業率も上昇することが示される.

表 3-2 ベースラインの推定結果

項　目	変数	米国	欧州	日本 1	日本 2	日本 3	日本 4	日本 5
留保生産性	R	0.89	0.82	0.85	0.85	0.85	0.85	0.87
労働需給逼迫度	θ	1.00	0.51	0.94	0.63	0.62	0.94	0.97
平均賃金	w	0.78	0.74	0.75	0.76	0.76	0.75	0.76
集計所得	Y	0.90	0.89	0.90	0.90	0.90	0.90	0.90
失業率	U	6.49	6.43	5.53	6.46	6.67	5.51	6.00
欠員率	v	6.50	3.26	5.21	4.06	4.17	5.20	5.85

(2) First-Best の解

　ここでは, 日本 1 についての First-Best の解を求めてみた. 雇い入れ補助率 H については, 解雇税率 T を相殺する水準としている. 結果は表 3-3 のとおりである. ここから, 雇用補助率 を 0.31 に設定することで, 失業率は 4.4％に低下すること, 欠員率が大幅に上昇することが示される. 留保生産性 R には大きな変動はないため, 労働需給逼迫度 θ の上昇が雇用創出につながることが示される. 但し雇用補助率を 0.31 に引き上げるための財源はどこに求めるかが重要となる.

　この結果は, Pissarides (2000,pp.225-228) の指摘するように First-Best 状態において均衡失業率は政策から自由な水準となることを示している. つまり, 政策議論は, 特定の労働政策の利点や欠点を強調するのではなく, 総合的かつ規範的に政策を考慮しなければならないこと, 費用と財源のバランスを考慮しなければならないことを示している.

表 3-3 First-Best の推定結果

パラメータ設定値			内生変数の推定値		
項 目	記号	日本	項 目	記号	日本
職務の生産性	p	1	留保生産性	R	0.87
金利	r	0.02	労働需給逼迫度	θ	1.80
生産性ショック到達率	λ	0.1	平均賃金	w	1.03
ショックの分布の台の下限	Y	0.648	集計所得	Y	0.91
失業者数弾力性	η	0.5	失業率	U	4.46
労働者の交渉力	β	0.5	欠員率	v	8.01
採用費用	c	0.3	雇用補助率	-a	0.31
雇用創出費用	C	0.3			
余暇の価値	b	0.349			
支払給与税率	$\tau=t$	0.2			
解雇税率	T	0.39			
失業手当置換率	ρ	0.2			
雇い入れ補助率	H	0.39			

(3) パラメータ変更によるシミュレーション

　ベースラインのパラメータの数値を変更した場合の影響についてシミュレーションを行った. 結果は表 3-4 のとおりである. ここでは表 3-1 の (日本 1) に用いたパラメータの値を基準として, 3 種類の結果を示している. 従って, 中間の値は (日本 1) と同一である. 留保生産性 R が上昇すると雇用喪失が発生し, 労働需給逼迫度θが上昇すると雇用創出が促進されることを前提として以下が読み取れる.

① 職務の生産性 p が上昇すると, 留保生産性 R が若干低下し, 労働需給逼迫度 θ が上昇して, 賃金, 集計所得が増加するとともに失業率が低下し, 欠員率は上昇する.

② 固有の生産性ショック λ の到来確率が上昇すると, 留保生産性 R, 労働需給逼迫度θが共に低下して, 賃金, 集計所得が低下するとともに失業率が上昇し, 欠員率も上昇する.

③ 採用費用 C が上昇すると, 留保生産性 R が若干低下し, 労働需給逼迫度 θ が低下して, 失業率が上昇し, 欠員率が低下する.

表 3-4 シミュレーションの結果

①生産性

項 目	変数	p=0.8	p=1.0	p=1.2
留保生産性	R	0.86	0.85	0.84
労働需給逼迫度	θ	0.62	0.94	1.16
平均賃金	w	0.61	0.75	0.90
集計所得	y	0.72	0.90	1.08
失業率	u	7.15	5.53	4.83
欠員率	v	4.43	5.21	5.61

②生産性ショック到達率

項 目	変数	λ=0.05	λ=1.0	λ=1.5
留保生産性	R	0.91	0.85	0.79
労働需給逼迫度	θ	1.06	0.94	0.86
平均賃金	w	0.79	0.75	0.73
集計所得	y	0.94	0.90	0.87
失業率	u	3.48	5.53	6.09
欠員率	v	3.68	5.21	5.24

③採用費用

項 目	変数	c=0.2	c=0.3	c=0.4
留保生産性	R	0.86	0.85	0.84
労働需給逼迫度	θ	1.45	0.94	0.69
平均賃金	w	0.76	0.75	0.75
集計所得	y	0.91	0.90	0.89
失業率	u	4.77	5.53	6.09
欠員率	v	6.91	5.21	4.22

④雇用創出費用

項 目	変数	C=0.2	C=0.3	C=0.4
留保生産性	R	0.86	0.85	0.84
労働需給逼迫度	θ	0.96	0.94	0.92
平均賃金	w	0.76	0.75	0.75
集計所得	y	0.91	0.90	0.89
失業率	u	5.77	5.53	5.29
欠員率	v	5.55	5.21	4.89

⑤解雇税率

項 目	変数	T=0	T=0.39	T=0.78
留保生産性	R	0.89	0.85	0.80
労働需給逼迫度	θ	1.00	0.94	089
平均賃金	w	0.78	0.75	0.74
集計所得	y	0.90	0.90	0.89
失業率	u	6.49	5.53	4.46
欠員率	v	6.50	5.21	3.99

⑥支払給与税率

項 目	変数	t=0.1	t=0.2	t=0.2
留保生産性	R	0.84	0.85	0.85
労働需給逼迫度	θ	1.05	094	0.83
平均賃金	w	0.82	0.75	070
集計所得	y	0.90	0.90	0.90
失業率	u	5.16	5.53	5.98
欠員率	v	5.42	5.21	4.98

⑦失業手当置換率

項 目	変数	ρ=0.1	ρ=0.2	ρ=0.3
留保生産性	R	0.84	0.85	0.86
労働需給逼迫度	θ	1.22	0.94	0.66
平均賃金	w	0.75	0.75	0.76
集計所得	y	0.90	0.90	0.90
失業率	u	4.66	5.53	6.88
欠員率	v	5.71	5.21	4.55

④　雇用創出費用 C が上昇すると，留保生産性 R が若干低下し，労働需給逼迫度 θ が若干低下して，失業率がやや低下し，欠員率もやや低下する．

⑤　解雇税率 T が上昇すると，留保生産性 R が低下し，労働需給逼迫度 θ が低下して，失業率が低下し，欠員率も低下する．

⑥　支払給与税率 t が引き上げられると，留保生産性 R が若干低下し，労働需給逼迫度 θ が低下して，賃金が低下し，失業率が上昇し，欠員率が低下する．

⑦　失業手当置換率 ρ が上昇すると，留保生産性 R が若干上昇し，労働需給逼迫度 θ が低下して失業率が上昇し，欠員率が低下する．

　以上の結果から，最も着目されるのは解雇税率 T の効果である．解雇税率 T の引き上げは事前に予測されたように雇用喪失を防ぐが雇用創出を抑制する効果があり，本シミュレーションでは失業率は低下するという結果となっている．また失業手当置換率 ρ の引き上げは雇用創出を抑制し，雇用喪失を若干加速させるため，予想通り，失業率を上昇させる．

(4) 雇用補助の効果

　雇用補助政策の効果について，Mortensen et al.(2003,pp.63-64,66-67) に示された手順でシミュレーションを行った．結果は表 3-5 のとおりであり，基本ケース，雇用補助 a が均一の場合，雇用補助 a が賃金比例する場合，雇い入れ補助率 H を変更した場合について示している．いずれのケースについても s = 0.2 と設定している．

　雇用補助 a は留保生産性 R を低下させることで雇用喪失を抑制するとともに，労働需給逼迫度 θ を上昇させて雇用創出を促すことで失業率を低下させるとともに欠員率を上昇させる．雇用補助 a は均一の場合の方が賃金比例の場合よりも効果的である．これに対して雇い入れ補助率 H は留保生産性 R を上昇させることで雇用喪失を発生させる一方，労働需給逼迫度 θ を上昇させることで雇用創出を促す効果があり，結果として失業率を上昇させる．

表 3-5　雇用補助の効果

項目	変数	基本ケース	雇用補助 (均一)	雇用補助 (賃金比例)	雇い入れ補助
留保生産性	R	0.85	0.81	0.83	0.98
労働需給逼迫度	θ	0.94	2.07	1.48	1.21
平均賃金	w	0.75	1.11	0.93	0.85
集計所得	y	0.90	0.90	0.90	0.89
失業率	u	5.53	3.18	4.09	7.88
欠員率	v	5.21	6.60	6.05	9.57

注：s = 0.2 として算出

(5) マッチングの効率性改善の効果

　ここではマッチング関数の効率性パラメータの値が変化した場合についてシミュレーションを行った. 結果は表 3-6 のとおりである. 基本となるケースは$A_0 = 1$である. マッチング効率が上昇することは, 留保生産性 R と労働需給逼迫度θを上昇させるものの, その程度は大きくはない. しかしながら, マッチングの改善により失業率を顕著に低下させるとともに, 欠員率も低下させる.

表 3-6 マッチング効率の改善の推定結果

項目	変数	$A_0 = 0.8$	$A_0 = 1$	$A_0 = 1.2$
留保生産性	R	0.82	0.85	0.86
労働需給逼迫度	θ	0.87	0.94	0.95
平均賃金	w	0.78	0.75	0.77
集計所得	Y	0.89	0.90	0.91
失業率	U	6.20	5.53	4.82
欠員率	v	5.40	5.21	4.57

(6) 手切れ金の最適乗率の試算結果

　ここでは手切れ金の最適乗率 α^* を試算してみた. 結果は表 3-7 のとおりである. ここから, 失業手当置換率 ρ を引き上げると最適乗率 α^* は低下すること, 労働需給逼迫度 θ が上昇すると最適乗率 α^* が低下することが示される. このことは, 失業保険の整備状況によって手切れ金の額は変動すること, つまり手切れ金は失業手当と代替性があること, 不況期には増額する必要性があることを示している. また, 手切れ金は年収の 6 割〜10 割程度が必要であることが示唆される.

　労働政策研究・研修機構 (2015) では, 個別労働紛争解決制度における幹旋, 労働審判制度における調停, 民事裁判においての和解においての解雇の解決金額の月収表示が調査されている. その分布は図 3-2 に示される通りである. この結果は, 解雇の金銭解決として支払われた額が最適乗率よりも低いことを示唆している.

表 3-7　最適手切れ金乗率の試算結果

ρ ＼ θ	0.6	0.7	0.8	0.9
0.2	1.01	0.93	0.87	0.83
0.3	0.88	0.82	0.77	0.72
0.4	0.76	0.70	0.66	0.62

　　注：r=0.02 として算出

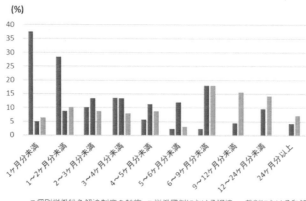

注：月収は賃金金額である.
資料：労働政策研究・研修機構 (2015) を用いて筆者作成.
図 3-2 月収表示の解雇の解決金額

5. まとめ

　シミュレーションの結果は, 労働市場政策は相互依存関係を考慮した分析を行う必要性を示唆する. First Best の解を求めることが望ましいが絶対的な社会計画者は存在しない. また, 政策の財源を何に求めるかについても議論する必要性があることを示唆している.

　シミュレーション結果で示したように解雇税率の引き上げは雇用創出を抑制するものの, 雇用喪失を抑制する機能があり, 後者の規模の方が大きいために失業率を低下させるという結果がもたらされた. このことは解雇抑制が失業率を高めるという議論を否定するものである. また, 解雇抑制が労働力の移動を妨げるのではなく, 解雇抑制が雇用創出を抑制するために職務の転換(job turnover) が減少して結果的に労働力移動 (worker flow) が抑制されるのである.

　解雇された労働者は生産性が低い可能性が高いため, 移動したとしても生産性の低い職務に就く可能性が高い. 生産性の高い労働力の移動については, on the job search を考慮に入れたシミュレーションを行う必要性がある.

　解雇税率と雇い入れ補助率を同値にすると解雇税収入を補助金の財源に回すことができる. 但し, 雇い入れ補助には雇用喪失を逆に促進する機能があるため, この組み合わせを実施する場合には注意が必要である. つまり, 雇い入れ補助は失業者を雇い入れた場合に他の失業者が排除される代替効果を発生させる可能性がある.

　雇用補助は雇い入れ補助と異なり, 失業率を低下させる. 但し, 問題は財源をどこに求めるかである. 雇用補助の対象を新規雇用に限定すれば, 財源を賃金課税に求めることは可能である. しかし賃金課税は失業率を高める効果があるため難しいと考えられる.

このシミュレーション結果は,雇用調整助成金は短期的には雇用喪失抑制により失業率を低下させる効果があること,但し財源をどこに求めるかの議論が必要であることを示唆している.雇用調整助成金の効果についてもシミュレーションが必要である.

　失業手当置換率の引き上げは失業率を上昇させる.また,財源をどこに求めるかが重要になる.失業手当の財源を雇用者の賃金課税に求めることは合理的である.しかし税率が上昇することは失業率を引き上げるという結果をもたらす.従って,税率引き上げと失業手当置換率をともに引き上げることは失業率の大幅な上昇につながることを意味する[15].このことは PLMP の拡充のみでは,失業問題に対応できないことを示唆する.マッチング効率性を高めることは失業率を低下させるのに有効である.職業紹介機能の向上は公共職業安定所[16],民間職業紹介いずれについても大きな課題である.円滑な情報提供方法等,マッチング効率性に関する調査・研究が求められる[17].

　ここでの解雇税は税収が政府に帰属する.手切れ金は企業から解雇された労働者への所得移転である.本来,手切れ金の最適水準はモデルにおいて内生的に決定されるが,ここでは推定結果を基に算出した.手切れ金の最適額は早期退職の退職一時金割増額の妥当性を検討する根拠となりうる.また,解雇に関する労使紛争で和解する際の目安となるものである.早期退職や和解に至るまでには1年分程度の給与を補償金として支払う必要性があると考えられる.

---

[15] Pissarides (1985b,pp.128-129) は,失業手当の財源を賃金課税に求めると雇用喪失が増幅され,雇用補助の財源を賃金課税に求めると雇用創出効果が相殺されると指摘した.また,Mortensen and Pissarides (1999b,pp.2604-2607) はカリブレーションに基づくシミュレーションによって,賃金課税率 τ と失業保険置換率 ρ を共に上昇させると失業率が上昇すること,解雇税と雇い入れ補助を共に引き上げると失業率は低下する場合もあることを示した.

[16] Duell et al.(2010,p.16) は,日本の公共職業安定所は限られた人員で想定的に効率的なマッチングを行っているとしている.Duell et al.(2010,p.122) によれば2007年度時点において,日本の積極的労働市場政策支出額は8,350億円で公共職業安定所の費用は71.2%であることが示される.

[17] 公共職業安定所のマッチング効率に関する研究には労働政策研究・研修機構(2009)がある.

{補論Ⅵ：積極的労働市場政策の効果の評価手法と評価結果}

1．評価方法

　欧米諸国において積極的労働市場政策(ALMP)は雇用創出，ミスマッチの解消等，労働市場の効率性向上のために実施されてきたところである．ALMP の有効性については，これまで多くの研究者によって検証されてきたところである．OECD(1993,p.67)は，マクロ経済政策は構造的失業に対応するには限界があるために ALMP が重要であるとしている．OECD は ALMP を積極的に推進してきた立場から，評価手法の解説と評価結果の取りまとめを実施している．ここでは ALMP の効果の推定手法と検証結果の概要について述べる．

　効果の推定方法にはミクロ経済学的手法,マクロ経済学的手法がある。政策の効果については,,ミクロ経済学的には支援された失業者の失業からの退出率等,マクロ経済学的には失業率の低下(雇用の増加)等が挙げられる．

　ミクロ経済学的手法の基本について OECD(1993), Fay(1996))に従って述べる．政策は成果のみで評価することはできない．ここで注意しなければならないのは,政策の効果には副次的効果があるため，雇用創出数といった成果をもって効果と見なすことはできないということである．再就職支援を行って 10 人が再就職に成功したとしても，これは粗(gross)効果であり,純(net)効果以外の次の要素が含まれている．

死重的損失(deadweight loss)：雇用対策を実施する場合としない場合で，同一人物が雇用されて，結果が変わらないこと．

代替効果(substitution effect)：雇用対策を実施することで，本来雇用されるべき人の替わりに，補助金の付く他の人が雇用されること．

置換効果(displacement effect)：補助金を受けない職務が受ける職務に置換あるいは代替されること．

以上から通常把握される効果は粗効果であり，純効果は次式で示されることとなる．

　　純効果 ＝ 粗効果 － 死重的損失 － 代替効果 － 置換効果

　現実の成果(actual outcome)と反事実的成果(counterfactual outcome)の差を求めることで政策の効果を判断するものである．類似のタイプの失業者を,教育訓練等の政策を実施した措置グループ(treatment group)と，実施していない制御グループ(control group)として，プログラム終了時の 2 グループの成果を比較する．

この求められた効果と費用を比較して政策の効率性を検討する必要性がある．

　2 グループを比較するためには,無作為割り当て実験(random assignment experiments)あるいは疑似実験(quasi experiments)が用いられる．無作為割り当て実験においては,プログラム参加者を無作為に選び措置グループとし,その他を制御グループとする．この手法はバイアスが小さいが,倫理上の問題を孕んでいる．

疑似実験では,プログラム参加者と属性の近い者を制御グループとして構成して,両者の成果の差を求める．いずれの場合も両者の成果の差をもって効果と見なす．この場合,制御グループの選抜に際してバイアスが発生する[1].

いずれの推定もその内容についてはブラックボックス問題が起きないよう,なぜそのような結果となったか検討する必要性がある．また,死重的損失は除去できるが,代替効果と置換効果を排除することは難しい．

これらの手法の基盤となるのは「差の差分法」(Difference in differences)と呼ばれるものである。この概念を示したのが図3-Ⅳ-1である[2]．死重的的損失が控除された粗(gross)効果としてはCが観察されるが，ALMPを実施していない場合でも自助努力等でAの改善が見込まれる．このとき政策の純(net)効果は両者の差のBである．但し，代替効果と置換効果は排除されない．

マクロ経済学的手法の基本についてOECD(1993)に従って述べる．効果としては,雇用創出がなされて雇用者数が増加する,ベバリッジ曲線が下方シフトして失業率が低下する,賃金は上昇する場合と低下する場合がある．各国のマクロ経済変数でパネルデータを作成してこれらマクロ経済変数の変動要因を検証する．このとき，ALMPの支出額や参加人数を説明変数として加える．この場合,政策発動による純効果を推定するものであるが，代替効果と置換効果を排除することは難しい．

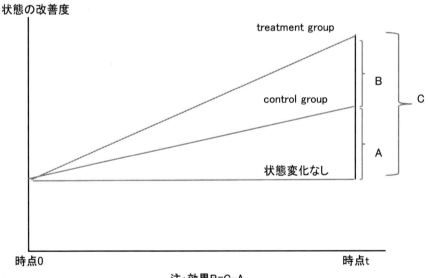

注：効果B=C-A

資料：各種文献を基に筆者作成

図3-Ⅳ-1　差の差分法の基本概念

---

[1] 実験が難しい場合には,共変量の共通する類似の者を選び出す傾向スコア・マッチング法(Propensity Score Matching method)を用いることも可能である．

[2] 差の差分法の代表的事例としては,Ashenfelter and Card(1985)がある．

2．評価結果

　ミクロ経済学的手法の結果を見てみる．OECD(1993)は1980年代の研究結果をFay(1196)はその続編，Martin(2000)(2016)はそれ以降の成果を取りまとめているので，これらを基にまとめる．

　公共職業安定所(PES)の求職者支援(job seekers assistance)は失業期間を短縮する上で有効である．特に困難を抱えた求職者や若年層に対して有効である．比較的低廉で成果が期待できる．当初インタビュー，途中での義務的インタビュー，再就職ボーナスは有効である．ボーナスは濫用されないように制度設計する必要性がある．他の支援策と組み合わせることで効果は上がる．死重的損失を防ぐとともに長期失業に陥る危険を回避するためのプロファイリングは有効である．

　失業者への教育訓練は就業機会の増加や所得の向上が概ね観察できる．雇用者への教育訓練は賃金の上昇等が観察できる場合がある．若年失業者及び不利な立場の若年失業者への支援は，就業機会の増加が見られる場合がある．教育訓練は対象を絞った小規模で，地域の雇用主と求職者の要望にかなった内容のものが効果は高い．教育訓練は短期の成果を求めるものではなく長期的に評価するべきものであるい．若年層には一般的学校教育との関係を考えた観点から実施する必要性がある．

　雇用補助については，効果はあるが短期的には欠員が限定されているために大きなものではない．死重的損失が大きい．代替効果と置換効果が観察される．対象を長期失業者等に絞ることは死重的損失，代替効果，置換効果を防ぐ上で有効である．企業は補助期間のみ雇い入れる可能性があり，雇用が長期間持続するかは不明である．企業が補助を恒久的なものと認識して，補助がなければ雇い入れしないという可能性がある．

　失業者への起業支援は，起業を希望する率が低いことから，対象が限定される．死重的損失や置換効果が大きい．短期失業者には有効である．事業が長続きしないことという難点がある．流動性制約が起業の妨げの場合，起業支援は有効ではない．

　公的部門の直接雇用は，効果はあるがその後の再就職につながらない場合が多い．死重的損失や代替効果が発生するか否かは当局の意思決定に依存する．限界生産力が低く，短期的職務に限定される．

　マクロ経済学的手法の結果を見てみる．OECD(1993)は1980年代の加盟諸国のデータを基に分析したところ，ALMPは特定の国において構造的失業を減少させる効果が確認できたとしている．Martin(2015)は従前のマクロ的研究結果をもとに，ALMPの支出は失業率を低下させることを示している。

　以上から総括として，OECD(1993,p.67)は，目標が的確で参加者の要求に合致するように設計された政策は有効であり，目標が広範なものは失敗しやすいことを指摘している．Fay(1996,p.30)

は多数の失業者を支援する政策は効果が低いが固定費を考慮すると費用はかからないこと,少数を支援する規模の小さい政策は,効果は大きいが費用が高くなることを指摘している.

　Fay(1996,p.32)は,ALMPは制度的要因と切り離して単独で評価するべきではないとしている.またMartin(1996.p.99)は,ALMPはPLMPとの相互作用を考慮して評価しなければならないと指摘している.本章における労働市場政策の評価はこのような指摘を念頭に置いたものである.

　なお,ここで述べた手法では制御グループは措置グループの影響を受けないという前提が置かれている.しかし,措置グループの雇用が増加することで均衡点が影響を受けることで制御グループは影響を受けることになる.このような均衡効果(equilibrium effect)を考慮するためには一般均衡モデルが必要であることがCahuc and Le Barbanchon(2010, p.196)によって指摘されている.

第4章 サーチ理論による雇用調整助成金の効果分析

(Part1:効果分析の手法)

雇用調整助成金は景気後退時の失業発生を未然に防ぐために, 休業等の一時的雇用調整を実施した企業に賃金 (休業手当等) の一部を補助する制度である. これは失業手当の替りに短時間労働への補助金を支給して雇用関係を維持する STWA の一種であると考えられる. この制度が失業率をどの程度低下させるかについては従前より議論があったところである. しかしながら, 政策効果を評価する理論や実証分析手法が確立していなかったために, 評価が難しかった. そのため, 失業を未然に防いでいるという主張がなされる一方で, 正社員の囲い込みを助長する, さらには産業構造の転換を遅らせるという批判がなされてきた. 本論では海外も含めた制度の概要, これまでの研究の概観を行うとともに, サーチ・モデルである MP version を用いて雇用調整助成金の意義と限界を明らかにする. その結果, 雇用調整助成金は雇用保護立法と補完的であること, 正社員の労働時間を柔軟化させて雇用を維持する効果があること, 但し, 効率性低下も少なからずあるということが判明した.
Key Words：STW, 死荷重, 置換効果, オプション・バリュー, 雇用保蔵

1. はじめに

　第3章で議論したように, MP version を用いて標準的な ALMP や PLMP の効果について考察することの重要性については言うまでもない. 日本でこれまで実施されてきた ALMP に分類される雇用創出のための補助金政策については, MP version によるサーチ理論によって効果を理論的に考察できるものであり, 複数の補助金相互間の依存関係を分析したところである.

　これらとともに日本において重要なのは, MP version を用いて雇用調整助成金の効果について検討することである. 雇用調整助成金は, 景気後退時に生産額が前年よりも減少した事業所に対して, 一時休業等を実施する場合に休業手当等の一部を助成する制度である. OECD (2015,p.14) は雇用調整助成金と雇用保護立法が日本における労働者の解雇・解職を避けるための 2 本柱であると指摘している.

　雇用維持を目的として休業等の一時的雇用調整を実施した企業に賃金 (休業手当等) の一部を補助する 雇用調整助成金については, 雇用補助金や雇い入れ補助金と対照的な性格をもっている. このため, 雇用調整助成金の単独効果のみならず, 他の政策との兼ね合いについても理論的に検証する必要性がある.

　この問題は, 雇用保蔵 (labor hoarding) をいかに捉えるかの議論に帰着する. 雇用保蔵とは景気後退時に企業が余剰人員を解雇せずに内部に確保して雇用回復時に備えることであり, 人的資本

の逸失を防ぐとともに雇用調整費用を節約するものである. 従って, 雇用保蔵それ自体は非効率的かつ非合理的な現象ではない[1].

ところが, 政策コメンテーターは雇用保蔵について, 正社員を優先する日本的雇用慣行の弊害とみなし, さらには過剰雇用, 企業内失業と呼んでいるようである. また, 雇用調整助成金や雇用保護立法により失業を未然に防ぐことが企業での正社員の抱え込み, 正社員と非正規雇用の格差を生み出し, 産業構造の変革を遅らせたという一部の研究者によって提起された主張が, 一般に通説として流布している.

しかしながら, 政策コメンテーターによって頻繁に唱えられている制度の弊害は, 理論的根拠が不明確なままである. 神林 (2012,p.39) は, 多くの研究者が雇用保蔵を労働市場の効率性が阻害されている結果と解釈し, 低生産性セクターが残存する現状と整合的であると考えたこと, 1980 年代は雇用調整助成金が, 1990 年代以降は解雇規制が効率性の阻害要因であると考えたことが問題であることを指摘している.

この指摘は, 多くの経済学者に共有された通念に理論的根拠がないことを示唆するものであり, 極めて重要である. 一般的に受容された通念に疑問を呈することが本書の論考の目的の 1 つであるからである.

雇用調整助成金といった景気後退期に雇用関係を維持することを目的に, 一時的に労働時間を短縮する政策は日本独自のものではない. 欧米においては, STW (short-time work) として, 部分的時間短縮である部分的レイ・オフによる雇用契約の部分的停止と労働時間を 0 とする一時的レイ・オフによる雇用契約の全面的停止があること, 時間短縮分の賃金を公的助成された場合を STWA (short-timework arrangement) と呼ばれていることが知られている[2]. STW は, 景気後退時の労働時間短縮によるワーク・シェアリングを行うものであり, 長期的に維持されるべき職務に就いた労働者が景気後退時において解雇の対象となる過剰レイ・オフを回避するための制度である[3].

雇用保護立法と STW は補完的関係にあることが想定できる. 雇用保護立法により正社員の雇用が保護されている場合, 高い解雇費用を回避するために STW の基準を緩めて景気後退時において正社員の休業に補助金を支給することには合理性があると考えられる[4]. また, STW への補助は失

---

[1] 雇用保蔵についての基本的文献としては, Fay and Medoff (1985) がある.

[2] Arpaia,Curci,Meyermans,Peschner and Pierini(2010,p.8).

[3] Hijzen and Venn (2011,p.6).

[4] Arpaia et al.(2010,pp.13-14). Cahuc and Carcillo (2011,p.148) は OECD 諸国において雇用保護立法の厳格性と STW の仕組みの発展度は正の相関関係があると指摘している.

業保険料が原資であることが一般的であるため, 失業手当支給の1つの選択肢であると言える. つまり景気後退期において失業が発生した時点で失業手当を支給することと労働時間を短縮して補助金を支給することは代替的関係にあると言える[5].

本章のPart1では, 雇用調整助成金の効果について海外でのSTWAも含めて検討するとともにサーチ理論を用いた接近を試みる. 2で日本における積極的労働市場政策の概要と雇用調整助成金の位置付けについて述べ, 3で雇用調整助成金とSTWAについての従前の論考を概観する. 4でサーチ・モデルを用いた雇用調整助成金の分析フレームを提示し, 5では過去のアンケート結果に基づいて雇用調整助成金の効果について検討し, 6で今後の展望を述べる.

2. 日本における雇用調整助成金の位置付け

日本においては, かつて政府による直接的な雇用創出, つまり政府による直接雇用が実施されたところである. 第2次世界大戦以前においては, 六大都市において失業者に簡易な土木工事の仕事を政府が直接に供給する失業救済事業が実施された[6]. これは失業手当が未整備, 裁量的財政政策という概念が存在していない状況下において, 失業者を放置できないといった事情があったものと推測できる. 第2次世界大戦後における直接雇用としては1947年の都市失業応急事業, 1949年に開始され1995年まで継続した失業対策事業がある[7].

政府による直接雇用はその発動された社会・経済的背景が現在とは異なるために位置付けが難しいが, 積極的労働市場政策に分類されるものと言えなくもない. 但し, これらの政策を通して分かったことは, 労働者が政策に依存する傾向を生み出すことである.

また, 1950～1960年代にかけては, エネルギー革命により石炭産業が衰退したため, 炭坑離職者を製造業等の他産業, 他地域へ移動させることを目的とした雇用対策が実施された. 具体的には広域職業紹介, 職業訓練, 移住資金の支給, 雇用促進住宅の建設等であり, その後の雇用対策の原型とされる[8]. これらの雇用対策と並行して, 1947年に失業保険法が制定されてPLMPである失業手当の支給が開始された.

雇用対策の転機となったのは, 第1次オイルショック後の1974年に失業保険法に替って雇用保険法が成立し, 1975年4月から施行されたことである. 失業保険は雇用保険に包含され, 企業負担の保険料を原資とした3事業(当時)が行われることとなった. このことは, 雇用保険は失業手当の

---

[5] Cahuc et al.(2011,pp.134-135) の見解に従った. Cahuc et al.(2011,p.146) は, 最適な失業保険に関する従前の議論において, STWに言及しているものは数少ないことを指摘している.

[6] 加瀬 (2000).

[7] 降矢 (2000).

[8] 炭坑離職者対策については, 井上 (2000) に負っている.

支給のみならず ALMP に分類される政策の資金調達の役割も担っていることを意味する. 雇用調整助成金制度は, この制度転換の一環として設立されている[9]. 雇用調整助成金の前身である雇用調整給付金制度は, 雇用保険法施行に先立つ 1975 年 1 月から支給された. 雇用調整給付金は失業を防止するために, 一時休業時に休業手当等の一部を補助するものであった. 1977 年 10 月に雇用保険事業である雇用安定事業が創設され, 1981 年 6 月からは雇用調整助成金として, 希望退職や整理解雇を回避して休業, 教育訓練, 出向等の一時的雇用調整を行う事業主に対して休業手当等の一部等を補助するものとなった.

労働新聞社 (2009,pp.18-25) は, 雇用調整助成金が導入されるようになった背景として, 第 1 次石油ショック以前の失業保険制度, 職業転換給付金制度, 再就職促進のための各種援護制度は, 失業した人達を主たる対象とした後始末的な失業対策であり, 国民福祉, 労働者福祉重視の観点からは, 雇用の安定, 失業の防止が望まれるようになったこと, 特に第 1 次石油ショック以後の安定成長期には失業を未然に防ぐ必要性が高まったこと, OECD から安定的需要管理政策の下での雇用政策が日本では整備されていないと指摘されたことを挙げている.

労働新聞社 (2009,pp.22-25) は, 一時休業は長期的に労働力を確保しつつ短期的景気変動に対して雇用量を調整できるために 1971 年のドル・ショック以降, 採用する企業が増えたこと, 一時帰休や一時解雇は雇用関係が継続している場合があるため, 失業手当の支給対象とならないことから雇用調整給付金 (助成金) が誕生したとしている.

第 1 次石油危機以後の日本の雇用対策は失業手当の支給, 公共職業安定所による職業紹介と教育訓練, 雇用調整助成金の支給を柱としていたと考えられる. 雇用調整助成金については, 失業者を次の仕事に就かせることを目的とする一般的な ALMP とは意図する方向性が異なるが, 広義の ALMP に分類される政策であると考えられる.

1998 年の金融破綻を契機とした完全失業率上昇に対しては, マクロ経済政策による失業者の雇用吸収と雇用維持政策, 公共職業安定所の機能拡充と雇用調整助成金による雇用維持政策の拡充が柱であったことには相違ない. しかし, 1999 年 6 月の「緊急雇用対策」, 2000 年 5 月の「ミスマッチ解消を重点とする緊急雇用対策」等の一連の経済政策において, 本来の ALMP である失業者を吸収するための雇用創出に対する補助金支給等が実施されることとなった. このことは, 日本においても 1990 年代後半以降において労働者の円滑な移動を目指す ALMP を採用せざるをえない状況にあったことを示すものである.

---

[9] 雇用調整助成金が導入された経緯は, 労働新聞社 (2009) に詳細に記されている. 制度発足時の制度の変遷についての詳細な経緯は篠塚 (1985a) (1985b) に記されており, ここでも参照した.

これらの雇用対策における雇用創出に対する補助金には, 中小企業に対する新たな雇い入れに対する一定期間の賃金補助, 新規・成長分野や介護分野の事業者が新たな雇い入れを行った場合の助成金, 労働者の移動を円滑にするための教育訓練に対する助成金, 自治体等による失業者の期間限定の直接雇用等がある[10].

このような状況においても雇用調整助成金は依然として日本の雇用政策の支柱であり続けた. 雇用調整助成金については失業者を内部に抱え込む政策であるとして批判がなされるとともに, 労働移動を促す政策を採るべきであるという主張が, 雇用保護立法を緩和しようとする「解雇規制」緩和論者からなされることが多い. これは「解雇規制」緩和論者が雇用保護立法を労働移動を抑制するものであると捉えていることに起因している[11].

このような要請から, 安倍内閣(2012年当時)においては成長戦略の一環として, 労働移動支援助成金を拡充させることとしている[12]. 厚生労働省HPによれば, 労働移動支援助成金は, 事業規模の縮小等により離職を余儀なくされる労働者等に対する再就職支援を職業紹介事業者に委託したり, 求職活動のための休暇の付与や再就職のための訓練を教育訓練施設等に委託して実施した事業主に, 助成金が支給されるものである. 2014年度からは雇用調整助成金の予算額が大幅に削られ, 労働移動支援助成金の予算が大幅に増額されたという経緯がある. しかしながら、この制度は殆ど定着していない. 労働移動支援助成金は, 雇用調整助成金と反対方向のベクトルを持つ政策であり, 財源を同じくする両者を同時に発動することについては疑義が生じる.

3. 雇用調整助成金に関する従前の議論

①諸外国の事例との比較

日本における雇用調整助成金は, 旧西ドイツにおける STW である操業短縮手当 (kurzarbeitgeld) を参考にしたとされている[13]. 神林 (2012,p.38) は, 不況期には労働者が一部分, 休業することで実質的なワーク・シェアリングが必要となることから, 雇用調整助成金はワーク・シェアリングに対する賃金補助と言い換えることができるとしている. 但し, 以下で議論するように STW は, 正社員の雇用を維持するための偏りのあるワーク・シェアリングと捉えるのが実態に近いと言える.

---

[10] 一連の雇用対策に関する厚生労働省(旧労働省)資料を参照した.

[11] Abraham and Houseman (1994,p.59) は, 雇用保護立法が労働市場の柔軟性を奪うという議論に疑問を呈している.

[12] 政策策定の経緯については今井 (2013,pp.51-52) に記されている.

[13] 篠塚 (1989,p.100).

エルンスト (Angelika Ernst) に従うと[14]. 操業短縮 (kurzarbeit) とは, 労働協約上の労働時間を法律で定義されている形で短縮することであり, 短縮した分の賃金をカットして, カット分の賃金に対して最長 6 カ月, 減少分の 68% (当時) の補償を失業保険から支給されるものである. 操業短縮の理由は, 景気変動による販売の不振や合理化といった経済的理由でなければならず, 通常の労働時間で就業させるのに十分な仕事量を確保できないことが証明されなくてはならない[15].

ドイツにおいては現在も操業短縮手当は継続している. Arpaia et al.(2010,p.45) に従って制度の概要をまとめる. 派遣社員や雇用期間が定められた労働者は対象から除外され, スタッフの少なくとも 1/3 が避けられない一時的な労働時間の短縮を余儀なくされ, 粗賃金の 10%以上の損失が発生する場合に, 失った粗賃金の 60% (子供がいない場合) 又は 67% (子供がいる場合) が補償されるが, 支給額には上限がある. 連邦雇用庁は失業保険から補償を支払い, 雇用主を通して労働者に渡される. 失った賃金の 80%相当に対応する年金と健康保険料は雇用主が負担する. 期間は景気後退時以外は 6 カ月を上限として, 24 カ月まで延長できる. 労働時間短縮は均一である必要性はない. つまり, ドイツの操業短縮手当は, 操業時間短縮に伴う賃金補償は失業保険が行うものであり, 雇い主は社会保険料以外の負担はない.

STW については Abraham and Houseman(1994), Van Audenrode (1994) において示されたように, 主に 1970 年～1980 年代の主要国別データを用いた実証研究において, 雇用保護立法による労働者保護の度合が高い国では解雇を伴う雇用調整速度が遅くなるが, STW を用いることで時間短縮による雇用調整が進捗することが示されたところである. つまり雇用保護立法と STW は補完的関係にあることが示唆される.

Arpaia et al.(2010,pp.15-18) は STW の従前の実証分析結果を基に, STW は外部労働市場の労働者を保持したままで内部労働市場の柔軟性を向上させること, 但し他のワーク・シェアリングの影響も受けることを指摘している. 言い換えると STW は労働市場の 2 重構造を保持したままで正社員の雇用を維持することを達成していることになる.

その後, STW については, 活発な議論がなされずにいたところであるが, 近年, 欧州を中心に複数国家で採用されている. 特に, 2008 年 9 月のリーマン・ショック後の 2008 年～2009 年に OECD 諸国において注目を集めることとなった. Hijzen et al.(2011,pp.6-7) は, この時点で OECD 加盟国 33 カ国中, 22 カ国が既存の制度を変更他は新たな制度を立ち上げ中であるという報告があったこと, 2009 年においてドイツや日本等では STW への補助の支給率 (take-up rate) が雇用者の

---

[14] エルンスト (1987,p.170).

[15] エルンスト (1987,p.170).

3〜6％へと急激に上昇したことを指摘している[16]. 但し，制度は国によって異なっており，支給対象者の拡大等についての単純な比較はできない[17].

　Cahuc et al.(2011,pp.133-134) は，欧州ではリーマン・ショック時において STW を広範かつ集中的に用いた国では失業率上昇を防いだこと，特にドイツの就業短縮が顕著な例であったこと，このため STW は景気後退時に失業率上昇を抑制する手法であると指摘している．Cahuc et al.(2011,p.134) はさらに，景気後退時において解雇 (layoff) に訴えることと STW を用いることは経営者の観点からは代替的であるが，雇用者の観点からは全く異なるものであり，解雇は所得の喪失と再就職の不確実性につながること，解雇は費用を特定の労働者に負わせるが，STW は費用を分散させることを指摘している[18]. Arpaia et al.(2010,p.11) は，STW は調整費用を多くの労働者に負わせる点で公平であり，失業保険のモラル・ハザードを低減させることで効率的であること，STW はリスク回避的労働者が選好することを指摘している．また，Boeri and Bruecker(2011,p.9) は不況期の人員削減と労働時間短縮は代替関係にあるが，固定費用削減の観点から過剰な解雇を招くことから，労働時間短縮の公平性と効率性を指摘している．

　なお，STW においても，他の雇用補助金と同様に，費用・効果比率を低下させる要因があることが知られている．Hijzen et al.(2011,p.6) は，STW には補助金がない場合においても維持される職務に補助することで発生する死荷重 (deadweight loss) と長期的には補助金がなければ維持不可能な職務に補助することで労働者を抱え込む置換効果 (displacement effect) が発生することを指摘している．生産量の一定以上の減少，労働組合との合意，労働者の失業保険加入といった資格要件 (eligibility requirement) は死荷重の縮小，教育訓練や職探しの義務化，解雇の制約，労働者の復帰プランの作成といった条件制限要件 (conditionality requirement) は置換効果を縮小させると指摘されている[19]. また，STW を実施しても解雇が避けられない場合，失業保険会計の負担は重くなる[20].

---

[16] Cahuc et al.(2011,p.136) は，リーマン・ショック以前においては OEDE 加盟国 33 カ国中 18 カ国で STW が導入されていたこと，2009 年時点においては 25 カ国で STW が導入されていることを指摘している．また Cahuc et al.(2011,pp.139-145) は，OECD 諸国において同時期に STW 補助の支給率が急激に上昇したことを示している．

[17] Arpaia et al.(2010,pp.18-29,pp.44-49) 及び Arpaia (2010) の Annex には EU 諸国の，Hijzen and Venn (2011,pp.8-16) には OECD 諸国の STW への補助制度の各国比較が記載されている．

[18] この議論は，Abraham et al.(1994,p.89) に依拠している．

[19] Hijzen et al.(2011,pp.9-11). Hijzen et al.(2011,p.10) の表 2 から，日本の雇用調整助成金制度においては，標準的な資格要件は全て求めらるが，条件制限要件は義務としては課せられていないことが示される．

[20] Arpaia et al.(2010,pp.9-10).

また，STW には，費用・効果比率と規模の間にトレード・オフ関係がある．Hijzen et al. (2011,pp.15-16) は，資格要件を厳格化すると，該当職務についての効果は上がるものの，効果の絶対的規模は小さくなること，条件制限要件の厳格化は直接的効果を緩和するものの中期的な職務維持には効果的であること，要件緩和は効果の絶対量を増やすが効率性の低い補助も増えることを指摘している．

死荷重の存在はモラル・ハザードとも関連する．Arpaia et al.(2010,pp.11-12) は，STW を過剰に利用することの費用は企業と労働者により部分的内部化されるというモラル・ハザードを発生させること，失業保険では逆に過剰解雇というモラル・ハザードが発生すること，不完全な経験料率(experience rate)ではこのような企業間の交差的補助を防げないこと，失業手当と STW を合体することで，失業保険を景気変動に対する意思決定に関して中立的にすることを指摘する．さらに，Arpaia et al.(2010,p.12) は，失業保険は強制加入であるため，完全な経験料率制度においても逆選択は避けられないこと，STW を持続的に行うことは生産構造を変動させて労働の再配置を妨げることになることを指摘している．

Cahuc et al.(2011) は，最適な失業保険という観点から STW について考察する．Cahuc et al. (2011,p.135,pp.145-148)は，失業保険において失業手当の支給が正社員に限定されている場合，経営者が社会的費用を内部化しようとしない場合に過剰な解雇が発生すること，解雇において発生した費用を企業がカバーする経験料率は導入することが難しいため，最適な失業保険は STW の所得補償を包含するものであると指摘した上で，正社員がこの制度を支持すること，経営者が高い解雇費用を回避するために STW を利用することで，STW がインサイダーのために集中的に利用されるという非効率が発生することから，効率性を向上させるように制度設計する必要性があるとしている．

② 日本における制度の概要

日本における雇用調整助成金制度は，生産額や売上額の直近 3 か月間の月平均値が前年同期に比べて 10%以上減少している場合に，雇用保険の適用事業主が，一時的な雇用調整（休業，教育訓練または出向）を実施して従業員の雇用を維持した場合に雇用保険 2 事業（現行）のうち雇用安定事業から，賃金負担額（休業手当等）の一定割合を助成されるものである．休業手当は賃金の 60%が相場であるので，大企業はその 1/2，中小企業は 2/3 を助成されることとなる．但し，支給額は雇用保険基本手当（失業手当）日額の最高額が上限となる．

休業の場合，労使間の協定により，所定労働日の全一日にわたって実施されるものであることが要求されるが，事業所の従業員（被保険者）全員について一斉に 1 時間以上実施されるものであっても可とされる．

リーマン・ショックを契機として，雇用調整助成金は見直し，拡充がなされて，2008 年 12 月には「中小企業緊急雇用安定助成金」[21] が運用開始された．それに合わせて，特例措置として一定期間，休業手当の助成比率も引き上げられ，東日本大震災後まで継続された．その後も震災等による特例措置が採られてきたところである[22]．リーマン・ショック以降を対象とした雇用調整助成金の支給要件と支給内容については表 4-1 に示すとおりである[23]．

なお、本論では 2018 年度までを議論の対象と想定している．2019 年度以降は新型コロナウィルスによる感染拡大の影響を考慮するために、補論Vにおいて議論することとする．

雇用調整助成金制度がドイツの操業短縮手当と異なるのは，企業は休業対象者の賃金の一部を休業手当として支給し続けなければならないことである．企業は社会保険料も当然のことながら負担する．この制度を利用すると手当の一部が助成されるが，受給するのは企業である．つまり，雇い主と雇用者の雇用契約は部分停止されず，継続している．

総務省の労働力調査においては，休業者とは，「仕事を持ちながら，調査週間中に少しも仕事をしなかった者」であり，雇用者の場合は，「給料・賃金の支払を受けている者又は受けることになっている者」を指している．休業者には病気・怪我で休業中あるいは育児・介護で休業中の者が含まれる．雇い主の都合により休業となった場合，賃金の 6 割以上の休業手当を支払うこととされており，休業者に含まれる．但し，雇い主が休業手当を支払わない場合，休業者には含まれない[24]．

雇用調整助成金制度で休業を実施すると，企業は希望退職や解雇を実施した場合に当該職務において雇用喪失が発生するところが，解雇関連費用の負担を免れるというメリットを得られることが想定できる．景気回復時に同一労働者を配置することで採用費用，教育訓練費用を免れるばかりではなく欠員が発生するリスクを回避できる．一方，労働者は休業期間中に失業手当相当あるいはそれを上回る休業手当を得ることが可能であること，景気が回復すると職務に復帰できること，これまでの技能を生かせること，解雇されるよりも休業状態で雇用関係を維持する方が次の職探しの費用を節約できるという利点があると考えられる．

---

[21] 中小企業緊急雇用安定助成金は 2013 年 4 月に雇用調整助成金に統合された．

[22] 例えば，2016 年の熊本地震に際しては，支給要件の緩和や助成率の引き上げ等が実施されている．「新型コロナウィルス感染症の影響に伴う特例」として 2020 年 4 月 1 日～9 月 30 日までの間，売上高は 5％減少，解雇を行わない場合の助成率は大企業は 3/4, 中小企業は 10/10 とされ，特例期間は 2022 年 11 月 30 日まで延長、さらに 2023 年 3 月 31 日まで経過措置とされた．

[23] 雇用調整助成金制度はこれまでも頻繁に制度の変更が行われており，2009 年までの制度の変遷は労働新聞社（2009, pp. 252-257）に記されている．

[24] 総務省統計局に確認している．

表 4-1 リーマン・ショック時の 雇用調整助成金の支給要件及び支給内容

企業規模	大企業	中小企業
名称の変更	……	2008 年 12 月～2013 年 3 月 中小企業緊急雇用安定助成金
支給対象事業主 （対象者）	雇用保険適用事業所(支給対象者は雇用保険被保険者) 当該事業所の最近 3 カ月の売上高又は生産量が前年同期比 10% 以上減少していること. (2008 年 11 月以前は 6 カ月) 2008 年 12 月～2012 年 9 月 当該事業所の最近 3 カ月の売上高又は生産量が前年同期比 5% 以上減少していること. (中小企業は直近の経常損益が赤字でも可)	
支給内容	休業を実施した場合の休業手当または教育訓練を実施した場合の賃金相当額, 出向を行った場合の出向元事業主の負担額に対する助成 (率) 1/2 教育訓練の場合 1,200 円/人日加算 助成率 2/3 (2009 年 2 月～2013 年 3 月) 教育訓練の場合 4,000 円/人日加算 (2009 年 6 月～2013 年 11 月, 2011 年 4 月～事業所内訓練は半額)	休業を実施した場合の休業手当または教育訓練を実施した場合の賃金相当額, 出向を行った場合の出向元事業主の負担額に対する助成 (率) 2/3 教育訓練の場合 1,200 円/人日加算 助成率 4/5 (2008 年 12 月～2013 年 3 月) 教育訓練の場合 6,000 円/人日加算 (2008 年 12 月～2013 年 11 月, 2011 年 4 月事業所内訓練は半額)
支給限度日数	労働者 1 人当たり 1 年間 100 日, 3 年間で 150 日, クーリング期間あり 2009 年 6 月～2012 年 9 月 労働者 1 人当たり 3 年間 300 日, クーリング期間廃止	

注 1：受給額は 1 人 1 日当たり雇用保険基本手当日額の最高額を限度とする.
注 2：表中に記載されていない細部又は臨時の要件や内容がある.
注 3：作成に際してはみずほ総合研究所 (2009) における図表 3 の形式を参考にした.
資料：厚生労働省資料

　雇用調整助成金 (雇用調整助成金＋中小企業緊急雇用安定助成金, 雇用調整給付金を含む) の支給額と完全失業率の 1980 年度以降の推移は図 4-1 に示される通りである. 但し, リーマン・ショック後に支給額が大幅に増加して 10 倍程度と一桁異なるため, 2015 年度まで示したものを (A), 2008 年度まで示したものを (B) としている.

　図 4-1 の図 B から, 2008 年度までの支給額を見ても多い時で数百億円となっており, 相当な額が支給されている. 従って, 雇用調整助成金が失業率にどの程度の影響を与えたかを検証することは重要である. また, 支給額が上昇した後に完全失業率が上昇しているようにも見えるのは, 休業状態に追い込まれた後に事業閉鎖等に至って完全失業率が上昇した可能性を示唆する. つまり, 雇用調整助成金の支給額は失業率上昇の先行指標的役割を果たしている可能性を示唆している[25]. そ

---

[25] 篠塚 (1989,pp.100-102) は 1975 年度の雇用調整給付金支給額と企業倒産件数の推移が負の関係を示していること, 企業が新制度に対して駆け込みで利用した可能性を指摘している.

の一方で, 景気後退時において雇用調整助成金の支給額を増やしたために, その後の完全失業率の上昇がある程度抑制されたという解釈も可能である.

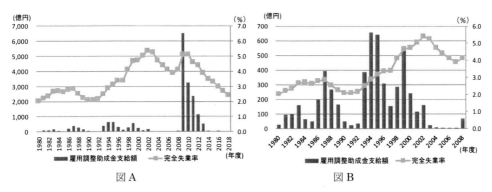

資料 : 厚生労働省職業安定局雇用保険課資料, 総務省統計局「労働力調査」
図 4-1 雇用調整助成金支給額と完全失業率の推移

　図 4-1 の図 A からは, リーマン・ショック時において雇用調整助成金の支給額急増と失業率上昇は軌を一にしていることが読み取れる. これは景気後退の厳しさに応じて支給額を増やしたことと支給要件の緩和が影響していると考えられる.

　この傾向は日本に限定されたものではない. Arpaia et al. (2010, pp.34-35) は, ドイツにおける操業短縮手当の支給者数は 2008 年 5 月の 50,000 人から 1 年後には 1,500,000 人に増加したこと, 但し, 景気後退時に支給要件が緩和されたことを指摘している.

　雇用調整助成金等の利用状況に関して, 中小企業庁 (2010,pp.76-78) は, リーマン・ショック後の休業等実施計画届受理状況を見ると, 中小企業緊急雇用安定助成金は雇用調整助成金を上回っており, 助成金は中小企業の雇用維持につながったと考えられること, 中小企業では製造業と情報通信業で受給比率が高いこと, 助成金を受給している中小企業は金融機関の貸出姿勢が消極化していると感じている場合が多いこと, 助成金を活用することで雇用維持以外に運転資金の確保ができたことを指摘している.

　ドイツの場合, 実質的に失業が雇用の部分停止という形で表れているという解釈も可能である. 一方, 雇用調整助成金にどれ程の失業回避効果があるかを検証することは難しい. また, 一時休業を支援することを意図しているならば, 失業回避効果を政策の効果判断基準とすること自体に問題があることになってしまう.

　神林 (2012,pp.38-39) は, 失業手当も雇用調整助成金も雇用保険の会計から支出されていることから, 解雇費用等を考慮しなければ両者は会計上無差別であると指摘している. この考えに従うと, 雇用調整助成金によって失業が回避された場合, 失業者数を雇用調整助成金受給者数に置き換え

たものに過ぎないことになる．しかし，休業手当の一部は企業が負担しているので，会計上は無差別ではない．

③ 日本における過去の実証研究

雇用調整助成金の効果検証の困難性は政策の目標設定，助成金の性質が通常の雇い入れ補助金とは大きく異なること，それに対応できる分析のための経済モデルが開発されていなかったこと，厚生労働省（旧労働省）の情報公開に限界があったことに要因がある[26]．

また，雇用調整助成金の支給に際して休業することが要求されていることが分析を複雑なものとしている．このことは，一時休業はなぜ実施されるのかが理論的に不明確であることとも関連している．失業については従前より多くの研究がなされてきたところであるが，景気後退に伴う一時休業については，殆ど言及がなされていない．企業がなぜ休業による生産性0を選択するのか，それにも関わらず，なぜ企業は休業期間中の休業手当を支払うのかについての考察がなされていないことに行きつく．このことはなぜ企業は雇用保蔵を行うのかということと密接に関連している．

このような事情から，雇用調整助成金の効果についての経済学的検証は従前，限られたものであった．その中で，篠塚（1985a）（1985b）（1989），中馬他（2002）等に焦点を当ててみる[27]．

篠塚（1985b,pp.4-5）は，景気変動に伴う雇用調整といった短期的雇用政策を実施する雇用調整事業と，産業構造の変化から発生した事業転換による雇用調整に対応するための事業転換等雇用調整事業を1980年に雇用調整事業に統合したことで，一時休業や訓練といった短期的対応に加えて事業規模の縮小に伴う教育訓練や出向も助成の対象となったことを問題視している．篠塚（1985b, pp.4-5）は，雇用調整給付金においては業種指定がなされていたところであるが，雇用調整助成金制度においても業種指定がなされ，産業構造の転換を迫られる業種については再指定で対応することとなったため，雇用調整助成金は短期的な助成のみならず，長期的な産業構造上の問題がある業種も対象としたものであることから，労働者の職業転換を遅らせると批判している．

篠塚（1985b,pp.14-16）は，雇用調整助成金の支給額を平均給与で割り戻して失業回避できた労働者数を求めており，その結果は1975年〜1983年にかけて年平均で7,349人であり，失業抑制効果は支給額の多い1975年以外は微妙であるとしている[28]．さらに，篠塚（1985b, pp.1516）は，1982

---

[26] 神林（2012,p.39）は，雇用調整助成金は雇用保険会計で運用されており公式統計では実態を殆ど把握できないこと，かつては行政情報は公開されていなかったことを指摘している．厚生労働省は本章執筆時点（2017年）においても，雇用調整助成金の支給に関するデータを積極的には公開していない．

[27] 篠塚（1989）は，篠塚（1985a）（1985b）（1986）を加筆修正したものである．

[28] この試算は休業手当比率を考慮していないため，支給対象人数を過少推定している可能性がある．

132

年から実施されていた就職が困難な失業者の雇入れ補助金である特定求職者雇用開発助成金の方が，雇用調整助成金よりも支給額が多く失業抑制効果も大きいと指摘している．

篠塚（1999）は，雇用調整助成金の失業率低減効果については懐疑的である．篠塚（1999,p.8）は，金額と給付対象となった人/日は分かるが，ここからはどれだけの労働者の雇用維持につながったかは分からないこと，最も制度を利用してきた鉄鋼業は雇用者数を減らしてきており，雇用調整助成金は企業にとっての雇用調整のショックを和らげる精神的な効果をもたらすに過ぎないことを指摘している．さらに篠塚（1999,pp.8-9）は雇用者数に雇用調整助成金の支給額は有意な影響を与えていないと指摘した．

大竹（2000,p.105）は，雇用調整助成金は，雇用調整が実施された場合に，企業に解雇よりも休業を選択させる誘因をもたらしたこと，雇用調整が一時的な景気後退によって生じている場合には，雇用調整助成金による雇用維持が人的資本の減耗を防ぎ，景気回復時における生産性上昇をもたらし，雇用創出に寄与すること，一方では，休業手当に対する補助が，構造不況業種といわれる雇用喪失が続いている産業になされている場合には，構造調整のスピードを低下させ，日本の労働者の適切な産業間配分をゆがめること，短期的な失業予防と，長期的な雇用創出の間にトレード・オフが存在していることを指摘している．

さらに大竹（2000,pp.105-106）は，1990年〜1998年の間の産業別一人当たり雇用調整助成金と産業別雇用者増加率を比較して，両者の間には明確な負の相関があること，雇用者1人当たり支給額が多いのは，繊維産業，鉄鋼業であり，雇用調整助成金は雇用喪失しつつある産業に対する補助金としての機能をもっていると指摘している．

このように雇用調整助成金が構造転換を必要とする業種を補助しているという批判は一定の影響をもったと考えられる．制度の特に大きい変更は2001年10月に業種指定方式が廃止されたことである[29]．

雇用調整助成金の支給に際して業種指定を行うことは，特定業界と旧労働省の間に慣れ合い的関係があったと疑われてもやむを得ない[30]．従って業種指定の廃止は当然の措置であったと考えられる．但し，問題とすべきは雇用調整助成金が衰退産業への補助金であり，産業構造の転換を遅らせるという指摘が正鵠を射ているか否かである．

---

[29] 中馬他（2002,p.55）は，「雇調金が実際の経済活動に与えた影響について，十分に実証的な確認がなされてきたとは言いがたい．その結果，この政策の効果について多くの論者に疑心をいだかせただけでなく，1980年代以降，過剰雇用を必要以上に企業内に滞留させる根源として多くの批判を浴びることとなり，2001年10月をもって業種指定方式の廃止など制度変更を余儀なくされるに至った．」と指摘している．

[30] 中馬他（2002,p.57）は，雇用調整助成金の給付に関して業種レベルで何らかの習慣性が発生している可能性は否定できないと指摘している．

中馬他 (2003,pp.56-58) は,雇用調整関数の推定結果から業種指定されることは長期的に産業全体の雇用量をより減少させ,雇用調整をむしろ促進する効果をもっていたこと,都道府県データを用いた雇用調整関数の推定においても給付額が雇用調整速度を有意に速める効果をもつこと,都道府県データを用いた失業率関数の推定結果からも助成金額等は失業率を有意に低下させる効果は検出できないことを指摘している.

　中馬他 (2002,pp.58-62) は,雇用調整助成金は解雇を未然に防ぐという当初の目的をある程度達成していると指摘しつつ,ハザード分析結果から雇用調整助成金のもつ事業所の延命効果は実際に認められるものの,それは半年内外の短期に限定され,長期にわたって事業所の閉鎖を阻止するだけの効果はなかったこと,離職率関数の結果から雇用保険の対象となっていない従業員を多く抱える場合や,休業が当該事業所内部の労働者に幅広く実施されている場合には,事業所単位でみた被保険者の離職割合は低くなる傾向が認められることを指摘している.

　以上のように中馬他 (2002) は,従前の雇用調整助成金についての評価を客観的かつ包括的に検討したと言える.中馬他 (2002) の分析の問題点は企業レベルでの分析を行ったために,選抜バイアス (selection bias) を除去出来ていない可能性があることである.Cahuc et al.(2011,p. 151) は,フランスの STW の効果に関する実証分析から補助金支給は解雇と事業所閉鎖に結びついているという結果が導かれたことについて[31],企業レベルのデータを用いた場合,競争力の低い企業が補助金を受給するという選抜バイアスにより誤った結論が導かれる可能性があると指摘している[32].

　リーマン・ショック直後の雇用調整助成金等の失業率抑制効果については,いくつかの試算結果が提示されている.但し,いずれも経済モデルを前提としたものではなく,篠塚 (1985b) をベースとしたものである.つまり,支給人員をフル・タイムの労働者数であるフル・タイム等価 (FTE：full time equivalents) に換算することで潜在的に維持された職務数を推定するものである.

　その 1 つの方法は,労働者の平均定期給与に休業手当率と休業手当助成率を乗じた値から受給対象者数を割り出して,抑制された失業者数と見なすことである.みずほ総合研究所 (2009) は,2009 年 6 月において雇用調整助成金等は 45 万人の失業者抑制により,完全失業率を 0.6％ポイント低下させたことを示した.内閣府 (2012a) は,リーマン・ショック後の雇用調整助成金制度の機能拡充は失業リスクの顕在化を防ぎ,労働者を企業の内部に留めることにある程度成功したことを指摘し,2009 年後半の完全失業率を最大 1％ポイント抑制したとしている.さらに内閣府

---

[31] Calavrezo,Duhautois and Walkoviak (2009a) の,企業レベルデータを用いたフランスの STW である Chomage partiel(partial unemployment) に関する実証分析が念頭に置かれている.

[32] Hijzen et al.(2011,p.22) においても,STW に参加する企業はそうでない企業よりも競争力が劣るために両者を比較すると選抜バイアスが発生する可能性を指摘している.

(2012b) では，雇用調整助成金には，東日本大震災直後の 2011 年第 2 四半期に被災 3 県において，最大 1.2％ポイント程度の失業率抑制効果があったと指摘している．

中馬他 (2002,p.69) は，雇用調整助成金の支給期間は平均 1 カ月程度であるとしている．従って，みずほ総合研究所 (2009) が月別の潜在失業者を算出したことは妥当であると言える．

本論においても，雇用調整助成金の失業回避効果をフル・タイム等価を用いて算出してみた．その結果は 表 4-2 である．これは年間に支出された雇用調整助成金から、一般労働者の一月当りの休業手当の何人分に相当するかを計算し，それが失業率に換算すると何％ポイントの低下に相当するかを示したものである．休業手当支給率を 60％，雇用調整助成金の助成率を 50％としている．

ここでの議論を踏まえて表 4-2 の結果を解釈すると，リーマン・ショック時の 雇用調整助成金の失業率低下効果は最大で 0.9％ポイント程度であること，この失業回避効果には社会的損失が含まれているので実際の効果はこれよりも低いことが読み取れる．さらにリーマン・ショック時には支給要件が緩和されたために計算上の失業回避効果は高まっているものの，実際の効果については一層の考察が必要であると言える．

フル・タイム等価を用いる推定における問題点は，フル・タイム等価人数のうち，死荷重と置換効果を割り出していないことである[33]．さらに，雇用調整の対象となった労働者が，仮に助成金が支給されなかった場合に離職したとしても失業するとは限らないことである．中馬他 (2002,pp.63-64) は，1999 年 2 月時点での休業対象者のうち離職した被保険者で 2001 年 2 月までに再就職した者のうち失業期間を経なかった割合は 31％，雇調金申請事業所所属被保険者に限れば 55％に達することが指摘されている．つまり休業対象者は解雇されても相当な割合で次の仕事を見つけるのである．

さらに，労働政策研究・研修機構 (2012a) は，雇用調整助成金の効果は雇用者数から想定されるよりも労働時間が短縮されていることに現れていることに着目し，2009 年において雇用調整助成金の量的な雇用維持・確保効果の最大可能な概数として，鉱工業では 90 万人から 120 万人前後，全産業 (非農林漁業) では 150 万人前後と推定されると結論づけた．

労働時間に着目することは重要な視点である．雇用調整助成金の支給対象となるのは，1 日全部の休業と雇用保険の被保険者全員で 1 時間以上の休業であるため[34]，制度が労働時間短縮による雇用維持を図っていると解釈することが可能である．但し，雇用調整助成金の支給が労働時間短縮全体に影響を与えていると想定することは過大推定につながる．

---

[33] 鎌倉 (2017,pp.290-291) は，内閣府 (2012b) の分析について死荷重や置換効果が考慮されず解釈に留意が必要であることを指摘している．

[34] 本論「3. ②日本における制度の概要」参照．

表 4-2　簡便法による雇用調整助成金の失業回避度の試算結果

年度	雇用調整助成金支給額（億円）	所定内給与（月平均,千円）	休業手当0.6（月平均,千円）	失業抑制効果（助成率50%）失業回避者（万人）	失業抑制効果（助成率50%）失業回避度（%ポイント）	完全失業率（%）	労働力人口（万人）
1980	27.5	173	104	0.4	0.01	2.0	5650
1981	93.3	184	110	1.4	0.02	2.2	5707
1982	98.9	193	116	1.4	0.02	2.4	5774
1983	161.7	199	120	2.3	0.04	2.7	5888
1984	63.4	207	124	0.9	0.01	2.7	5927
1985	47.8	214	128	0.6	0.01	2.6	5963
1986	198.3	221	132	2.5	0.04	2.8	6021
1987	392.8	226	136	4.8	0.08	2.9	6084
198	265.6	232	139	3.2	0.05	2.5	6166
1989	163.8	242	145	1.9	0.03	2.3	6270
1990	49.8	255	153	0.5	0.01	2.1	6384
1991	23.3	266	160	0.2	0.00	2.1	6505
1992	32.8	275	165	0.3	0.01	2.2	6578
1993	384.6	281	169	3.8	0.06	2.5	6616
1994	657.2	288	173	6.3	0.10	2.9	6645
1995	640.8	291	175	6.1	0.09	3.2	6667
1996	307.8	296	177	2.9	0.04	3.4	6711
1997	151.7	299	179	1.4	0.02	3.4	6787
1998	286.9	299	179	2.7	0.04	4.1	6793
1999	564.3	301	180	5.2	0.08	4.7	6779
2000	240.6	302	181	2.2	0.03	4.7	6767
2001	115.5	306	183	1.0	0.02	5.0	6752
2002	159.8	303	182	1.5	0.02	5.4	6689
2003	23.0	302	181	0.2	0.00	5.2	6666
2004	6.8	302	181	0.1	0.00	4.7	6642
2005	5.1	302	181	0.0	0.00	4.4	6650
2006	2.2	302	181	0.0	0.00	4.1	6657
2007	2.4	301	181	0.0	0.00	3.9	6669
2008	67.8	299	179	0.6	0.01	4.1	6648
2009	6534.7	296	178	61.3	0.92	5.1	6648
2010	3245.0	295	177	30.6	0.46	5.1	6629
2011	2361.7	296	178	22.2	0.34	4.6	6577
2012	1134.3	297	178	10.6	0.16	4.4	6555
2013	539.7	296	178	5.1	0.08	3.9	6578
2014	69.3	300	180	0.6	0.01	3.5	6593
2015	46.7	304	182	0.4	0.01	3.3	6605
2016	70.2	304	182	0.6	0.01	3.0	6681
2017	26.5	304	182	0.2	0.00	2.7	6750
2018	20.4	306	184	0.2	0.00	2.4	6847

出所) 完全失業率：総務省「労働力調査」, 所定内給与：厚生労働省「賃金構造基本統計調査」事業所規模 10 人以上常用労働者, 雇用調整助成金支給額：厚生労働省職業安定局雇用保険課及び雇用開発課

以上の結果は, 従前の日本の研究においては, 雇用調整助成金の失業回避効果を計測することにおいて限界があることを示している. さらにリーマン・ショック後の支給要件の緩和が分析を難しいものとしている. 特例措置が企業の申請を増加させるインセンティブとなることで, 効率性の低下幅が拡大した可能性がある[35]

　④ 近年の分析

　日本における従前の分析結果における問題点は, 雇用調整助成金が支給されなかった場合の雇用者数という反事実的条件 (counterfactual) が求められていないことに起因する[36]. 従って, 近年のSTW の効果に関する研究はこの課題の克服に力点が置かれている.

　国別データを用いた分散分析アプローチを採用しているのが, Arpaia et al.(2010) である. Arpaia et al.(2010) は, マン・アワーの労働投入量の分散を労働時間と労働者数の分散と共分散に分割する分散分解を用いて, EU 諸国のリーマン・ショック後の労働時間と労働者数の変動を分析した. Arpaia et al.(2010, pp.38-39) は, EU 27 か国のうち 2007 年時点で STW への補助スキームを有していた 9 カ国を措置グループ(treatment group)とし, 制御グループ(control group)と比較して 1.8%の雇用減少を免れたこと, それは労働時間の減少によってもたらされたと指摘している.

　Hijzen et al.(2011) は OECD 加盟 19 カ国の 2004 年～2009 年のリーマン・ショック前後のパネルデータを用いた difference in differences (差の差分法) を行うことで STW による雇用維持効果を推定した[37].

　OECD 諸国では STW を導入している国とそうでない国があるため, 差の差分法で雇用量の変動を追うと, 導入していない国を基準としたリーマン・ショック後の, STW の効果を確認できることになる. Hijzen et al.(2011,pp.26-36) は, STW による雇用維持効果は主にフル・タイム労働者の労働時間短縮で達成されていること, ドイツと日本で効果の規模が大きく, それぞれ 235,000人と 415,000 人であったこと, これは雇用者の 0.8～0.9%に相当することを指摘している.

　Hijzen et al.(2011,p.22) は, 日本における 2009 年のフルタイム等価での雇用調整助成金支給人員を STW によって維持された職務数の上限であるとしている. この場合の人数は, 雇用者の 1.1%であることが判明している[38]. 従って, 雇用者数の 0.8～0.9%が維持されたことは, 効率性低下は 1

---

[35] Hijzen et al.(2011,p.16) は, OECD 諸国における STW の取り扱いから, この時期に死荷重や置換効果を回避するよりも, 支給拡大に政策の重点を一時的に移したと指摘している.

[36] Hijzen et al.(2011,p.7) の指摘に従った.

[37] 差の差分法については［補論IV］参照.

[38] Boeri et al.(2011,p.7).

～2 割程度であったことを意味することになる. 但し, 仮に対象者全員が解雇されても失業状態に陥るのが半数程度とすれば失業率低下効果は 0.4%程度ということになる.

　Cahuc et al.(2011,p.153) は, Hijzen et al.(2011) のマクロ・データによる実証分析にはリーマン・ショックに応じて STW へのアクセスを政府が改善するといった政策の内生性 (endogeneity) が考慮されていないことを指摘する. つまり, 経済状態に応じて政策を立ち上げたり制度変更することで, 助成金支給が増えると失業率が増えるといった関係が見かけ上, 生じることで実証分析における政策の効果にバイアスが発生して政策の過大評価あるいは過少評価が発生する. また, マクロ・データでは各国の固有の他の雇用維持制度の影響を排除できないという問題がある[39].

　Cahuc et al.(2011) は, Hijzen et al.(2011) の手法に従いつつ, 対象を OECD 加盟 25 カ国に拡大したパネル・データを用いて, リーマン・ショック直後の失業率と雇用率の変動と STW の支給率の変動との関連を分析した. Cahuc et al.(2011,pp.156-158) は, 最小二乗法で推定したところ, 内生性の問題を解決できず, STW と誤差項の間には失業率が上昇した際に支給率を上昇させたこと, 制度を立ち上げたり, 支給要件を緩和した国家が存在したために相関関係が発生していることを示している. Cahuc et al.(2011,pp.159-161) は, 操作変数法を用いることで内生性の問題を解決することが可能であり, STW 支給率の変動が失業率を有意に低下させ, 雇用者数を有意に増加させたことを示すとともに, これはリーマン・ショック以前の制度を念頭に置いた効果であること, 維持されたのは正社員の雇用であることを指摘している.

　Cahuc et al.(2011) の結果は Hijzen et al.(2011) による実証分析結果の有効性を確認したものとなっているが, 国別の個別効果は算出していない. Hijzen et al.(2011) による 415,000 人という日本の雇用調整助成金の職務維持効果については, 内生性によるバイアスが発生して過大推定になっている可能性があるため再検証が必要である.

　このような意味において Boeri et al.(2011) の貢献は重要である. Boeri et al.(2011) は, Cahuc et al.(2011) を踏襲, 洗練した手法で, OECD 主要国を対象としたマクロ・データを用いてリーマン・ショック直後の STW の雇用維持効果について実証分析を行った. Boeri et al. (2011,pp.24-27) は, STW は GDP が 2.6%以上減少するといった大きなショックでは雇用を維持するために有効であること, 但し, 死荷重が大きいことを示している. 我々が Boeri et al. (2011,p.26) の結果から計算したところ, ドイツの操業短縮手当についてはフル・タイム等価での支給者数の 68%, 日本の雇用調整助成金では 52%割が死荷重であるという結果となった[40].

---

[39] Boeri et al.(2011,p.3) は, STW は他の雇用維持制度や労使交渉の中央集権度等の社会制度に影響を受けると指摘している.

[40] 有賀, 郭 (2017,p.157) は同一データを基に日本について計算を試みているが, 結果が異なっている.

Hijzen and Martin (2013) は，Hijzen et al.(2011) の分析の推定対象を 23 カ国，推定期間を 2010年まで延長するとともに，Boeri et al.(2011) の分析手法も取り入れた分析を行った． Hijzen et al.(2013,pp.22-23) は，リーマン・ショック後に STW により，日本では雇用者の 0.9%相当がフル・タイム等価で職務が維持されたものの，その後の回復期において STW は対照的な働きをして雇用者の 1.5%相当の職務が失われたこと，累積での社会的インパクトは 2010 年末で負であったと指摘している．

一方，企業データを用いたフランスにおける実証分析結果は異なる傾向を示している．Calavrezo, Duhautois and Walkoviak (2009b) はフランスの STW である Chomage partiel の雇用維持効果に関する実証分析を，1996 年〜2004 年の間の補助金が支給された事業所とされない事業所のパネル・データを用いて行っている．Calavrezo et al.(2009b) は，ミクロ・データを用いると選抜バイアスと内生性の問題が発生することから，Semykina and Wooldridge(2010) によって開発された，これらの影響を考慮した手法を用いて実証分析を行っており，STW は却って解雇を促進することを示した．さらに Calavrezo, Duhautois and Walkoviak (2010) は 2000 年〜2005年の間について，拡充された事業所レベルでのデータを用いて，補助金を受け取った事業所の存続について傾向スコア・マッチング法 (propensity score matching method)[41]による実証分析を行った．Calavrezo et al.(2010,pp.33-34) は，STW は却って事業所閉鎖を招くという結論を導いている．傾向スコア・マッチング法は準実験結果を用いて反事実的条件を求める手法であり，選抜バイアスと内生性の問題に対処することができる．

これに対して，Boeri et al.(2011) は，企業データを用いたドイツの操業短縮手当の効果についての実証分析も同時に行った．Boeri et al.(2011,pp.35-38) は，他の雇用維持制度の影響を考慮することで，リーマン・ショック時において操業短縮手当の雇用維持効果は，支給率が 1%上昇すると0.37%の雇用が維持されること，但しフルタイム等価では維持される雇用は 35%以下であることを指摘した．

以上から言えることは，STW により職務が維持されたという結果が導かれた場合でも，死荷重が相当に発生している可能性があること，死荷重が少ないという結果が出る場合でも，その後に置換効果が発生している可能性が高く，長期的には雇用量の減少や廃業率の上昇の可能性があることである．STW の効果の分析には，死荷重，置換効果を考慮すること，選抜バイアス，政策の内生性を処理すること，そのためには反事実的条件を求める必要性があることが分かる．

---

[41] 傾向スコア・マッチング法の 解説としては，Rosenbaum and Rubin (1983) がある．

このような最近の分析手法の発展は日本における雇用調整助成金の分析に大きな影響を与える
ものである. 労働政策研究・研修機構 (2017) は, 労働政策研究・研修機構 (2014)[42] の原データと
厚生労働省から提供された業務データから成る 2008 年 4 月～2013 年 3 月の間のミクロ・データ
を用いた雇用調整助成金の事業所改廃効果, 雇用維持効果, 特定分野の研究についての解題及び 9
本の論文から成るものである.

　解題である田原 (2017,pp.29-36) は 9 論文のうち雇用に与える効果を検証した 6 論文を総括し
て, 雇用に与える結果に相違があること, 共通した知見として雇用調整助成金の受給が離職率と入
職率を抑制していること, 受給期間を過ぎると雇用調整や廃業が集中することを挙げている.

　その中で特に本節と関連が深い計量分析を用いた研究について検討する. 有賀, 郭 (2017) は, 助
成金の受給・非受給が事業所の異質性に関する自己選抜に対処し反事実的条件を求めるために内
生的スウィッチング回帰モデルを 2 段階で推定している. 有賀他 (2017,p.169, p.185) は, 雇用調整
助成金の受給により雇用者数は年率 3.0%の減少となること, 離職は 3.7%抑制されるものの, 入職
は 6.8%の減少となることを示しており, 助成金の受給が解雇を抑制する効果があるものの, それ
を上回る入職率の減少効果を伴うため政策効果は限定的であるとしている. 但し, この結果は, 有
賀他 (2017,pp.171-173) が指摘するように自己選抜を十分に捉えているとは言えないものである.

　何 (2017) は傾向スコア・マッチング法を用いることで, 雇用調整助成金の雇用維持効果を検証
している. 何 (2017,pp.221-222) は, 雇用調整助成金の受給事業所のほうが非受給事業所よりも廃
業率が低く, 経営継続に対する正の効果が観察されたこと, 受給事業所のうち継続事業所では離職
率は影響を受けないが, 入職率が抑制されて雇用量が減少すること, 廃業した事業所を含む場合,
受給事業所のほうが非受給事業所よりも雇用量が維持されていること, 継続事業所では非受給事
業所の方が雇用量がより上昇傾向にあることを指摘している.

　張 (2017) は, 雇用調整助成金が離職率に与える効果について操作変数法を用いて推定している.
張 (2017,pp.233-240) は, 雇用調整助成金の受給は離職率を低下させること, 教育訓練費の受給は
大企業の離職率を低下させることを示している.

　このように日本における最新の研究においても, 雇用調整助成金の効果について, 確定的な結果
が導かれるには至っていない. 同一のデータ・セットに依拠して精緻な手法を駆使してもデータ
処理方法の相違により異なる結果が導き出される点は, 欧米の研究と共通している.

---

[42] 労働政策研究・研修機構 (2014) は, 厚生労働省の依頼を受けて 2008 年 9 月のリーマン・ショックと 2011
　年 3 月の東日本大震災後の雇用調整助成金の活用実態を把握するために, 雇用調整助成金を受給した事業者
　と受給しなかった事業者に対するアンケート調査 (2013 年 6 月実施) 結果をとりまとめたものである.

4. 雇用保蔵についての新しい展開

本節では MP version において雇用保蔵が正当化されることに着目して雇用調整助成金の効果を検討することを試みる. 雇用調整助成金は, 雇用保蔵を支援あるいは促進する政策であり, 今後の実証分析においてモデル構築に寄与すると考えられる.

1990〜2002 年の間の日本の鉄鋼業における雇用調整助成金の効果について, 部分均衡モデルを用いたカリブレーションで求めたのは Griffin (2010) である. Griffin (2010) は, 雇用調整助成金が雇用保蔵を促進することで労働生産性を低下させるものの, 生産性の低い事業所の廃業を防いだこと, 職務フローを減少させて雇用量を増加させたことを指摘している. Griffin (2010) においては, 外生的ショックに対して雇用者数のうち一定割合が有効活用されていないとしており, 企業は解雇費用等を考慮して助成金を受給するか否かの意思決定を行うとしている.

阿部 (2017,pp.248-249) は, 解雇は企業と労働者の総余剰がマイナスになる場合に発生するが, 双方の意思が一致しない場合には賃金調整が行われると想定した労使交渉モデルを想定して雇用調整助成金の受給可否を論じている.

これらの場合, 雇用保蔵は補助金の支給により事後的に発生することになるが, モデルを精緻化するためには, 企業が雇用保蔵を行う際の意思決定過程を考えた上で, 雇用調整助成金が意思決定に与える効果を検討しなければならない. この点について阿部 (2017,p.258) は, 休業等で雇用保蔵を行うのが効率的な企業が助成金を申請し, そうでない企業は早期退職や解雇等で雇用調整を行っており, 雇用調整助成金が全ての企業の雇用保蔵を促したわけではない可能性が高いことを指摘している.

まず, MP Version を用いて雇用創出・雇用喪失, 雇用政策の効果を検討する場合の標準的フレームワークを提示する[43].

何らかの外的ショックにより企業の生産性が留保生産性よりも低下すると, 雇用喪失が発生する. 生産性の低下は固有の生産性ショック, または 多くの企業を襲う一般的ショックにより引き起こされる. 固有の生産性ショック及び一般的ショックは定常状態, 一般的ショックは定常状態を外れた動学においても雇用喪失をもたらす.

一般的な生産性パラメータを p, 固有の生産性を $x(0 \leq x \leq 1)$ とすると, 生産性は px で示される. 固有の生産性ショックはポアソン確率 λ で到来し, 固有の生産性は x から x' へと変動し, これらは分布 $G(x)$ から籤引きされる. 留保生産性を R とすると $x' < R$ で雇用喪失は発生する. v：欠員数, u：失業者数, $m(v,u)$：マッチング率とおくと, $m(v,u) = q(\theta)v$ が成立して, $\theta(= \frac{v}{u})$ は労働需給

---

[43] Pissarides (2000,pp.37-46).

逼迫度, $q(\theta)$ は欠員が埋まる確率となる. z：失業手当を含まない失業期間中の帰属所得, r：金利, β：労働分配率, pc：欠員費用とおくと, 定常状態において次式が成立する.

$$(1 - \beta)\left(\frac{1-R}{r+\lambda}\right) = \frac{c}{q(\theta)} \quad \cdots\cdots(4\text{-}1)$$

$$R - \frac{z}{p} - \frac{\beta c}{1-\beta}\theta + \frac{\lambda}{r+\lambda}\int_R^1 (s - R)dG(s) = 0 \quad \cdots\cdots(4\text{-}2)$$

$$u = \frac{\lambda G(R)}{\lambda G(R)+\theta q(\theta)} \quad \cdots\cdots(4\text{-}3)$$

ここで (4-1) は雇用創出曲線, (4-2) は雇用喪失曲線, (4-3) は UV 曲線である. これらの関係は図 4-2 に示される. 図 A では, 雇用創出曲線と雇用喪失曲線から θ と R が決定されることが示される. さらに図 B では, θ が決定されることで導かれた雇用創出条件と UV 曲線から均衡失業率が求められる.

　ここで注意しなければならないことは, (4-2) の雇用喪失曲線から雇用保蔵が正当化されることである[44]. 失業の価値 U は,

$$rU = z + \frac{\beta}{1-\beta}pc\theta \quad \cdots\cdots(4\text{-}4)$$

であることから, 留保生産性 R が留保賃金 rU よりも低くなる. 従って (4-2) の積分項は正であり, これは企業が非生産的職務を維持することを示唆している. 企業は生産性が変動した場合に採用費用や採用期間中の生産物を失うことを回避することが可能となり, 積分項はそのためのオプション・バリューとなる. オプション・バリューは固有の生産性ショックの到来率 λ が上昇する, つまり生産性が頻繁に変動する場合, 割引率 r が低下する場合, 期待収益が上昇した場合に上昇する.

　留保生産性 R は, θ が所与の場合, 失業時の所得 z が上昇, 分配率 β が上昇すると低下, 固有のショックの到来率 λ が低下, 割引率 r が上昇する場合に低下する[45].

　ここで一般的生産性 p の変動が留保生産性に与える効果を考える[46]. 一般的生産性 p の上昇 (下落) は, z が一定であれば雇用喪失曲線を下方 (上方) にシフトさせることで, 留保生産性 R を低下 (上昇) させるとともに労働受給逼迫度 θ を上昇 (低下) させる. 雇用創出条件は反時計回り (時計回り) に回転し, UV 曲線は内側 (外側) にシフトするために失業率は低下 (上昇) する. 但し, 長期動学的観点からは, z が生産性に比例するため, p の変動による効果は相殺される.

　次に固有の生産性 x の変動について考える[47]. 変動には固有の生産性分布の右方への置換と, 分布における平均維持のシフトがある. 前者は全般的生産性の比例的上昇ではなく, 絶対的上昇である. 後者は生産性の分散の拡大である.

---

[44] Pissarides (2000,pp.44-45).

[45] Pissarides (2000,p.45).

[46] Pissarides (2000,pp.45-46,pp.48-49).

[47] Pissarides (2000,pp.49-53).

シフトパラメータを h, 生産性の平均を $\bar{x}$ とすると, 前者のシフトは

$$x(h) = x + h \quad \cdots\cdots(4\text{-}5)$$

後者のシフトは

$$x(h) = x + h(x - \bar{x}) \quad \cdots\cdots(4\text{-}6)$$

で示される.

　前者の加法の場合, 効果は一般的生産性 p の上昇と同様である. 後者の場合, 雇用喪失曲線を下方シフトさせるとともに, 雇用創出曲線を上方にシフトさせる結果, θ と R は共に上昇する. 但し, 失業率は低下するか上昇するか不明確である.

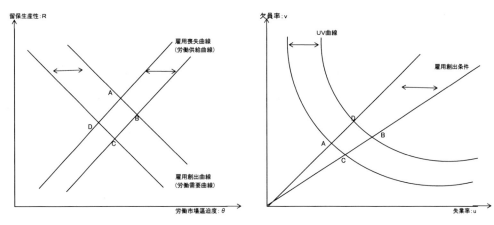

図A 留保生産性と労働市場逼迫度　　　図B UV 曲線と均衡失業率

資料：Pissarides(2000)を基に作成

図 4-2　MP version モデルにおける政策効果

　次に政策を考慮した場合について検討する. MP version では課税と補助金の効果を検証することが目的であるため, 政策手段としては, 次を想定する[48].

① 賃金課税, ②雇用補助金, ③雇い入れ補助金, ④解雇税, ⑤失業手当

　賃金課税について考える. w_j : 仕事 j における粗賃金, τ : 税補助, t : 税率 $(0 \leq t < 1)$ とおくと, 労働者が受け取る純賃金は $(1-t)(w_j + \tau)$ である. 雇用補助金は, 雇用期間において, 労働者の生産性とは無関係に補助金 a が支払われる. 雇い入れ補助金 H と解雇税 T は, 共に, 労働者の技能に比例すると想定するので, それぞれ pH, pT となる. 失業手当 b は, 税引き後の置換率 $\rho(0 \leq \rho < 1)$ で考える.

　(4-1)〜(4-3) は次のように書き換えられる[49].

---

[48] Pissarides (2000,pp.205-207).

[49] Pissarides (2000,pp.213-219).

143

$$(1 - \beta)\left(\frac{1-R}{r+\lambda} - T + H\right) = \frac{c}{q(\theta)} \quad \cdots\cdots(4\text{-}7)$$

$$R + \frac{a+(1-\rho)\tau}{p} - \rho + rT - \frac{z}{p(1-t)} - \frac{\beta c}{1-\beta}\theta + \frac{\lambda}{r+\lambda}\int_R^1 (s-R)dG(s) = 0 \quad \cdots\cdots(4\text{-}8)$$

$$u = \frac{\lambda G(R)}{\lambda G(R) + \theta q(\theta)} \quad \cdots\cdots(4\text{-}9)$$

失業の価値は次式で示される.

$$rU = z + b + \theta q(\theta)(W - U) = z + \rho(1-t)[p+\tau] + \frac{\beta}{1-\beta}pc\theta \quad \cdots\cdots(4\text{-}10)$$

(4-8) の積分項がオプション・バリューとなり, 正なので次の不等式が成立する.

$$R < \frac{z}{p(1-t)} + \frac{\beta}{1-\beta}c\theta - \frac{(a+\tau)(1-t)}{p(1-t)} + \frac{\rho(p+\tau)(1-t)}{p(1-t)} - rT \quad \cdots\cdots(4\text{-}11)$$

　政策を考慮した場合, θ を与件とした状況においては, 留保生産性 R は雇用補助と所得税補助により低下, 解雇税により低下, 税率により上昇, 失業手当の置換率により上昇することが示される[50].

　雇用喪失が発生するのは, 一般生産性 p が低下 (あるいは固有の生産性 x が全般的に低下) して留保生産性が上昇した場合と, 固有の生産性ショック x' が発生して x′＜R という事態となった場合である.

　雇用調整助成金の効果について MP version を念頭において考察した研究は, 神林 (2012) と今井 (2013) である. 神林 (2012) の手法は, リーマン・ショックにより一般的生産性 p が低下して留保生産性が上昇した状況を想定している. 一方, 今井 (2013) は固有の生産性ショックにより固有の生産性 px が留保生産性 R を下回った場合を想定している.

　神林 (2012,p.45) は, リーマン・ショックにより一般的生産性 p が低下することで, 雇用創出が抑制されるとともに雇用喪失が増加したこと, 雇用調整助成金の役割として, 上昇するはずの留保生産性の値を引きとどめて雇用保蔵を増加させること, つまりベバリッジ曲線の外側へのシフトを防ぐことで失業率の増加を抑えたことを指摘する. 神林 (2012,pp.45-47) は 2008 年 1 月～2012 年 5 月のデータを用いてベバリッジ曲線を推定し, 2008 年と比較してベバリッジ曲線は 0.2～0.4 のシフト幅で上昇するところを雇用調整助成金は 0.05 程度, 内側に押しとどめたこと, 但し上乗せ分はすでに休業を選択している企業への追加的補助金でありベバリッジ曲線を内側にシフトさせる効力はないことを指摘している.

　総務省の「労働力調査」結果からは, 雇用者数は 2008 年の 5,546 万人から 2009 年には 5,489 万人へと 57 万人減少し, 完全失業者 (率) は 263 万人 (3.9%) から 335 万人 (5.1%) に増加している.

---

[50] Pissarides (2000,p.216).

神林 (2012) の推定結果からは, 維持された雇用は 10 万〜20 万人程度, 抑制された失業者数 (率) は 10 万〜24 万人 (0.2%〜0.4%) であったことになる.

但し, 雇用調整助成金の上乗せ分は死荷重や置換効果と結びつく可能性がある. ここで検討しなければならないのは, 雇用調整助成金がどのような経路で留保生産性を低下させるのかモデル内で明白にさせることである. 神林 (2012) の業績は, この点において議論の余地がある.

今井 (2013,p.51) は, 雇用調整助成金の効果を検討するためには, MP version における通常の雇用補助金を扱う場合とは異なる取り扱いが必要であることを指摘する. 今井 (2013,p.51) は, 雇用調整助成金は, 雇用関係は残っているが生産活動を行っていない場合に, 労働者は現場を離れて手当を受け取るのであるが, この手当に政府が割増分を追加する制度であること, さらに政府が休業手当を支給するとともに企業が生産性回復時に従業員を優先的に復帰させるオプションを手に入れるためのプレミアムを支払う制度であると指摘する. 今井 (2013,p.51) は, モデル化に際しては,「高」「低」の生産性ショックを想定し,「低」の場合, 補助金がない場合は生産関係が解消されると想定することで, 低下が小さく補助金を受け取ると生産が継続される場合と低下が大きく一時休業手当でオプション購入する場合を表現できると指摘している.

今井 (2013) に従った場合, 雇用調整助成金は, 生産性ショックの程度が大きい企業において解雇を抑制されて一時休業を選択し, ショックの程度が小さい企業では補助金を受け取りつつ生産活動が継続されることになる.

雇用調整助成金については, 通常の雇い入れ補助金のように企業が事前に企業価値方程式に組み込んで行動するとは想定しにくい. 雇用喪失が発生する段階において雇用調整助成金の存在を考慮に入れると想定する方が自然である. この点においては, 神林 (2012), 今井 (2013) において共通している.

固有の生産性 x に対応する賃金はw(x) となる. 生産性x(x ≥ R) の下では生産活動の継続は可能である. 固有の生産性 x が留保生産性 R と一致する場合, 賃金は留保賃金 w(R) となる.
このとき次の関係が成立すると想定する.

$$w(x) \geq w(R) = z + b \quad \cdots\cdots(4\text{-}12)$$

x＝R の場合, 雇用保蔵が行われる臨界点なので, 生産活動は継続されて, 企業は生産物 pR を得て賃金w(R) を支払う. この時, 両者の差額がオプション・バリュー (OPV)に p を乗じたものとなる.

$$w(R) - pR = pOPV \quad \cdots\cdots(4\text{-}13)$$

ここでOPV $= \frac{\lambda}{r+\lambda} \int_R^1 (s - R)dG(s)$ である. ショックが発生して固有の生産性が x から x'へと低下したとする (x＞x'). 留保生産性は R から R'へと上昇すると想定する. x'＜R' の場合, 雇用喪失が発生し, x' ≥ R' の場合, 職務は継続する.

145

ここで固有の生産性ショックが発生した場合に，企業はなぜ，一時休業という手段を講じるのか考えてみる．休業手当は賃金の一定割合が支給される．休業手当比率ω，最低限度$\underline{\omega}$, $(\underline{\omega} \leq \omega \leq 1)$ が定められているとすると.休業手当支給額は通常，$\underline{\omega}w(R)$となる[51]．

　休業には就業時間短縮という部分休業と全面的な休業がある．$x' < R'$ が成立している場合，解雇を回避するために全面的休業を行うことを検討する．企業は休業で収益 px' を失うとともに $\omega w(R')$ を支払う．ここで労働者は，留保賃金以下の休業手当を受け取ることになるが，リスク回避の観点から雇用が継続されているために休業を受諾するものとする．オプション・バリューは本来，企業が負担すべきものであるから，休業による純損失は，

$$\omega w(R') - pOPV = \omega w(R') - (w(R') - pR') \quad \cdots\cdots(4\text{-}14)$$

となる．ここから企業の純損失が負となる次の条件が満たされると休業することでオプション・バリュー支払額が節約できることになる．

$$\frac{pR'}{w(R')}(= \eta) < 1 - \omega \quad \cdots\cdots(4\text{-}15)$$

　企業にとって一時休業によりオプション・バリュー支払額が節約できるのは，留保生産性の留保賃金に対する比率 η が，企業の負担免除比率$1-\omega$ よりも低い場合である．通常は$\omega=0.6$ と設定されているので，$\eta < 0.4$ であれば節約は可能となる．このときに生産性ショックで固有の生産性が $x' < R'$ であれば企業は休業を選択し，$x' \geq R'$ であれば操業を継続する．$\eta \geq 0.4$ の企業ではショックにより生産性が $x' < R'$ であれば解雇が発生し，$x' \geq R'$ であれば操業を継続する．

　ここで雇用調整助成金の助成比率を $\varphi(0 < \varphi < 1)$ とすると，企業は助成金 $w(R')\omega\varphi$ を受け取って休業手当に充てるため，企業の実質的な休業手当負担額は $\omega(1-\varphi)w(R')$ となる．従って，

$$\omega(1-\varphi)w(R') - pOPV = \omega(1-\varphi)w(R') - (w(R') - pR') \quad \cdots\cdots(4\text{-}16)$$

が成立するので，企業がオプション・バリュー支払額を節約できる条件は次式となる．

$$\frac{pR'}{w(R')}(= \eta) < 1 - \omega(1-\varphi)(= \kappa) \quad \cdots\cdots(4\text{-}17)$$

　このことは雇用調整助成金の助成比率 φ が企業の負担免除比率 κ を決定すること，留保生産性の留保賃金に対する比率 η と κ の関係において $\eta < \kappa$ であれば，企業は整理解雇を回避して一時

---

[51] Hijzen et al.(2011,p.14) は，STW に該当する労働者が受け取る手当の置換率と失業手当の置換率のいずれが高いかは明確でないと指摘している．Hijzen et al.(2011,p.13) の図2からは，日本における雇用調整助成金の支給対象者の所得は通常の 65％程度，失業手当は 55％程度であることが読み取れる．なお，Cahuc et al.(2011,pp.138-139) は，OECD 諸国における STW における手当の置換率は通常の労働時間を基準とすると平均で 75％，失業手当で 58％であるとしている．

休業を選択することを意味している．図4-3の図Aに示すとおり，助成比率φの引き上げは負担免除比率κを引き上げることから，η＜κを満たす企業が増えることで，整理解雇を回避して一時休業を選択する企業が増加することになる．

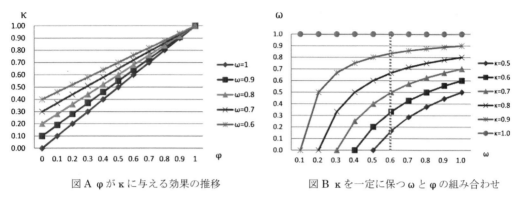

図A φがκに与える効果の推移　　　図B κを一定に保つωとφの組み合わせ

図4-3　休業選択と助成率

κを一定とした場合の休業手当比率ωと休業助成比率φの関係は図4-3の図Bに示すとおりである．例えば，ω＝0.6，φ＝0.5の場合，助成が無い場合と比較して企業の負担免除比率κは0.4から0.7へとなり，0.4≦κ＜0.7で(4-17)を満たす企業が，新たに整理解雇を回避して一時休業を選択する．但し，その中にはそもそも整理解雇を必要としない企業が含まれている可能性がある．これは助成金に伴う死荷重が発生するメカニズムを理論的に説明するものである．

この考察は，雇用調整助成金は，生産性ショックが発生して固有の生産性がx'に低下した際に，オプション・バリューに補助することで整理解雇を回避して一時休業することを選択させるインセンティブを与える制度であることを示している．但し，助成金が存在しない場合にも一時休業を選択する企業も助成金を受給しやすいため，失業回避の純効果はこれらを控除しなければならない．また，ショックの程度が低くても一時休業を選択することになること，助成金がなくても生産活動を維持可能な企業を助成する可能性があることという欠点がある．

ここまでは固有の生産性ショックが発生した場合の一時休業と雇用調整助成金について検討してきた．次に一般的生産性がpからp'へと低下する場合を考える．このとき留保生産性はRからR'へと上昇するので固有の生産性が$R≦x＜R'$の企業において雇用喪失が発生する．(4-17)において留保賃金が一般的生産性に比例すると想定すると，留保生産性の留保賃金に対する比率はηから$η'$へと上昇する．ここで該当する企業が一時休業を選択するためには雇用調整助成比率を引き上げる必要性がある．リーマン・ショック時に助成比率を引き上げたのは，政府が生産性の低下を一般的生産性の低下と捉えたからと考えられる．

5. アンケート調査結果の解釈

雇用調整助成金に関する調査が困難である理由として，受給した企業の内部事情が不明であることがある．支給対象事業所への調査については，厚生労働省の協力がなければ実施は難しい．ここでは，このような状況下において実施された労働政策研究・研修機構によるアンケート調査結果を用いて，前節でのサーチ理論を用いた議論が実際にどれだけ妥当性があるか検討してみる．

労働政策研究・研修機構 (2005) は，雇用調整助成金を受給した事業所 (会社全体の規模も把握している) に対するアンケート調査結果[52]をとりまとめたものである．以下に調査結果の重要部分を紹介する．

支給対象となった雇用調整施策は 98% が休業であり，教育訓練は 9.8% と少数であること，出向は 1.3% に過ぎないこと，雇用調整助成金がなかった場合の雇用調整方法として「解雇・希望退職の募集」が 53.5%，「賃金の引き下げ」が 49.1% を占めていること，雇用調整助成金の効果として「受注回復時に速やかに対応できた」が 75.9%，「中核的人材の引き留め」が 38.9%，「解雇・希望退職の対象者削減」が 29.6% であることが示される[53]．受給事業所は雇用調整助成金についての要望として「支給額を増やして欲しい」が 49% と多い[54]．

支給対象事業所は製造業が 89%，企業規模 100 人未満が 65% を占めていること，前述の中核的人材とは「複数の機械あるいは工程をこなすことのできる多能工」，「生産現場やプロジェクトの管理を担当する管理職層」，「特定の技能領域で高度な技能を発揮する熟練工」が挙げられている[55]．また，支給対象者は「仕事経験が 10 年以上のベテラン社員」の占める比率が多く，職種では「技能工」，「事務職」，「専門・技術職」，「管理職」の順となっている[56]．

雇用調整助成金受給前に業績が悪化した理由として，「主要な顧客が経営不振におちいり，受注が減少した」が 52.1% を占めており[57]，企業の生産活動としては「部品または材料を加工・生産して，少数のユーザーに販売する」が 15.7% を占めている[58]．また，もっとも多い取引先からの売上高が「50% 以上」が 4 割を占めている[59]．その後の業績の回復状況については，調査時点において同

---

[52] 2001 年 10 月～2002 年 3 月の間に雇用調整助成金の受給を開始した事業所に対して，厚生労働省が 2004 年 5～7 月に調査を行い，回答した事業所に対して労働政策研究・研修機構が 2004 年 12 月から 2005 年 1 月に詳細な調査を行っている．

[53] 労働政策研究・研修機構 (2005,pp.7-10).

[54] 労働政策研究・研修機構 (2005,pp.47-48).

[55] 労働政策研究・研修機構 (2005,p.11).

[56] 労働政策研究・研修機構 (2005, pp. 13-14).

[57] 労働政策研究・研修機構 (2005,pp.63-66).

[58] 労働政策研究・研修機構 (2005,pp.76-77).

[59] 労働政策研究・研修機構 (2005,p.17).

規模・同業種の事業所と比較して売上高, 労働生産性, 利益率が下回っている事業所が3割弱存在する[60].

なお, 同調査は, 小規模企業に対する効果を重点的に考察している. 同調査は, 小規模企業は雇用保蔵の余地が小さく, 解雇以外の雇用調整手段が限定されていること, 助成金は一時的生産変動に対する離職者発生の抑制, 生産回復時の新たな採用・訓練両面での人的投資負担を軽減したことを指摘している[61]. また, 企業間取引を主とする企業が多いことに関しても, 同調査は, 支給企業は下請け企業が多いこと, 最終消費財の生産・販売は約3割 (中間財の生産・販売は約7割) であり, 下請け企業では主要取引先の景況に影響されやすいと指摘している[62].

この調査結果は, 雇用調整助成金の利用は休業が殆どであり, 理論的検討の際に, 休業に焦点を当てても良いことを意味する. 休業の目的が, すでに一定の技能を備えた人材を確保する雇用保蔵を行うことを主眼とするならば, 当然の結果である. また, 調査結果は, 雇用調整助成金が生産性ショックで生産性が留保賃金以下となる場合であっても, 雇用削減を回避して雇用保蔵を可能とした可能性を示すとともに, 雇用調整助成金によって中核的人材が雇用保蔵の対象となり, 受注回復時に速やかに対応することを可能としたことを示している.

但し, 雇用調整助成金がなかった場合に「解雇・希望退職の募集」を実施したであろう事業所が約半数であることは, 雇用調整助成金はオプション・バリューの補助金になっているものの, 一時休業がかならずしも必要でない企業にも支給されて死荷重が発生している可能性を示唆する. また, 雇用調整助成金を受給終了した後に業績が回復しない企業が相当数存在することは, 衰退産業への支給で置換効果が発生している可能性を示唆する.

調査結果は, 雇用調整助成金の効果については特に中小企業では, 流動性制約の観点から検討を加える必要性があること, 受給しているのは衰退産業とは限らないことを示唆している. 但し, 雇用調整助成金等は中小企業の利用が多いことは必ずしも中小企業従業員が多数, 支給対象となっているとは限らないこと, つまり計画届受理件数は必ずしも支給対象者数を反映しているものではないことに留意する必要性がある.

筆者が調査結果の詳細を基に再集計したところ[63], 雇用調整助成金を受給した事業所のうち100人未満が76.6%を占めるが, 受給者数では27.2%に過ぎないこと, 受給者数は製造業が多いが, 業種別では金属製品, 電気機械器具製造が多く, これらは大規模事業所への助成と推測されるという結果となった.

---

[60] 労働政策研究・研修機構 (2005,pp.90-94).

[61] 労働政策研究・研修機構 (2005,pp.11,83).

[62] 労働政策研究・研修機構 (2005,pp.76-77).

[63] 労働政策研究・研修機構 (2005,p.186) を再集計した.

企業規模に関わらず製造業の比率が高いのは, 生産量の変動が大きいことに起因していると考えられる. 取引先が偏っている場合, その傾向は強くなる. また製造業では製造現場における職務上の経験を通して技能を向上させた雇用者が多く, 雇用保蔵により温存できたと考えられる[64].

　調査結果からは支給対象事業所には, B to B (Business-to-Business), つまり企業間取引を主とする事業所が多いこと, 部品等の納品が特定企業に限定されると生産額の変動幅が大きくなることから雇用調整助成金を必要とするに至ることが示唆される. この場合, 特定企業が要求する部品を製造・納品するための関係的技能[65]を蓄積した労働者を失わずに済んだというメリットは大きかったと考えられる.

　次にリーマン・ショックの影響と雇用調整助成金の関係について考えてみる. 労働政策研究・研修機構 (2014) では, リーマン・ショック後に事業活動水準が急激に低下した事業所が調査対象の 60.6% であり, 最も低下した時期が, 2009 年前半に集中しており, 低下水準は 2007 年を 100 とすると 50 以下が 42.9%, 60 以下が 54.1%, 70 以下が 65.6% を占めるとなっている[66]. また, 東日本大震災後に事業活動水準が急激に低下した事業所が 44.0% であり, 最も低下した時期が, 2011 年 3 月～5 月に集中しており, 低下水準は 2010 年を 100 とすると 50 以下が 29.6%, 60 以下が 41.3%, 70 以下が 55.2% を占めるとなっている[67].

　2008 年～2013 年の間に雇用調整を実施した事業所について, 88.9% は雇用調整助成金を受給しており, 活用理由として「円滑な雇用調整を図るため」が 65.5%, 「助成金がなければ実施できない休業等が実施できる」が 55.3% となっている[68]. また, 休業対象者については, 「ほぼ全員を休業の対象としたため, 選んでいない」が 63.4% となっている[69].

　雇用調整助成金を受給した事業所の雇用調整助成金についての評価としては, 受給しなかった場合, 「より多くの雇用を削減するための措置をとったと思う」が 54.4%, 「雇用減の結果, 事業回復時の社員確保が難しいと思う」が 33.5% となっており, 制度の良くない点として「非効率な企業を温存させることになる」が 8.7%, 「不正受給の温床になりやすい」が 14.8% で少数ではあるが指摘があった[70].

---

[64] Hijzen etal.(2011,pp.17-18) は, 製造業に STW を利用する誘引が強いのは, 生産高が一時的に低下しやすく, 企業特殊技能の維持の観点から雇用保蔵を行うためであると指摘している.

[65] この概念を提起したのは浅沼 (1997) である.

[66] 労働政策研究・研修機構 (2014,pp.12-20).

[67] 労働政策研究・研修機構 (2014,pp.20-27).

[68] 労働政策研究・研修機構 (2014,pp.65-69).

[69] 労働政策研究・研修機構 (2014,p.72).

[70] 労働政策研究・研修機構 (2014,pp.77-87).

この結果から，リーマン・ショックという危機的状況において生産性の低下幅は従前の景気後退期よりも格段に大きかったことが推測される．但し，当該調査は，助成率が特例措置で引き上げられた時期の調査であるため，支給率が上昇したこと，生産性ショックによる落ち込みの程度が低い場合でも支給可能となるので，他の時期よりも死荷重が発生しやすくなっていることが考えられる．

雇用調整助成金を受給しなかった事業所は大きな生産量の低下を経験していないことから，リーマン・ショックによる生産性の低下が一般的生産性の低下か固有の生産性の低下のいずれかについては判断が難しいと言える．

6. 今後の展望

雇用調整助成金の雇用維持効果については，雇用維持に効果的であるという指摘の一方で，効果が薄い，却って解雇を促進する，衰退産業への補助金であるといった批判がなされてきたところである．このように制度が毀誉褒貶に晒されてきたのは，分析手法の未整備とデータの不足に起因している．

雇用調整助成金にどの程度，雇用維持効果があったのか，失業率低下効果があったのかについての従前の定量的な検証については，改善の余地がある．それは，効率性低下の問題，選抜バイアス，政策の内生性といった分析上の問題について十分に認識されていなかったことによる．

従前の日本における議論において，労働移動の推進を主張する「解雇規制」緩和論者は雇用調整助成金の性格を十分に理解しないままで批判してきた．また，摩擦のない労働市場を先験的に前提としているところが，このような議論の限界につながっている．

雇用調整助成金の支給と雇用保護の厳格性とは補完的関係にあることから，雇用保蔵を補助することが，政策的には支持されることになる．従って，両者を分離して議論することは適切ではない．雇用保蔵は人的資本保持を目的とするものであり，企業はそれが利益につながるものと認識している．

「解雇規制」緩和論者による雇用調整助成金制度が労働者の離転職を妨げて労働移動を阻害する，衰退産業への補助金と化しているという批判は，恒常的に補助がなされるという特定の事象のみを捉えた批判であり，雇用調整助成金制度の本質を捉えたものではない．「解雇規制」緩和論者が支持する労働移動支援助成金は，人的資本を逸失するものであり，企業にとって利益をもたらさない．労働移動促進よりも，雇用調整助成金制度におけるモラル・ハザード防止や非正規雇用の安定化のための策を提言するのが経済学者の本来の役割である．

近年の実証分析手法の新たな発展は，雇用調整助成金の効果を検証することを可能にする．STW に関する最新の実証研究結果等を踏まえると，マクロ・データを用いた場合，雇用調整助成金等の STW は急激な景気後退期において，労働時間短縮を通して正社員を対象とした雇用維持に一定の効果はあったと評価するべきというである．但し，死荷重が発生した可能性は否定できない．一方，ミクロ・データを用いた場合の海外の実証分析結果からは，長期的には解雇を促進するという結果が出る場合があり，効果については不確定な面があることも事実である．

雇用調整助成金は整理解雇のように解雇対象者に解雇費用を負わせるのではなく，調整費用を広く従業員全体に分散させる効果を持つ．この場合，失業による技能逸失や生活の不安定化を防いだと解釈するのが妥当である．特に製造業においてその傾向が強かったことが分かる．

但し，雇用調整助成金の問題点は，景気後退時において正社員の労働時間短縮が主要な支給対象となっており，過剰な時間短縮が行われること，内部労働市場の柔軟性は確保されるものの，外部労働市場との格差是正はなされないことである．これは，死荷重による効率性低下を伴うことになる．

さらに，雇用調整助成金は，あくまで景気後退時の一時的な雇用維持のための措置として実施するべき補助金である．これを恒常的に実施すれば，労働者の離転職を妨げて労働移動を阻害することになるのは当然の結果である．このとき置換効果が発生し，効率性は低下する．

雇用調整助成金制度は，雇用保険の一環であり，失業手当を広く浅く配布したという解釈も可能である．雇用調整助成金の支給は失業手当と代替的であり，失業率を見掛け上，上昇させなかったという解釈も可能である．但し，雇用調整助成金の制度設計時にモラル・ハザードや逆選択防止手段を講じることが必要となる．

雇用調整助成金について深く考察するためには，サーチ理論の活用は欠かせない．サーチ理論を用いた分析はアンケート調査結果を理論的に解説できることが示される．雇用調整助成金はリーマン・ショック時に一定の雇用維持効果を発揮したと考えられるが，死荷重や置換効果も相当に発生している可能性がある．これらの計測はサーチ理論を用いることによって可能となる．それは雇用保蔵の合理性のみならず，留保生産性と賃金の関係，雇用保護立法との関係，雇用保険の制度設計にまで分析可能とするからであり，深刻な景気後退期における支給要件の緩和等，制度設計に寄与するものである．

第4章　サーチ理論による雇用調整助成金の効果分析

(Part2: 雇用調整助成金の失業回避効果)

雇用調整助成金の失業回避効果についてサーチ理論に基づく MP version を用いて カリブレーションに基づくシミュレーションを行った. 企業が一時休業を選択するのは休業手当のうち再雇用のための権利価格であるオプション・バリューと解雇費用を除いた部分が補助される場合である. そのため雇用調整助成金の補助率は休業手当の 7 割～9 割が必要であること, 雇用調整助成金は雇用保護立法と補完的関係があること, 景気が悪化すると必ずしも必要な助成率は高くならないことが示される. 雇用調整助成金には最大で失業率 1～2%ポイント程度の失業回避効果があることが示される. 但し社会的損失も発生する可能性があるため, 実際の効果はそれよりも小さい. また, 助成率を引き上げると効果が高まる訳ではなく, 支給期間内に生産性が旧水準に復帰しなければ大量の失業者が発生する可能性が高い.

Key Words：休業手当, 助成率, オプション・バリュー, 解雇費用, 死荷重

1.　はじめに

　雇用調整助成金の失業回避効果に関する従前の議論においては, 評価される一方で, 疑念を呈されることもしばしばである. このように評価が分かれるのは, 雇用調整助成金といった休業手当補助の評価方法が理論的に確立されていないことに起因する.

　本章(Part1) ではサーチ理論に基づく MP version において雇用保蔵が理論的に説明できることに着目し, 雇用調整助成金の効果計測に適用できることを示した. これは, 一時休業は景気回復時に備えて人的資本を確保しておくという, 雇用保蔵をより追求するための手段であると考えられるからである. ここではその具体的な効果について計測することを試みる.

　本章の Part2 ではサーチ理論に基づき雇用調整助成金の失業回避効果について検証を行った. 2. でモデルの枠組みを提示し, 3.で式を特定, 4.でシミュレーション結果を示し, 5.で雇用調整助成金の効果についてとりまとめた.

2.　MP version に基づいた雇用調整助成金の効果分析

　(Part2)では(Part1)において展開された MP version において雇用保蔵が正当化されることに着目して雇用調整助成金の効果を検討するモデルを踏襲する. 従って、記号の意味は同一である.

　マッチング関数は次式で示される.

$$m(v, u) = m\left(1, \frac{u}{v}\right)v \equiv q(\theta)v \cdots\cdots(2\text{-}1)$$

労働者のフローについては,

$$\dot{u} = \lambda F(R)(1 - u) - \theta q(\theta)u \quad\cdots\cdots(2\text{-}2)$$

が成立するので, 定常状態では均衡失業率は次の修正されたベバリッジ曲線から求められる.

$$u = \frac{\lambda F(R)}{\lambda F(R) + \theta q(\theta)} \quad\cdots\cdots(2\text{-}3)$$

留保生産性は次式で示される.

$$R = \max\{R_e, R_w\} \quad\cdots\cdots(2\text{-}4)$$

雇用喪失曲線は次式となる.

$$R - \frac{a + (1+t)(b + \rho\overline{w})}{p} - \frac{\beta}{1-\beta}c\theta + rT + \frac{\lambda}{r+\lambda}\int_R^1 (z - R)dF(z) = 0 \quad\cdots\cdots(2\text{-}5)$$

雇用創出曲線は次式となる.

$$(1 - \beta)\left(\frac{1-R}{r+\lambda} - T - C + H\right) = \frac{c}{q(\theta)} \quad\cdots\cdots(2\text{-}6)$$

定常状態における新たに創出される職務の割合は $F(R)$, 継続する職務の割合は $F(x) - F(R)$ であることから平均賃金は次式で示される.

$$\overline{w} = b + \rho\overline{w} + \frac{p\beta}{(1+t)(1-\beta)}\left[\frac{c}{q(\theta)}\Big((r + \lambda)F(R) + \theta q(\theta)\Big) + \frac{r(1-\beta)}{r+\lambda}\int_R^1 (x - R)dF(x)\right]$$
$$\cdots\cdots(2\text{-}7)$$

以上からモデルは (2-3) (2-5) (2-6) (2-7) で構成される. (2-5) と (2-6) から, 所与の職務の生産性 p に対応する留保生産性の閾値と労働市場逼迫度の均衡値 (R^*, θ^*) が求められる. θ^* を所与とした場合における u と v の組み合わせを示す雇用創出線とベバリッジ曲線の交点で均衡失業率は決定される.

新規縁組の期待利得を W_0 とすると, 失業の価値は次式で示される.

$$rU = b + \rho\overline{w} + \theta q(\theta)(W_0 - U) \quad\cdots\cdots(2\text{-}8)$$

留保生産性は失業の価値よりも小さいので, 次式が成立する.

$$R < \frac{a + (1+t)(b + \rho\overline{w})}{p} + \frac{\beta}{1-\beta}c\theta \quad\cdots\cdots(2\text{-}9)$$

失業の価値と留保生産性の差は, 景気回復後に再雇用するための権利価格であるオプション・バリュー $OPV(=\frac{\lambda}{r+\lambda}\int_R^1 (z - R)dF(z))$ と解雇費用の一部 rT である. つまり, 留保生産性が失業の価値よりも小さくなってもオプション・バリューと解雇費用の一部を負担して企業が雇用を維持する雇用保蔵が発生することを示している.

一般生産性が $p \to p'$ へと低下, あるいは固有の生産性が $x \to x'$ へと全般的に低下 $(x > x')$ して留保生産性が $R \to R'$ へと上昇すると想定する. このとき新たな失業が発生する. 固有の生産性ショックが発生することは, 一般生産性の低下で表現できる.

生産性x'(x ≥ R')の下では生産活動の継続は可能である．固有の生産性x'が留保生産性 R'と一致する場合，賃金は留保賃金 w(R')となる．固有の生産性x'に対応する賃金は w(x')となる．このとき次の関係が成立する．

$$w(x') \geq w(R') = b \cdots\cdots(2\text{-}10)$$

x'＝R'の場合，企業は生産物 pR'を得て賃金 w(R')を支払う．この時，次式が成立している．

$$w(R') - pR' = pOPV + rT \cdots\cdots(2\text{-}11)$$

x'＜R'の場合，雇用喪失が発生する．ところが企業は一時休業を選択する場合がある．ここで企業はなぜ，一時休業という手段を講じるのか考えてみる．休業手当は賃金の一定割合が支給され，休業手当支給比率を ω, 最低限度ωが定められているとすると，ω ≤ ω ≤ 1であり，休業手当支給額は通常，ωw(x) となる[1].

一時休業には就業時間短縮という部分休業と全面的な休業がある．x'＜R' が成立している場合，解雇を回避するために全面的休業を行うものとする．企業は一時休業で収益 px'を失うとともにωw(x) を支払う．ここで労働者は休業中の余暇価値を受け取れるため，留保賃金以下であっても休業手当を受け取って休業を選択する[2]．労働者はリスク回避の観点から雇用が継続されているために休業を受諾するものとする．オプション・バリューと解雇費用の一部は本来，企業が負担すべきものであるから，一時休業による純損失は，

$$\omega w(x) - pOPV - rT = \omega w(x) - (w(R') - pR') \cdots\cdots(2\text{-}12)$$

となる．ここから企業の損失が負となる次の条件が満たされると一時休業を選択することでオプション・バリューと解雇費用の支払額が節約できることになる．

$$\omega < \frac{pOPV+rT}{w(x)} = \frac{w(R')-pR'}{w(x)}(= \eta) \cdots\cdots(2\text{-}13)$$

ここで雇用調整助成金の助成比率をφ(0 < φ < 1) とすると，企業は助成金w(x')ωφを受け取って休業手当に充てるため，企業の実質的な休業手当負担額はω(1 − φ)w(x') となる．従って，

$$(1-\varphi)w(x) - pOPV - rT = (1-\varphi)w(x) - (w(R') - pR') \cdots\cdots (2\text{-}14)$$

が成立するので，企業がオプション・バリューと解雇費用の支払額を節約できる条件は次式となる．

$$\omega(1 - \varphi)(= \kappa) < \frac{pOPV+rT}{w(x)} = \frac{w(R')-pR'}{w(x)}(= \eta) \cdots\cdots (2\text{-}15)$$

一般的生産性 p が低下あるいは固有の生産性ショックが発生すると，留保生産性が R→R'へと上昇して雇用喪失が発生し，失業率は u'へと上昇する．このとき，企業が雇用調整助成金により一

---

[1] Hijzen et al.(2011,p.13) の図 2 からは，日本における雇用調整助成金の支給対象者の所得は通常の 65％程度，失業手当は 55％程度であることが読み取れる..

[2] Griffin (2010)参照.

時休業を選択することは, 実質的に留保生産性を低下させて失業を回避することになる. このことはベバリッジ曲線を下方シフトさせると同等の効果があると考えられる[3]. 従って雇用調整助成金による留保生産性の低下率をσとして$R' \to \sigma R'$へと低下すると想定すると, 失業は回避されると考えることができる. このとき失業回避度 $\Delta u(= u' - u'')$ は次式で示される.

$$\Delta u = \frac{\lambda F(R')}{\lambda F(R') + \theta q(\theta)} - \frac{\lambda F(\sigma R')}{\lambda F(\rho R') + \theta q(\theta)} \cdots\cdots (2\text{-}16)$$

但し, 本モデルは雇用調整助成金による一時休業選択を内生化していないため, $\sigma R'$を決定することができない.

3, MP version の数値分析

本節では, MP version のカリブレーションとシミュレーションを行うためのモデルの具体的枠組みを提示する.

まず, Mortensen et al.(2003,pp.60-61) に従って関数形を特定化する.

マッチング関数については対数線形であると想定する. 尺度パラメータは1, マッチングの失業弾力性をηとする.

$$m(v, u) = v^{1-\eta} u^{\eta} \cdots\cdots(3\text{-}1)$$

$$\frac{m(v,u)}{v} = q(\theta) = \left(\frac{v}{u}\right)^{-\eta} = \theta^{-\eta} \cdots\cdots(3\text{-}2)$$

固有の生産性ショックについては, 区間$[\gamma, 1]$ について一様分布を仮定する.

$$F(x) = \frac{x-\gamma}{1-\gamma} \quad \cdots\cdots (3\text{-}3)$$

以上から, 定常状態のモデルを書き換える. (2-5) (2-6) は次のように書き換えられる.

$$R + \frac{\lambda}{r+\lambda}\left(\frac{1}{1-\gamma}\right)\left(\frac{1}{2} - R + \frac{R^2}{2}\right) = \frac{a+(1+t)(b+\rho\overline{w})}{p} + \frac{\beta}{1-\beta}c\theta - rT \cdots\cdots(3\text{-}4)$$

$$(1-\beta)\left(\frac{1-R}{r+\lambda} - T - C + H\right) = \frac{c}{\theta^{-\eta}} \cdots\cdots(3\text{-}5)$$

(2-7) は次のように書き換えられる.

$$\overline{w} = b + \rho\overline{w} + \frac{p\beta}{(1+t)(1-\beta)}\left[\frac{c}{\theta^{-\eta}}\left(\left(r+\lambda\right)\frac{x-\gamma}{1-\gamma} + \theta\theta^{-\eta}\right) + \frac{r(1-\beta)}{r+\lambda}\frac{1}{1-\gamma}\left(\frac{1}{2} - R + \frac{1}{2}R^2\right)\right]$$

$$\cdots\cdots (3\text{-}6)$$

(2-3) は次のように書き換えられる.

---

[3] 神林 (2012, p. 45)参照.

$$u\left(\lambda\frac{R-\gamma}{1-\gamma}+\theta\theta^{-\eta}\right)=\lambda\frac{R-\gamma}{1-\gamma}\cdots\cdots(3\text{-}7)$$

$$\theta=\frac{v}{u}\cdots\cdots(3\text{-}8)$$

基本的にモデルは (3-4) (3-5) (3-6) (3-7) (3-8) で成立し, 内生変数は R, θ , $\overline{w}$, y, u, v である.

一般的生産性が低下あるいは固有の生産性ショックが発生して留保生産性が $R \rightarrow R'$ へと上昇して雇用喪失が発生し, 失業率は u' へと上昇する. このとき, 雇用調整助成金による留保生産性の低下率を σ として $R' \rightarrow \sigma R'$ へと低下すると想定する. この結果、失業率が u'' へと低下すると、失業率低下幅 $\Delta u(=u'-u'')$ は, 次式で示される.

$$\Delta u=\frac{\lambda\frac{R'-\gamma}{1-\gamma}}{\lambda\frac{R'-\gamma}{1-\gamma}+\theta\theta^{-\eta}}-\frac{\lambda\frac{\sigma R'-\gamma}{1-\gamma}}{\lambda\frac{\sigma R'-\gamma}{1-\gamma}+\theta\theta^{-\eta}}\cdots\cdots(3\text{-}9)$$

4. シミュレーション

ここでは日本を念頭においた雇用調整助成金の効果に関する calibration に基づくシミュレーションを行った. 計算に際しては Matlab と dynare を連結して実行した.

(1) ベースライン推定

ベースライン・パラメータについては表 4-2-1 のとおりであり, Mortensen et al.(2003,p.60) を踏襲した. Mortensen et al.(2003,p.60) は米国については失業手当置換率 ρ：低, 解雇税率 T：低, 欧州については失業手当置換率：高, 解雇費用：高と想定している. 解雇税率は米国で 0, 欧州で 0.78, 失業手当置換率は米国で 0.2, 欧州で 0.34 と設定されている. マッチング関数の失業者数弾力性：0.5, 労働者の交渉力：0.5 と想定しており, Hosios 条件が成立しているとしている.

日本については, 基本ケースにおいて, 解雇費用：中, 失業手当置換率：低, と想定した. 具体的には, 日本では解雇税は課されないが雇用保護の程度が米国と欧州の中間として解雇税率 0.38, 失業手当置換率は米国と同水準の 0.2 とした.

これらの前提に基づくカリブレーションの結果は表 4-2-2 に示すとおりである. ここで失業率は 5.53％である. 固有の生産性が R＝0.847 を下回る企業については, 一時休業の場合, 休業手当を 0.452 支給する. このとき休業の価値は 0.801(＝0.452＋0.349) となり, 賃金水準 0.754 を上回るので労働者は一時休業を受諾する. 企業はオプション・バリューと解雇費用の一部の合計 0.035(＝ 0.027＋0.02×0.39) を負担する. この場合, 雇用調整助成金率が 0.922 であれば一時休業が可能となる.

表 4-2-1ベースライン・パラメータの値

項　目	記号	基本ケース
縁組の生産性	p	1
金利	r	0.02
生産性ショック到達率	λ	0.1
ショックの分布の台の下限	γ	0.648
失業者数弾力性	η	0.5
労働者の交渉力	β	0.5
採用費用	c	0.3
雇用創出費用	C	0.3
余暇の価値	b	0.349
支払給与税率	τ(=t)	0.2
解雇税率	T	0.39
失業手当置換率	ρ	0.2

表 4-2-2ベースラインの推定結果

項　目	変数	基本ケース
留保生産性	R	0.847
労働需給逼迫度	θ	0.942
平均賃金	W	0.754
失業率	u	5.53
欠員率	v	5.21
休業手当	ωw	0.453
オプション・バリュー	OPV	0.027
雇用調整助成率	φ	0.922

資料：Mortensen et al.(2003) 等を参照して筆者作成

(2) シミュレーション結果

　ここでは, 解雇費用が低い場合 T＝0, 高い場合 T＝0.78, ショックの到来確率が高い場合＝ 0.2, 失業手当置換率が高い場合＝0.3, 一般的生産性が低下した場合 p＝0.9, 一般的生産性の低下とショックの到来確率の上昇が同時に発生した場合 (p＝0.9, ＝0.2) についてのシミュレーションを行った. その結果は表 4-2-3 に示される.

　さらに雇用調整助成金の支給により留保生産性が低下した場合, どれだけ失業率が低下するかの試算結果を示したのが, 表 4-2-4 である. ここでは留保生産性の低下を示すσの値に対応する失業率回避度 (%ポイント) を示している. 但し, ここでの結果はあくまで留保生産性の低下に対応する失業回避度であり, 雇用調整助成金の支給額を考慮したものではない.

　表 4-2-3 から各ケースを基本ケースと比較して検討する. 解雇費用 T が低い場合, 失業率が高まること, オプション・バリューOPV が低下することから, 必要とする雇用調整助成金の助成率 φ は高くなる. 解雇費用 T が高い場合, 失業率は低下すること, オプション・バリューが上昇することから, 必要とする雇用調整助成金の助成率は低くなる. 固有の生産性ショックの到来確率λが上昇するとオプション・バリューが上昇するため, 必要とする雇用調整助成金の助成率は低くなる. 一般的生産性 p が低下する場合, 失業率は上昇するものの, その他の変数に大きな変動はない. 一般的生産性 p が低下し, 固有の生産性ショックの到来確率が上昇すると失業率は上昇すること, オプション・バリューが上昇することから必要とする雇用調整助成比率は低くなる.

表 4-2-3 シミュレーションの推定結果

項目	変数	基本ケース	T＝0	T＝0.78	λ＝0.2	ρ＝0.3	p＝0.9	p＝0.9,λ＝0.2
留保生産性	R	0.847	0.892	0.802	0.730	0.859	0.853	0.741
労働需給逼迫度	θ	0.942	1.002	0.895	0.808	0.661	0.798	0.663
平均賃金	W	0.754	0.777	0.736	0.708	0.758	0.681	0.640
失業率	U	5.53	6.49	4.46	4.99	6.88	6.14	6.17
欠員率	V	5.21	6.50	3.99	4.03	4.55	4.90	4.09
休業手当	ωw	0.453	0.466	0.442	0.425	0.455	0.408	0.384
オプション・バリュー	OPV	0.027	0.014	0.046	0.094	0.024	0.025	0.086
雇用調整助成率	φ	0.922	0.971	0.861	0.7606	0.931	0.919	0.755

表 4-2-4　留保生産性低下に伴う失業回避度 (%ポイント)

留保生産性低下率 σ	基本ケース	T＝0	T＝0.78	λ＝0.2	ρ＝0.3	p＝0.9	p＝0.9,λ＝0.2
1.00	0.00	0.00	0.00	0.00	0.00	0.00	0.00
0.95	1.11	1.11	1.11	2.12	1.31	1.20	2.32
0.90	2.25	2.25	2.24	4.33	2.66	2.44	4.76
0.85	3.42	3.42	3.4	－	4.05	3.71	－
0.80	4.62	4.62	4.58	－	5.48	5.01	－

　表 4-2-4 からは, 基本ケースでは, σ が 1 のとき, 失業率はベースライン推定結果の 5.53%であり, σ が 0.95 の場合, 1.11%ポイント, 0.9 の場合 2.25%ポイントの失業が回避されることが分かる. 解雇費用が違っても雇用調整助成金の失業抑制効果はほぼ同一である. つまり雇用調整助成金の失業回避効果は解雇の困難性とは無関係である. 固有の生産性ショックの到来確率の上昇は雇用調整助成金の失業回避効果を高める. 一般的生産性が低下し, 固有の生産性ショックの到来確率が上昇すると雇用調整助成金の失業回避効果は高くなる.

　但し, 実際の失業回避効果はこれよりも低い. なぜならば, 助成金がない場合においても維持される職務に補助することで発生する死荷重と景気が回復しても補助金がなければ維持不可能な職務に補助することで労働者を低生産性の職務に抱え込む置換効果が発生する可能性があるからである[4]. また, 阿部 (2017,p.258) は, 休業等で雇用保蔵を行うのが効率的な企業が助成金を申請し, そうでない企業は早期退職や解雇等で雇用調整を行っており, 雇用調整助成金が全ての企業の雇用保蔵を促したわけではない可能性が高いことを指摘している.

　この結果を他の研究結果と比較してみる. Hijzen et al.(2011, pp.26-36) は, STW (short time work) による雇用維持効果は主にフル・タイム労働者の労働時間短縮で達成されていること, 日本では 415,000 人で雇用者の 0.8〜0.9%に相当することを指摘している. Hijzen et al.(2011,p.22)

---

[4] Hijzen et al.(2011,p.6).

は, 日本における 2009 年のフルタイム等価での雇用調整助成金支給人員を STW によって維持された職務数の上限であるとしている[5]. 従って, 雇用者数の 0.8〜0.9% が維持されたことは, 効率性低下は 1〜2 割程度であったことを意味することになる. 但し, 仮に対象者全員が解雇されても失業状態に陥るのが半数程度とすれば失業率低下効果は 0.4% 程度ということになる.

以上から雇用調整助成金の失業回避効果に関する本論での推定結果は, 従前の研究結果や簡便的計算結果と整合的なものとなっていると考えられる.

5. まとめ

以上の結果から企業が一時休業を選択するためには, 雇用調整助成金の助成率は休業手当の 8〜9 割程度が必要であることが示される. その水準は解雇費用が低い場合は高く設定し, 解雇費用が高い場合には低く設定することができる. つまり雇用調整助成金は労働者保護の程度が低い場合は費用が多く発生する政策であると言える. 日本においては正規雇用の雇用保護が非正規雇用よりも高いために, 雇用調整助成金が有効に機能することになる. つまり雇用調整助成金の効果は雇用保護立法といった労働市場の制度と補完関係にあると考えられる.

また, 助成金率はオプション・バリューにも依存している. 過去の人的資本投資の逸失を回避しようとする企業は助成金率が多少低めで一時休業を選択するであろう. これは正社員について雇用調整助成金が有効に機能することと整合的である.

雇用調整助成金は景気後退の度合いが高いと助成金率が低くても効果を発揮する可能性が高い. ここからは, 緊急措置として助成金率を引き上げることの効果については, 疑問を呈せざるをえない.

雇用調整助成金がどの程度, 失業率を低下させるかについては, 不確定な面が多い. ここでの結果からは固有の生産性が留保生産性を 5% 下回った全事業所が受給するとして最大で 1% ポイント程度と考えられる. しかし, これはあくまで計算上の最大値であり, 実際の効果は社会的損失を考慮しなければならないため, これよりも低いと考えられる.

緊急事態における支給基準の緩和は, 支給額を増やすこととなり, 社会的損失を大きくする可能性がある. さらに, 雇用保険料率あるいは賃金税率の上昇を招く可能性がある. つまり支給額と社会的損失はトレード・オフ関係にあり, 助成金の支給基準の設定には注意深い配慮が求められる.

雇用調整助成金の失業回避効果は支給期間に限定されるものであり, 支給期間中に一般的生産性の上昇, 固有の生産性ショックが発生して生産性が構造するといった事態に至らない場合, 対象

---

[5] この場合の人数は, 雇用者の 1.1% であることが判明している (Boeri et al.(2011,p.7)).

者は失業者となる可能性が高い. つまり失業期間を遅らせるということが考えられる. この場合, 休業手当は手切れ金の役割を果たすことになる.

　今後の課題は, 雇用調整助成金受給の意思決定をモデル化すること, 留保生産性の低下幅についての関連性を明確にすることである.

｛補論Ⅴ：新型コロナと雇用調整助成金｝

　ここでは 2019 年度以降の新型コロナの感染拡大と雇用調整助成金の役割について検討する．検討に用いる理論的フレームワークは第 4 章で展開されたものを念頭においている．

　この間，雇用調整助成金の果たした役割について，個票データを用いた分析が行われている．このような分析が敷衍することは労働市場分析の精度向上に大きく寄与するものである．

　小林(2021)は，労働政策研究・研修機構が 2020 年に実施した「新型コロナウイルス感染症が企業経営に及ぼす影響に関する調査」（第 1 回，第 2 回）の個票データを用いて雇用調整助成金等の支援策の効果を分析した．小林(2021)は，措置グループ（実際に支援策を申請済みのサンプル）とそれと特性の似た制御グループ（実際には未だ申請されていないサンプル）を用いた傾向スコア・マッチング法で雇用量の変動分析を行い，措置グループでは支援策が申請された後に人員減少の状況が緩和されたこと，その効果は時間経過に従って明確になることを指摘している．

　酒光(2021)は，小林(2021)と同一データを用いて雇用量の変動要因を検証した．その結果，非正社員，派遣労働者については雇用調整助成金利用企業が雇用を減らしていること，正社員については雇用調整助成金利用企業で雇用を減らしているという傾向はみられないことから雇用調整助成金は正社員に対して一定の雇用維持効果をもっている可能性があるとしている．

　小林(2021)，酒光(2021)ともに推定に際して特定の理論モデルには依拠していないが，結果として第 4 章で提示したモデルの妥当性を示唆していると解釈できる．このモデルは補助金受給で雇用保蔵を行うことを示しているものであり，企業はオプションバリューを負担してもよいとする従業員を確保するために雇用調整助成金等を活用することを立証したと解釈できる．特に，正社員について雇用維持がなされることは重要である．

　小林(2021)，酒光(2021)ともに，雇用調整助成金の申請の有無を外生変数としているが，この意思決定を内生化することが今後の課題である．企業自らが申請を選択したのであるから，これは厳密には措置グループではない．この場合，自己選抜バイアスが発生している可能性がある．

　内閣府(2021)，厚生労働省(2021)は，雇用調整助成金等の支給総額からフルタイム等価での受給対象者数を割り出して，抑制された失業者数と見なす手法を用いて効果を推定している．

　内閣府(2021)は，厚生労働省のデータから抽出したサンプル調査データ等を基に推計すると，2020 年 4~6 月期の失業率は，雇用調整助成金の特例措置等がない場合に比べて，3%ポイント程度抑制されたと見込まれるとしている．

　厚生労働省(2021)は，厚生労働省職業安定局が 2020 年 5~11 月の間に支給決定した助成金の活用状況を調べるために実施した雇用調整助成金に関するサンプル調査を集計したデータ（以下「サンプル調査」という．）及び厚生労働省が公表している雇用調整助成金の総支給額（累積支

給額）のデータを用いて,雇用調整助成金の支給により 2020 年 4 〜10 月中の完全失業率が 2.1% ポイント程度,緊急雇用安定助成金について 2020 年 4 〜10 月の完全失業率が 0.5%ポイント程度 抑制,合計で 2.6%ポイントとしている.

　これらの分析は厚生労働省の個票データを用いる等, 従来よりも精度を高めている. そこで 2019~2022 年の間の雇用調整助成金の失業回避効果を 2019~2021 年度について第 4 章(Part1) のフルタイム等価方で求めてみた. この場合, 2020, 2021 年度の助成率を 80%としている. その 結果は表 4-V-1 のとおりである.

　このときの失業回避度は 2020 年度に 2.6%ポイントであり, 内閣府(2021), 厚生労働省(2021)と 殆ど同一である. つまり詳細データを用いても簡便法を用いても結果に相違はない. 問題はこの うち死荷重と置換効果がどの程度で,純効果がどれだけかを求めることである.

表4-V-1　簡便法による雇用調整助成金の失業回避度の試算結果

年度	雇用調整助成金支給額 (億円)	所定内給与 (月平均、千円)	休業手当 0.6 (月平均、千円)	失業抑制力 (2019年50%, 2020,21年80%) 失業回避者 (万人)	失業抑制力 失業回避度 (%ポイント)	完全失業率 (%)	労働力人口 (万人)
2019	42.9	308	185	0.4	0.01	2.3	6895
2020	31907.3	309	186	179.0	2.61	2.9	6863
2021	21811.3	309	185	122.5	1.78	2.8	6897

（出所）完全失業率:総務省「労働力調査」
　　　　所定内給与:厚生労働省「賃金構造基本統計調査」事業所規模10人以上常用労働者
　　　　雇用調整助成金支給額:厚生労働省職業安定局雇用保険課及び雇用開発課

第5章　サーチ理論と転職行動

(Part1：理論的フレームワーク)

労働者がなぜ転職するのか，失業状態を経ない労働者移動である job to job transition の実態や，労働市場の効率性に関してどのような意義をもっているかについては不明な面が多かった．米国では job to job transition の実態が統計的に把握されつつある．そこからは job to job transition は景気順応的であること，失業率と欠員率の負の相関が判明している．非自発的に行われる転職は賃金低下を伴う可能性が高いものであるが，自発的に行われる転職は賃金の向上をもたらす可能性が高いものである．サーチ理論の代表的なモデルである DMP モデルに on the job search を組み込むことや，BM モデルを用いることで，このような問題は解明されるようになった．Job to job transition は，景気上昇局面において増加するものであり，それに伴って労働者再配置がなされ，労働市場の効率性は上昇することになる．景気後退時に労働者再配置がなされて労働市場が効率化するという主張や，それに基づいた解雇を促進する政策提言がなされるが，これは職務フローと労働者フローの区別をしていない議論であり，その効果が疑わしいものであることが明らかとなる．

Key Words：on the job search, job to job transition, 洗浄効果, 職務再配置, 労働者再配置

1. はじめに

　労働者がどのような動機で離職して新たな職に就くか，どのように移動しているかについて考察することは労働問題において重要な課題である．転職は労働者がよりよい雇用機会を求めて移動することのみならず，労働市場の効率性向上にも寄与すると考えられる．

　転職には，職に就いていた者が一旦失業状態に入って職に就く場合と失業状態を経ずに次の職に就く場合がある．転職者については，次の仕事を決定しておいて仕事を辞する者が多くいるというのが一般的な認識であろう．そうであるにも関わらず初期のサーチ理論を含めた経済学においては，労働者が仕事を変わる際には，一旦離職して，失業状態におけるジョブ・サーチを経て新たな職に就くことを前提としていた．

　この点については Tobin (1972) が批判していたところである．Tobin (1972, p. 6) は，失業中に職探しを行うことが効率的であるとするサーチ理論の前提を批判し，学者が移動する際には次のポストが確定していることを引き合いに出して，この前提が効率的であるという証明はなされていないことを指摘している[1]．

　失業状態を経ない転職は，job to job transition というべき労働者の移動である．この場合，在職中に職探しを行う on the job search を行っていた可能性がある．このような転職は外部からよりよい条件の賃金掲示がなされた場合に実行されるため，転職後の賃金上昇が期待できる．

---

[1] Burdett (1978, p. 212) は初期のサーチ理論においては，Parsons (1973) が在職中に職探しをする on the job search を考慮に入れた唯一の研究であると指摘している．

このような自発的に行う転職以外に，非自発的に行われる転職がある．これは景気後退期に事業所の閉鎖や縮小に伴い，雇用喪失が発生することで発生する．この場合，失業状態を経る可能性が高く，賃金掲示額が低くても受諾せざるを得ないため，転職後に賃金は低下する可能性が高いと考えられる．但し，企業の生産性が低下していることを察知して事業所の廃業や縮小以前に on the job search を開始している可能性もあるため，転職後に賃金が低下するとは断定できない．

転職が賃金に与える影響について経済学的観点から考える際には，人的資本理論とサーチ理論の一環としてのジョブ・マッチング理論からの二通りの方法が想定できる[2]．萩原，照山 (2017, p.4) は，人的資本理論に従うと，勤続年数を経ることにより企業特殊技能が蓄積されることで賃金が上昇するため，転職は抑制されるとともに転職で賃金は低下すること，ジョブ・マッチング理論に従うと，労働者はよりマッチングの良い職務を求めるため，転職により生産性は向上して賃金は上昇することになると指摘する．

このことから，萩原，照山 (2017, p. 4) が指摘するように，自発的に行う転職行動にはジョブ・マッチング理論，非自発的に行われる転職行動には人的資本理論の観点から議論することが有効であると考えられる．特に本論で扱うような job to job transition については，労働者は情報が限定される中でより高い賃金を求めて職探しを行うため，ジョブ・マッチング理論を包含するサーチ理論による行動の解明が求められるところである．但し，このことは人的資本理論を捨象してよいということは意味しない．

転職については，マクロ経済の観点からも議論される．近年，政策議論で主張される「典型的な主張」は，児玉，阿部，樋口，松浦，砂田 (2005, p. 88) において提示されており，次のようにまとめることができる[3]．日本では労働者再配置機能を高める政策は不十分であり，解雇権の制約で大きな雇用調整を実施することが難しいため，グローバル化や技術革新が産業構造を変動させたにもかかわらず，労働者再配置は機能しなかった．停滞部門から成長部門に労働者が移動することは労働生産性を向上させ経済成長を後押しする．人材のミスマッチを解消するためには外部労働市場の整備が必要である．

このような見解が典型的に現れているのが内閣府 (2016, pp. 71-77) である．ここでは「成長分野への労働力の円滑なシフトに向けた課題」として成長分野である医療・介護．IoT, AI 分野に労働者が移動しないのは労働の需要側と供給側のミスマッチに起因するとして，リーマンショック後の転職率の低下，失業者が職を見つけにくいという低いマッチング効率性をミスマッチの要因

---

[2] 萩原，照山 (2017. p. 4) 参照．
[3] これは児玉他 (2005) の主張というよりも，一般的認識を提示したものと捉えるべきである．

と特定した上で,解雇法制の客観性・透明性の確保や職業訓練により転職市場を整備して円滑な労働移動を図ることを提言している.

これに関連して,政府が開催する委員会等において,雇用主の解雇権制約を緩めることで労働者の移動を促すことが労働市場の効率性向上に寄与するという見解が散見される[4]. その延長として,解雇の有効・無効の事前判断ができにくいという低い予見可能性[5]に対処するための方策として,解雇無効時に金銭賠償する金銭解決が議論の遡上に上がることになる[6].

このように,前述の Tobin (1972) により否定された,失業者が新しい仕事を見つけることが労働市場の効率性に寄与するというサーチ理論の初期段階の考えを論拠として,非自発的転職を誘発するための政策提言がなされているのが日本の現状である.

但し,「典型的な主張」にたいしては,猪木 (2001, p. 1.) は,日本における雇用流動化を図る政策提言は,現行の雇用システムの内容を把握することなく行われているものであり,評価の不確かな制度を導入することは危険であると指摘している.

労働市場の効率性向上に寄与する実効性のある政策提言を行うためにはサーチ理論に基づく転職行動の分析が必要である. サーチ理論において on the job search に本格的に取り組んだ嚆矢ともいえるのは,Burdett (1978) である. これは,その後に登場した最も洗練されたサーチモデルである BM (Burdett-Mortensen) モデルにつながるものである.

BM モデルにおいては,労働者と企業が同質の場合においても賃金分散が発生することを解明し,サーチ行動による Diamond のパラドックスを回避した研究である. モデルは,on the job search を想定して,労働者は外部からの賃金掲示に対応して離職するという構造となっている. 但し,BM モデルにおいては,本来,賃金分散に焦点が当てられており,労働者の転職行動の意思決定や労働者フローの分析を目的としたものではない.

DMP (Diamond-Mortensen-Pissarides) モデルにおいては,当初は転職に際して一旦,離職してからの職探し行動が前提とされていた. これは分析の容易さと職務から職務への移動が統計的に把握しにくいといったことが背景にあったと考えられる[7]. しかし,job to job transition を考慮に入れない場合,DMP モデルにおけるマッチング関数の推定においてパラメータ推定値にバイ

---

[4] 行政改革推進本部規制改革委員会【規制改革についての見解 (2000 年 12 月 12 日)】は解雇権制約の緩和が円滑な労働移動につながるという趣旨の見解を提示している.

[5] 厚生労働省 (2017) 『「透明かつ公正な労働紛争解決システム等の在り方に関する検討会」報告書』

[6] 規制改革会議『規制改革に関する第 3 次答申』(2015 年 6 月 16 日) は解雇無効時の金銭解決導入を提言している.

[7] Fallick and Fleischman (2004, p.1).

アスが発生することになる[8]. また, カリブレーション による失業率のヴォラティリティー 計測にもバイアスが発生することになる. こうしたことから DMP モデルにおいても転職の意思決定とjob to job transition のメカニズムについて検討されるようになった[9].

　本章の Part1 では, 転職のうち, 正社員等の常用雇用者による job to job transition に焦点を当てる. なぜならば, よりよい待遇を求めて在職中の職探しを伴うからである. サーチ理論においてon the job search の問題がどのように克服されてきたか, それが持つ理論的, 政策的含意について検討する. 2 でこれまでの議論を概観し, 3 で DMP モデルに on the job search を組み込んだモデル, 4 で BM モデルに労働者移動を明示したモデルを紹介する. 5 でその後の理論展開と政策的含意について検討する.

2. 転職に関する議論

　ここでは転職による労働者の移動に関する議論を紹介する. Mukoyama(2014,pp.1-2) は, job to job transition について, 労働者がより適性のある仕事に移ることから資源配分の効率化に寄与すること, その重要性に比して研究は少ないこと, 労働者を失う雇用主にとっては離職であり, 新規の雇用主にとっては新規採用であることから適切にモデル化することが難しいと指摘している.

　労働者フローと職務フローの関係を理解するために, 労働者フローと雇用創出 (JC)・雇用喪失(JD) を重ねて示したのが図 5-1 である[10]. 雇用創出は欠員が労働者で充足されることを言うので, 充足されない欠員はここでは考慮されていない. 労働者は通常, 雇用状態 (E), 失業状態 (U), 非労働力状態 (NL) の間を移動する. 職務フローは雇用創出・雇用喪失で決定される. 職務フローは基本的に労働者フローの一部であり, 両者の差は撹拌フロー (churning flow) と定義され, 離職者, 労働者置換等で発生する[11].

　雇用創出が失業者数の減少につながるためには, (U)→(JC)→(E) という労働者の移動を伴う必要がある. 雇用創出がなされても, 非労働力状態からの移動 (NL)→(JC)→(E), すでに就業している者の移動 (E)→(JC)→(E) が生じる場合もある.

---

[8] Fallick et al.(2004, p. 1).

[9] 日本におけるこの分野の先駆的な展望論文として相澤, 山田 (2009) がある. 本論文の執筆に際しても参考にさせて頂いた.

[10] 本節における図 5-1 に関連する議論は, 山上, 秋山 (2002) に基づいている.

[11] Burgess, Lane and Stevens (2002,p.473).

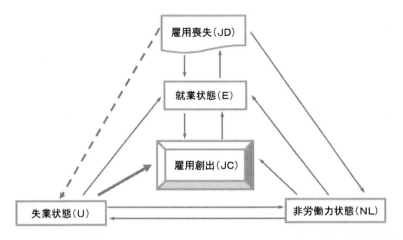

資料：FRB Boston のエコノミスト S. Schuh 氏の助言に基づき作成
出典：山上, 秋山 (2002)
図 5-1　雇用創出・雇用喪失と労働者の動き

　一方, 雇用喪失が発生して失業につながるのは, (E)→(JD)→(U) という労働者の移動が発生する場合である. 失業せずに再就職する移動 (E)→(JD)→(E), 非労働力状態に陥る移動 (E)→(JD)→(NL) が発生する場合もある.

　失業状態を経ない転職として, (E)→(JC)→(E) の動きがある. この際に労働者の離職に伴い欠員が発生することになるが, この欠員が他企業からの転職者で埋められる (E)→(E) が発生する可能性がある. 事業所が廃止されても新たに創出された職務に就く, あるいは欠員の発生した職務に就く (E)→(JD)→(E) と動く場合がある, これらは on the job search による転職と考えられる.

　雇用者数の増加分, つまりネットの雇用創出が同一でも, 雇用創出率と雇用喪失率がともに高い場合, 雇用 (職務) 再配置率が高くなり, 必要とされる労働者の移動は大きくなる. 両者がともに低い場合, 逆になる. 労働者の動き, さらには労働市場の柔軟性が異なるのである.

　転職がマクロ経済に与える影響を考える場合には, 景気後退の雇用創出・雇用喪失に与える効果を把握しておく必要性がある. Caballero and Hammour (1994) は, 景気後退の事業所開廃に与える効果として, 洗浄効果 (cleansing effect) と遮断効果 (insulating effect) を提起する.

　Caballero et al. (1994, p. 1351) は, 景気後退時には, 劣化した技術の事業所は利益が出ずに廃業に追い込まれる洗浄効果が発現する一方で, 新規技術を体現する事業所は開業することになること, 但し新規事業創出には費用がかかるために事業の創出が抑制されて, その結果, 生産性の低い企業の廃業を免れる遮断効果が発生すること, 両者が相殺されて景気後退の効果が定まるとしている. さらに, Caballero et al. (1994, pp. 1351-1152) は, 米国における製造業の職務フロー・データを基に, 雇用喪失は雇用創出よりも景気循環に対して反応的であり, 遮断効果は不完全である

こと，景気循環は後退局面が短期間で鋭いという非対称性があり，雇用喪失も非対称であるとしている．

　洗浄効果の議論は景気後退時において劣化した事業所の廃止や縮小により，労働者移動が促進されて労働市場の効率性が向上する可能性を示唆する．Barlevy (2002, p.65) は，この考えはSchumpeter の「創造的破壊」の復活であり，景気後退が非効率な生産過程を洗浄することでより効率的な資源配置を促進し，資源をより生産性の高い方向に向かわせることを意味していると指摘した．

　しかしながら，この洗浄効果によって Tobin (1972) が言及した初期のマクロ経済学が肯定されたとするのは早計である．Barlevy (2002) は洗浄効果について新たな解釈を提示する．

　Barlevy (2002, pp. 65-66) は，実証分析からは製造業において景気後退時に洗浄効果が予想するような資源の移動は確認できないこと，景気後退時の雇用創出は質が低く低生産性，低賃金であり事業の継続期間が短いこと，労働者再配置は職務再配置と異なり，景気循環に連動していること，これは労働者が景気後退時に転職をしようとしないことに起因することを指摘する．

　Barlevy (2002, p.66) は，洗浄効果による事業所の廃業や縮小は労働者再配置を必ずしも意味しないこと，これは on the job search を導入することで説明が可能になること，この洗浄効果に対抗する効果を汚辱効果 (sullying effect) としている．Barlevy (2002, p. 66) は，景気後退時には，職務の利潤分布がシフトダウンすることで利潤が得られない職務が発生し，洗浄効果が働くため職務再配置が逆景気循環的となること，一方 on the job search を考慮に入れると提供される職務が限定されているために労働者再配置は抑制される汚辱効果が発生することを指摘した．

　つまり汚辱効果は職務のみならず労働者の移動を考慮したものであり，洗浄効果が労働者再配置を促すというのは職務と労働者のフローを同一視した場合に限定されることが分かる．

　失業状態を経ない転職状況を捉えることは，労働市場の動態を捉える上で重要な意味を持つ．Mattila (1974, pp.236-238) は，米国における従前の調査結果をとりまとめた上で，ブルーカラー労働者やタイピスト等の一部のホワイトカラーは一旦職を辞して職探しを行うが，専門職や経営管理層といったホワイトカラーは職を確保しておいて辞職すること，それは失業中の職探し費用が便益を上回っていることによるとしている．

　Mattila (1974) が対象とした調査は職種限定的な断片的調査である．その後，米国では多くの研究において job to job transition について包括的に把握することが試みられたが，いずれも推量を交えたものであり，正確な把握は困難であった[12]．

---

[12] Fallick et al.(2004, p.2).

Nagypál(2008)[13]は，米国における employer to employer (EE) transition[14] について 1994 年〜2007 年の CPS を用いて調べた．Nagypál(2008,pp.2-3) は米国において毎月，雇用者の 2.2%は他の雇用主へと移るために離職すること，EE transition は離職者全体の労働者フローの 49%を占めていること，雇用状態から失業状態へのフローは 31%，雇用状態から非労働力へのフローは 20%を占めていること，2001 年の景気後退時において離職者に占める EE transition の比率が低下して employment to unemployment transition への転換が進むことが失業率の上昇要因となったこと，この場合，EE transition の動きは失業ヴォラティリティの 50%〜60%を占めており，その他は失業者の職を見つける確率の変動で説明できることを指摘する．

Fallick and Fleischman (2004) は，米国における employer to employer (EE) flow[15] は包括的に計測されていなかったことを指摘する．Fallick et al.(2004)は Dependent Interviewing[16] が採用されている 1994 年〜2004 年の CPS を用いて米国における employer to employer transition を求めて EE flow データを完成した．Fallick et al. (2004, pp. 2-3) は，雇用者の 2.6%は毎月，雇用主を変えていること，EE flow は雇用状態から失業状態へのフローの 2 倍の量があること，新規の職務の 4 割は EE flow で満たされていること，EE flow は景気循環的に動くものの，労働需給が逼迫しても増加の程度は低く，需給が緩和すると急速に低下することを指摘している．

これらの事実発見は，job to job transition が景気変動や失業率の動きと密接に関連していること，BM モデルや DMP モデルの カリブレーション においても job to job transition を考慮することで失業率や欠員率の動きをより詳細に追える可能性を示唆している．

日本において job to job transition の実態は必ずしも明らかではない．しかしながら，厚生労働省の実施する「雇用動向調査」及び「転職者実態調査」で概況を把握できる．

「雇用動向調査」においては，入職者数と離職者数，入職者数のうち転職者数が調査されている．この場合の転職者とは入職前 1 年間に職に就いていた者を指しているので必ずしも job to job transition ではない．

---

[13] Nagypál (2008) は，Nagypál の従前の研究の延長，改訂版であると判断してここに引用した．

[14] employer to employer transition は労働者が失業状態を経ずに雇用主を変えることを意味しており，job to job transition とは必ずしも一致しない．Nagypál (2008,p.29)は労働者と職務を分離して考察することの重要性を指摘している．

[15] employer to employer transition, job to job transition は個別の労働者の動き，Job to job flow, employer to employer flow は集計データと解釈できる．

[16] Dependent Interviewing とは，初期段階の質問で得られた情報を次段階の質問で用いる手法である(US Department of the Census (2013) "CPS Manual").

一般労働者 (出向, 契約, 嘱託等を含む) についての転職動向を示したのが図 5-2 である. ここから一般労働者については入職者のうち 68%程度が転職者であると言える. ここでは記していないが, パートタイム労働者では入職率は一般労働者よりも高いが転職者の比率は 59%台と低い.

On the job search により転職を図ることは, 賃金の上昇を期待しているものと考えられる. そのため, 転職者の転職前後における賃金の変動を調べたのが図 5-3 である. ここでの値は, 一般労働者とパートタイム労働者の合計である. 転職により賃金が 1 割以上低下した者は 29%程度存在することは事実である. その他は 1 割以上増加, あるいは 1 割未満の増減となっている. 1 割未満の増減のうち半数が増加したと見なせば, 1997 年以前は 50%以上が増加, 1998 年以降は 40%台後半が増加したことになる. 図 5-3 からは 1998 年以降, 転職による賃金増加者の比率が低下して転職構造に変化が生じたこと, 但し転職率が低下した訳ではないことが分かる.

日本においては, バブル崩壊後の経済の低迷期に, よりよい職を求めて on the job search をより活発に行うようになった可能性がある. 言い換えると, ジョブ・サーチの努力を高める必要性にせまられていたことが考えられる.

「転職者実態調査」は 2006 年と 2015 年に実施されている. 調査は事業所と個人に対して行われている. 個人調査では調査対象事業所に雇用される一般労働者のうち転職者を対象としている. ここでの転職者の定義は「雇用動向調査」と同様である.

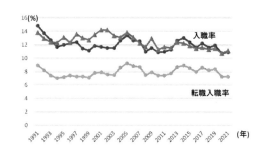

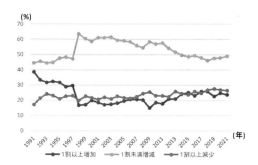

資料：厚生労働省「雇用動向調査」

資料：厚生労働省「雇用動向調査」

図 5-2 転職入職率の推移 (一般労働者・男女計)　　図 5-3 転職入職者の賃金変動状況 (全労働者・男女計)

2015 年の個人調査では離職理由として約 75%が自己都合をあげていること, 直前の勤め先での勤務期間が約 80%が 10 年未満であることが示される. 転職により賃金は約 40%が増加, 約 22%が変わりない, 約 36%が減少したとしており, 労働時間については, 約 32%が増加, 約 33%が変わりない, 約 34%が減少したとしている. 賃金が減少しても労働時間が減少した場合, 転職は失敗であったとは言えない. また, 賃金が低下しても職場環境の快適性が改善している可能性も

ある. 但し, 賃金と労働時間のクロス表がないこと, 職場環境についての調査項目がないため, これ以上のことは言えない.

　日本においては, 転職者の実態に迫る研究は少ない. 相澤, 山田 (2008) は「就業構造基本調査」(総務省統計局) の 1982 年〜2002 年の個票データを用いて雇用者の移動について検証した. ここでの転職者とは, 1 年前と勤務先が異なる者である. 相澤他 (2008) において重要な点は, 転職者フローを常用雇用から常用雇用, 常用雇用から非正規雇用, 非正規雇用から常用雇用, 非正規雇用から非正規雇用のタイプに分けて検証したことである. 相澤他 (2008, p. 38) は, 従前の就業構造基本調査においては, 転職者とは入職前 1 年間に職に就いていた者を指していたが, 2002 年の調査では前職を離れた時期を月単位で調査していることから, 現職の開始時期との差が 1 ヶ月以内の転職者を job to job transition と見なして集計することが可能であるとし, 転職者の 2/3 が該当していると指摘している. さらに, 相澤他 (2008, pp. 38-39) は, 前職を離れた時期が 1 ヶ月以内であるか否かで転職状況が異なるとして, 前職が正社員の場合, 1 ヶ月以内であれば 69% が正社員として転職できるが, 1 ヶ月を超えると 44% に留まることを指摘している.

　転職者の賃金変動の要因分析については人的資本理論の立場から行われてきた. 近藤 (2010) は, 失職者に焦点を当てて転職前後の賃金変動に関する日米の研究を展望しており, 米国において失職者は転職後に賃金が低下すること, 日本においても同様の結果が示されていることを指摘している. 以下では日本の研究において自発的転職者も含めた賃金変動についてとりまとめる.

　勇上 (2001) は (財) 連合総合生活開発研究所が 1999 年に実施した「勤労者のキャリア形成の実態と意識に関する調査」を用いて転職者の賃金変動要因を分析した. 勇上 (2001, pp. 98111) は, 年齢が 40 歳を超えた転職や非自発的な転職は賃金が低下すること, 営業等の職種では蓄積した技能が転職後も評価されることを指摘した.

　大橋, 中村 (2002) は企業特殊技能と賃金の関係に着目し, 勇上 (2001) と同一のデータを用いて転職前後の賃金関数を推定することで転職の費用と便益について分析を行った. 大橋他 (2002, p. 166) は, 労働者と企業のマッチングが悪い場合は, 労働者はよりよいマッチングの転職先を求めて前向きな転職を図ること, 前職における人的資本の蓄積が転職先で通用するものであることが重要であると指摘する. 大橋他 (2002, pp. 170-171) は, 倒産や廃業等の会社都合による転職はマッチングが悪化すること, 事前の準備が不十分であることで転職後の賃金の伸びが低いこと, 労働者と企業のマッチングが悪く技能向上が図れないことに起因する前向きな転職ではマッチングが改善されること, 事前の準備が十分であることから転職後の賃金の伸びが大きいこと, 若年時の前向きの転職が有効であることを指摘する.

児玉他 (2005) は「雇用動向調査」(厚生労働省) の 1991 年〜2000 年の個票データを用いて転職による賃金変動の要因を分析している. 児玉他 (2005, pp. 101-104) は, 転職前賃金が高いと賃金は低下, 職種や産業が変わることや非自発的な転職は賃金を低下させるとした.

　阿部 (2007) は,「雇用動向調査」の 1985 年〜1992 年の個票データを用いて人的資本理論に基づいた転職前後の賃金変動の要因について検証している. 阿部 (2007) は, 中高年になると転職は賃金低下につながること, 転職前に高賃金であったこと, 中堅企業に在籍していたこと, 産業を移ること, 非自発的な転職を行うことは賃金低下につながることを示した.

　これらの研究結果は, 解雇等による強制的な労働者再配置は人的資本の逸失と賃金の低下を招くため, 労働市場の効率性向上に寄与しない可能性を示唆するものである. 一方, 自発的な転職においてはマッチングの改善により賃金が上昇する場合が多く, 人的資本の活用につながるため, 労働市場の効率性は向上する可能性が高いことを示している. このことはサーチ理論の観点から転職の意義を検討する必要性を示唆している.

3. なぜ転職行動するのか

　ここでは, on the job search の理論的側面について考えてみる. Parsons (1973) は, 離職率の決定要因を検証することを目的に on the job search を導入した. Parsons (1973, pp. 390-395) は, 賃金分布の存在する世界において雇用されている労働者が期待所得を最大化するためにサーチ費用の増加とサーチによる追加利得を比較考量して離職を決断すると想定する.

　Burdett (1978) は, 離職率の決定要因, 特に経験年数が伸びると離職率が低下することを説明することを目的に, on the job search を導入した. Burdett (1978, p.212) は, 従前の研究において on the job search が考慮されなかったのは雇用された労働者のサーチ費用が転職の利得よりも大きいと想定したことによると指摘し, そうでない場合は転職するとした. Burdett (1978, p.212) は, 労働者は 2 つの留保賃金 X と Y, 但し X<Y, を選択し, 失業している場合は賃金掲示が X 以上であれば受諾するものの, Y 未満であれば雇用されていても職探しを継続すること, 既に雇用されている労働者は現在の賃金よりも高い賃金が掲示されると離職するとしている.

　Parsons (1973), Burdett (1978), Jovanovic (1984), Mortensen (1986) の on the job search に関する初期の研究は, その後の展開に通じる重要な文献であるが, Pissarides (1994, p.457) はいずれも特定分野においては説得力があるものの, 部分的で賃金設定や需要側に強い仮定を置いていると指摘する. つまり, なぜ on the job search を行うのかという労働者の意思決定のモデル化には至っていなかったという問題点がある.

Pissarides (1994, p.458) は, on the job search について 3 つの実証的事実があると指摘する. 第 1 は雇用されている労働者は常時, on the job search を行っているわけではないこと[17]. 第 2 は on the job search は経験年数が長い者よりも短い者が行うこと, 第 3 は on the job search を行う雇用者数は集計された経済状況の変化に応じて変わることである. 転職に成功した者が全て on the job search を行っている訳ではなく, 予期せず高賃金を提示されて移動する場合もある.

DMP モデルの基本モデルにおいては, labor turnover(労働者の移動) と job turnover(職務の開廃) が一致すると想定されている. 雇用創出・雇用喪失を組み込んだモデルである Mortensen and Pissarides (1994) においても labor turnover と job turnover は一致するという前提で議論がなされている.

しかし, Pissarides (2000, p.95) が指摘するように, 労働者の移動理由として負の生産性ショックに伴う解雇による失業への移動以外にも, 労働者の引退, 新規参入[18], 失業を伴わない職から職への移動があるため, 図 5-1 とその説明で示したように labor turnover は job turnover よりも範囲が広い.

DMP モデルにおいて job to job transition を考慮するためには, on the job search を導入する必要性が生じる. この問題は Mortensen (1994) と Pissarides (1994) において既に指摘されていたところである[19].

Mortensen (1994, pp.1121-1123) は米国や欧州の統計から, 失業率と欠員率が負の相関関係にあること, 雇用創出と喪失の間に負の相関関係があること, 離職率が景気順応的であり, 失業関連フローは反景気循環的な動きをすること, 職務と労働者の移動は一致しないが関連していることを指摘する. さらに Mortensen (1994) は, Mortensen et al.(1994) に on the job search を導入することでこの問題に対応することを試みている[20].

On the job search の意思決定について理論的根拠を与えることを試みたのは Pissarides (1994) である. Pissarides (1994) は職務を良い仕事 (生産性が高く賃金も高い) と悪い仕事 (生産性が低く賃金も低い) に二分する. 悪い仕事に就いている雇用者は on the job search を行ってよ

---

[17] Pissarides and Wadsworth (1994, p. 390), Fallick and Fleischman (2004, pp. 17-19) 参照.

[18] Pissarides (2000, pp. 95-103) において労働者の引退, 新規参入についての理論展開がなされている.

[19] Barlevy (2002) の汚辱効果に関する カリブレーション は Pissarides (1994) に基づいたモデルで行ったものである.

[20] Akerlof, Rose and Yellen(1988) は, 景気上昇期に離職率が上昇することについて, サーチ理論やリアル・ビジネスサイクル理論では説明できないこと, 非自発的失業を前提としたケインジアンのモデルでは説明できることを指摘した.

い仕事に移ろうとし, 失業者は悪い仕事でも受諾すると想定する. 但し, 悪い仕事であっても経験年数を経ると賃金が上昇するために転職を控えるようになると想定する. On the job search が労働市場の均衡に与える効果についての理論的考察は Pissarides (1994, pp. 468-472) において提示される. その含意するところは, 本節で説明する Pissarides (2000) 第4章と同様である.

　但し, このようなモデルにおいては カリブレーション を行う際に, on the job search を行う雇用者数は外生的に与えなければならない. 最も重要なことは on the job search を行う雇用者数決定のメカニズムである.

　Pissarides (1994) をさらに洗練したものが, Pissarides (2000) 第4章である. このモデルでは, 雇用が維持された状態であっても, 生産性がある一定水準以下になれば, 賃金水準の低下を回避するために雇用者は転職活動を開始することを想定している. ここでは Pissarides(2000, pp.103-120) に従って on the job search を DMP モデルに導入することについて検討する.

　モデルの基本について Pissarides (2000, pp.103-120) に基づいて説明する. 生産性ショックが発生した場合の雇用喪失が発生する水準である留保生産性を R とする. 第2留保生産性として S を設定し, 労働者は生産性が R と S の間の場合にある場合, on the job search を行うものと想定する. 新規雇用者数を m, 欠員数 v, 失業者数 u, 雇用されている求職者数 e(≤ 1−u)とするとマッチング関数は次式に書き換えられる.

$$m = m(v, u+e) \cdots\cdots (3\text{-}1)$$

マッチング関数は一次同次であるから, 労働需給逼迫度を$\theta = \frac{v}{u+e}$ とおくと, 欠員が埋まる確率 $q(\theta)$ を示す次式が求められる.

$$q(\theta) \equiv m(1, \frac{u+e}{v}) \cdots\cdots(3\text{-}2)$$

固有の生産性ショックの生じる確率はλ, 職務の到来確率は$\theta q(\theta)$, 新規職務の労働者にとっての利得は W(1), 生産性 x の分布は G(x)である. W(1) は最大の賃金を得ていることを意味するので on the job search は行われない. On the job search の費用は$\sigma(\geq 0)$で一定とする. 生産性が x のときの on the job search している労働者の利得を$W^s(x)$, on the job search していない労働者の利得を $W^{ns}(x)$ とする. On the job search が行われる条件は, $W^s(x) \geq W^{ns}(x)$ であり, $W^s(x) - W^{ns}(x)$ は x について減少する. 第2留保生産性は次式で示される.

$$W^s(S) = W^{ns}(S) \cdots\cdots (3\text{-}3)$$

それぞれの期待利得は次式で示される.

$$rW^s(x) = w^s(x) - \sigma + \lambda \int_R^1 \max\big(W^{ns}(S), W^s(S)\big) \, dG(s) + \lambda G(R)U - \lambda W^s(x)$$
$$+\theta q(\theta)[\, W^{ns}(1) - W^s(x)] \cdots\cdots(3\text{-}4)$$

$$rW^{ns}(x) = w^{ns}(x) + \lambda \int_R^1 \max\big(W^{ns}(S), W^s(S)\big)\, dG(s) + \lambda G(R)U - \lambda W^{ns}(x) \quad \cdots\cdots (3\text{-}5)$$

On the job search が実行されるためには, $W^s(x) \geq W^{ns}(x)$ と (3-4) (3-5) から次式が成立する必要性がある.

$$\theta q(\theta)[\, W^{ns}(1) - W^s(x)] \geq w^{ns}(x) - w^s(x) + \sigma \quad \cdots\cdots (3\text{-}6)$$

労働者の交渉力をβとすると, サーチを行っている場合の利得は次のように分配される.

$$W^s(x) - U = \frac{\beta}{1-\beta} J^s(x) \quad \cdots\cdots (3\text{-}7)$$

類似の関係は職探しを行わない労働者についても成立する. 職務の価値 $J^s(x), J^{ns}(x)$ は次式で示される. On the job search は企業にとっての職務価値を改善するので, $J^s(x) \geq J^{ns}(x)$ が成立している.

$$rJ^s(x) = px - w^s(x) + \lambda \int_R^1 \max\big(J^s(S), J^{ns}(S)\big)\, dG(S) - [\lambda + \theta q(\theta)]J^s(x) \quad \cdots\cdots (3\text{-}8)$$

$$rJ^{ns}(x) = px - w^{ns}(x) + \lambda \int_R^1 \max\big(J^s(S), J^{ns}(S)\big)\, dG(S) - \lambda J^{ns}(x) \quad \cdots\cdots (3\text{-}9)$$

失業の価値は次式で示される.

$$rU = z + \frac{\beta}{1-\beta} pc\theta \quad \cdots\cdots (3\text{-}10)$$

賃金を on the job search の有無により, $w^s(x), w^{ns}(x)$ とすると, 賃金方程式は次式となる.

$$w^{ns}(x) = (1 - \beta)z + \beta p(x + c\theta) \quad \cdots\cdots (3\text{-}11)$$

$$w^s(x) = (1 - \beta)(z + \sigma) + \beta px \quad \cdots\cdots (3\text{-}12)$$

このことは, on the job search を行っても賃金は外部要因の影響を受けず, サーチ費用の一定割合 $(1 - \beta)\sigma$ の上昇とサーチ利得の一定割合 $\beta pc\theta(1 - \beta)$ の低下が生じることを意味する. (3-11) (3-12) から次の条件が導かれる.

$$w^{ns}(x) - w^s(x) = (1 - \beta)(\frac{\beta}{1-\beta} pc\theta - \sigma)(> 0) \quad \cdots\cdots (3\text{-}13)$$

(3-11) (3-12) を (3-6)に代入することで, 生産性 x の時に on the job search が実行される条件 (3-14) が求められ, (3-15) に転換される.

$$w^{ns}(x) - w^s(x) \geq \beta \frac{pc}{q(\theta)} + \beta \frac{\sigma}{\theta q(\theta)} \quad \cdots\cdots (3\text{-}14)$$

$$w^{ns}(1) - U - \beta \frac{pc}{q(\theta)} = \beta \frac{\sigma}{\theta q(\theta)} + w^s(x) - U \quad \cdots\cdots (3\text{-}15)$$

さらにナッシュの分配ルール (3-7) とゼロ利潤条件 $J(1) = \frac{pc}{q(\theta)}$ を考慮すると (3-16) が成立し, (3-17) に書き換えられる.

$$\frac{\beta}{1-\beta} pc\theta \geq \sigma + \frac{\theta q(\theta)}{1-\beta} J^s(x) \quad \cdots\cdots (3\text{-}16)$$

$$J^s(x) \leq \beta J^{ns}(1) - (1 - \beta)\frac{\sigma}{\theta q(\theta)} \quad \cdots\cdots (3\text{-}17)$$

(3-17)の左辺は離職に伴う現在の雇用主の費用, 右辺は労働者の新規職務の利潤分配分とサーチ費用の雇用主負担分を示す. サーチ費用が 0 であっても労働者が on the job search を行うには,

$J^s(x) \leq \beta J^{ns}(1)$ であることが要求されるため, 社会的最適ではない. 社会的最適条件が成立するためには次式を満たす x で on the job search が行われることが要求される.

$$W^s(x) + J^s(x) \leq W^{ns}(1) + J^{ns}(1) - \frac{\sigma}{\theta q(\theta)} \quad \cdots\cdots (3\text{-}18)$$

ナッシュ分配ルールから次式が導かれる.

$$J^s(x) \leq J^{ns}(1) - (1 - \beta)\frac{\sigma}{\theta q(\theta)} \quad \cdots\cdots (3\text{-}19)$$

この結果は, サーチ費用が 0 であれば生産性が最大値以下の場合, サーチを行うべきであるが, $\beta <$ 1 の場合, サーチを行わない労働者が存在することを示唆する. つまり on the job search が控えめになることを意味する.

　次に均衡の特性について Pissarides(2000,pp.109-114) に従って述べる. 均衡は R, S の組, θ, w(x) と失業経路で示される. 雇用されている求職者数は[R, S] の範囲に存在する. 求職者 e の変遷は次式で示される.

$$\dot{e} = \lambda\,(1 - u)[G(S) - G(R)] - \lambda\,e - \theta q(\theta)e \quad \cdots\cdots(3\text{-}20)$$

定常状態において次式が成立する.

$$e = \frac{\lambda[G(S) - G(R)]}{\lambda + \theta q(\theta)}(1 - u) \quad \cdots\cdots(3\text{-}21)$$

失業の変遷は次式で示される.

$$\dot{u} = \lambda G(R)(1 - u) - q(\theta)\theta u \quad \cdots\cdots(3\text{-}22)$$

失業に影響を与えるのは θ と R であり, on the job search はこれらを通してのみ影響を与える. (3-21) (3-22) から欠員は次式で示される.

$$v = \vartheta(u + e) \quad \cdots\cdots(3\text{-}23)$$

賃金 w(x) は R, S, θ が得られれば求めることが可能である. R, S, θ を求めるブロックを構成するために, (3-8) (3-9) を (3-11) (3-12) に代入する.

$$(r + \lambda)J^{ns}(x) = (1 - \beta)(px - z) - \beta pc\theta + \lambda \int_R^1 \max(J^{ns}(S), J^s(S))\, dG(s) \quad \cdots\cdots(3\text{-}24)$$

$$(r + \lambda + \theta q(\theta))J^s(x) = (1 - \beta)(px - z - \sigma) - \beta pc\theta + \lambda \int_R^1 \max(J^{ns}(S), J^s(S))\, dG(s) \quad \cdots\cdots(3\text{-}25)$$

ここで $J^{ns}(S) = J^s(S) \equiv J(S)$ とおくと, (3-24) (3-25) から次式が得られる.

$$J(S) = \beta\frac{pc}{q(\theta)} - (1 - \beta)\frac{\sigma}{\theta q(\theta)} \quad \cdots\cdots(3\text{-}26)$$

$J^s(R) = 0$ であることから, (3-26) から[R, S] の範囲内の x について次式が求められる.

$$J^s(x) = (1 - \beta)\frac{p(x - R)}{r + \lambda + \theta q(\theta)} \quad \cdots\cdots(3\text{-}27)$$

(3-26) (3-27) を x=S について合体すると, サーチの留保閾値 S に関するブロックの第 1 方程式が求められる.

$$\frac{S - R}{r + \lambda + \theta q(\theta)} = \frac{\beta}{1 - \beta}\frac{c}{q(\theta)} - \frac{\sigma/p}{\theta q(\theta)} \quad \cdots\cdots(3\text{-}28)$$

雇用創出曲線は，職務の当初価値$J^{ns}(x)$，ゼロ利潤条件から求められる，(3-24) から次式が求められる．

$$(r + \lambda)[J^{ns}(1) - J(S)] = (1 - \beta)p(1 - S) \quad \cdots\cdots(3\text{-}29)$$

(3-26) と自由参入条件$J^{ns}(1) = \frac{pc}{q(\theta)}$ を利用して雇用創出条件を示すブロックの第 2 方程式が導かれる．

$$\frac{1-S}{r+\lambda} = \frac{c}{q(\theta)} - \frac{\sigma/p}{\theta q(\theta)} \quad \cdots\cdots(3\text{-}30)$$

(3-30) は (3-28) を用いて次式に書き換えられる．

$$(1 - \beta)\frac{1-R}{r+\lambda} = \frac{c}{q(\theta)} + \frac{\beta c\theta - (1-\beta)\sigma/p}{r+\lambda} \quad \cdots\cdots(3\text{-}31)$$

右辺の第 2 項は企業にとっての on the job search の利得である．R を示す式を導くために，(3-24) に雇用喪失曲線 $J^s(R) = 0$ を課す．職務のオプション・バリュー Λ を次のように定義する．

$$\Lambda = \lambda \int_R^1 \max\left(J^{ns}(S), J^s(S)\right) dG(s) = \lambda \int_R^S J^s(S)dG(s) + \lambda \int_S^1 J^{ns}(S)dG(s) \quad \cdots\cdots(3\text{-}32)$$

(3-27) と $J^{ns}(x)$ に関する (3-24) と類似の表現を用いて (3-32) を書き換える．さらに (3-28) に着目すると，$\Lambda(\cdot)$ は包絡線定理から局所的に S と独立であるため，次式が求められる．

$$\Lambda = \lambda(1 - \beta)p\Lambda(R, \theta, \sigma) \quad \cdots\cdots(3\text{-}33)$$

$$\frac{\partial \Lambda}{\partial \theta} < 0 \quad \cdots\cdots(3\text{-}34)$$

$$\frac{\partial \Lambda}{\partial R} = -\frac{1-G(S)}{r+\lambda} - \frac{G(S)-G(R)}{r+\lambda+\theta q(\theta)} < 0 \quad \cdots\cdots(3\text{-}35)$$

$$\frac{\partial \Lambda}{\partial \sigma} = \frac{1-G(S)}{r+\lambda}\frac{1}{p} > 0 \quad \cdots\cdots(3\text{-}36)$$

(3-25) (3-33) を用いて第 3 方程式である雇用喪失曲線 $J^s(R) = 0$ は次式のように書き換えられる．

$$R + \lambda \Lambda(R, \theta, \sigma) = \frac{z+\sigma}{p} \quad \cdots\cdots(3\text{-}37)$$

(3-28) (3-31) (3-37) から R, S, が決定される．雇用創出曲線 (3-31) は右下がりであり，on the job search がない場合よりも左に位置しており傾きは急である．雇用喪失曲線 (3-37) は次式から右上がりである．

$$1 + \lambda\frac{\partial \Lambda}{\partial R} > 0 \quad \cdots\cdots(3\text{-}38)$$

(3-31) (3-37) から R と S の均衡値が決定されて，(3-28) から S の値が得られる．賃金は (3-11) から生産性が S 以上の場合，(3-12) から生産性が [R, S] の場合について求められる．(3-20) から雇用者，(3-22) から失業者の動向を把握できる．

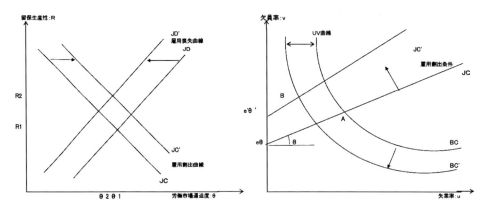

資料：Pissarides(2000)を基に作成

図 5-4 サーチ費用の上昇が留保生産性と労働市場逼迫　　図 5-5 サーチ費用の低下が欠員と失業に与える影響
　　　度に与える影響

　　次に on the job search が行われる場合の均衡の特性と定常状態におけるサーチ費用の影響について, Pissarides (2000, pp.114-120) に従って述べる. R, S, θ を求めると定常状態におけるストックとフローを求めることができる. 失業率は次式で示される.

$$u = \frac{\lambda G(R)}{\lambda G(R) + \theta q(\theta)} \quad \cdots\cdots(3\text{-}39)$$

ジョブ・サーチする労働者の比率は (3-21) を用いて次式で示される.

$$\frac{e}{1-u} = \frac{\lambda[G(S) - G(R)]}{\lambda + \theta q(\theta)} \quad \cdots\cdots(3\text{-}40)$$

Job to job のための離職数は $e\theta q(\theta)$ なので, 離職率は次式で示される.

$$\frac{e}{1-u}\theta q(\theta) = \lambda[G(S) - G(R)]\frac{\theta q(\theta)}{\lambda + \theta q(\theta)} \quad \cdots\cdots(3\text{-}41)$$

雇用創出率は $\frac{u\theta q(\theta)}{1-u}$, 雇用喪失率は $\lambda G(R)$ なので, (3-41) は次式に書き換えられる.

$$\frac{e}{1-u} = \frac{[G(S) - G(R)]}{u + (1-u)G(R)} \quad \cdots\cdots(3\text{-}42)$$

On the job search が行われる労働市場の均衡状態におけるサーチ費用の役割について考える. 雇用創出曲線 (3-31) から, 所与のRについて, σ が増加すると職務の持続時間が伸びるので一層の雇用創出がなされるためにθ は上昇する. 図 5-4 においてσ の増加により雇用創出曲線 JC は JC' に右方シフトすることが示されえる. (3-36) (3-37) (3-38) からσ の増加は留保生産性を引き上げて, 所与のθ における一層の雇用喪失を招くことになる. 雇用喪失曲線 (3-37) からσ の増加は企業がより高い賃金をとおして幾分かを負担することになり, 図 5-4 に示されるように雇用喪失曲線は JD から JD'に左方シフトする. 両者を合成すると, R は上昇する. (3-28) (3-31) (3-37) をσ について微分することで, 失業率一定の場合, σ が増加するとθ が低下して雇用創出が抑制されることが示される.　σの on the job search に与える効果を見るために. (3-28) をσについて微分すると次式を得る.

180

$$\frac{\partial S}{\partial \sigma} - \frac{\partial R}{\partial \sigma} = \frac{\partial S}{\partial \theta}\frac{\partial \theta}{\partial \sigma} - \frac{r+\lambda+\theta q(\theta)}{\theta q(\theta)}\frac{1}{p} \quad \cdots\cdots(3\text{-}43)$$

ここで次式が成立しており, η は $q(\theta)$ の弾力性である.

$$\frac{\partial S}{\partial \theta} = \frac{\beta c}{1-\beta}\Big(1+ \eta\,\frac{r+\lambda}{\theta q(\theta)}\Big) + \frac{(1-\eta)(r+\lambda)\frac{\sigma}{p}}{\theta^2 q(\theta)} > 0 \quad \cdots\cdots(3\text{-}44)$$

サーチ費用 σ が上昇すると R と S の乖離は縮小されることになる. サーチ費用 σ が増加すると, (3-39) から R が上昇して θ が低下するために失業率は上昇し, (3-39)(3-40) から on the job search を行う雇用者数は減少するために, (3-41) から job to job のための離職者は減少する. サーチ費用 σ が低下すると, 逆の経路を辿って失業率は低下し, job to job のための離職者は増加する. このとき, (3-14)(3-15) からサーチが行われない生産性 x ≥ S の場合の賃金は上昇する一方で, 生産性 R ≤ x < S の場合の賃金は低下して賃金格差は拡大する.

On the job search が行われる場合, 図 5-5 に示されるように, 職探しする雇用者がいるために, 雇用創出条件は正の切片を持つ直線となり, UV 曲線は on the job search が行われない場合よりも上方に位置する. この状況で, サーチ費用が低下した場合, 雇用創出条件は上方に移動し, UV 曲線は R の低下と e の増加の純効果として下方シフトするとしているため, 失業率は低下する.

　生産性 p の上昇が与える効果について, Pissarides (2000, pp. 119-120) は, 次のように示している. $\sigma = 0$ において生産性が上昇すると雇用喪失曲線が下方シフトして労働需給逼迫度 θ が上昇し, 雇用創出がなされて失業率が低下する. x ≥ S の企業では, 賃金が上昇するが, S と R の範囲が拡大して on the job search を行う雇用者は増加する. 但し, この増加は欠員の増加で相殺されるので失業率は上昇しない.

　Pissarides (2000) 第 4 章では, 当初の縁組が最も効率的であると想定しており, その場合においても生産性ショックに際して留保賃金次第で on the job search を行うことを示している. つまり on the job search は外部の条件に依存して内生的に決定されることを示している. On the job search を行う雇用者が増加すること自体はマッチングにおける求職者間の競争が激しくなるために UV 曲線を外側に移動させるものである[21]. 但し, on the job search を行う場合には欠員状況も変動することで労働市場の需給逼迫度が高まっている可能性があるために, このことが失業率の上昇に結び付く訳ではない.

4. BM モデルにおける on the job search

BM モデルは Burdett and Mortensen (1998) において提示されたモデルであり, Mortensen

---

[21] Fuentes (2002a) は, 本節で扱ったモデルとは異なるモデルに基づくものの, 実証分析により on the job search は労働需給逼迫度が一定の場合, ベバリッジ曲線を外側にシフトさせることを示した.

(2003) 第2章においても解説がなされている. BM モデルを用いた労働市場の均衡分析において
は, 失業者と雇用者は共にジョブ・サーチを行うとされており, 労働者はサーチ努力とは独立した
確率で発生する賃金掲示を受け取る, 労働者の関心は, 掲示される賃金に対して受諾するか否かを
決定することであり, 労働者が受け取っている賃金と外部の選択肢の差が大きくなるとサーチの
努力をする[22]. 留保賃金は雇用者の場合, 雇われている企業での賃金, 失業者の場合は失業価値に
等しいという前提が置かれている.

　BM モデルの概要は第Ⅱ部において展開される. ここでは on the job search の解明に関係する
ものとして以下の議論を展開する. BM モデルの特筆すべきことは, on the job search が job to
job transition と賃金分散(wage dispersion)を同時に生み出す機能について探求し, 企業が採用と
雇用を維持することと利潤の最適なトレード・オフを達成することで労働者が同質であっても賃
金分散が発生することを示したこと, 職務の移動. 賃金動態, 企業と労働者の間の選別パターンの
分析方法を提示したことである[23]. ここでの賃金分散とは人的資本理論等では説明できない賃金
格差を示している.

　BM モデルにおいては, 賃金分散の実績を追えない場合があったことを踏まえて, Mortensen
(2003, p.71) は, 労働者移動と賃金分散の関連について次のように述べている. 賃金分散は労働者
配分の結果であり, 労働者にはより高い賃金や快適さを掲示する企業を探して移る誘因が働く. 賃
金政策の相違が労働市場の摩擦や企業間の生産性の相違を反映しているのであれば, 生産性の高
い企業は高賃金を掲示する. 労働者の移動は労働市場の効率性を高めることになる. 但し, 非効率
な企業も存続していることも事実である. 従って,職から職への移動が 労働力配置を効率的にして
いるか検証する必要性がある. この指摘は BM モデルによる分析に洗浄効果, 遮断効果, 汚辱効果
を考慮する必要性があることを示していると考えられる[24].

　このような問題に対応するために BM モデルを発展させることが試みられており, Bontemps,
Robin and van den Berg (1999) は労働者と企業, Bontemps, Robin and van den Berg (2000) は
企業の異質性を考慮した賃金分散の説明を行っている. また, Christensen, Lentz, Mortensen,
Neumann and Werwatz (2005) においては, サーチに費やす努力を内生化した離職モデルを構築
し, 賃金分散について考察を加えている.

---

[22] Mortensen (2003, p. 73).

[23] Hoffmann and Shi (2016, pp. 108-110).

[24] Nagypál(2005, pp. 1-3) は, BM モデルについて job to job transition の程度を描写できないと指摘してい
る.

182

Mortensen (2003, p.73) は, 外部のオプションと現在の賃金の差が拡大すると労働者はより高い賃金を支払う企業を探す誘因が高まるため, 従前の BM モデルにおいてサーチ努力の選択を内生化する必要性があると指摘している.

Mortensen (2003) 第4章においては, Christensen et al. (2005) において用いられたサーチ努力の内生化手法を導入した BM モデルが提示されている[25]. これは on the job search を含めたジョブ・サーチには費用が発生し, ジョブ・サーチの努力を高めると職務の到来確率が上昇するとともに雇用者と失業者の競合が発生するという観点から努力が決定されるものである. モデルでは, 賃金が事前に決定される BM モデルに従った場合と, 事後に決定される賃金交渉モデルに従った場合を取り扱っている. 以下では Mortensen (2003, pp. 74-80) に従って, モデルの概要を述べる.

まず, 労働者のサーチ戦略について Mortensen (2003, pp. 73-75) に従って述べる. 労働者移動については, 雇用状態から失業状態, 仕事から仕事の2通りがある. 雇用喪失率 (employment hazard rate) δ は外生的に, 選択された求職努力 s は内生的に決定される. サーチの効率性を示すパラメータを λ とすると職務の到来確率は λs となる.

労働者は, 将来の所得流列の現在価値が現状よりも大きければ, 掲示を受けいれる. 雇用されることの価値を W, 失業の価値を U, リスクのない債券の利子率を r, 職探しの努力の費用を $c_w(s)$, 賃金掲示が w より大きくない比率を F(w) とすると, 縁組みによって支払われる賃金 w の雇用価値の最大値は次式を満たす.

$$rW(w) = \max_{s \geq 0}\{w + \delta\{U - W(w)\} + \lambda s \int [\max(W(x), W(w)) - W(w)] dF(x) - c_w(s)\} \quad \cdots\cdots(4\text{-}1)$$

この式は求職努力の最適値を示すベルマン方程式である. 同様に失業の価値 U は, b を失業時の所得とすると, 次式を満たす.

$$rU(w) = \max_{s_0 \geq 0}\{b + \lambda s_0 \int [\max(W(w), U) - U] dF(x) - c_w(s_0)\} \quad \cdots\cdots(4\text{-}2)$$

W(w) は単調増加関数なので, 失業者は掲示された w が以下で定義された留保賃金 R を超えたときに, 雇用を受諾する。

$$U = W(R) \quad \cdots\cdots(4\text{-}3)$$

雇用関数の価値の導関数は, 包絡線定理から,

$$W'(w) = \frac{1}{r + \delta + \lambda s(w)[1 - F(w)]} > 0 \quad \cdots\cdots(4\text{-}4)$$

が成立するので, 労働者は高い賃金が支払われる代替的な仕事の掲示を受諾することで離職する. 従って最適な職探しの努力は総利得と職探し費用の差を次式のように最大にする.

---

[25] Christensen et al. (2005) については, Mortensen (2003) 以前に Discussion Paper として公表されている.

$$s(w) = \arg\max_{s \geq 0}\{\lambda s \int_w^{\overline{w}} [W(x) - W(w)]dF(x) - c_w(s)\}$$

$$= \arg\max_{s \geq 0}\{\lambda s \int_w^{\overline{w}} W'(x)[1 - F(w)]dx - c_w(s)\}$$

$$= \arg\max_{s \geq 0}\{\lambda s \int_w^{\overline{w}} (\frac{1 - F(x)}{r + \delta + \lambda s(w)[1 - F(w)]} - c_w(s)\} \quad \cdots\cdots (4\text{-}5)$$

部分積分によって 2 番目の等号, (4-4) から 3 番目の等号が導かれる. $c_w(s)$ が厳密に凸であるならば, 最適サーチ努力の戦略 s(w) は w に関して単調減少関数である. さらに, 次式で示される 1 階の条件,

$$c'(s(w)) = \lambda \int_w^{\overline{w}} [W(x) - W(w)]dF(x) \quad \cdots\cdots (4\text{-}6)$$

は, $c_w(0) = c'_w(0) = 0$ を満たすときに, 最適解を特徴付けるので, (4-1) (4-2) (4-3) から雇用されることの純価値は次式となる.

$$W(w) - U = \frac{w - b + [s(w)c'_w(s(w) - c_w(s(w))] - [s(R)c'_w(s(R) - c_w(s(w))]}{r + \delta} \quad \cdots\cdots (4\text{-}7)$$

失業時の掲示の受諾には w ≥ R が要求されるので, 失業者のジョブ・サーチの密度 (search intensity) は, 留保賃金が失業給付であること,

$$s_0 = s(R) \cdots\cdots (4\text{-}8)$$

留保賃金が失業給付に等しいこと,

$$R = b \quad \cdots\cdots (4\text{-}9)$$

という条件が満たされた留保賃金で雇用された労働者のそれと等しいことを, (4-1) (4-2) (4-3) は含意する.

　次に定常状態について Mortensen (2003, pp. 75-77) に従って述べる. 労働者の雇用状態から失業状態への移行確率は δ, 労働者の失業から雇用状態への移行確率は λs(b) であるので, 定常状態での失業率は, 労働力を 1 とすると次式を満たす.

$$\frac{u}{1 - u} = \frac{\delta}{\lambda s(b)} \quad \cdots\cdots (4\text{-}10)$$

賃金が w 以下の職務への労働者フローは失業状態から当該職務に新たに雇用された者で構成される. 流出フローは雇用喪失数とより賃金の高い仕事を見つけようとする労働者の合計である. 純流入と純流出を等しくすると, 賃金掲示が w より大きくない比率 F(w) と, 賃金 w 以下で雇用される労働者比率 G(w) との間の定常状態での次の関係を導ける.

$$\delta G(w) + \lambda[1 - F(w)]\int_{\underline{w}}^w s(x)dG(x) = \frac{u\lambda F(w)}{1 - u} = \delta F(w) \quad \cdots\cdots (4\text{-}11)$$

ここで第 2 等号は (4-10) から得られる. (4-11) に判明している値を入れることで G(x) が求められる.

　雇用主の採用政策について Mortensen (2003, pp. 76-77) に従って述べる. 任意の応募者が掲示賃金 w を受諾する確率 h(w) は, w を受け入れようとする応募者の比率で示される. 該当する応募

者は, 失業者とより高い賃金を求める雇用者を含んでおり, 賃金 $z<w$ の後者の労働力フローは $s(z)G'(1-u)$ となる.

$$h(x) = \frac{\lambda s(b)+\lambda \int_{\underline{w}}^{w} s(z)dG(z)(1-u)}{\lambda s(b)+\lambda \int_{\underline{w}}^{\overline{w}} s(z)dG(z)(1-u)} = \frac{\delta+\lambda \int_{\underline{w}}^{w} s(z)dG(z)}{\delta+\lambda \int_{\underline{w}}^{\overline{w}} s(z)dG(z)} \quad \cdots\cdots(4\text{-}12)$$

ここで第 2 等号は (4-10) から得られる. 同一企業における離職率は外生的転職率と雇用者がより高い賃金を見つける次の確率の和である.

$$d(w)(= \delta + \lambda s(w)[1-F(w)]) \quad \cdots\cdots(4\text{-}13)$$

企業が労働者を 1 人雇い入れることの価値 J はベルマン方程式 $rJ(p,w) = p - w - d(w)j(p,w)$ を満たす. ここから次式が含意される.

$$J(p,w) = \frac{p-w}{r+d(w)} \quad \cdots\cdots(4\text{-}14)$$

従って, 接触した労働者 1 人当たりの期待利潤は, 次式となる.

$$\pi(p, w) = h(w)J(p,w) = \frac{h(w)(p-w)}{r+d(w)} \quad \cdots\cdots(4\text{-}15)$$

支払われている賃金を所与とすると, 最適求人努力は, 求人活動に起因する期待価値と求人費用の差を最大化する. 欠員率 v を採用活動の努力指標, η を採用活動努力の効率性とおくと, 接触頻度はηv, 採用費用は$c_f(v)$ となる. 最適な採用活動の努力は, 次式で定義される.

$$v(p,w) = \arg\max_{v \geq 0}\{ \eta v\pi(p,w) - c_f(v)\} \quad \cdots\cdots(4\text{-}16)$$

採用活動の費用関数は厳密に凸であり, 境界条件$c_f(0) = c_f'(0) = 0$を満たすとすると, 最適な選択は, $\eta\pi(p,w) \geq 0$が成立している場合に限り, 次の内点解の 1 階の条件を満たす.

$$c_f'(v(p,w)) = \eta\pi(p,w) \quad \cdots\cdots(4\text{-}17)$$

次に賃金決定について, Mortensen (2003, pp. 77-78) に従って述べる. BM モデルでの買手独占者は, 接触した労働者 1 人当たりの利潤を最大化するように事前に次の賃金戦略を選択する.

$$w_1(p) = \arg\max_{w \geq b}\pi(p,w) = \arg\max_{w \geq b}\left\{\frac{h(w)(p-w)}{r+d(w)}\right\} \quad \cdots\cdots(4\text{-}18)$$

代替的手法として, 一般化されたナッシュ双方向バーゲニングの結果として事後的に賃金が決定されるならば, 労働者の交渉力を $\beta \in (0,1)$ とおくと, ありうべき結果の詳細は次式のとおりである.

$$w_2(p) = \arg\max_{w \geq b}(W(w)-U)^\beta j(p,w)^{1-\beta} = \arg\max_{w \geq b}(W(w)-U)^\beta\left(\frac{p-w}{r+d(w)}\right)^{1-\beta} \quad \cdots\cdots(4\text{-}19)$$

生産性 p は, 参加企業の集合を示す範囲 $[\underline{p},\overline{p}]$にわたって連続して分布しており, $w_1(p), w_2(p)$ は p に関して厳密に増加関数である. 台の上限 $\overline{p}$は所与であるが, 下限の$\underline{p}$ はより高い生産性の企業の参加を促す程に十分高くなければならない. 企業が参加するための必要十分条件は, いずれの賃

金決定方式の下においても, 境界条件 $c_f(0) = c'_f(0) = 0$ を満たした厳密に凸の求人費用関数が与えられている場合,

$$v(p, w(p)) > 0 \Leftrightarrow \pi(p, w(p)) > 0 \Leftrightarrow p > w(p) \text{ for all } p > \underline{p}$$

が成立することである. このことは, 企業が参加するのは, 生産性が賃金を上回っている場合に限ることを示している. 従って, $\underline{p} = \underline{w}$ は, 限界的参加者を示している. このことと (4-18) (4-19) から, 限界的参加企業は留保賃金相当額を支払い, 利潤は存在しないという条件で次式が求められる.

$$\underline{p} = w\left(\underline{p}\right) = \underline{w} = R = b \quad \cdots\cdots(4\text{-}20)$$

$\underline{p} = w\left(\underline{p}\right) > b$ ならば, 最も生産性が低い企業は買手独占の場合の留保賃金を支払うことで利潤を得る. $\underline{p} > b$ ならば, 2 者間のバーゲニングの場合において, $\underline{p} > w\left(\underline{p}\right) > b$ となる, $\overline{p} > b$ は取引が行われるための必要十分条件である.

　次に集計について, Mortensen (2003, pp. 78-79) に従って述べる. 労働者は企業の求人努力に比例して特定の企業と出会う確率が上昇し, いずれの賃金決定メカニズムの下でも賃金と生産性の関係は単調増加することから, 掲示分布は, 生産性が p 以下の企業の比率を $\Gamma(p)$ とすると, 欠員で加重された賃金分布となる[26].

$$F\left(w(p)\right) = \frac{\int_{\underline{p}}^{p} v(z, w(z)) d\Gamma}{\int_{\underline{p}}^{\overline{p}} v(z, w(z)) d\Gamma} \quad \cdots\cdots(4\text{-}21)$$

このことは, 掲示分布は, w(p) 以下の賃金を支払う企業により掲示された欠員の一部分であることを意味する.

職探しと求人の効率性パラメータ $\lambda\eta$ は労働市場に参加する他の労働者や企業の職探しと求人の努力に依存し, この関連は集計された「マッチング関数」で示される. ここでは縁組の総フローは集計された労働者の職探し努力と企業の求人努力の生産物に比例すると想定する. 各労働者が企業と接触する率は $\lambda s(x)$ であり, 失業している場合は x＝b, 雇用されている場合は x＝w であるとすると, 単位期間当たりの接触の集計フローは, 次式となる.

$$M = \lambda(us(b) + (1 - u) \int_{\underline{w}}^{\overline{w}} s(w) \, dG(w))$$

従って, 出会いのフローは, 次式を満たす.

$$M = \eta m \int_{\underline{p}}^{\overline{p}} v\left(z, w(z)\right) d\Gamma(z)$$

---

[26] 企業の集合は, 連続で微分可能な生産性の分布 $\Gamma : [0, \overline{p}] \to [0,1]$ で表わされる. 台の外生的に決まる上限は, 有限で失業給付を超えるものであり, $b < \overline{p} < \infty$ となる (Mortensen(2003, pp.79-80)).

ここで, $\eta v(p, w(p))$ は賃金 $w(p)$ を支払うタイプ p の各企業の労働者への接触率なので, m は労働者１人当たりの雇い主数となる. 従って, $M = \lambda\eta$ が成立する. ここで, λ と η はマッチング技術の整合的な特定である.

$$\lambda = m \int_{\underline{p}}^{\overline{p}} v(z, w(z)) d\Gamma(z)$$
$$\eta = us(b) + (1-u) \int_{\underline{w}}^{\overline{w}} s(w) \, dG(w)$$
……(4-22)

失業者のみが職探しを行い, 雇い主が同質であるならば, マッチング関数は $M = ms(b)vu$ の形に縮約される.

　次に労働市場の均衡解の定義と命題について, Mortensen (2003, pp.79-80) に従って述べる.

<u>定義</u>：定常状態の労働市場均衡は, 関数で構成される.

$$s: [\underline{w}, \overline{w}] \to \mathbf{R}_+, v: [\underline{p}, \overline{p}] \times [\underline{w}, \overline{w}] \to \mathbf{R}_+, w: [\underline{p}, \overline{p}] \to [\underline{w}, \overline{w}]$$

ここで, 関数は, サーチ戦略 $s(w)$ が (4-5) の解, 採用戦略 $v(p, w)$ が (4-16) の解, 賃金政策 $w(p)$ は (4-18) 又は (4-19) の解であるという意味で最適である. 但し賃金関数については, (4-1) で定義された雇用関数の価値 $W: [\underline{w}, \overline{w}] \to R_+$, (4-2) で定義された失業 U の価値, (4-21)で定義された賃金掲示の累積分布関数 $F: [\underline{w}, \overline{w}] \to [0,1]$, (4-22) で定義されたマッチングの効率性パラメータ λ, η, (4-10) (4-11) をそれぞれ解く定常状態の失業率 u と賃金の累積分布関数 $G: [\underline{w}, \overline{w}] \to [0,1]$ を前提としている. このとき $w(p)$ が (4-18) の解であれば買手独占, (4-19) の解であれば２者間バーゲニング均衡である.

<u>命題</u>：買手独占と２者間バーゲニングいずれにおいても, 性質 $(\lambda, \eta) > 0$ を持つ労働市場の唯一の定常状態が存在する.

　Mortensen (2003) 第４章は BM モデルにおける労働者フローを明確にすることで賃金分散の実態をより描写することを試みた[27]. モデルでは失業者の留保賃金は失業給付 b に等しいため, 賃金掲示が $b \le w$ でであれば受諾して失業から雇用者へのフローが発生する. On the job search を行う雇用者は x を超える賃金を掲示されると転職するので job to job transition が発生する. マッチング関数においては失業者数の替わりにサーチの効率性が変数として組み込まれることになる.

　企業の採用に際しても費用は発生する. 新聞等への求人広告の掲載, 応募書類の審査, 面接費用, さらには人材紹介会社への手数料等を必要とする. Mortensen (2003) が採用費用の接触確率への

---

[27] Mortensen (2003, pp. 80-95) は, 実証分析ではナッシュ交渉解を導入することが賃金分散の説明に有効であったとしている.

効果についても検討したことは重要である. これらの手法はその後の DMP モデルに on the job search を導入する際に応用されている.

5. On the job search に関するその後の研究

ここでは, 2000 年以降の on the job search に関する議論を紹介する.

Job to job transition については米国を中心に, その後も実態の把握が進んでいる. Hyatt and Spletzer (2013) は, 米国において雇用動態を示す指標である雇い入れと離職, 雇用創出・喪失, job to job transition が 1998 年〜2010 年にかけて低下傾向を示していること, 特に 2001 年と 2007 年〜2009 年に低下が集中しており, 充分に回復していないことを指摘して, その要因について検討している. Hyatt et al. (2013) は, この低下傾向について, 労働市場の構成要因の変動は説明力が低いこと, 事業所レベルでの雇用創出・喪失の低下は雇い入れと離職の低下の 1/3 しか説明できないこと, 雇い入れと離職の低下は踏み石となる短期間の職務の消滅による面が大きいとしている.

Mukoyama (2014, p.2) は, 米国の CPS の月別データを用いた場合であっても, job to job transition に見える場合に短期間の失業状態に陥っている可能性は否定できないことから, 時間集計バイアス (time-aggregation bias) が発生すること, Fallick et al. (2004) ではバイアス除去がなされていないことを指摘し, バイアスを除去した job to job transition を米国の 1996 年〜2011 年の間について推定した. Mukoyama (2014, p.2) は, バイアスの影響は殆どなく, job to job transition は景気順応的であること, さらに 2000 年代初頭から減少傾向にあることを確認した.

さらに, Mukoyama (2014) は, Shimer (2005b) に依拠した on the job search を導入したモデルを構築し, カリブレーション を行いて job to job transition を通した労働者再配置の低下が米国の生産性上昇率に与える影響を検証した. Mukoyama (2014, pp.10-12) は, 再配置低下が 2009 年〜2011 年にかけて米国の TFP (全要素生産性) を洗浄効果を最大限に見積もっても, 年間 0.4〜0.5％ポイント縮小させていることを示した.

DMP モデルの カリブレーション において景気循環における失業と欠員のヴォラティリティを十分に追えないことはよく知られている[28]. このことは失業と欠員が逆方向に動くことを示して

---

[28] Shimer (2005a).

いる，これらの問題の解決のために賃金の硬直性等がモデルに導入されてきたところである[29]．ここで on the job search による job to job transition がこの問題を解く鍵となると考えることは当然であろう．これは，職務と労働力のフローをモデルにおいて分離することを意味する．BM モデル，DMP モデルに on the job search に際しての費用を考慮することはモデルの結果をより現実的にするに際して有効であると考えられる．

Nagypál(2006, pp.482-485) は，企業が労働者のアピールを観察できない状況において，失業者よりも on the job search を行う雇用者を優先するという前提を置くと，景気拡大期に雇用者が on the job search を行い，これに応じて企業の欠員が増えるという増幅機能 (amplification mechanism) が働くことを指摘する．Nagypál(2006, pp.485-497) は，DMP モデルに Mortensen (2003) 第 4 章の on the job search 導入の技法を組み込んだモデルを構築した．モデルではサーチ努力により職務の到来確率が上昇すると想定し，サーチ費用を考慮した上で労働や失業の価値が最大化するようにサーチ努力が選択されるとしている．またマッチング関数では失業者数をサーチ努力に変えている．Nagypál(2006, pp.496-503) は，米国を念頭に置いた カリブレーション により，生産性が向上すると増幅機能が働くこと，失業と欠員の負の相関関係があることを示した．

Nagypál(2007, p.2) は，Nagypál(2006) と基本形が同一のモデルに Mortensen (2003) 第 4 章に従って採用費用を導入することで，増幅機能を示そうとした．企業は採用費用が生じる状況において利潤を獲得するために，生産性の高い雇用者を採用しようとする．これは，新たな雇用期間は長くなり採用費用を償還しやすいからである．Nagypál(2007, pp.10-18) は，この方法においても米国を念頭に置いた カリブレーション で失業と欠員のヴォラティリティを説明した，

Tasci(2007,pp.2-4) は，縁組の生産性が分布していると想定し，景気拡大期に縁組全体の生産性が向上すると，情報が不完全な状況では継続的であった低生産性の縁組を解消して新たな企業を見つけようとする労働者が増加して，on the Job search を開始すること，一方企業も労働者と接触できる機会が増えるために欠員を提供する増幅機能が働くことを指摘する．Tasci (2007, pp. 27-37) は，Pries and Rogerson (2005) を踏襲した DMP モデルを用いた カリブレーション により米国の失業，欠員，労働需給逼迫度の動きを追跡するとともに失業と欠員の負の関係を導いた．

Krause and Lubik (2010) は，Pissarides (1994) と同様に職務を良い仕事と悪い仕事に二分して on the job search が発生する DMP モデルを構築した．Krause et al. (2010, pp. 14-20) は，米国を対象とした カリブレーション により，生産性ショックが発生した際の失業率，欠員率，job to

---

[29] Pissarides (2009).

job transition の景気循環的動態を追跡できること, モデルの伝播 (propagation) 構造により GDP に自己相関性が発生することを示した.

　長期において生産性が向上することは, 離職を増やして雇用者数を減少させると考える研究者が多いが, 統計が示すところは生産性の向上は失業率を低下させるというものである[30]. ここまでの議論から on the job search を導入することで生産性の向上と失業率の負の関連を示すことが可能となると想定することは自然である.

　Miyamoto and Takahashi (2011) は, Mortensen (2003) 第 4 章の on the job search を BM モデルに導入した手法を DMP モデルに導入した. これは Nagypál (2006) (2007) と同趣旨のモデルであるが, 生産構造に体化されない技術進歩を想定したことに意義がある. Miyamoto et al. (2011, pp. 673-679) は米国を念頭に置いた カリブレーション により, 生産性上昇は雇用創出を促すこと, マッチングの改善により離職率を低下させること, job to job transition が円滑に行われることで失業率を低下させること, 生産性の 1%の低下は失業率を 0.23%ポイント上昇させることを示した.

　このような議論は, 労働者再配置が経済成長を促すこと, 但し, 景気拡大期でなければ実現は困難であることを示すものであり, 政策議論に大きな知見を与えるものである.

　On the job search における労働者の意思決定を分析する場合, その動機について分析することは, Pissarides (2000) 第 4 章や Mortensen (2003) 第 4 章の理論モデルの妥当性を確認するために重要である[31].

　Fuentes (2002b, p.3) は, 雇用者は景気回復期に欠員が増加すると on the job search を開始すること, 言い換えると労働需給逼迫度や賃金分散が変動することが影響を与えること, 雇用者にとっては on the job search を行うか否かを決定する留保賃金が存在し, 留保賃金は失業手当額, サーチ費用, 移動費用, 現在の賃金, 職務掲示の到来確率, 雇用喪失確率, 割引率で決定されること, 賃金が留保賃金を下回ると on the job search を開始する雇用者が増加することを指摘している. Fuentes (2002b, pp.9-11) は, 英国の 1996 年の労働力調査の個票データを用いて検証したところ, 男子では転職の将来利得が大きいこと, 経験年数が短いことが on the job search につながるとしている.

　Bak(2013. p. 22) は on the job search の決定要因に関する諸研究を概観し, 賃金が高くなると職探しの潜在利得が減少するために, 雇用者は on the job search を控えるようになること, その

---

[30] Miyamoto et al.(2011, pp. 666-667).

[31] この問題に関する研究は, Pissarides and Wadsworth (1994) を嚆矢とする.

結果, 労働移動が抑制されること, さらに on the job search を推進する要因は自分自身の賃金と転職で得られる可能性のある代替賃金の差であるとしている. 但し Bak(2013. p. 22) は従前の研究においては, 代替的賃金として推定値を用いている場合が多いことを問題点として指摘している.

　Bak(2013) は, ハンガリーにおいて 2011, 2012 年に実施された調査結果を用いて賃金環境の変動が on the job search に与える効果を検証した. この調査はハンガリー中央統計局の労働力調査のデータベースを用いて 18 歳〜65 歳のインターネット利用者を対象として実施したものである. 調査では on the job search の程度を訪ねており, 代替的賃金は他の企業で得られるであろう回答者の主観的な値である. Bak(2013, pp. 27-28) は, 分析に当たっては on the job search が代替的賃金に影響を与えないと判断した上で, on the job search の程度に対する各項目の与える効果を計測しており, 代替的賃金の上昇は促進, 自身の賃金上昇は抑制, 賃金カットは促進, 賃金格差は促進の効果を与えること, さらに賃金以外に上司との関係が悪いと促進することを指摘している. Bak(2013, pp. 30-31) の結果表からは, 賃金以外の要因が on the job search に与える効果を読み取ることが可能であり, 経験年数が 10 年未満は促進, 年齢が高くなると抑制すること, 資産保有が抑制的に働くことが示される. この結果は, 労働者が人的資本の蓄積を考慮して on the job search を行うこと, 属性が on the job search の留保賃金を決定することを示唆している.

　一方, 労働者が on the job search を行うのは, 企業側の姿勢も影響している. 企業が欠員を充足するために新規の雇い入れを行う場合, 失業者よりも雇用者を選好する可能性がある.

　Eriksson and Lagerstrom (2006, p. 374) は, 企業の立場からは, 失業者はすぐに仕事に就けるという利点があるものの, 失業者は不況時に解雇されるため生産性が低いと判断される選抜効果 (selection effect)があること, 失業中に技能が低下すると判断される期間効果 (duration effect)があること から選好されないと指摘している. Eriksson et al. (2006) は, 企業の新規採用に際して企業との接触に成功する確率は雇用者と失業者でどちらが高いかについて, スウェーデンの公共雇用局によって保有されている職務応募者に関するデータベースを用いて検証した. Eriksson et al.(2006,p.376) は, 雇用者と失業者のほぼ同一属性の労働者について接触確率を比較したところ, 雇用者の方が 3.7%ポイント高いという結果を得た[32].

　Faberman, Mueller, Sahin and Topa(2017) は, ニューヨーク連銀が実施した SCE (Survey of Consumer Expectation) の 2013 年〜2015 年のデータを用いて, 雇用者の on the job search と失

---

[32] Eriksson and Gottfries (2005) は, 欧州においては企業が採用に際して雇用者, 失業者とランク付けするために失業者の失業期間が延びて履歴効果が発生すること, 失業率が高くなることを指摘する.

業者のジョブ・サーチの努力と成果を比較した. Faberman et al.(2017) は, 労働者の属性を制御した上で, 雇用者に on the job search が普及していること, 職務階梯の下位で集中的に行われること, 雇用者は失業者よりも3倍ジョブ・サーチが効果的であること, 雇用者は失業者よりも賃金の高い良い仕事の提示を受けることを示している[33].

これらの結果は, 失業状態にあるか否かが生産性の高低を示すシグナリングの役割を果たしていると解釈できる[34]. 失業者の生産性が低いのであれば, 失業者を新規産業に移動させることは極めて困難であることから, 失業者と雇用者で生産性に相違があるか否かは労働者再配置を検討する際にも重要である.

岡本, 照山 (2010) は, KHPS (慶應義塾家計パネル調査) の 2007 年〜2009 年のパネル・データを用いて仕事の満足度を示す指標が転職希望に与える影響について検証した. 岡本他 (2010, pp. 131-134) は, 男子雇用者については賃金と労働条件等の非金銭的要因が転職動機となることを示した. この結果は間接的に on the job search の要因を示すものと解釈できる. 賃金が直接, 転職動機に影響を与えているが, これは賃金が低い場合, 悪い仕事に就いており, 良い仕事に移りたい意向を示している. 年齢がマイナスの要因となっていることは, 従前の理論や研究と整合的である.

木村, 照山 (2013) は, KHPS の 2004 年〜2012 年のパネル・データを用いて, 転職者の転職後の賃金変化を調査した. 木村他 (2013, pp. 253-263) は, 非自発的な転職は賃金低下につながること, 自発的な転職は賃金上昇につながるものであり, 転職直後に賃金が低下しても長期的には賃金は上昇すること, 非金銭的要因による転職は賃金が低下しても仕事の満足度が上昇するものであることを示した.

萩原他 (2017) は, 「ワーキングパーソン調査」 (リクルートワークス研究所) の 2012 年と 2014 年のデータを用いて転職前後の賃金を比較した. 萩原他 (2017, pp. 9-18) は, 転職前後の賃金を比較した短期的効果では, 賃金不満による転職は賃金上昇をもたらすこと, 倒産等に伴う転職は賃金低下をもたらすこと, 特に 35 歳以降の下落が大きいこと, 賃金関数を基に仮想の生涯を比較した長期的効果では, 賃金不満による転職はその効果が増幅されること, これはマッチングの改善によること, 他の理由による転職は若年時に行う方が有利であることを示している. 日本における最近の研究結果は, 転職が人的資本の減耗を通して賃金を低下させるという従来の結果とは異なる. 人

---

[33] Faberman et al.(2017)は, Econometrica,2022, Vol.90, Issue4, pp.1743-1779 に掲載されている.

[34] Gibbons and Katz (1991) は, レイオフされた労働者について, 新旧雇い主間の情報の非対称性をシグナリングの観点から議論している.

的資本理論に加えてマッチング理論を考慮したこと，パネル・データを用いて個人を追跡したことで，従前と異なる視点から研究が進んでいることを示すものである．

6. 今後の展望

　従前の新古典派経済学やサーチ理論においては，職務再配置と労働者再配置が同義という前提では，景気後退時に「創造的破壊」を行うことで，労働市場は効率性が高まるという結論となる．

　しかしながら，サーチ理論に対しては，景気変動に伴う失業や欠員の動きを追えないという批判があった．これはサーチ理論を支持する立場からより事実を追跡できるモデルを追及するための批判であるが，新古典派を支持しないケインジアンの立場からの批判でもあった．

　本論で議論してきたように，サーチ理論において on the job search を考慮することで，景気変動に伴う労働市場の動態（失業や欠員の動向，労働者再配置の動向と雇用創出・喪失の関連）を従前よりも説明することができるようになっている．これは職務と労働者のフローを分離して捉えることができることを意味しており，サーチ理論の政策議論における有効性をさらに高めることとなった．言い換えると 1. で紹介した新古典派理論を形式的に踏襲した「典型的な主張」の誤りを正すとともに，ケインジアンの立場に立たない有効な政策を打ち出すこができるようになった．

　DMP モデルに on the job search を導入する際には，Mortensen (2003) 第 4 章の手法によるものが多い．Pissarides (2000) 第 4 章による留保生産性を基準とする手法は応用が殆どなされていないのが現状である．雇用者が on the job search を行うための留保生産性を推定することが今後の課題である．

　「典型的な主張」である 1. で引用した内閣府 (2016, pp. 71-77) の政策提言については，その弱点は明白である．当該主張には，on the job search が考慮されず，転職が自発的か非自発的かの区別がなされないままに転職率の低下を労働者再配置の制約要因として問題視していること，失業者のみを考慮したバイアスのかかったマッチング関数の推定結果をもとに労働市場の効率性が低下していると判断したことに問題がある．従って，労働者再配置に知見を与えるものではない．

　解雇権制約の緩和やそれに伴う労働者移動が労働市場の効率性を高めるという議論に対しては，直感的に間違っていると判断する者が多数であろう．本論での議論は，サーチ理論に on the job search を導入することで，その直感を理論的に裏付けられたことを示している．また，解雇は個別に事情が異なるものであり，事前に有効か無効かを予測することを可能とすること自体が無意味な議論である．

本論での議論が示すのは，労働者再配置を促すためには，景気上昇期に雇用創出を促すとともに，労働力移動を推進することが必要であり，景気後退期において労働市場の効率性を高めることは極めて難しいということである．

　転職による賃金変動に関しては，従前の人的資本理論のみに基づいた実証分析では，転職は賃金低下を伴うという結果がもたらされる．しかしマッチングを考慮することで賃金が上昇する場合の理論的根拠を導いたこともサーチ理論の功績である．この結果も自発的な転職が労働市場の効率性向上につながることを示している．

　日本においては職務と労働者のフローが分離されていない議論が依然として多く，景気後退時に恣意的に労働者を移動させて労働力市場の効率化を図ろうとする政策提言が目立っている．さらに日本においては job to job transition を把握しようとする統計も存在せず，そのための努力も不十分である．つまり，日本においては旧式の理論に基づいて政策立案がなされているのが実情である．

　労働者再配置が労働市場の効率化を進めて経済成長を促すことに異論はない．問題はそれを実現するための手段である．自発的な転職が大きな役割を有していることは間違いない．この場合，on the job search についてより深く考察することが必要である．労働市場の効率性を議論する際に，日本において必要なのは，職務と労働者を区分して再配置の議論を行うこと，雇用創出・喪失の意味を再考すること，関連する統計を整備すること，これらに基づいて実証分析を進めることである．

第5章　サーチ理論による転職を伴う労働市場の評価

（Part 2：転職行動が失業に与える効果の検証）

失業者のみがジョブ・サーチを行うという伝統的経済学の想定は非現実的である．本論では, on the job search を考慮した DMP モデルを用いてカリブレーションに基づくシミュレーションを行うことで転職が労働市場に与える効果を検証した．労働者が on the job search を行うことで，労働需給逼迫度は低下して雇用創出が抑制されるものの，留保生産性は低下して雇用喪失は抑制される結果，失業率は低下するという結果が得られた．転職費用の上昇は留保生産性を上昇させて雇用喪失を促し，失業率を上昇させるとともに，転職希望者を減少させる．また，職務の生産性の上昇は雇用喪失を抑制するとともに雇用創出を促して失業率を低下させる一方で，転職希望者を増加させることが示される．但し，失業率の低下には賃金格差の拡大を伴うことに留意する必要性がある．

Key Words：on the job search, 留保生産性, 労働需給逼迫度, 転職費用, 賃金格差

1.　はじめに

　従前の経済学においては，ジョブ・サーチは失業者が行うことを前提としていた．しかし，雇用者が在職中にジョブ・サーチを行うこと (on the job search) は通常，離転職に際して観察される行動である．サーチ理論である DMP モデルにおいても on the job search が導入されており，その内容は Pissarides (2000) 第4章において示されるとおりである．

　本章の Part2 では, Pissarides (2000) 第4章のフレームワークを用いて on the job search を導入した DMP モデルのカリブレーションによるパラメータ推定とシミュレーションを行い，日本を想定した転職を伴う労働市場を評価するものである．2 でモデルの概略を提示し，3 で推定のためのモデルの特定を行い，4 でシミュレーションの結果とその解釈を提示し，5 で結論を述べる．

2.　モデルの概要

　ここでは Part1 で提示された on the job search を考慮した DMP モデルの定常状態における骨格を示す[1]．

　m：新規雇用者数, u：失業者数, v：欠員数, e：転職希望者数 (on the job search を行う労働者数), θ：労働需給逼迫度, R：留保生産性, S：第2留保生産性, p：職務の生産性, x：固有の生産性, c：採用費用, z：失業の価値 (失業手当＋失業の帰属所得), λ：固有の生産性ショック到来確率, G(x)：固有の生産性の分布, σ：転職費用 (on the job search の直接費用), w^{ns}：on the job search

---

[1]　Pissarides (2000,pp.103-114).

しない場合の賃金, w^s : on the job search が行われる場合の賃金, とする. ここで生産性 x が留保生産性以下の場合, 雇用喪失が発生し, R〜S の間では雇用者は on the job search を行うと想定する. 新規雇用者数, 失業者数, 欠員数, 転職希望者数, については労働力を 1 とおくことで率に読み替えできる. また転職費用は定額である.

　マッチング関数は次式で示されるように, 凹関数で, 規模に関して収穫一定である.

$$\mathrm{m}(v, \mathrm{u}+\mathrm{e}) = \mathrm{m}\left(1, \frac{u+e}{v}\right)v \equiv \mathrm{q}(\theta)v \quad \cdots\cdots (2\text{-}1)$$

ここで労働需給逼迫度は欠員数の失業者数と転職希望者数の合計に対する比率と定義される.

$$\theta = \frac{v}{u+e} \quad \cdots\cdots (2\text{-}2)$$

失業者の動きは次のベバリッジ曲線で示される.

$$\mathrm{u} = \frac{\lambda G(R)}{\lambda G(R)+\theta q(\theta)} \quad \cdots\cdots (2\text{-}3)$$

転職希望者の動きは次式で示される.

$$e = \frac{\lambda[G(S)-G(R)]}{\lambda+\theta q(\theta)}(1-u) \quad \cdots\cdots (2\text{-}4)$$

留保生産性と第 2 留保生産性の関係は次式で示される.

$$\frac{S-R}{r+\lambda+\theta q(\theta)} = \frac{\beta}{1-\beta}\frac{c}{q(\theta)} - \frac{\sigma/p}{\theta q(\theta)} \quad \cdots\cdots (2\text{-}5)$$

雇用創出曲線は次式で示される.

$$(1-\beta)\frac{1-R}{r+\lambda} = \frac{c}{q(\theta)} + \frac{\beta c\theta - (1-\beta)\sigma/p}{r+\lambda} \quad \cdots\cdots (2\text{-}6)$$

雇用喪失曲線は次式で示される.

$$R + \lambda\,\Lambda(R, \theta, \sigma) = \frac{z+\sigma}{p} \quad \cdots\cdots (2\text{-}7)$$

$$\Lambda = \lambda(1-\beta)p\left(\frac{1}{r+\lambda+\theta q(\theta)}\int_R^S (s-R)dG(s) + \frac{1}{r+\lambda}\int_S^1 (s-R)dG(s)\right)$$

$$-\frac{\lambda(1-\beta)p}{r+\lambda}\left(\frac{\beta}{1-\beta}c\theta - \frac{\sigma}{p}\right)\left(1-G(S)\right) = \lambda(1-\beta)p\Lambda(R, \theta, \sigma) \quad \cdots\cdots (2\text{-}8)$$

On the job search が行われない場合と行われる場合の賃金は次式で示される.

$$w^{ns}(x) = (1-\beta)z + \beta p(x+c\theta), \quad S \le x \le 1 \quad \cdots\cdots(2\text{-}9)$$

$$w^s(x) = (1-\beta)(z+\sigma) + \beta px, \quad R \le x \le S \quad \cdots\cdots(2\text{-}10)$$

R, S, θ, u, v, e,については (2-2)〜(2-8) から求められる. この結果を用いてw^{ns} が求められる.

3. モデルの特定

　ここでは Mortensen and Pissarides (2003) に提示された手法に従って, 関数形を特定する.

　マッチング関数は次のように設定する. ここで η はマッチングの求職者弾力性である.

$$m(v, u + e) = v^{1-\eta}(u + e)^{\eta} \quad \cdots\cdots(3\text{-}1)$$

$$\frac{m(v, u+e)}{v} \equiv q(\theta) = \theta^{-\eta} \quad \cdots\cdots(3\text{-}2)$$

$G(x)$ は次式を想定する. γ は分布の台の下限である.

$$G(x) = \frac{x-\gamma}{1-\gamma} \quad \cdots\cdots(3\text{-}3)$$

以上からモデルは次のように書き換えられる.

$$u\left(\lambda\frac{R-\gamma}{1-\gamma} + \theta\theta^{-\eta}\right) = \lambda\frac{R-\gamma}{1-\gamma} \quad \cdots\cdots(3\text{-}4)$$

$$\frac{e}{(1-u)} = \frac{\lambda\left[\frac{S-\gamma}{1-\gamma} - \frac{R-\gamma}{1-\gamma}\right]}{\lambda + \theta\theta^{-\eta}} \quad \cdots\cdots(3\text{-}5)$$

$$\frac{S-R}{r+\lambda+\theta\theta^{-\eta}} = \frac{\beta}{1-\beta}\frac{c}{\theta^{-\eta}} - \frac{\sigma/p}{\theta\theta^{-\eta}} \quad \cdots\cdots(3\text{-}6)$$

$$(1-\beta)\frac{1-R}{r+\lambda} = \frac{c}{\theta^{-\eta}} + \frac{\beta c\theta - (1-\beta)\sigma/p}{r+\lambda} \quad \cdots\cdots(3\text{-}7)$$

$$R + \lambda\left[\left(\frac{1}{r+\lambda+\theta\theta^{-\eta}}\frac{1}{1-\gamma}\left(\frac{1}{2}S^2 - RS + \frac{1}{2}R^2\right) + \frac{1}{r+\lambda}\frac{1}{1-\gamma}\left(\frac{1}{2} - R + RS - \frac{1}{2}S^2\right)\right) - \frac{1}{r+\lambda}\left(\frac{\beta}{1-\beta}c\theta - \frac{\sigma}{p}\right)\left(1 - \frac{S-\gamma}{1-\gamma}\right)\right] = \frac{z+\sigma}{p} \quad \cdots\cdots(3\text{-}8)$$

(3-4)～(3-8) と (2-2) でモデルは完結する.

　さらに on the job search が行われない場合のモデルにおいては Pissarides (2000) 第 2 章に従って次のように設定する[2]. $w(x)$ は on the job search を考慮しないモデルでの賃金である.

$$(1-\beta)\frac{1-R}{r+\lambda} = \frac{c}{\theta^{-\eta}} \quad \cdots\cdots(3\text{-}9)$$

$$R - \frac{z}{p} - \frac{\beta c}{1-\beta}\theta + \frac{\lambda}{r+\lambda}\frac{1}{1-\gamma}\left(\frac{1}{2} - R + \frac{1}{2}R^2\right) = 0 \quad \cdots\cdots(3\text{-}10)$$

$$w(x) = (1-\beta)z + \beta p(x + c\theta) \quad \cdots\cdots(3\text{-}11)$$

(3-4) (3-9) (3-10) 及び $\theta = \frac{v}{u}$ から R、θ、u、v が求まり, その結果を用いて (3-11) からw(x) が求められる.

　Pissarides (2000, pp.114-119) に従うと, 転職費用σ の変動は次の結果をもたらす. σ が上昇すると雇用創出曲線の性質から, 所与の R において職務の持続時間が伸びるので一層の雇用創出がなされるためにθ は上昇する. 雇用喪失曲線の性質から, 所与のθ において, R を引き上げることで雇用喪失を招くことになる. これは企業がより高い賃金をとおして転職費用の幾分かを負担することになるからである. この結果, R とθ は上昇するが, 雇用喪失が雇用創出を上回るために失業率は上昇する. σ が上昇すると R と S の乖離は縮小されることで, on the job search は抑制される. σ が低下すると, 失業率は低下し, on the job search を行う労働者数は増加するために, job to job のための離職者は増加する. このとき生産性x ≥ S の場合の賃金は上昇する一方で, 生産性R ≤ x < S の場合の賃金は低下して賃金格差は拡大する.

---

[2]　Pissarides (2000, pp.37-56).

Pissarides (2000,pp.119-120) は，職務の生産性 p の上昇と失業価値 z の低下は，$\sigma = 0$ の場合，雇用創出を促進するとともに，on the job search を行う労働者を増加させるとしている．

4．シミュレーションの結果

ここでは日本を念頭においた労働市場政策の効果に関するカリブレーションによるパラメータ推定とシミュレーションを行った．推定に際しては Matlab と dynare を連結して実行した．

(1) ベースラインの設定と推定

パラメータのベースライン値については，Mortensen and Pissarides (2003,p.60) の DMP モデルのカリブレーションにおける米国の値を参考にして，表 5-2-1 のように設定する．

但し，余暇の価値 z については失業手当に余暇時間の価値も含んでいると想定し 0.6 としている．また転職費用は 0.2 で固定した．マッチングの求職者数弾力性は 0.5 としている[3]．

このベースライン設定を基に on the job search が行われない場合と on the job search が行われる場合についてパラメータを推定した．推定結果は表 2 のとおりである．なお，R と S の差が表記されているのは，転職費用σが変動した際に両者の差が on the job search を行う労働者数を決定するからである[4]．

表 5-2-1 ベースラインの設定

項 目	記号	設定値
職務の生産性	P	1
金利	R	0.02
生産性ショック到達率	λ	0.1
ショックの分布の台の下限	γ	0.648
求職者数弾力性	η	0.5
労働者の交渉力	β	0.5
採用費用	c	0.3
余暇の価値	z	0.6
転職費用	σ	0.2

---

[3] 中村 (2002,pp.30-32) によれば公共職業安定所の実績から求めた求職者弾力性は 0.4〜0.6 となっている．

[4] Pissarides (2000,pp.116-117).

198

表 5-2-2 基本ケースの推定結果

項 目	記号	on the job search 無	on the job search 有
留保生産性	R	0.924	0.871
第 2 留保生産性	S	-	0.941
R と S の差	R-S	-	0.069
労働需給逼迫度	θ	1.104	0.872
失業率	u	6.964	6.383
欠員率	v	7.686	7.109
転職希望率	e	-	1.774
賃金 (on the job search 無)	$w(x)^{ns}$	0.928	0.901
賃金 (on the job search 有)	$w(x)^{s}$	-	0.836

表 5-2-2 から on the job search が行われると留保生産性 R が低下して雇用喪失が抑制されるとともに, 労働需給逼迫度 θ が低下して雇用創出が抑制されること, 転職希望者の発生で失業率は低下することが分かる. この on the job search が行われるケースを基本ケースとする.

(2) 転職費用が変動した場合

ベースラインの場合の推定では転職費用を$\sigma = 0.2$ としている. 転職費用σ が 0.1〜0.3 に変動した場合のシミュレーション結果を表 5-2-3 に示した.

表 5-2-3 から転職費用σ が上昇すると, 留保生産性 R は上昇して雇用喪失が促進されること, 第 2 留保生産性 S は低下することで R と S の乖離は縮小して on the job search が抑制されることが示される. 一方, 労働需給逼迫度 θ は上昇するので雇用創出は促進される. これらの効果を合成すると転職費用σ の上昇に伴い失業率は上昇, 転職希望率 e は低下, 欠員率は上昇, 賃金格差は拡大することとなる. 転職費用が上昇することは on the job search を想定しないモデルの推定結果に近づくことを意味する.

表 5-2-3 転職費用の変動シミュレーション結果

項 目	記号	$\sigma = 0.1$	$\sigma = 0.15$	$\sigma = 0.2$	$\sigma = 0.25$	$\sigma = 0.3$
留保生産性	R	0.812	0.845	0.871	0.894	0.913
第 2 留保生産性	S	0.955	0.948	0.941	0.934	0.928
R と S の差	R-S	0.143	0.103	0.069	0.040	0.015
労働需給逼迫度	θ	0.751	0.803	0.872	0.953	1.043
失業率	u	5.145	5.892	6.383	6.696	6.887
欠員率	v	6.831	6.939	7.109	7.316	7.541
転職希望率	e	3.953	2.750	1.774	0.984	0.341
賃金 (on thejob search 無)	$w(x)^{ns}$	0.890	0.894	0.901	0.910	0.920
賃金 (on the job search 有)	$w(x)^{s}$	0.756	0.797	0.836	0.872	0.907
賃金格差	s/ns	0.850	0.892	0.927	0.958	0.985

(3) 生産性ショックの到来確率が変動した場合

　固有の生産性ショックの到来確率が on the job search に与える影響をシミュレーションしたのが表 5-2-4 である. ここではベースラインである $\lambda = 0.1$ の場合に加えて $\lambda = 0.2$ の場合を想定した. また $\lambda = 0.2$ の場合の on the job search が行われない場合のケースについても推定した.

　表 5-2-2 と表 5-2-4 の on the job search が行われない場合のケースを比較すると, ショック到来確率が上昇すると留保生産性 R が低下することが示される. これは雇用保蔵が促進されることを意味する. 但し労働需給逼迫度 θ が低下するので失業率は上昇する.

表 5-2-4 から, on the job search がある場合, ショックの到来確率が高まることは留保生産性 を低下させることで雇用喪失を抑制することが示される. また, 第 2 留保生産性 S を低下させることで, R と S の乖離は縮小するものの on the job search は活発化する. 労働需給逼迫度 θ は低下することで雇用創出は抑制される. この結果, 失業率が上昇するとともに欠員率も上昇し, 賃金格差は拡大することが示される.

表 5-2-4 生産性ショックの到来確率のシミュレーション

項　目	記号	$\lambda = 0.1$	$\lambda = 0.2$	$\lambda = 0.2$(on the job search 無)
留保生産性	R	0.871	0.833	0.870
第 2 留保生産性	S	0.941	0.892	
R と S の差	R-S	0.069	0.058	-
労働需給逼迫度	θ	0.872	0.823	0.972
失業率	u	6.383	10.440	11.370
欠員率	v	7.109	10.793	11.052
転職希望率	e	1.774	2.668	-
賃金 (on the job search 無)	$w(x)^{ns}$	0.901	0.869	0.881
賃金 (on the job search 有)	$w(x)^{s}$	0.836	0.817	-
賃金格差	s/ns	0.927	0.939	-

　但し $\lambda = 0.2$ の場合, on the job search が行われる場合は, 行われない場合よりも失業率, 欠員率共に低くなる. つまり on the job search には雇用保蔵が促進されることでショックの波及を緩和する効果があることを意味する.

(4) 生産性 と失業価値の変動ケース

　職務の生産性 p が上昇した場合のシミュレーションを行ったのが表 5-2-5 である. 生産性 p が 1 から 1.1, 1.2 へと上昇した場合を想定した. 表 5-2-5 から生産性 p が上昇すると留保生産性 R が低下して雇用喪失が抑制されるとともに, 労働需給逼迫度 θ が上昇して雇用創出が促進されることが分かる. その結果, 失業率は低下し on the job search が活発となる. 但し, 賃金格差は拡大することとなる.

失業価値 z(=失業手当＋失業の帰属所得) が変動した場合のシミュレーション結果を表 5-2-6 に示した. ここでは z = 0.6 以外に z = 0.5, z = 0.7 を想定している. 失業価値が上昇すると留保生産性が上昇して雇用喪失は促進される. その一方で労働需給逼迫度は低下して雇用創出は抑制される. その結果, 賃金格差は縮小するものの失業率は上昇して, on the job search は抑制されることが示される.

表 5-2-5　生産性上昇のシミュレーション

項 目	記号	p=1.0	p＝1.1	p＝1.2
留保生産性	R	0.871	0.836	0.805
第2留保生産性	S	0.941	0.943	0.944
RとSの差	R-S	0.069	0.107	0.139
労働需給逼迫度	θ	0.872	0.923	0.969
失業率	u	6.383	5.284	4.366
欠員率	v	7.109	7.368	7.590
転職希望率	e	1.774	2.698	3.467
賃金 (on the job search 無)	$w(x)^{ns}$	0.901	0.910	0.917
賃金 (on the job search 有)	$w(x)^{s}$	0.836	0.818	0.803
賃金格差	s/ns	0.927	0.899	0.875

表 5-2-6　失業価値の変動シミュレーション

項 目	記号	z=0.5	z=0.6	z=0.7
留保生産性	R	0.824	0.836	0.919
第2留保生産性	S	0.940	0.943	0.941
RとSの差2-	R-S	0.116	0.107	0.022
労働需給逼迫度	θ	1.012	0.923	0.730
失業率	u	4.763	5.284	8.286
欠員率	v	7.670	7.368	6.485
転職希望率	e	2.819	2.698	0.592
賃金 (on the job search 無)	$w(x)^{ns}$	0.922	0.910	0.880
賃金 (on the job search 有)	$w(x)^{s}$	0.812	0.818	0.860
賃金格差	s/ns	0.881	0.899	0.977

5.　まとめ

シミュレーションの結果から, 職務の生産性が一定の場合, on the job search は留保生産性を低下させることで雇用喪失を抑制して失業率を低下させる機能があることが示される. 但し, 賃金格差は拡大する.

固有の生産性ショックの到来確率が上昇した際には, on the job search が行われることは on the job search が行われない場合と比較して, 留保生産性をより低下させることで雇用喪失を抑制し, 失業率を低下させる効果がある. つまり on the job search には雇用保蔵を促進する機能があ

る. その一方で雇用が維持されることで賃金格差が拡大する. **On the job search** は生産性ショックによる失業率上昇といった影響を緩和する外部衝撃の緩衝帯としての機能を有している.

転職費用の上昇は, 留保生産性と第 2 留保生産性のギャップを縮小させることで on the job search を抑制して失業率を上昇させる. その一方で賃金格差を縮小させる効果がある. 転職費用を低減させることは労働市場を柔軟化させて, 失業率を低下させることにつながるが, 賃金格差が拡大することは避けられない.

転職費用を低下させることは重要な課題であるが, 低いことが労働市場の効率性を向上させると断言できるものではない. 転職費用については社会的最適の観点から議論されるべきものである. この際には職務の生産性の向上や失業価値との関連を考慮する必要性がある. また, 転職費用はモデルでは直接的費用のみ扱っているため, 転職後の賃金変動や人的資本の減耗等の間接的費用についての検討が必要となる.

{補論Ⅵ：雇用創出・雇用喪失の基礎概念}

雇用創出・喪失の基礎概念について Davis, Haltiwanger and Schuh (1996)に従って解説する．雇用創出・雇用喪失と付随する概念については，図 5-Ⅵ-1 に示すとおりである．

雇用創出は job creation, 雇用喪失は job destruction の訳である．Job を雇用と訳しているので，日本では job と employment と worker の関係が不明確になっている．

Davis et al.(1885,pp.10-13)に従うと，job は労働者によって満たされた雇用配置である．これに対して欠員(vacancy)は労働者によって満たされていない配置であり，雇用創出・喪失では集計対象としない．

雇用創出とは，新規のポジションに対して労働者が割り当てられた時点で成立する．欠員状態においては雇用創出されたことにはならない．雇用創出は既存事業所における雇用者数の増と新規事業所の雇用者数の合計で示される．

雇用喪失は労働者が割り当てられている職務が喪失して雇用者が職を失うことを指している．雇用喪失は既存事業所の雇用者数の減少と廃業事業所の雇用者数の合計で示される．

統計上の雇用創出・喪失は job の動きを一定期間の雇用者数の増減で示すものである．職務フローと労働者フローは一致しないので，統計上の数値は実態と乖離している場合がある．一定期間内の事業所内部の職務の動き (job shift) は反映されない．

雇用創出・喪失の概念は誤解されやすく，労働者の動きと混同されやすい．特に職務給が浸透していない日本においては職務と労働者の関係が明確にされていない場合が多く，その傾向が強い．

日本においても雇用創出・喪失の重要性は認識されており，玄田(2004)等において個票データから雇用創出・喪失の実態に迫ろうとする研究が行われた．このような研究は政府にも雇用創出・喪失の重要性を認識させることとなった．

総務省「公的統計の整備に関する基本的な計画(第Ⅰ期)」(2009 年 3 月 13 日) において，「事業所の開設及び廃止による雇用増減への影響を把握するため，諸外国で整備されている雇用創出及び消失指標を我が国でも整備する」こととされた．このような経緯から 2009 年以降は「雇用動向調査」において雇用創出・喪失が正規の統計数値として公表されることとなった．但し，2005~2008 年は労働政策研究・研修機構 (2011)において算出されている．

2005 年以降の雇用創出・喪失の経緯を示したのが図 5-Ⅵ-2 である．ここから雇用純創出がプラスとなったのは,2007 年,2015~2017 年に過ぎないことが分かる．

2005 年以降, 雇用再配置は 10%を超えているが, 減少傾向にある．但し, 雇用再配置が大きい場合, 雇用純創出が大きい訳ではない．

リーマンショック時には既存事業所の雇用者数の減少と廃業事業所の雇用者数の増加が大きかったことが分かる．新型コロナウィルス感染が拡大した 2020,2021 年は既存事業所における雇用者数の増と新規事業所の雇用者数ぼ増加が小さかったことが示される．

【雇用創出・雇用喪失の概念】

```
        ┌─────────────────┐
        │     雇用創出      │
        ├─────────────────┤
        │  新規事業所開業に  │
        │   ともなう雇用増   │
        ├─────────────────┤
        │   事業所の拡大に   │
        │   ともなう雇用増   │
        └─────────────────┘
                        ┌─────────────────┐
                        │   事業所の縮小に   │
                        │   ともなう雇用減   │
                        ├─────────────────┤
                        │   事業所の倒産     │
                        │ ・廃業にともなう雇用減 │
                        ├─────────────────┤
                        │     雇用喪失      │
                        └─────────────────┘
```

①雇用創出(Job Creation)とは，t-1期からt期にかけての事業所の拡大あるいは新設による雇用者数増加分の合計である.

②雇用喪失(Job Destruction)とは，t-1t期からt期にかけての事業所の縮小あるいは倒産・廃業による雇用者数減少分の合計である.

③雇用再配置(Job Reallocation)＝t期の雇用創出＋雇用喪失

④雇用純増(Net Job Creation)＝t期の雇用創出－雇用喪失
　(純減ではマイナスになる)

⑤雇用創出率(Job Creation Rate)＝t期の雇用創出/t-1期末の全事業所雇用者数

⑥雇用喪失率(Job Destruction Rate)＝t期の雇用喪失/t-1期末の全事業所雇用者数

⑦雇用再配置率(Job Reallocation Rate)＝t期の雇用再配置/t-1期末の全事業所雇用者数

⑧雇用純増率(Net Job Creation Rate)＝t期の雇用純増/t-1期末の全事業所雇用者数

(注)
(新規事業所開業にともなう雇用拡大＋既存事業所の雇用拡大)｛＝雇用創出｝
－(事業所の倒産・廃業にともなう雇用縮小＋既存事業所の雇用縮小)｛＝雇用喪失｝」
＝純雇用創出＝雇用者数の増加
雇用創出＝雇用者数の増加　ではない.

資料：Davis, Haltiwanger and Schuh(1996)に基づき作成

出典：山上，秋山（2002）

図5-Ⅵ- 雇用創出(Job Creation)と雇用喪失(Job Destruction)の定義

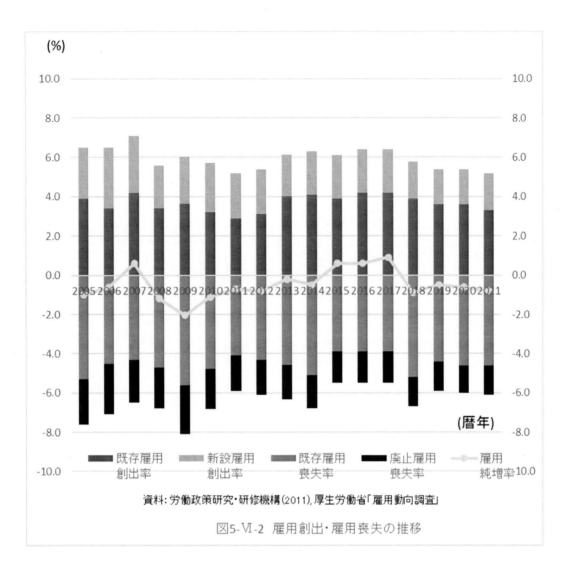

(%)

既存雇用創出率	新設雇用創出率
既存雇用喪失率	廃止雇用喪失率
雇用純増率	

(暦年)

資料: 労働政策研究・研修機構(2011),厚生労働省「雇用動向調査」

図5-Ⅵ-2　雇用創出・雇用喪失の推移

第Ⅱ部　賃金構造と格差

第6章　サーチ理論と賃金格差

競争的労働市場においては，賃金は限界生産力に等しくなり，均等化する．しかし，現実には産業間，企業規模間において賃金格差は発生する．賃金格差を人的資本理論に基づいた観察される個人属性の相違で説明を試みることには限界があり，同一特性の労働者であっても格差は存在する．そのため，観察されない個人属性，効率賃金仮説等で残余部分を説明することが試みられてきたところである．近年のデータ整備と統計解析手法の発展は，観察されない個人属性や企業の賃金政策に起因する固定効果が賃金格差に重要な影響を与えていることを示した．固定効果は労働市場における情報の不完全性といった摩擦に密接に関連していることから，均衡サーチ・モデルを用いて賃金格差を説明することが試みられている．代表的なモデルである BM モデルは労働者と企業のそれぞれの同質性と労働者の転職行動を前提として賃金掲示分布を決定するものであり，応用範囲の極めて広いモデルである．

Key Words：固定効果，均衡サーチ・モデル，摩擦，賃金掲示，賃金分布，BM モデル

1. はじめに

賃金格差 (wage differentials) は，失業と並んで労働経済学における重要な検討課題である．特に，産業間賃金格差と企業規模間賃金格差が持続して観察されることは，経済学において最も説明することが困難な現象であるとされる[1]．このような賃金格差は一時的な労働市場の不均衡に起因する現象ではなく，特定の労使交渉や政府の労働市場への介入の結果を示すものでもない[2]．

新古典派理論に従うと，競争的労働市場では，賃金は労働の限界生産力と一致し，機会費用と等しくなる．賃金は職種に応じて決定されるものの，労働者の質が同一であれば，職種間や産業間に賃金格差が生じていても，低賃金の職種や産業から高賃金の職種や産業に労働者は移動して賃金は同一となるはずである．

新古典派経済学のフレームワークにおいては，賃金格差は労働者の能力差か職務の非金銭的特性の差を反映したものになるはずである．労働力の質あるいは能力は人的資本水準に反映される．賃金格差のうち，人的資本水準で説明できない残余は，労働条件の相違に伴う補償賃金格差 (Compensating Differential) あるいは均等化差異 (Equalizing Difference) として賃金に反映されることになる．

---

[1] Kramarz (2002,p.3)

[2] Gibbons and Katz(1992,p.515)

Mortensen (2003,pp.1) は，人的資本理論に基づいた賃金関数の推定結果に従うと，観察可能な個人属性では賃金格差の3割程度しか説明できないことを指摘する．説明できない残りの部分を，職務の非金銭的特性に起因すると解釈することは実証的根拠に乏しく難しい．

　新古典派理論に従って，賃金格差要因を人的資本理論の延長線上で捉えると，説明できない部分は観察されない個人の属性が反映されたものと解釈できる．非競争的観点からは，怠業阻止のための効率賃金仮説[3]，労働組合等の制度要因，市場支配力に伴うレント・シェアリング[4]が提唱されてきた．これらの理論仮説は労働者の当初配置 (rationing) を重視している．

　Davis and Haltiwanger(1996,pp.329-334) は，企業規模間賃金格差を発生させる要因を技術的異質性，制度的・非競争的要因，誘因を基にした賃金の仕組に分類しており，第1に分類されるものとして大きな工場では資本稼働に技術を要するために資本と補完的な技能の高い労働者を雇用する必要性があるために，労働者が能力によって工場別に配置転換 (sorting) されること，第2に分類されるものとして企業規模が大きい程，監視費用が嵩むために，その対策として賃金が高くなる効率賃金仮説が成立すること，企業規模が大きい場合に，技術的あるいは費用面の優位性からレントが発生するためにレント・シェアリングが行われること，企業規模が大きくなると労働組合が組織されやすいこと，第3に分類されるものとして企業規模が大きいと賃金制度におけるトーナメントの枠組みが行き亘るために賞金としての報酬額も大きいことをあげている．

　これらの接近法は，個々には優れた仮説ではあるが，あくまで Walras 型の集権的取引市場を想定した議論であることは共通しており，市場の摩擦には十分な考慮がなされてこなかった．このことは固定効果が識別されるようになるに従ってより深刻な問題であることとして認識されるようになってきた。

　情報の不完全性といった労働市場に摩擦が存在する場合には，労働者側には時間を含めた職探しの費用が発生し，企業側には買手独占的な力を与えられることで，賃金は限界生産力以下に抑制されることになる．このとき，観察されない労働者の能力，離職の抑制と利潤のトレード・オフを考慮に入れた企業の賃金政策の相違が賃金格差に反映される．このことは，従来の賃金格差分析には限界があること，分権的取引市場を想定するサーチ理論は賃金格差の解明に有効であることを示唆する．

　サーチ理論の発展に貢献した Mortensen (2003,pp.1) は，「なぜ，類似労働者が異なる賃金を支給されるのか？」を問題提起するとともに[5]，人的資本理論で説明できない残りの7割を賃金分散

---

[3] Shapiro and Stiglitz [(1984)]

[4] Weiss(1966)

[5] Albak は Mortensen (2003) の Foreword において，失業問題解明のためにサーチ理論の研究を推し進めると，この問題提起に行きつくことを指摘する．

(wage dispersion) と定義する[6]. サーチ理論の開発は従来の経済学において未解決であった賃金格差と失業問題を解決するための大きな第一歩であった[7].

本章では, 賃金格差の実証分析について概観するとともに, サーチ理論を用いた賃金格差理論の展開について論じるものである. 2 で産業間及び企業規模間賃金格差に関する実証研究を概観し, 3 で格差要因のうち従来は十分に識別されなかった固定効果の推定について述べる. さらに 4 で Mortensen によって提示された, サーチ理論を賃金格差問題の解明へと拡大するための手段である均衡サーチ・モデルの基本的枠組みを示し, 5 では代表的な均衡サーチ・モデルである BM モデルの概略を示すとともにモデルの特質について検討を加え, 6 で今後の展望を行う.

2. 賃金格差についてのこれまでの検証

産業間及び企業規模間賃金格差に関してはこれまでにも研究が蓄積されている. まず, 主として米国における実証研究を概観するとともに, どのような課題が残されているか検討する.

産業間賃金格差の存在を指摘した初期の研究として Slichter(1950) がある. Slichter(1950, p.80) は, 米国の 1947 年のクリーブランドにおける商業会議所と 1940 年のボストンにおける民間企業人事部の賃金調査結果を基に, 同一地域の類似職種において賃金が異なることを示し, 賃金は労働の価格ではないとした. さらに, Slichter(1950,pp.81-83) は, 米国における 1939, 1940 年の, 全米産業審議会(National Industrial Conference Board)が実施した工業統計調査(the Census of Manufactures)と 国勢調査局(Bureau of Census)が実施した 10 年毎の国勢調査(the Decennial Census)の結果を基に, 男子の非熟練労働者の時間当たり賃金が, 当該産業における熟練労働者の賃金が高ければ同様に高いこと, 当該産業の女子労働者比率が高いと反対に低くなること, 当該産業の時間当たり付加価値や生産物価値が高いと同様に高いこと, 当該産業の売上に占める給与支払い総額比率が低いと反対に高くなること, 当該産業の売上に占める税引き後の純所得比率が低いと反対に高くなること, 産業間賃金構造は変化しにくいことを指摘した.

---

[6] 石川 (1991,p.286) は「真の賃金格差」を「同一の能力・嗜好を持ちながら同一の所得機会に恵まれない人々のいる場合である」と定義し, このような格差が存在する場合に, 労働市場の 2 重構造論が明確な意義をもつと指摘する. さらに石川 (1991,p.286-287) は, 企業規模の差異それ自体が「真の賃金格差」の要因ではないことの理由として, ①労働者が同質であれば雇い主側の資本装備, 組織の規模とは無関係に賃金は同一であり, 資本装備率や生産性とは無関係であること, ②労働者が同質であれば, 熟練により賃金格差が発生したとしても, 訓練費用を考慮すれば生涯の所得に格差は発生しないことの 2 点を挙げている.

[7] van den Berg (1999,F285) はクロス・セクション・データを用いた賃金関数の決定係数 R^2 は 0.5 以下であること, このことがサーチ・モデルを用いた賃金分散への取り組みにつながったことを指摘している.

産業間賃金格差の長期的状況について見てみる．Krueger and Summers (1987,pp.22-30) は，1923 年～1984 年の各種データをもとに米国の産業間賃金格差は長期かつ安定的に観察できるものであること，産業間賃金格差は先進各国で共通して観察されるものであること，企業規模，職種に関わりなく確認されることを指摘している．Krueger et al.(1987,pp.37-41) は，過去の研究結果を概観した上で，産業間賃金格差要因を観察されない個人属性や補償賃金格差に求めることの根拠は薄いことを指摘し，集中度が高く，高利潤で人件費率の低い産業で賃金が高いことは，経営者が労働者の属性に関わりなく労働に報いることを示唆していることを根拠として，独占的要素のある場合のレント・シェアリングが効率賃金仮説よりも重要であることを指摘している[8]．

企業 (事業所) 規模間賃金格差の存在を指摘した初期の研究として Moore (1911) がある．Moore (1911,pp.140-146) は，20 世紀初頭に出版されたイタリアの織物業の女工の 1 日当たり賃金についての調査結果から，いずれの規模の事業所[9]においても賃金プロフィールが 35 歳ころまでは上昇し，その後は加齢とともに低下すること，事業所規模の大きい程，賃金水準は高いが，加齢に伴う賃金低下速度が大きいことを示した．さらに Moore (1911,p.148) は，事業所規模別賃金格差要因として事業所規模の大きい程，大きな資本を備え付けるために能力の高い労働者を必要とすることを指摘している．Moore (1911,p.163) は，労働者の地位が事業所規模に依存すること，つまり事業所規模が大きいと賃金の上昇，雇用日数の増加，雇用の安定，1 日の労働時間の短縮がなされることを指摘する．

企業 (事業所) 規模間賃金格差の近年の状況について見てみる．Loveman and Sengenberger (1991,pp.19-25) は，企業 (事業所) 規模間賃金格差の国際比較を行い，1970～1980 年代において，いずれの国においても格差は存在すること，独，仏，伊と比較して米国と日本の格差が大きく，両国では最も規模が小さい企業 (事業所) の賃金は，大規模の企業 (事業所) の賃金の 6 割程度にすぎないこと，米国では医療保険，企業年金，日本では退職給付等の非賃金報酬も格差が大きいことを示している[10]．

---

[8] 1960 年代以降の，米国を中心とした産業間賃金格差に関する研究成果は Dickens and Katz(1987,pp.53-66) においてとりまとめられている．

[9] 規模と事業所規模は必ずしも同一ではない．事業所は企業に属する支店や工場であり，大規模事業所は大企業に属する可能性が高い．しかし小規模事業所であっても大企業の一支店である可能性は排除できない．事業所調査のデータでは企業規模の相違を正確に反映していない可能性がある．

[10] 米国の企業 (事業所) 規模間賃金格差について Brown, Hamilton and Medoff(1990,pp.30-31) は CPS の 1979, 1983 年を用いて従業員 500 人以上の企業の賃金は 500 人未満の中小企業よりも 30%以上高いこと，格差は製造業，特に耐久消費財製造業で大きいことを示した．Oi and Idson (1999,p. 2175) は同様のデータを用いて，企業 (事業所) 規模間賃金格差は，男子の方が大きいことを示している．

産業間及び企業規模間の賃金格差の実証研究は, 当初の統計の集計値を比較する手法から, 個票データを用いて, 観察可能な個人属性を制御したミンサー型賃金関数による要因分析へと転換した. 問題は, 観察される個人属性では説明できない産業間及び企業規模間の賃金格差, つまり賃金分散の要因の説明が必要となることである.

　Mortensen (2003,p.3) は, 賃金分散の要因を説明する研究について, ①高賃金の企業はデータでは捉えられない理由による高生産性の労働者を雇用すること, ②異なる企業が異なる賃金政策を持っていることの 2 通りに分類されるとし, 前者は観察されない個人特性に起因する固定労働者効果 (fixed worker effect), 後者は企業の賃金政策に起因する固定企業効果 (fixed firm effect) を意味するとしている.

　観察されない個人特性に起因する固定労働者効果が賃金格差要因として妥当であるか否かを判定するためには, Krueger and Summers (1988) において用いられたパネル・データにおける産業間を移動した労働者の賃金の変動に着目する手法が有効である[11]. 以下ではこの手法の概要をGibbons and Katz(1992,pp.522-524) に従って述べる.

　産業間の賃金格差が存在するか否かを検証するためには, クロス・セクション・データを用いて労働者の観察される属性を制御した次の賃金関数を推定する.

$$\ln w_{it} = X_{it}\delta + \sum \alpha_j D_{ijt} + u_{it} \quad \cdots\cdots(2\text{-}1)$$

ここで, w_{it} は, 個人 i の時点 t における賃金, X_{it} は個人 i の時点 t における属性, 地域・職業ダミー, D_{ijt} は個人 i が時点 t において産業 j に雇用されている場合に 1 となるダミー変数, α_j, δ はパラメータ, u_{it} は誤差項である. 次にパネル・データを用いて 1 階の階差で示される次式を推定する.

$$\Delta \ln w_{it} = \Delta X_{it}\delta + \sum \beta_j \Delta D_{ijt} + \Delta u_{it} \quad \cdots\cdots(2\text{-}2)$$

　β_j は, 産業間を移動した労働者によって経験された賃金の対数値の相対的変化を反映している. 観察されない能力が不変で, いずれの産業においても同様に評価されることを前提とすると, 誤差項は $u_{it} = \theta_i + v_{it}$ (θ_i : 労働者 i の観察されない能力, v_{it} : ホワイト・ノイズ) と表わされる. (2-1)の α_j の推定値が, 観察されない能力による労働者の産業別の振り分けに起因するものであれば, (2-2) の β_j の推定値は 0 になる. α_j が真の産業間格差に起因するものであれば, β_j の推定値は α_j の推定値と同一となる.

　非競争的要因を重視する研究者は, 観察されない能力の影響に否定的である. Krueger et al.(1988,pp.263-267) は, 米国の国勢調査局が実施した 1974 年, 1979 年, 1984 年の CPS (Current Population Survey) を用いて, 正規・非正規, 男女を含めた賃金関数を推定し, 人的資本を示す変

---

[11] Gibbons and Katz(1992,p.516)

213

数や仕事の特性等を制御しても説明できない産業間の賃金格差が存在することを示している．Krueger et al.(1988,pp.269-271) では，複数の CPS を連結したパネル・データを作成して，1 階の階差で示された賃金関数を推定し，産業別ダミーの係数の推定値が水準で回帰した場合と大きく変化しないこと，Krueger et al.(1988,pp.271-273) では，1984 年の CPS の人員整理された労働者に関する調査 (DWS:Displaced Workers Survey) において過去を振り返った回答がなされていることを用いて，1 階の階差で示された賃金関数を推定し，失職した労働者が異なる産業で新たに仕事に就いた場合の，産業別ダミーの係数の推定値が水準で回帰した場合と大きく変化しないことを示している．さらに，Krueger et al.(1988,pp.273-276) では，労働条件を説明変数として用いた賃金関数の推定結果から補償賃金格差は確認できないこと，労働組合加入の有無で賃金を比較した結果から，労働組合活動回避のための賃金プレミアムの存在は確認できないことを指摘し，Krueger et al.(1988,pp.278-280) では，賃金が高いと勤続年数が長期化する（離職率が低下する）ことから，効率賃金仮説やレント・シェアリングが成立している可能性に言及した．

　Gibbons et al.(1992) で提示された手法について，Gibbons et al.(1992,pp.516-518) は，自発的に産業間を移動した場合の方が，事業所閉鎖等で移動を余議なくされた場合よりも計測されない能力の影響は大きくでる自己選抜バイアスが発生すること，計測されない能力についての評価が産業によって異なる場合があること，移動はマッチングの不具合から発生する場合があることを指摘している．また，Gibbons et al.(1992,pp.526-529) は，移動した労働者の賃金は従前に雇用された産業における賃金の影響を受けていることを指摘している．

　このような問題提起を踏まえて Gibbons et al.(1992,pp.522-524) は，1984 年と 1986 年の CPS の DWS を用いて，20〜61 歳の正規雇用者についての賃金関数を推定し，工場の閉鎖に伴って失職した後に再度雇用された者についての，産業ダミーのパラメータ推定値が水準と 1 階の階差でほぼ等しいことから，観察されない能力で産業間賃金格差を説明することは難しいことを指摘した．さらに Gibbons et al.(1992,pp.524-526) では，賃金関数の推定結果から，レイ・オフされたのちに再度雇用された労働者についての，産業ダミーのパラメータ推定値について，水準と 1 階の階差との一致度がより高いことから，潜在的な内生的移動者についてはダミー変数のパラメータ推定値が上方バイアスを持つ可能性があることを指摘している．

　人的資本理論を支持する研究者は，観察されない能力の影響に肯定的である．Murphy and Topel(1987,pp.131-137) は，1977 年〜1984 年の CPS を連結したパネル・データを作成して男子

労働者の水準と1階の階差で示された賃金関数を推定し[12], 産業間賃金格差のうち, 真の格差は29〜37%であり, その他の部分は計測されない能力に起因すると指摘した[13].

Brown and Medoff(1989,pp.1032-1037) は, 個人属性を得られるデータとして1979年のCPS, 1973年のQES(Quarterly Employment Survey), 企業 (事業所) 属性を得られるデータとして労働統計局(Bureau of Labor Statistics) が実施した 1974 年の EEEC (Survey of Employer Expenditures for Employee Compensation) と 1979年のWDS (Wage Distribution Survey) 及びSurvey Research Center が実施した 1980 年のMWES (Minimum Wage Employer Survey) を用いて賃金関数を推定し, 企業 (事業所) 規模間の賃金格差が存在することを示している. さらに, Brown et al.(1989,pp.1037-1039) は, QESを用いた1階の階差で示された賃金関数を推定し, 規模間格差は水準で計測する場合と比較して 5〜45%縮小することを確認し, 観察されない能力の影響は一定程度認められることを示唆している. さらに Brown et al.(1989,pp.1039-1041) は, 非金銭的労働条件を考慮した賃金関数を推定した結果から, 補償賃金格差が成立している可能性は低いこと, Brown et al.(1989,pp.1045-1047) は, 労働組合回避, 製品市場支配力は賃金格差要因として説明力が弱いこと, Brown et al.(1989,pp.1047-1055) は, 企業規模が拡大して欠員が増加しても希望者が限定されていること, 従業員を監視する費用がかかることは, 賃金格差要因としては根拠が弱いことを指摘している[14].

次に日本の賃金格差に関する実証研究について概観する. Tachibanaki(1996,p.79-80) は, 産業間賃金格差分析には長い歴史があること, 人的資本理論は格差を説明する唯一の理論であったが, この理論で説明できない純粋な格差部分を他の理論で検証しなければならないことを指摘する.

Tachibanaki(1996,pp.80-93) は, 「賃金構造基本統計調査」(厚生労働省) (以下「賃金センサス」) の 1978 年と 1988 年の個標データを用いて賃金関数を推定し, 個人属性や企業規模を制御した産業別賃金格差は, 金融・保険, 電気・ガス・水道, 鉱業等で大きいことを示し, Tachibanaki (1996,pp.109) は格差要因として利潤率や集中度, 資本・労働比率等の支払い能力や規制が重要であるという結果を示している[15].

---

[12] 理論モデルでは格差を説明する変数として産業–職業ダミーを想定しているが, 実際の推定では移動しない労働者の賃金関数の切片を代用している.

[13] Murphy and Topel(1990,pp.224-237) においても産業間格差のうち, 真の産業間賃金格差は27〜36%となっている.

[14] Oi and Idson (1999,pp.2179-2184) は, 米国の CPS の 1983 年の個票データを用いて人的資本理論に基づく賃金関数を推定し, 人的資本では説明できない企業間格差が20%以上存在すること, 観察されない属性の効果が重要であることを指摘している.

[15] 太田 (2010,pp.357-360) は, 「賃金センサス」を用いて性別, 学歴, 企業規模を制御した賃金関数の推定結果から求めた産業間賃金格差を1990年, 1998年, 2006年について比較検討し, 電気・ガス, 通信, 医療, 金融・保

Tachibanaki(1996,p.50) は, 企業規模間の賃金格差は生産性格差とともに日本の労働経済学において最重要問題であったこと[16][17], 資本家が労働者を, あるいは大企業が中小企業を搾取したことを理由に求めることが多いことを指摘する.

石川(1991,p.285)は, 日本の労働経済学者には企業規模間賃金格差要因として能力差を支持する者が多いことを認めつつも, 石川 (1991,pp.290-292) では, 人的資本投資による企業規模間賃金格差が継続するためには, 学習機会が一部企業に独占されていること, 大企業に入るための参入金(保証金)市場が完全ではないことが条件であることを指摘する. 石川 (1991,pp. 292-300) は, 大企業では30歳代の勤続年数が長いことから学習機会が独占されており, 中小企業とは異なる労務管理方式が採用されていること, 真の企業規模間賃金格差には, 純粋な規模間格差の他に勤続年数効果の一部が含まれていることを指摘する. さらに石川 (1991,pp.306-311) は, 真の賃金勾配と景気の逆相関関係が1970年代半ば以降, 薄れてきていることから, 保証金効果の消滅, 雇用割り当ての発生により2重労働市場による賃金格差が拡大したことを指摘する.

Rebick (1993,pp.140-143,pp.151-152) は, 米国の1979年と1988年のCPSと日本の1970年, 1979年, 1987年の「賃金センサス」を用いた男子労働者の時間当たり賃金の賃金関数の推定結果から, 企業規模別賃金格差のうち, 観察される学歴と経験年数で説明できる部分は, 米国では30%程度, 日本では10%程度であることを指摘している.

Idson and Ishii(1993,p.533-534) は, 米国の1988年のCPSと日本の「賃金センサス」を用いて, 時間当たり賃金の企業規模間賃金格差を比較検討し, 日本では女子の格差が大きいことを指摘した. さらにIdson et al.(1993,p.537-538) では, Blinder-Oaxacaの賃金分解を用いて, 男子では格差は労働者の属性に起因すること, 女子では規模間の待遇の相違に起因することを指摘した.

Tachibanaki(1996,pp.57-61) は, 前述の産業間格差と同様の手法で企業規模間格差を検証しており, 従業員数5,000人以上の企業の賃金は平均賃金よりも20%以上高く, 同10〜29人の企業の

険業等で賃金プレミアム(産業ダミー係数)は高いこと, 但し金融・保険業は「バブル崩壊」後に賃金プレミアムが縮小していることを指摘している.

[16] 経済企画庁は『経済白書』(1957,p.34) において, 日本では企業規模間賃金格差がきわめて大きいことを指摘している.

[17] 中小企業庁は『中小企業白書』(1999,pp.54-56) において, 「賃金センサス」の結果から企業規模別の賞与を含んだ賃金格差を計算しており, 1965年〜1997年の間の中小企業(従業員数10〜99人)の賃金支給額は, 中堅企業(同100〜999人)の6〜7割程度という結果となっている. また, 太田 (2010,pp.346-348) は, 「賃金センサス」を用いて, 1982年〜2007年の間について大企業(同1,000人以上), 中堅企業, 中小企業の賃金を比較しており, 賞与等を含んだ時間当たりの賃金は, 短時間労働者を含まない男女計の場合, 大企業は中堅企業よりも30〜40%, 大企業は中小企業よりも60〜80%多いという結果となっている.

賃金は平均賃金よりも 20%以上低いことを示し[18], Tachibanaki(1996,pp.66) は, 格差要因として, 企業の支払い能力, レント・シェアリングが有力であるとしている.

　日本を対象とした分析では賃金格差要因として, 観察されない個人属性については言及していない場合が多い. これは, 日本においては, パネル・データの整備が不十分であったことによる. 但し, データの利用可能性の制約の中で, 以下のような既存の統計を巧みに用いた実証研究もある.

　上島, 舟場 (1993,pp.45-53) は「賃金センサス」の集計データを用いた賃金関数の推定結果から, 男子常用労働者では教育年数や勤続年数を制御しても産業間賃金格差が存在しており金融・保険業, 不動産業で賃金水準が高いこと, 労働環境を考慮しても賃金格差は説明できないこと, 高賃金産業では自発的離職率が低いこと等から雇用を抑制する割り当てによるレントが発生していることを指摘する. さらに, 上島他 (1993,pp.55-64) は, 市場支配力が強い産業では職種に関わりなく賃金プレミアムが発生していること, それは企業が自主的に支払っていると考えられることから贈与交換モデル (gift exchange model) としての効率賃金仮説[19]が成立しているとしている.

　玄田 (1996,p.18-22) は, 日本の企業規模間の賃金格差が, 観察されない労働者の資質の相違, 企業内訓練の差等によってもたらされると想定し, 企業規模間賃金格差をこれら諸要因で説明するモデルを提示した. 玄田 (1996,pp.23-24) は Gibbons et al.(1992) で提示された手法を援用し,「雇用動向調査」(厚生労働省) の入職者票における中小企業から大企業への転職者の賃金情報を用いてモデルを推定した結果, 企業規模間賃金格差は男子生産職では資質の相違が 3〜6 割を説明するが, 男子事務職では殆どが訓練格差によって説明できるとしている.

　奥井 (2000) は,「消費生活に関するパネル調査」(財団法人家計経済研究所) の 1994,1995, 1996 年の個票データを用いて, Gibbons et al.(1992) で提示された手法に従って男女別の企業規模間の賃金格差について検討を加えた. 奥井 (2000,pp.77-78) は男子労働者の格差は観察されない個人属性では十分に説明できず, 純粋な企業規模効果が大きいこと, 女子労働者の格差は観察されない個人属性で説明できることを指摘している[20].

---

[18] 中小企業庁は 『中小企業白書』 (1999,pp.56-59) において,「賃金センサス」の 1997 年の一般労働者のセル・データを用いて賃金関数を推定し, 職業, 学歴, 産業, 性別を制御しても残る純粋な規模間格差は, 従業員数 5,000 人の企業と同 100 人未満では 7〜10%程度であるとしている.

[19] Akerlof(1982)

[20] 奥井, 大竹 (1997) は, Gibbons and Katz (1992) の手法に従って,「中途採用者就業実態調査」(厚生労働省) の個標を用いた転職前後の賃金差を用いた分析を行い, 日本の職種間賃金格差のうち 3〜4 割は観察されない属性に起因するとした.

3. 固定効果の識別

　従前の賃金格差に関する研究では，固定効果の推定は労働者の観察されない能力に起因する部分に限定されていた．これは，個人と企業の双方の特性を得られる matched employer-employee data（雇用者と雇い主を突き合わせたデータ）としてのパネル・データが欠如していたことで，固定効果を固定労働者効果と固定企業効果に分解することが困難であったためであるが，欧州と北米において，近年，matched employer-employee data がパネル・データとして利用可能となったこと，これを取り扱う統計的推定手法が開発されたことで，困難が克服されつつある[21][22]．

　その先駆的研究は，Abowd,Kramarz and Magolis(AKM)(1999) と Abowd, Finer and Kramarz(AFK)(1999) によるものである．ここではモデルの基本構造を AKM (1999,pp.254-260)，Abowd,Kramarz and Woodcock(AKW)(2006,pp.733-739) に従って解説する．

　推定には，ランダムに抽出された N 人の個人の T 年間のデータを用いることとし，基本の統計モデルを次のように設定する．

$$y_{it} - \mu_y = (x_{it} - \mu_x)\beta + \theta_i + \psi_{J(i,t)} + \varepsilon_{it} \quad \cdots\cdots(3\text{-}1)$$

ここでy_{it}：労働者i($=1,\ldots N$) の時点t($=1,\ldots T$) における賃金の対数値，μ_y：y_{it} の総平均値，x_{it}：観察可能な労働者 i の P 個の特性の時変ベクトル，μ_x：労働者の特性の総平均値，θ_i：純粋な労働者効果（固定労働者効果），$\psi_{J(i,t)}$：t 時点における労働者 i を雇用する企業 J(i,t) の純粋な企業効果（固定企業効果），β はパラメータである．誤差項 ε_{it} は次の性質を満たす．

$$E[\varepsilon_{it}|i,t,J(i,t),x_{it}] = 0 \quad \cdots\cdots(3\text{-}2)$$

$$\mathrm{cov}[\varepsilon_{it},\varepsilon_{ns}|i,t,n,s,J(i,t),J(n,s),x_{it},x_{ns}] = \sigma_\varepsilon^2 \text{ for } i = n \text{ and } t = s$$

$$= 0 \text{ otherwise} \quad \cdots\cdots(3\text{-}3)$$

推定に当たっては，固定労働者効果と固定企業効果は以下のように細分化される[23]．

$$\theta_i = \alpha_i + u_i\eta \quad \cdots\cdots(3\text{-}4)$$

$$\psi_j = \varphi_j + v_j\rho \quad \cdots\cdots(3\text{-}5)$$

ここでα_i：観察されない労働者の異質性，u_i：不変の観察可能な個人の属性，φ_j：観察されない企業の異質性，v_j：不変の観察可能な企業の属性，η, ρ：パラメータである．

---

[21]Kramarz (2002,p.4)

[22] 川口 神林，金，権，清水谷，深尾，牧野，横山 (2007) は，工業統計調査が賃金構造基本調査と調査対象が同一であることに着眼し，個票データを突き合わせたパネル・データとしての matched employer-employee data を 1993～2003 年の間について作成し，日本企業における生産性と賃金の関係を分析している．

[23] AKM (1999,pp 265),AKW (2006,pp.735-739).

(3-1) を行列形式で表示すると次式となる.

$$y = X\beta + D\theta + F\psi + \varepsilon \quad \cdots\cdots(3\text{-}6)$$

ここで, 総サンプル数を$N^* = NT$ とおくと, y : 総平均からの偏差で示される賃金の$N^* \times 1$ベクトル, X : 総平均からの偏差で示される観察可能な労働者の特性の$N^* \times P$ 時変行列, D : 労働者個々の指標の$N \times N$ 計画行列, F : 労働者 i が時点 t で働く企業効果の指標を示す $N^* \times mJ$ 計画行列 (mは 1 企業の効果の数), β : 係数の$P \times 1$ベクトル, θ : 係数の$N \times 1$ベクトル, ψ : 係数の$mJ \times 1$ベクトルとなり, 誤差項ε の分散はσ_ε^2 である.

(3-6) の推定に当たって, 従前の研究では, データの制約からβ, θ, Ψ を全て推定することは難しかった. この場合, いずれかの変数が欠落した状態で (3-6) を推定していることになる. AKM (1999,pp256-257) では, 固定効果に係る説明変数が欠落した場合, 他の変数のパラメータ推定値に発生する除外変数バイアス(omitted variable bias)は当該固定効果を雇用期間で加重したものとなることが示される.

次に産業間賃金格差の要因のうち固定企業効果を捉える. 純粋な産業間賃金格差 (純粋な産業効果) は産業内の純粋な企業効果の集計であると捉える. 産業分類$k = 1, \ldots K$ について, K(j) を企業 j の産業分類を示す関数とすると, 純粋な産業効果は次式となる.

$$\kappa_k \equiv \sum_{i=1}^{N} \sum_{j=1}^{T} \frac{1(K(J(i,t))=k)\psi_{J(i,t)}}{N_k} \quad \cdots\cdots(3\text{-}7)$$

ここで, $N_k \equiv \sum_{j=1}^{J} 1(K(j) = k) N_j$ であり, 1 (A) は A が真実である場合 1, それ以外の場合は 0 となる関数である. (3-7) を (3-1) に挿入することで, 次式を得る.

$$y_{it} - \mu_y = (x_{it} - \mu_x)\beta + \theta_i + (\psi_{J(i,t)} - \kappa_{K(J(i,t))}) + \kappa_{K(J(i,t))} + \varepsilon_{it} \quad \cdots\cdots(3\text{-}8)$$

ここで $(\psi_{J(i,t)} - \kappa_{K(J(i,t))})$ は純粋な産業効果を控除した固定企業効果である. (3-8) を行列形式で表示すると次式になる.

$$y = X\beta + D\theta + FA\kappa + (F\psi - FA\kappa) + \varepsilon$$
$$= X\beta + D\theta + FA\kappa + M_{FA}F\psi + \varepsilon \quad \cdots\cdots(3\text{-}9)$$

但し, 任意の行列 A について, $M_A \equiv I - A(A'A)^{-1}A'$ である. ここでは A は J 個の企業それぞれを K 個の産業に分類する$J \times K$ 行列で, K(j)=k の場合にのみ$a_{jk} = 1$であり, FA は真の産業効果の計画行列である. $K \times 1$ のパラメータベクトルである真の産業効果κ は, 次式で示される.

$$\kappa \equiv (A'F'FA)^{-1}A'F'F\psi \quad \cdots\cdots(3\text{-}10)$$

固定労働者効果と固定企業効果に関する変数を共に推定から除外した場合, 推定された生の産業効果κ^{**}は, 次式で示される.

$$\kappa^{**} = \kappa + (A'F'M_X FA)^{-1} A'F'M_X(M_{FA}F\psi + D\theta)$$

$$= (A'F'M_X FA)^{-1} A'F'M_X F\psi + (A'F'M_X FA)^{-1} A'F'M_X D\theta \quad \cdots\cdots \text{(3-11)}$$

κ^{**} は, κ に固定効果変数を除外したことから発生するバイアスを加えたもの, あるいは θ と ψ の雇用期間の長さで加重された平均になる.

　企業規模間賃金格差の要因のうち, 固定企業効果については, 産業内の固定企業効果推定と同様に, 純粋な企業規模間効果は同一規模内の純粋な企業効果の集計であると捉えて推定することが可能である[24].

　(3-6) の推定に当たっては, 全計画行列 (full design matrix) [X D F] についての正規方程式は次のようにクロス積行列を用いて示される[25].

$$\begin{bmatrix} X'X & X'D & X'F \\ D'X & D'D & D'F \\ F'X & F'D & F'F \end{bmatrix} \begin{bmatrix} \beta \\ \theta \\ \psi \end{bmatrix} = \begin{bmatrix} X'y \\ D'y \\ F'y \end{bmatrix} \quad \cdots\cdots \text{(3-12)}$$

　理論上, (3-6) のフル・モデルのパラメータ $[\beta', \theta', \psi']$ は, 通常の最小2乗推定で不偏推定値が求められるが, (3-12) のクロス積行列の逆行列を求めることは, 全計画行列の列が高次元であることから困難であり, 企業を移動した労働者に関する情報から固定効果を識別する過程は複雑である. そのため AKM (1999,pp 268-281) では, 変数間に直交性の仮定を設けた上で, 順序依存法, 順序独立法といった条件付き推定のアルゴリズムを提示している. 賃金格差のうち固定効果部分を固定労働者効果と固定企業効果に分解する際には (3-11) の統計的近似値を求めることになる.

　AKM (1999) は, INSEE (National Institute for Statistics and Economic Studies) により実施された DAS (Declaration Annuelle des Salaires) の 1976〜1987 年のデータを用いてフランスにおける固定効果を推定した. AKM (1999,p.294-297) は, 年間賃金対数値を説明する賃金関数の推定式は通常の手法では R^2 が 0.3〜0.55 であるが固定労働者効果を考慮すると 0.77〜0.83 に上昇すること, AKM (1999,p.301) は, 年間賃金対数値の変動の説明要因としては固定労働者効果が重要であり, 固定企業効果は重要ではあるが固定労働者効果程ではないこと[26], AKM (1999,p.306) は産業間賃金格差のうち固定労働者効果は 84〜90%, 固定企業効果は 7〜25%を説明すること, AKM (1999,p.308) は, 企業規模間賃金格差要因として固定労働者効果が重要であり, 固定企業効果は重要ではあるものの固定労働者効果程ではないことを示した[27].

---

[24] AKM (1999,pp 260-262)

[25] AKM (1999,pp.266), AKW (2006,pp.739-740)

[26] Abowd and Kramarz(1999,p.2672) は, AKM (1999) の推定結果から, 年間賃金対数値の変動のうち, 固定労働者効果は 60〜80%, 固定企業効果は 4-9%を説明することを指摘している.

[27] Abowd and Kramarz(1999,p.2673) は, AKM (1999) の推定結果から, フランスの企業規模間賃金格差のうち固定労働者効果は 90%, 固定企業効果は 25〜40%を説明することを示した

AFK (1999) は, AKM (1999) の推定アルゴリズムに従って, 米国ワシントン州の 1984〜 1993 年の失業保険データから作成された matched employer-employee data を用いて固定効果を推定 した. AFK (1999,pp.18-20,23) は, フルタイム労働者の時間当たり賃金対数値の分散を説明する要 因として, 観察されない労働者の属性と企業の賃金政策の相違が重要であり, 固定企業効果はフラ ンスよりも重要性が大きいこと, 固定労働者効果と固定企業効果はそれぞれ 24%, 観察される個 人の属性と合わせて 90%を説明すること, AFK (1999,pp.20-23) は, 産業間賃金格差については, 固定労働者効果と固定企業効果は共に重要であること, 雇用労働者効果の方が少し重要度は高い ものの, 固定企業効果はフランスと比較してより重要であることを指摘した.

Abowd,Creecy and Kramarz(ACK) (2002) は, 疎行列 (sparse matrix) を用いた高次元データ を扱う反復共役勾配法 (iterative conjugate gradient method) による (3-6) の推定アルゴリズム を提示している. Abowd,Kramarz,Lengermann and Roux(AKLR) (2005) は,ACK (2002) の推定 アルゴリズムに従って, フランスについては INSEE により実施された DAS を継承した DADS (Declaration Annuelle des Donnees Sociales) の 1976〜1996 年, 米国については CPS の 1995〜 1999 年等を統合したデータを用いて, (3-6) 及び (3-11) を推定した.

AKLR (2005,pp.18-20) は, 両国の産業別の固定労働者効果と固定企業効果を示している。さら に AKLR (2005,pp.20-26) は, 両国について固定労働者効果と固定企業効果の発生要因を分析し, フランスでは固定労働者効果は労働者全体の技能, 固定企業効果は労働組合の存在と構造, 製品市 場の競争条件と関連が深いこと, 米国では両効果ともに産業固有の教育・職業に関連する人的資 本を反映していることを指摘している.

固定企業効果の推定は, 賃金分散を分散分析 (ANOVA:analysis of variance) で分解することで も可能である. Groshen (1991,p.882-883) は, 労働統計局の 1975 年前後の IWS (Industry Occupational Wage Surveys) を用いて, 米国製造業の生産労働者賃金の分散分析を行った結果, 産業内の事業所間格差 (EWDs: establishment wage differentials) は, 産業内賃金変動の 20〜 70%を占めており, 産業間賃金格差に匹敵すること, 事業所の特性が EWDs の半分を説明できる ことを指摘した. この研究で捉えられた EWDs の寄与度は, AKM 等において捉えた固定企業効果 に相当するものである.

4. サーチ理論と賃金分散

賃金格差要因としての固定効果は, 労働市場における情報の不完全性と深く関連していること から, 賃金格差の要因をより深く考察するためにはサーチ理論が有益である. 賃金格差に関するこ

こまでの議論の流れと以下で述べるサーチ理論による賃金格差議論の展開, さらに両者の関係をとりまとめたものが図6-1である.

Stigler(1961)(1962)による当初のサーチ理論では, 労働市場において労働者は賃金分布を知っているが, 事前に各企業の賃金掲示額は知らない状況下で, 最も高い賃金を探索するものである. 職探し戦略としては, 探索ルールが明確ではなく, 賃金掲示数が予め決定されている非逐次的(nonsequential)なものであった.

探索ルールについては, その後, McCall(1970)によって最適停止ルール(optimal stopping rule)を用いた逐次(sequential)戦略が提示され, 受諾賃金としての留保賃金の概念が確立された. 但し, 労働者の職探し行動のみに焦点が当てられた部分的部分均衡モデル(partial partial-equilibrium model)では, 賃金掲示の根拠が説明されていないという問題があった[28].

賃金掲示分布が内生的に決定されるためには, 企業行動も包摂したサーチ理論が構築される必要性が生じる. ところが, 企業の反応を組み込んだ, 賃金が内生化される賃金掲示モデル(wage posting model)を採用すると賃金分散が1点に集中してしまう. つまり, 仕事が同質, 労働者と企業がそれぞれ同質で最大化行動をとり, 労働者が失業時のみ連続的職探しをする状況において, 非協力ゲームを行うと, 賃金が最低水準, つまり留保賃金の水準(＝余暇の評価額)に退化して買手独占状況となり, 企業は利潤を独占し, ジョブ・サーチは意味を失ってしまうというダイヤモンドの逆説(Diamond Paradox)[29]が発生する.

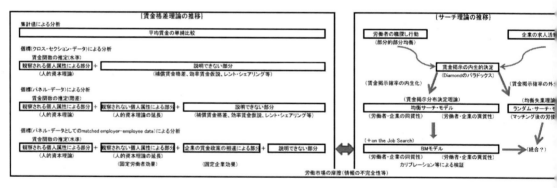

注：参考文献をもとに筆者作成
図6-1 賃金格差理論とサーチ理論の関係

その後のサーチ理論を用いた労働市場への接近法は, ダイヤモンドの逆説をいかにして回避・克服するかによって2つに分岐する. 一つは, 賃金掲示確率を内生化し, ランダム・マッチングの後に賃金交渉を行う手法であり, DMP(Diamond-Mortensen-Pissarides)モデルに見られるよう

---

[28] Rothschild (1973,p.1288)

[29] Diamond (1971,pp.164-165)

に均衡失業理論へと発展した[30]. もう一つは, 賃金掲示確率を外生変数とし, ランダム・サーチに複数の賃金掲示を組み合わせる手法であり, 均衡（逐次）サーチ・モデル（equilibrium (sequential) search model）へと発展した. このモデルにおいては, 定常状態における均衡賃金分布が求められるため, 賃金格差問題へと考察を拡げることが可能である. この方面の業績の集大成は Mortensen (2003) である.

　均衡サーチ・モデルで均衡賃金分布を求める際に, McMinn (1980)[31], Albrecht and Axell (1984) は労働者の余暇評価に関する異質性を想定する. Albrecht et al.(1984,pp.827-832) は, 失業状態でのみ職探しを行い, 余暇に対する異なる評価（留保賃金）を持つ2タイプの労働者が存在し, 雇い主の生産性は同一であるが, 高賃金と低賃金いずれかを掲示すると想定して均衡を求めると, 留保賃金の低い労働者は低賃金を受諾するが, 留保賃金が高い労働者は職探しを行うことで内生的に2つの賃金分散が発生することを示している[32].

　これに対して Butters (1977) と Burdett and Judd (1983) は, 商品取引において, 買い手と売り手はそれぞれ同質で, 同一製品を前提とし, 等利潤条件の下で, 買い手が複数の価格情報を得られる場合の非協調的価格設定ゲームにより通常の商品価格に分散が発生することを示した[33].

　Mortensen (2003) は第1章の後半部分において, Butters (1977) と Burdett et al.(1983) の議論を踏まえて, 労働市場に情報の不完全性という摩擦が存在するとベルトラン均衡から外れて賃金掲示額に差が生じる均衡サーチ・モデルを示している. この均衡サーチ・モデルは最も単純なものであるが, 賃金掲示額の分布を明示的に示したこと, 企業の異質性を組み込むことができること等, その後のモデルの礎となっている. ここでは, この均衡サーチ・モデルの概略を Mortensen (2003,pp.16-20) に従って解説する.

　モデルは1期モデルで, 職務内容は同一, 労働者と企業はそれぞれ同質で最大化行動を採るものとされる. 労働者は当初, 失業状態にあり, 失業時にのみ職探しをする. また, 等利潤条件が満たされている. 企業はランダムに労働者に接触し, 異なる賃金政策に基づいて賃金を掲示する. 労働者は留保賃金以上の掲示額のうち最も高い掲示を受け入れることが前提とされている.

---

[30] Pissarides (2000) はその集大成である.

[31] McMinn (1980) は, McCall(1970) の求職意欲喪失者に対する政策提言を補強することを目的としている.

[32] Eckstein and Wolpin (1990,pp.805-806) は, Albrecht et al(1984) のモデルを実証分析した結果, 均衡状態においては, 失業期間の分布を説明するものの, 賃金データと推定値が一致しないことを指摘し, 政策分析のためにより適切なモデル開発が必要であるとしている.

[33] Butters (1977) では価格掲示数がランダムな noisy search, Burdett et al.(1983) では消費者が事前に価格情報を得て探索費用を見積もっている非逐次サーチが採用されている.

ここで m：雇い主の数, n：労働者数, w：労働者に支払われる賃金, p：労働者に共通の限界生産力[34], b：労働者に共通の留保賃金とする. 通常は, $w \leq p$ であり, $p > b$ の場合のみが検討の対象となる. 余剰フローは雇い主と労働者に分配されるものであり, w＝b の場合, ダイヤモンドの逆説が, w＝p の場合, ベルトラン均衡が成立している.

特定の労働者によって受け取られる賃金掲示総数 X の分布は, m と n が十分大きい場合には, 平均 $\lambda = \frac{m}{n}$ のポアソン分布で近似できる.

$$\Pr\{X = x\} = \frac{e^{-\lambda}\lambda^x}{x!} \quad \cdots\cdots (4\text{-}1)$$

これは労働者1人当たりの接触数の期待値であり, 接触頻度 (contact frequency) と呼ぶ. 労働者が掲示賃金 w を受諾する確率は, w よりも大きくない賃金掲示の割合である累積分布関数 F(w) で示される掲示ランクと λ に依存する. 賃金が受諾される確率を $P(F(w), \lambda)$ とすると, 期待利潤 π は次式で示される.

$$\pi(p, w, F(w)) = P(F(w), \lambda)(p - w) \quad \cdots\cdots (4\text{-}2)$$

モデルでは対照的純粋戦略 (symmetric pure strategy) は存在しないとされている. ある雇い主が賃金 w を掲示し, 他の雇い主が同一賃金w(＜p)を掲示した場合, 接触した労働者を雇い入れる確率は $q = \frac{1-e^{-\lambda}}{\lambda} < 1$ である. 若干多めの賃金 $(w+\varepsilon)(\varepsilon > 0)$ を掲示する逸脱した雇い主は, 労働者が必ずその賃金を受託するために, $p - (w + \varepsilon) > q(p - w) > 0$ が成立することから, より多くの利潤を得られることとなる. これは等利潤条件を満たさないため, 同一賃金の掲示がなされることはないことが示される[35].

掲示賃金 w が, 接触した労働者によって受け入れられた x 個の他の掲示を上回る確率は, 全ての代替案がwより小さい確率 $F(w)^x$ と同値である. 累積分布関数F(x)で示される賃金掲示の均衡市場分布は, 連続かつ連結された台を持ち, 下限は b, 上限は p よりも小さいという性質を持つ[36]. 累積分布関数 $F:[b, p] \to [0,1]$ が均衡分布の候補として与えられると, x はポアソン変数なので, 受諾確率関数は,

$$P(F(w), \lambda) = \sum_{x=0}^{\infty} F(w)^x \frac{e^{-\lambda}\lambda^x}{x!} = e^{-\lambda[1-F(w)]} \sum_{x=0}^{\infty} \frac{e^{-\lambda F(w)}(\lambda F(w))^x}{x!} = e^{-\lambda[1-F(w)]} \quad \cdots\cdots (4\text{-}3)$$

---

[34] 生産性 p が一定であるということは, どの労働者が当該職務に就くかには依存しないこと, 労働投入量の増減には依存しないことを示している. これは企業が類似労働者を雇用すること, 生産の規模に関する収穫一定, あるいは労働投入量に関して線形であることが想定されている (van den Berg(1999, F278).

[35] Mortensen (2003, pp.18) の証明に従っている.

[36] Mortensen (2003, pp.18-19) において証明されている.

となり, w に関して連続で増加, λ に関して連続で減少する. 等利潤条件から雇い主は, 高賃金での高い受諾確率と低い利潤のトレード・オフ関係を考慮しなければならないため, 均衡賃金掲示分布は次式を満たさなければならない.

$$\pi(p, w, F(w)) = (p - w)e^{-\lambda[1 - F(w)]}$$
$$= \pi(p, b, 0) = (p - b)e^{-\lambda} \text{ for all } w \in [b, \overline{w}] \quad \cdots\cdots(4\text{-}4)$$

このことは単一の均衡掲示の累積分布関数の閉じた解が次式となることを意味する.

$$F(w) = \frac{1}{\lambda}\log(\frac{p - b}{p - w}) \quad \cdots\cdots (4\text{-}5)$$

ここで台の上限は,

$$\overline{w} = (1 - e^{-\lambda})p + e^{-\lambda}b \quad \cdots\cdots(4\text{-}6)$$

である. $\lambda \to \infty$ となるに従って, いずれの $w(<p)$ についても $F(w) \to 0$ であり, $\overline{w} \to p$ となるため, ベルトラン競争モデルは均衡サーチ・モデルの究極の姿であることが示される.

このモデルは, 労働市場において摩擦が存在する場合, 等利潤条件の下では, 雇い主の賃金政策の相違が賃金分散をもたらすことを示している. 但し, 企業が異なる賃金政策を採用する際の基準について説明されていないため, 産業間, 企業規模間賃金格差の説明には至っていない.

Mortensen (2003, pp.20-23) は, 産業間あるいは企業規模間賃金格差を説明するために, 前述の均衡サーチ・モデルに企業の生産性の相違を組み込むことで, 賃金政策の相違を反映させたモデルを展開した。ここではそのモデルの概要を Mortensen(2003, pp.20-23) に従って解説する.

雇い主の生産性 p は企業によって異なると想定し, 接触した労働者 1 人当たりの期待利潤を,

$$\pi(p, w, F(w)) = P(F(w), \lambda)(p - w) \quad \cdots\cdots (4\text{-}7)$$

とする. 賃金政策を示すタイプ p 企業の最適な賃金選択の集合は,

$$w(p) = \arg\max_{w \geq b} \pi(p, w, F(w)) \quad \cdots\cdots(4\text{-}8)$$

となり, タイプ p 企業の接触した労働者 1 人当たりの最大期待利潤は次のとおりである.

$$\pi^*(p) = \max_{w \geq b} \pi(p, w, F(w)) = \max_{w \geq b} e^{-\lambda[1 - F(w)]} (p - w) \quad \cdots\cdots (4\text{-}9)$$

生産性の異なる任意の 2 企業について, 賃金掲示額を検討すると, 生産性の高い企業が, 高い賃金を掲示し, 高い労働者 1 人当たり利潤を期待できる[37].

企業数が 2 と想定する. 生産性が $p_2 > p_1$ であるとすれば, タイプ 1 の企業が掲示する最も低い賃金は留保賃金と等しいため $\underline{w_1} = b$, タイプ 2 の企業が掲示する最も低い賃金はタイプ 1 の企業

---

[37] Mortensen (2003, pp.21-22) において証明されている.

の支払う最も高い賃金と等しいため $\overline{w}_1 = \underline{w}_2$ が成立する. このように掲示賃金は連続体となる. 等利潤条件から, 同一タイプの雇い主の利潤は次のように同一でなければならない.

$$\pi^*(p_1) = P(F(b),\lambda)(p_1 - b) = P(F(w),\lambda)(p_1 - w) \qquad \text{for all } w \in w(p_1) = [b, \overline{w}_1] \quad \cdots\cdots (4\text{-}10)$$

$$\pi^*(p_2) = P(F(\overline{w}_1),\lambda)(p_2 - \underline{w}_2) = P(F(w),\lambda)(p_2 - w) \quad \text{for all } w \in w(p_2) = [\underline{w}_2, \overline{w}_2] \quad \cdots\cdots (4\text{-}11)$$

賃金掲示の均衡分布F(w) は閉じた解として次式で示されることとなり, F(w) は連続した分布であることが示される.

$$F(w) \begin{cases} = \frac{1}{\lambda}\log\left(\frac{p_1-b}{p_1-w}\right) \text{ for all } w \in w(p_1) = [b, \overline{w}_1] \\ = \frac{1}{\lambda}\log(\frac{p_2-\underline{w}_2}{p_2-w}) \quad \text{ for all } w \in w(p_2) = [\underline{w}_2, \overline{w}_2] \end{cases} \cdots\cdots (4\text{-}12)$$

q をタイプ1の企業の比率であるとすると, それぞれの企業の台の上限は次式の解である.

$$F(\overline{w}_1) = \frac{1}{\lambda}\log(\frac{p_1-b}{p_1-\overline{w}_1}) = q \quad \cdots\cdots (4\text{-}13)$$

$$F(\overline{w}_2) = \frac{1}{\lambda}\log(\frac{p_2-\overline{w}_1}{p_2-\overline{w}_2}) = 1 \quad \cdots\cdots (4\text{-}14)$$

企業数が 3 以上でもこのモデルは成立する. 均衡賃金分布は生産性の相違に従って閉じた解として得られ, それらは連続する. ここから, Mortensen (2003,pp.23) は, 賃金掲示額は労働生産性と正の相関を持つこと, このモデルは産業間賃金格差の説明に応用できることを指摘する. さらに, Mortensen (2003,pp.23-25) は, 求人努力をこのモデルに織り込むことで, 求人の努力と賃金水準, 求人努力と企業規模には正の相関関係があることを示し, 企業規模間賃金格差の説明に応用できることを指摘する.

　非競争的観点から提示された賃金格差理論も摩擦の存在によって根拠付けられることが Mortensen (2003,p.26-33) において示される。Mortensen (2003,p.26-28) は補償賃金格差について, 怪我や死といった職業上のリスクを除くと実証的に把握することが困難であることを指摘するとともに, 均衡サーチ・モデルに仕事の快適さを導入することで, 賃金と快適さに正の相関関係があることを説明できるとする[38]. Mortensen (2003,p.28-30) では怠業防止のための効率賃金仮説について, 企業規模間の賃金格差を説明することには適しているが, 産業間の賃金格差の説明には適していないとし, 均衡サーチ・モデルに監視費用を導入することで根拠付けている. Mortensen (2003,pp.30-33) では再配転換について, 均衡サーチ・モデルに労働者と企業のマッチ

---

[38] 補償賃金格差に関する Mortensen (2003,p.26-28) の議論は, BM モデルに企業が快適さを供給する費用を考慮することを組み込んだ Hwang, Mortensen and Reed(1998) のモデルを簡略化したものである.

ングによって生産性が決定される仕組みを組み込むことで説明している[39]. これらを踏まえて Mortensen(2003,pp.33-34) は, 賃金格差要因に関する単一の仮説では格差の説明には不十分であることを指摘している. 本節で解説した均衡サーチ・モデルで示される掲示賃金分布の形状は, いずれも λ に依存する単純なものである. また労働者の離職や失業率は考慮されておらず, 掲示賃金と支払われた賃金の分布は区別できない. 従って, より精度の高いモデルを構築する必要性があると言える.

5. BM モデルの枠組みと意義・課題

均衡サーチ・モデルを発展させることで賃金分散を解明する試みとしては, Mortensen (1990) と Burdett(1990) が挙げられる. これらの研究では, 職務内容は同一, 労働者と企業はそれぞれ同質で最大化行動を採る状況において, 労働者の on the job search を組み込むことで, Diamond (1971) を一般化したモデルが提示される. このモデルは Burdett and Mortensen (1998) によって精緻化されたため, BM (Burdett-Mortensen) モデルと呼ばれる.

BM モデルでは, 転職行動を視野に入れることで, 留保賃金に下限の制約がはずれる. 現在, 支払われている賃金が留保賃金となるため, 留保賃金に異質性が発生し, 賃金分散につながることになる. 労働市場に摩擦が存在する状況においては, 雇い主が高賃金を掲示することは余剰フローを低下させるが欠員や労働者の転職を回避できる. 雇い主が低賃金を掲示することは余剰フローを高くするが欠員は埋まらず転職が増える. このことを踏まえて雇い主は賃金政策を決定することで, 様々な賃金掲示がなされる. BM モデルは, Burdett et al.(1998) では 1 期間モデルで, 賃金情報の失業者への伝達が十分ではないが, Mortensen (2003) の第 2 章において多期間モデルに拡大されており, 情報が行き亘ることで, 雇用されている労働者の転職の可能性が拡がる. ここでは BM モデルの概略を, Mortensen (2003,pp.36-44) に従って解説する[40].

多期間 BM モデルでは, 将来はそれぞれの長さが Δ の離散期間の無限の連続体であるとされる. 雇い主は異なる賃金を掲示するものの, 等利潤条件は成立している. 各雇い主は, 各期間に限定された数の労働者にランダムに接触し, 接触した労働者が失業状態である確率は失業率 u に等しく, 失業者は留保賃金 R 以上の賃金掲示であれば受諾することが前提とされている.

---

[39] Pissarides (2000) に示される均衡失業理論におけるマッチングの後の労使間の賃金交渉あるいはレント・シェアリング接近法も賃金格差分析の支流と想定できる.

[40] BM モデル及び転職行動に関するサーベイ論文としては, 今井 (2007), 相澤, 山田 (2009) がある. 本節の執筆に際しても参照させていただいた.

前節の (4-1)〜(4-3) の展開を念頭に置いた場合, $\lambda\Delta$ を長さΔ の 1 期間において労働者によって受け取られる賃金掲示数とすると, 受諾確率は,

$$P(F(w),\lambda\Delta) = \sum_{x=0}^{\infty} F(w)^x \frac{e^{-\lambda\Delta}(\lambda\Delta)^x}{x!} = e^{-\lambda\Delta[1-F(w)]} \quad \cdots\cdots (5\text{-}1)$$

であり, 掲示賃金 w が当該期間の掲示額の最高値である確率を示している. 契約は当事者の置かれた環境に変化がない限り有効であり, 賃金は固定されるが, より良い賃金掲示があれば, 労働者は受諾する.

賃金掲示 $w \geq R$ がランダムに選択された労働者によって受諾される包括的確率h(w) は, 当該労働者が w 以下の賃金で雇用されている割合をG(w) とすると, 次式で示される.

$$h(w) = [u + (1-u)G(w)]P(F(w),\lambda\Delta) \quad \cdots\cdots (5\text{-}2)$$

労働者一人当たりの期待利潤πは, 賃金wで 1 人の労働者を雇用する価値をJ(p,w) とすると,

$$\pi(p,w,F(w)) = h(w)J(p,w) \quad \cdots\cdots (5\text{-}3)$$

となる. 労働者が企業に留まる確率は, $F(w)^x$ と等しく, 長さΔ の 1 期間において労働者によって受け取られる他の賃金掲示数は, 期待値が$\lambda\Delta$ となるポアソン分布をするので, 労働者の離職確率は次式で示される.

$$Q(F(w),\lambda\Delta) = \sum_{x=0}^{\infty}[1 - F(w)^x]\frac{e^{-\lambda\Delta}(\lambda\Delta)^x}{x!} = 1 - P(F(w),\lambda\Delta) \quad \cdots\cdots (5\text{-}4)$$

契約が継続する限り, 労働者を雇い入れることの期待利潤の現在価値は, 金利を r, 外生的な雇用喪失率をδとすると, 次の再帰方程式を満たすことになる.

$$(1-r\Delta)J(p,w) = (p-w)\Delta + [1 - \delta\Delta - Q(F(w),\lambda\Delta)]J(p,w) \quad \cdots\cdots (5\text{-}5)$$

ここからJ(p,w) を求めると次式になる.

$$J(p,w) = \frac{p-w}{r+\delta+\frac{Q(F(w),\lambda\Delta)}{\Delta}} \quad \cdots\cdots (5\text{-}6)$$

連続時間における逐次サーチにおいては, h(w) とJ(p,w) は, Δ が 0 に収斂するに従って, 次の極限値となる.

$$h(w) = u + (1-u)G(w) \quad \cdots\cdots(5\text{-}7)$$

$$J(p,w) = \frac{p-w}{r+\delta+\lambda[1-F(w)]} \quad \cdots\cdots(5\text{-}8)$$

企業にとっての期待利潤と, 賃金政策を示す最適な賃金選択は次のようになる.

$$\pi(p,w,F(w)) = h(w)J(p,w) = \frac{u+(1-u)G(w)(p-w)}{r+\delta+\lambda[1-F(w)]} \quad \cdots\cdots(5\text{-}9)$$

$$w = \arg\max_{w \geq R} \pi(p,w) \quad \cdots\cdots(5\text{-}10)$$

ここで, $\lambda[1-F(w)]$ は離職して職務階梯を登る確率を示す. 労働者にとっての雇用されることの価値をW(w), 失業の価値を U とすると, それぞれ次の再帰方程式を満たすことになる.

$$(1 + r)W(w) = w + \delta U + \lambda \int \max\big(W(x), W(w)\big) dF(x) \quad \cdots\cdots(5\text{-}11)$$

$$(1 + r)U = b + \lambda \int \max\big(W(x), W(w)\big) dF(x) \quad \cdots\cdots(5\text{-}12)$$

このとき留保賃金 R は W (R)＝U を満たすため, R＝b となる.

次に定常状態での解を求める. 失業の運動は次の法則に従うとされる.

$$\dot{u} = \delta(1 - u) - \lambda u \quad \cdots\cdots(5\text{-}13)$$

賃金が w 以下で雇用されている雇用者比率E(w) とその運動法則は, 次式で示される.

$$E(w) = (1 - u)G(w) \quad \cdots\cdots(5\text{-}14)$$

$$\dot{E}(w) = \lambda F(w)u - (\delta + \lambda[1 - F(w)])E(w) \quad \cdots\cdots(5\text{-}15)$$

(5-13) (5-15) の線形微分方程式システムの解は, 定常状態へと収束する.

$$\frac{u}{1-u} = \frac{\delta}{\lambda} \quad \cdots\cdots(5\text{-}16)$$

$$G(w) \equiv \frac{E(w)}{1-u} = \left(\frac{\lambda F(w)}{\delta + \lambda[1-F(w)]}\right)\left(\frac{u}{1-u}\right) = \frac{\delta F(w)}{\delta + \lambda[1-F(w)]} \quad \cdots\cdots(5\text{-}17)$$

定常均衡解は, 定常状態条件, 利潤最大化条件, 自由参入条件を満たすλ, u, F (w), G(w) である. F(w) の台の下限が b であること, (5-9), (5-17) と等利潤条件を考慮すると次式が得られる.

$$\pi(p, b) = \left(\frac{\delta}{\delta + \lambda}\right)\left(\frac{p-b}{r+\delta+\lambda}\right) =$$

$$\pi(p, w) = \left(\frac{\delta}{\delta + \lambda[1-F(w)]}\right)\left(\frac{p-w}{r+\delta+\lambda[1-F(w)]}\right) \quad \cdots\cdots(5\text{-}18)$$

λ は雇い主の採用活動によって決定され, その費用は c とする. 最適化と整合的なλは, 等利潤条件と整合的な次の自由参入条件により与えられる.

$$\pi(p, b) = \left(\frac{\delta}{\delta + \lambda}\right)\left(\frac{p-b}{r+\delta+\lambda}\right) = c \quad \cdots\cdots(5\text{-}19)$$

この式は $\frac{p-b}{r+\delta} > c$ のときに限りλ の正の解を持つ. λ(>0) が与えられると (5-18) からF(w) が根として求められる。

$$F(w) = \frac{r+2(\delta+\lambda)}{2\lambda}\left[1 - \sqrt{\frac{r^2 + 4(\delta+\lambda)(r+\delta+\lambda)\left(\frac{p-w}{p-b}\right)}{[r+2(\delta+\lambda)]^2}}\right] \quad \cdots\cdots(5\text{-}20)$$

この解は, r が 0 に収束すると, BM 均衡分布の極限値と一致するため, 賃金掲示額と支払われた賃金額の累積分布関数は以下に収束する.

$$F(w) = \frac{\delta+\lambda}{\lambda}\left[1 - \sqrt{\left(\frac{p-w}{p-b}\right)}\right] \quad \cdots\cdots (5\text{-}21)$$

$$G(w) = \frac{\delta F(w)}{\delta + \lambda[1-F(w)]} = \frac{\delta}{\lambda}\left[\sqrt{\left(\frac{p-b}{p-w}\right)} - 1\right] \quad \cdots\cdots(5\text{-}22)$$

(5-21) と F($\overline{w}$) = 1 から, 台の上限である最も高い賃金$\overline{w}$ は, マッチングの生産性と留保賃金の加重平均である次式で示される.

$$\bar{w} = \left[1 - \left(\frac{\delta}{\delta+\lambda}\right)^2\right]p + \left(\frac{\delta}{\delta+\lambda}\right)^2 b \quad \cdots\cdots(5\text{-}23)$$

F(w) と G(w) の分布は, (5-21) (5-22) に明示される. その形状はパラメータ δ, λ と, 労働者と雇い主の市場における相互作用に依存し, 労働者と企業の特性には依存しない. これは,BM モデルにおいて, 賃金分布は摩擦によって生起することを意味している.

$\frac{\delta}{\lambda}$ は市場の摩擦変数と定義されており, 定常状態において, 値が大きくなるとより高い賃金が提示あるいは支払われる確率は低下し, 0 に近づくと賃金分散は消滅に向かうことが示される[41]. 摩擦が最大の場合はダイヤモンドの逆説が成立し, 摩擦がない状態ではベルトラン均衡が成立するため, BM モデルではこれら両極端の間における賃金分散を検証していることになる[42].

F(w) と G(w) の関係については, (5-17) から次式が導かれる[43].

$$\frac{F(w)-G(w)}{(1-F(w))G(w)} = \frac{\lambda}{\delta} \quad \cdots\cdots(5\text{-}24)$$

この式は, 摩擦係数が定常状態におけるF(w) とG(w) の乖離の程度を示していること, G(w) はF(w) に確率優越 (stochastic dominance) すること, 雇用されている労働者は新たに雇用される労働者よりも多く賃金を受け取ることを意味する. これは雇用されている労働者がよりよい賃金を掲示されて移動すること, 言い換えると移動に伴って職務階梯を登るという雇用効果 (employment effect) が発生することを示している[44].

掲示賃金と支払われた賃金の確率密度関数は, F(w) とG(w) を w について微分することで求められる[45].

$$F'(w) = f(w) = \left(\frac{\delta+\lambda}{2\lambda}\right)\left(\frac{p-b}{p-w}\right)^{\frac{1}{2}} \quad \cdots\cdots(5\text{-}25)$$

$$G'(w) = g(w) = \left(\frac{\delta}{2\lambda}\right)\left(\frac{p-b}{p-w}\right)^{\frac{3}{2}} \quad \cdots\cdots(5\text{-}26)$$

(5-25) と (5-26) から, F(w) とG(w) は w に関して増加する凸関数であることが示される。これは, 摩擦が存在する場合, サーチ行動は雇い主に賃金を高く掲示させる誘因となることを意味する[46]. BM モデルではその性質上, 適切なパラメータの値を用いて分布を描くと, f(w) と g(w) は競争的

[41] Mortensen (2003,p.42)

[42] van den Berg (1999,F 289)

[43] Mortensen (2003,pp.43)

[44] Christensen (2005,p .33)

[45] Mortensen (2003,pp.55-56)

[46] Mortensen (2003,pp.55-56)

賃金の方に歪む（左方に歪みが生じて左方の尾が長くなる）ことになる[47]．つまり，サーチ行動により賃金は限界生産力に近づくことになる．

　BM モデルは定常状態における産業間，企業規模間における賃金格差や転職行動に関する定型化された事実と整合的である[48]．BM モデルでは，賃金掲示額が大きい程，労働者を雇い入れることが容易になるため，企業規模が大きい程，賃金は高くなることが示唆される．また，賃金が高くなると離職が抑制されること，転職等を通して賃金プロフィールが右上がりになることが示される．w＜pと想定することは雇い主が買手独占力（monopsony power）を持つことを示しており，最低賃金の効果に関しても分析に用いることが可能である．このため，BM モデルは賃金格差を説明する代表的な均衡サーチ・モデルとなった．

　BM モデルの理論上の問題点は，賃金契約の硬直性である．Coles (2001,p.160) は，BM モデルにおける雇い主が掲示した賃金は変更されないという前提は定常状態においては適切であるが，雇い主に賃金を変更して定常状態から離脱することを認めると，賃金は留保賃金に収斂することを指摘した．

　BM モデルの実証上の問題点は，BM モデルから導出される賃金分布が実績と一致しないことである．賃金分布は一般的に右方に歪んでいることが知られている[49]．図 6-2 は「賃金構造基本統計調査」をもとに 2011 年の日本の所定内給与の分布を描いたものである．これは，g(w) を便宜的に表わしていると解釈できるが，その形状は右方に歪んでいる．

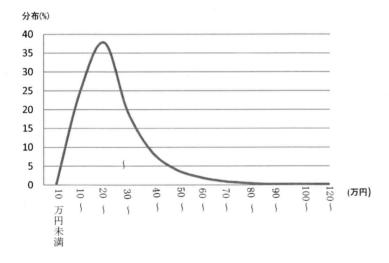

資料：厚生労働省「賃金構造基本統計調査（2011 年）」
図 6-2 所定内給与（月額）の分布（全産業・一般労働者・男女）

---

[47] van den Berg (1999,F291)

[48] Coles(2001,p.160),van den Berg (1999,F291)

[49] Roy (1950,p.490)

231

Christensen et al.(2005) は, F(w) を与件として労働者が移動する場合の, 労働者の職探し努力を内生化したモデルを提示した. Christensen et al.(2005,pp.44-49) は, Statistics Denmark が実施した matched employer-employee data である IDA (Integrates Data base for Labor Market Research) の 1994 年と 1995 年を用いて, デンマークの民間労働者について賃金と離職率の関係を検証するとともに, G(w) がF(w) に対して確率優越することを示した[50]. 但し, この結果を基に集計すると, f(w) と g(w) は右方に歪んでいることが示されており[51],BM モデルとの整合性がとれなくなる.

BM モデルにおいて, 賃金分布が左方に歪んでいるのは, 労働者と企業の同質性を前提としていることに起因する。賃金分布をより忠実に反映するためには, BM モデルに生産性における企業の異質性を導入することが必要とされている[52][53].

Bontemps,Robin and van den Berg (2000) では, BM モデルに生産性における企業の異質性を導入することで賃金分布の精度を向上させることを試みた. Bontemps et al.(2000,pp.314-322) は, 企業の生産性 p が連続的に異なる場合, 生産性の分布Γ(p) の台を賃金掲示額の分布 F(w) の台に殆ど確実に (almost surely) 転写する関数K_p={K(p)}Γ を想定することで生産性の分布が賃金分布に反映されると, 生産性 p の変動が小さい場合, F(w) の分布は当初の BM モデルにおける分布に接近すること, 賃金が生産性の分布の台の下限に等しい場合, 生産性の低い企業は賃金の下限より高く生産性よりも低い賃金を支払うために低賃金の比率が高くなること, その結果, f(w) と g(w) の分布が低い賃金でピークとなることを指摘する. Bontemps et al. (2000,pp.322-346) は, Γ(p) が識別される状況下において, F(w), f(w), G(w), g(w) を 3 段階のノンパラメトリック推定法で推定する手法を提示し[54], INSEE の実施した Enqute Emploi(French Labor Force Survey) において 1991～1993 年にかけて継続して質問に回答した者からなるパネル・データを用いて, 分布状況を

---

[50] Christensen et al.(2005,p.35) は, 掲示賃金の分布 f(w) は, 失業状態から雇用状態に移動した労働者数で加重された各企業によって支払われた平均賃金の分布であり, 支払われた賃金の分布 g(w) は, 各企業労働者数で加重された各企業によって支払われた平均賃金の分布であるとしている.

[51] Mortensen (2003,pp.48-49). Mortensen (2003) の第 4 章において, BM モデルと Christensen et al.(2005) のモデル, さらにマッチングの後の労使間の賃金交渉との統合が試みられている.

[52] van den Berg,G.J.(1999,F291)

[53] Burdett et al.(1998,pp.264-268) においては, 労働者の余暇に対する評価が異なる場合, 雇い主の機会費用を上回る有用なマッチであっても成立しないことで非効率な失業が発生することが示される. Burdett et al.(1998,pp.268-272) は, BM モデルにおいて, 雇い主の生産性が異なる場合, 生産性の高い企業が高賃金を支払うために労働者数も増加することを示している.

[54] 特定のパラメータの値が議論の焦点となっている場合はパラメトリック推定が用いられるが, 分布状態が焦点となっている場合はノンパラメトリック推定が有益である.

検証した[55]. その結果, Bontemps et al(2000,pp.346-349) は, モデルは賃金データに完全に適合したとしている[56].

6. 今後の展望

賃金格差の実証分析に当たって, 賃金に関する近年のデータ整備と統計手法の進歩は, 従来考察できなかった賃金格差要因である固定効果までも考慮に入れることを可能とした. 実証分析結果は, 労働者が観察可能な同一能力を保有していても, 観察できない能力や企業の賃金政策の相違が賃金格差に反映されることを示唆する。このことは, 労働市場における情報の不完全性といった摩擦が賃金に影響を与えることを意味している. 従って摩擦を考慮に入れたサーチ理論は, 賃金格差問題の理論的, 実証的接近法として有効である.

均衡サーチ・モデル, 特に BM モデルの開発は, 人的資本理論や非競争的観点からの仮説では説明できない, 従来, 運・不運に影響されたと思われる人生における成功・不成功を, 理論的考察をもって説明可能であることを示唆するものである. 労働者が同質であっても情報が偏在することによって, 賃金分散が発生, 転職に至る等, 異なる職業人生を送る可能性があること, 企業規模間の賃金格差が発生すること, 年功賃金が観察されることという結果が導かれることは重要である.

日本においては, 正規・非正規雇用の待遇格差, 若年層の雇用情勢の悪化, さらには貧困問題の深刻化等が問題となっていたところであり, その改善のための方策が講じられてきたところであるが, 課題は残っている. 年功賃金で昇給することの多い正社員と非正社員との待遇格差は職種の相違のみでは説明できない. 大学生の就職活動において比較的高賃金の大・中堅企業に応募者が集中するミスマッチ, 就職活動期間の長期化による学力低下は社会全体の効率性, 公平性を大きく損ねている.

このような状況にも関わらず, 日本ではなぜ, 観察される能力に差異はない労働者間で, 正規雇用と非正規雇用の分離, 所得格差の発生が生じるのかの分析が欠けたままである. そのことが政策議論の停滞, 貧困問題の安易な自己責任論につながっている. 労働市場の摩擦を考慮に入れた考察と対策立案が必要であり, 均衡サーチ・モデルは問題解決に寄与するところが大きいと考えられ

---

[55] Mortensen (2003,pp.56-59) は, 同様のモデルに基づいて $\Gamma(p)$ をパレート分布とした場合のシミュレーションを展開して確率密度関数 $g(w)$ が右方に歪んでいることを示した. Mortensen (2003,pp. 59-64) は, 企業の雇い入れの努力を考慮すると, 確率密度関数 $f(w)$ と $g(w)$ の形状がより現実的になることを示している.

[56] Bontemps et al.(1999) は, Bontemps et al.(2000) で提示されたモデルを労働者の異質性を考慮したものに拡大し, シミュレーションを行った結果, 確率密度関数 $f(w)$ と $g(w)$ の形状は殆ど影響を受けないことを示している.

る. BM モデルはその後, 様々な方向に拡大されて分析の幅を拡げている. このことについては, 稿を改めて議論する.

第7章　サーチ理論と賃金構造

(Psrt1：：対抗提案の場合)

長期雇用者の賃金は在職期間に応じて上昇することが~一般的に観察される．その理由の説明としては，人的資本理論に基づいた企業特殊技能の蓄積の観点からなされることが多い．ミンサー型賃金関数を用いた実証分析においては，企業特殊技能の蓄積を示す在職期間と一般的技能の蓄積を示す総経験年数が与える影響について検証がなされてきたところである。さらに，インセンテイプ，レント・シェアリングの観点から説明されることもある．近年のサーチ理論の発展により，労働市場の摩擦を考慮に入れたマッチングの観点から賃金カーブの形状や転職行動を説明することが可能となった．対抗提案モデルでは，買手独占的労働市場において，賃金が労働の限界生産力を下回っている限り，企業が離職を防ぐ目的で外部からの賃金掲示に対して対抗提案を行う．その結果，人的資本の蓄積がなくても賃金は在職期間に応じて上昇することが示される．対抗提案モデルには実現可能性の観点からの批判もあるが，賃金分散や労働市場の2重構造に関して深い洞察を得ることができる．

Key Words：賃金プロフィール，人的資本，在職期間，転職，BM モデル，賃金格差

1．はじめに

　賃金と在職期間(tenure)との間には通常，正の関係が観察される．これは，一定期間，特定の職又は企業で就労すれば賃金の上昇あるいは昇進が期待できることを意味している．日本においては，長期雇用を前提とした正規雇用者の年功賃金として観察される．

　賃金と在職期間との間の正の関係は，人的資本理論で説明することが一般的である．人的資本理論では，職業に必要な技能は人的投資によって向上し，その後に上昇する生産性と賃金の差額で投資費用が回収される．一定の学校教育をうけた労働者が職務の一環としての OJT (on the job training)を経験することで技能は向上すると想定する．OJT と類似した概念である learning-by-doing では，労働者の技能は仕事を繰り返し行うことの副産物として向上する[1]．いずれの場合も，賃金は，職務における在職期間あるいは年功(seniority)と労働市場における総経験年数(total experience)に比例して上昇する．このうち在職期間は企業特殊技能の蓄積を，総経験年数は一般的技能の蓄積を表わしていると解釈できる、

　企業特殊技能は職務における企業特有の技能であり，転職や解雇により技能は失われる．これに対して一般的技能はいすれの企業の当該職務においても通用するため，転職や解雇に際しても失われない．

---

[1] OJT と learning-by-doing を比較すると OJT では労働と訓練が対立的関係にあり，leaning-by-doing では両者が一体のものとして捉えられている(Heckman, Lochner and Cossa (2003), pp. 74-79)．

人的資本以外の要因でも，右上がりの賃金プロフィールを説明することは可能である．右上がり賃金プロフィールは，怠業防止のインセンテイプを持つことを示すのが怠業モデル(shirking model)である．これは，Lazear (1979)がなぜ定年制が存在するかを説明するために提示したものであり，効率賃金仮説のように恒常的に市場賃金以上の賃金を支払うことをしなくても，怠業を防げることを示すものである[2].

Abraham and Farber (1987, p.278)は，賃金が在職期間に応じて上昇することの標準的な説明は，賃金が時間とともに上昇することが労働者の離職や努力に関する適切なインセンテイプを与える暗黙の契約に基づいていることを指摘し，次の具体例を提示している．第1は，職務が企業特殊技能への投資を包含しているならば，労働者が離職できないように報酬支払を遅らせることに暗黙の合意がなされることが労働者と企業にとって最適であること，第2は，時間の機会価値を上回る報酬を支払うことを約束することは，労働者に適切な水準の努力を促すことである．

但し，人的資本理論では在職期間が長くなると労働者の限界生産性は賃金を上回ること，労働者の離職動機と企業の解雇誘引は低下すること，怠業モデルでは在職期間が長くなると賃金は労働者の限界生産性を上回ること，労働者の離職動機は低下するが企業の解雇誘引は上昇することに相違がある[3].

これら諸理論と関連するものとして，企業と労働者の縁組(match)の相性を重視する立場がある．労働者の生産性が事前に分からす，マッチングで生産性が決定されるとする．この場合，企業と相性の良い労働者が最終的には残るため，賃金プロフィールは結果的に右上がりとなる．

Jovanovic (1979a, p.973)は，転職を恒久的離職と捉えて，その要因を情報の不完全性に求めており，現在の縁組に関する新たな情報の到来により転職が生じる場合には，職務を経験財とみなしていること，可能性のある新たな縁組の到来により転職が生じる場合には，職務を純粋サーチ財とみなしていることを指摘している．Jovanovic (1979a, pp. 973-974)は職務を経験財と想定すると，生産性が高いことが明白となった労働者が職に留まることとなり，賃金が全ての労働者にとっての期待限界生産力に等しいことから，賃金は在職期間に比例して上昇するとしている．この考えは，人的資本理論に労働市場の摩擦を考慮に入れたもので，転職行動や在職期間と賃金の関係についての分析の先駆けとなるものである．

Mortensen(2003, p.97)は，人的資本理論を重視する論者は在職期間の収益は労働者と企業の縁組特有の生産性上昇を反映していると捉えていること，インセンテイプを重視する論者は右上がり賃金プロフィールの誘因効果を強調していること，マッチングを重視する論者は在職期間効果

---

[2] Carmichael (1990, pp.282-285)は，効率賃金仮説はよりよい仕事に就くためには就職時に供託金を支払うことを意味するが，現実的には供託金を支払う慣行は見られないことから，効率賃金仮説は現実的ではないという供託金批判(bonding critique)を展開した．

[3] Polachek and Siebert (1993, pp. 268-269).

がレントを求めるジョブ・サーチによって誘発されたサンプル・セレクションの結果であるとしていることを指摘している.

　後2者の立場を継承するものとして，サーチ理論を用いた賃金構造の分析がある. ジョブ・サーチを行うことは労働市場において摩擦が存在することを前提としており，サーチの巧拙はレント獲得の増減を必然的に伴う. 労働市場において摩擦が存在する場合は，人的資本の蓄積がない場合においても右上がり賃金プロフィールが成立することを説明するための理論構築がなされてきたところである.

　サーチ理論を用いた賃金決定モデルには2通りがある. 賃金掲示確率を内生化し，ランダム・マッチングの後に賃金交渉を行う手法は，均衡失業理論へと発展した. 代表的なモデルは，DMP (Diamond-Mortensen-Pissarides)モデルである[4]. これに対して，賃金掲示確率を外生変数とし，ランダム・サーチに複数の賃金掲示を組み合わせる手法は，均衡逐次サーチ・モデル (equilibrium sequential search model)へと発展した. このタイプのモデルでは，定常状態における均衡賃金分布が求められることが特徴で，代表的なモデルは BM (Burdett-Mortensen) モデルである[5]. BM モデルは，ジョブ・サーチに，仕事をしながらの職探しである on the job search を組み込むことで，賃金分散の考察を行うことができることを特徴とする.

　DMP モデル，BM モデルいずれにおいても，基本的に賃金は雇用契約の期間，一定であるという仮定が置かれている。BM モデルをベースとしたより効率的な賃金契約についての理論展開については Postel-Vinay and Robin(2002a)による対抗提案(counteroffer)モデル， Stevens(2004)と Burdett and Coles (2003)の賃金・在職期間契約(wage-tenure contract)モデルがある. これらは，BM モデルを修正してより効率的な賃金契約を追求することが，賃金カーブの形状や賃金格差を説明することにつながることを示している[6].

　本章の Part1 では，賃金と在職期間の関連について従前の議論を概観するとともに サーチ理論を用いた賃金プロフィールの説明理論のうち対抗提案モデルに焦点を当てて検討を加えるものである. 2 では賃金と在職期間の関係についての実証研究成果についての議論を概観するとともにサーチ理論との関連を述べる. 3 では対抗提案を導入することにより BM モデルを拡大発展させることで，在職期間に応じて賃金が上昇することと賃金格差が発生することを示した Postel-Vinay and Robin の対抗提案モデルを解説し，4 では，対抗提案モデルの意義と実現可能性について検討を加える. 5 では対抗提案モデルの日本の労働市場への示唆を述べる.

---

[4] DMP モデルの基本は Pissarides (2000)において展開される.

[5] BM モデルは，Burdett and Mortensen (1998)において展開され，Mortensen(2003)の第2章において洗練された形で提示されている.

[6] Mortensen (2003)の第5章においてはこれらの理論の概観がなされている. 日本においては，今井(2007)は転職と賃金交渉の観点から対抗提案モデルとその後の展開を概観し，相澤, 山田(2009) は転職行動に焦点を当てて対抗提案モデルと質金・在職期間モテルを概観している. 本論の作成に当たってもこれら諸文献を参考にさせて頂いた.

2. 従前の在職期間の影響に関する議論

　ここでは人的資本理論を念頭に置いた賃金と在職期間の関連についての実証分析結果とそれを巡る議論を概観するとともに，サーチ理論との関連を検討する．

　賃金と在職期間の関連について議論を拡大することは労働問題を考察する上で重要な意義を持っている．その論拠としてAltonji and Shakotoko (1987, p.437)は，賃金・在職期間プロフィールの形状は職業経験全体に亙る賃金構造に関する根本的問題であること，賃金・在職期間プロフィールは労働者の稼得能力がどれ程，特定の職務と結びついているかを示すものであり，解任された労働者の損失を計測するために重要であること，右上がり賃金プロフィールは労働者のより条件のよい職への移動を抑制できるため，在職年数が伸びると離職が低下することの説明に有効であることの3点を指摘している．

　また，Dustman and Meghir (2005, pp.77)は，賃金が生涯に亙って上昇する要因を知ることは，仕事を通して一般的技能が拡充されることで補助なしで雇用されるようになることを前提とする積極的労働市場政策を設計する際に重要であること，転職可能性の利得と費用を知ることは年金の仕組みに関する政策立案に有益であることを指摘している．

　人的資本理論に基づく実証分析においては，ミンサー型賃金関数[7]を推定する際の説明変数として在職期間と総経験年数が用いられる[8]．Mincer and Jovanovic(1981, pp.36-42)は，National Longitudinal Surveys (NLS)とMichigan Income Dynamics (MID)の1960~1970年代のクロス・セクション・データをパネル・データとして用いて，若年及び高齢男子，男子全体の賃金関数を推定し，若年男子では年当たり6.6 %の経験年数のリターンのうち2.3 %は企業特殊技能に起因すること，高齢男子は一般的経験のリターンは殆ど認められないが在職期間のリターンは正であること，全ての年齢については賃金の伸びの20~25%が企業特殊技能に起因すること，以上から在職期間は技能形成にとって重要であることを指摘している．

　Abraham and Farber (1987, p.278)は，人的資本理論に基づく賃金構造に関する1980年代中盤までの実証分析から，現在の職務に長期間，就いている労働者は，総経験年数が同一の他の労働者と比較して賃金が高いことが一般的に受け入れられていること，人的資本理論とインセンテイブをそれぞれ重視する立場の論者は，賃金プロフィールは右上がりの形状を有することと在職期間は賃金にリターンをもたらすとことという認識を共有していることを指摘している．

---

[7] 以後は，賃金関数はミンサー型賃金関数を指すものとする．

[8] 賃金関数の推定を提起したのはMincer (1974, pp. 83-96)であるが，当初は人的資本に関してこのような厳密な区分はなされていなかった．Jovanovic (1979b, pp.1247-1248)は，人的資本理論に基づく実証分析においては，企業特殊技能と一般技能の区別がなされていなかったこと，転職という不確実性を考慮されていなかったことを指摘している．

しかし労働者と企業のマッチングを重視する立場の論者からは，その後の計量分析の精緻化を背景に，このような共通認識に批判がなされることとなった．賃金関数の推定に際しては，在職期間と総経験年数が相互に関連しているために，それぞれが賃金に与える影響を識別することが難しい．そのため，在職期間が賃金に与える影響については，労働者の異質性やジョブ・マッチングの異質性により，過大推定されているという疑念が提起されている[9]．また，労働者の離職が外生的に発生するものであれば，それは従前の雇い主と新たな雇い主が支払った賃金が相互に無関係であるため，推定にバイアスが生じないが，離職が外生的に生じるとは限らない．

　賃金関数を用いた実証分析における在職期間と賃金の関係については，バイアスの無い推定値を求めるための工夫がなされてきたところである．その中で企業特殊技能の賃金への影響を小さいとみなすのは，Abraham et al.(1987)とAltonji et al.(1987)である．

　Abraham et al.(1987,pp.278-279)は，労働者が良質である，良い仕事についている，雇い主との相性が良好であるといった場合，労働者は在職期間の当初からより高い収入を得ており，結果的に在職期間も長くなることを指摘し，賃金関数の推定において，在職年数が賃金に与える影響を示すパラメータは過大推定されること，クロス・セクション・データを用いた賃金関数の推定においては，労働者や職務の特性，縁組の質を示す変数が除外されるため，在職期間の影響を示すパラメータに除外変数バイアスが発生していることを指摘している．つまり，労働者の何らかの観察されない属性や企業との相性の良さが捨象されていると考えているのである．

　Abraham et al. (1987, pp.279-282)は，賃金に対する在職期間の影響を示すパラメータには上方バイアス，経験年数の影響を示すパラメータには下方バイアスが発生することを示すとともに，修正方法として在職年数と完了した在職年数の乖離を操作変数を用いる手法と，完了した在職期間を説明変数として明示的に用いる手法を提示している．

　Abraham et al. (1987, pp.283-287, 289)は，Panel Study Income Dynamics (PSID)の1968〜1981年のデータをパネル・データ[10]として用いて，管理職・専門職と非労働組合員のブルー・カラー労働者について完了した在職期間をワイプル比例ハザード関数を用いて推計した．さらにAbraham et al. (1987, pp.288-290)では，最小2乗法，操作変数法を用いた場合，さらには完了した在職期間の推計値を説明変数として用いた場合の賃金関数を推定し，以下の結果を提示している．在職期間の純リターンを通常の最小2乗法を用いた場合と操作変数を用いた場合で比較すると，ホワイト・カラー労働者では年当たり1.1%から0.6%，ブルー・カラー労働者では1.4%から0.3%へと低下している．これは操作変数法によりバイアスが除去されたことによる．完了した在職期間を説明変数として用いた場合は，操作変数を用いた場合とほぼ同様の結果となっていることから，在職期間の修正リターンは従前よりも低くなる．また，在職期間が20年の労働者と10年の労働者

---

[9] Altonji et al. (1987, pp. 437-438).

[10] パネル・データには計測されない個人の能力を固定できるという利点がある(Polachek et al.(1993, pp.226-227)).

の賃金を比較すると，ホワイト・カラーでは前者は後者よりも賃金が年 9.3%高く，ブルー・カラー労働者では 11.2%高いことから，賃金が高いほど在職年数が長くなる．

　Altonji et al.(1987,pp.437-440)は，在職期間が延びると賃金が上昇することよりも，在職期間が賃金に影響を与えるか否かを問題とし，生産性の高い労働者は高い賃金を受け取り，解雇されにくいこと，賃金の高い労働者は離職しにくく，より良い掲示があるときのみ離職することから，賃金関数の推定において在職期間と誤差項には相関関係が発生すること，在職期間が観察されない個人や職務の特質と関連していることから異質性バイアス(heterogeneity bias)が発生すること，所与の仕事の縁組についての在職期間の変動は，賃金関数の誤差項のうち個人特有の部分と恒久的な仕事の縁組の部分双方と関連性がないことから操作変数として用いることが可能であることを指摘している．

　Altonji et al.(1987,pp.441-454)は，PSID の 1968~1981 年のデータをパネル・データとして用いて白人男子世帯主の賃金関数の推定を行った結果，在職期間が賃金に与える影響は，操作変数法を用いると在職期間 10 年間で2.7%の賃金上昇につながるにすぎず，最小２乗法での推定値の 1/10程度であること，総経験年数は 43%の賃金上昇につながることを示し，在職期間は賃金に控えめな影響を与えるものであり，一般的経験が賃金上昇に大きな影響を与えることを指摘した。

　Abraham et al. (1987) と Altonji et al.(1987)の実証分析結果は，OJT や learning-by-doing による技能習得は主に一般的技能の蓄積につながっていること，外生的に発生する離職は大幅な賃金低下には直結しない可能性を示している[11].

　これらの研究結果に対して批判を加えて，在職期間の影響，つまり企業特殊技能の重要性を再評価したのが Topel (1991)である[12].

　Topel (1991,p.148)は，職務内部における賃金上昇は一般的経験と企業特殊経験の混合であることから，在職期間の利得を求めるための２段階推定を提示している．第１段階では，賃金の決定要因として在職期間と総経験年数の区別をしない推定，第２段階では，キャリアにおける異なる時点で新しい仕事を開始する労働者の賃金のクロス・セクションでの比較を行い，第 2 段階で総経験年数による利得の上限を求めることが可能であるため，第 1 段階の結果と照合することで在職期間の利得の下限を求めることが可能となる．

　Topel (1991, pp.154-166)は，PSID の 1968~1983 年のデータをパネル・データとして用いて，米国の男子労働者についての賃金関数を推定し，賃金は，他で稼ぐ場合よりも少なくとも，在職期間 5 年で 18 %，10 年で 25 %，15 年で 28 %，20 年で 36 %と高くなっていること．労働者の移

---

[11] 在職期間のリターンに懐疑的な研究の系譜に連なるものとして，Marshall and Zarkin(1987)がある.

[12] Devine and Kiefer(1991, p.262)は. 在職期間が賃金に影響を与えないという新しい共通認識を覆した実証分析として Topel(1991)と Hersch and Reagan(1990)の貢献を評価している. Polachek et al.(1993, pp.270-271)は，米国と英国における OJT の時間や内容を示す研究やデータからも，Topel (1991)の議論が支持されるとしている.

動に伴うバイアスは小さなものであり，在職期間が長期化することは高い賃金をもたらすこと，在職期間の収益率は職種で差がなく，専門職と非労働組合員であるブルー・カラー労働者についてもほぼ同様であることを指摘した.

　さらに Topel (1991, pp.166-172)は，Altonji et al.(1987)と Abraham et al.(1987)の結果と異なる結果が導かれた理由として，Altonji et al. (1987)の操作変数を用いた推定では，在職期間のパラメータが過少推定，総経験年数のパラメータは過大推定となること，PSID をパネル・データとして用いるとデータとデータの間で在職年数が終了することに伴う計測誤差が生じていること，Abraham et al.(1987)では完了した在職期間の推計値が過少推計となることを指摘している.

　Topel(1991)に反駁するために Altonji and Williams (2005)は，Altonji et al. (1987)と Topel (1991)の推定方法を比較検討した．Altonji et al. (2005,pp.372-373)は，賃金関数を推定する際の誤差項について次のように分解した.

$$W_{ijt} = \beta_0 t + \beta_1 X_{ijt} + \beta_2 T_{ijt} + \varepsilon_{ijt} \quad \cdots\cdots(2\text{-}1)$$

$$\varepsilon_{ijt} = \mu_i + \varphi_{ij} + \eta_{ijt} + u_{it} \quad \cdots\cdots(2\text{-}2)$$

ここで W :賃金の対数値，X :総経験年数，T :在職年数，ε:誤差項，i :個人，j :仕事，t：時間である. また，μ_i:固定された労働者に特有の誤差項目，φ_{ij}:固定された仕事の縁組に特有の誤差項目，η_{ijt}:時間変動的な仕事の縁組に特有の誤差項目，u_{it}:賃金と労働者に特有の項目の計測誤差とする.

　Altonji et al. (2005, pp.372-376)は，Abraham et al. (1987), Altonji et al. (1987), Topel(1991)は，賃金関数の推定において，いずれも(2-2)の誤差項のうち，u_{it}と在職期間の関連が弱いと判断していること，Altonji et al. (1987), Topel(1991)は，η_{ijt}を考慮していないこと，Topel(1991)の賃金実質化のためのトレンド消去法によるデータ処理には問題があることを指摘した上で，最小 2 乗法，Altonji et al. (1987)の操作変数法，Topel (1991)の 2 段階推定法について，在職期間や総経験年数が賃金に与える影響についてのパラメータ推定値のバイアスについて検討を加えている.

　さらに，Altonji et al. (2005,pp.392-395)は，PSID の 1975~1982 年，1975~1987 年, 1988~2001 年のデータを用いて，Altonji et al.(1987), Topel (1991)の手法を用いた賃金関数の再推定を行い，その結果を基に総合的に判断して，在職期間の賃金に与える影響は控えめなものであること，在職期間 10 年間で 11 ％の賃金上昇につながること，これは Altonji et al. (1987)の推定値を上回るが，Topel (1991)の推定を下回ることを指摘している.

　ここまでの議論を踏まえた上で，Dustman et al. (2005)は，人的資本理論に立脚しつつ，従前は把握されていなかった推定バイアスに着目する．Dustman et al.(2005,pp.77-78)は，賃金上昇は learning-by-doing に起因するものの，賃金に与える影響は労働者によって異なることを前提とし，企業が異なるキャリア・プロフィールを掲示することから，賃金への縁組特有の効果を考慮して，投資は望ましい learning-by-doing を提供する企業を探すという形態を採ると考える．Dustman et al.(2005, pp.77-80)は，Abraham et al (1987), Altonji et al. (1987), Topel (1991), Altonji et al. (2005)の推定では，経験の平均収益率にバイアスが発生することが考慮されていないこと，収

益率の高い労働者は，働かないことの機会費用が高いために，労働市場の外部で費やす時間が短く，経験の平均収益率と在職期間に正の相関関係が発生することを指摘するとともにドイツにおける German Social Security Record の 1975~1995 年のデータのうち，この期間に入職した男子労働者を対象とした賃金関数の推定を行うとしている．これは平均収益率のバイアスを除去するために事業所の閉鎖で失職して再度，就労した労働者をサンプルとするためである．

　Dustman et al.(2005,pp.80-85)は，技能を一般的技能，産業特殊技能，企業特殊技能に分類し，これらが賃金に与える効果が労働者間で異質であると想定した上で，経験年数と在職年数が賃金に与える効果を検証するために相関ランダム係数モデル(correlated random coefficient model)を構築した．Dustman et al.(2005, pp.90-100)は，賃金関数の推定に際して，正式な見習い期間(apprenticeship)を経た熟練労働者とそうではない未熟練労働者に対象を分割しており，労働市場での経験年数，産業での在職年数，企業での在職年数の与える効果について，次のように示している．労働市場での経験年数については，非熟練労働者では，当初の 2 年間は 15%と 8%と大きいが 3 年目以降はほぼ 0%であることから，職探しと縁組の改善，つまり移動が重要である．熟練労働者では，正式な訓練の後の 2 年間は 7%と 6%，その後は年率 1~2%の収益が得られており，移動は賃金上昇の重要な要因ではない．産業における経験年数については，非熟練労働者では，最初の 4 年間は年率 22%であるが，その後は 0%で learning-by-doing の効果は薄い．熟練労働者では，年率 0.9%と相対的に高い．企業における経験年数は，非熟練労働者にとって 5 年間は年 4%の賃金上昇につながり，良い縁組を見つけて留まることが重要である．熟練労働者にとって在職期間は年 2~4%の賃金上昇につながり，技能は移転しやすく在職期間は重要ではない．

　長期雇用されている労働者の技能蓄積については，次の 4 ケースの可能性が想定される．

　　第 1：企業特殊技能が主に蓄積される．
　　第 2：一般的技能が主に蓄積されている．
　　第 3：企業特殊技能と一般的技能の両方が蓄積されている．
　　第 4：企業特殊技能と一般的技能のいずれの技能も蓄積されていない．

　在職期間や総経験年数と技能形成の関連についての本節での議論からは，企業特殊技能や一般的技能の形成について結論が出されている訳ではないこと，人的資本理論に立脚して賃金と在職期間の関連を実証分析する際には，綿密な推定バイアスについての検討が必要であることが示唆される．

　技能形成における OJT や learning-by-doing の役割については，一層の考察が必要である．その際には，人的資本理論の観点のみならず，労働者と企業の異質性や観察できない特性，労働者と企業のマッチングといった情報の不完全性も考慮に入れなければならない．具体的には熟練労働者と非熟練労働者の間で，企業内訓練の技能形成が与える効果，マッチングの賃金に与える影響，観察できない特性の賃金に与える影響に差があるか否かについて慎重に検討しなければならない．人的資本理論に縁組の相性の善し悪しを組み込む必要性は，従前から認識されていたところであ

る. 労働者と企業の相性が悪ければ人的資本投資の収益率は低いままで終わってしまう可能性は否定できないからである.

サーチ理論の観点からは, 労働市場に摩擦が存在する場合, 企業特殊技能, 一般的技能いずれの蓄積がない場合においても, 賃金と離職の関連から右上がり賃金プロフィールを説明することが可能であることが知られている. その嚆矢となる研究は Burdett (1978)である.

Burdett (1978, p.212)は, 離職率に関する実証分析においては, 労働者の年齢や在職年数が高くなると離職率は低下するという事実が支配的であるとし, その理由として次の 2 つを挙げている. 第 1 は労働者が限界生産力に応じた賃金支払いを受けているならば, 企業特殊技能を身に付けることは相対的に高い賃金を得ることを意味することである. 第2は, 労働者は, 雇い入れ時点で企業の問題とする特質を知らないため, 雇用された後に職務を受け入れがたいと考えて離職することである.

Burdett(1978,p.213)は, 労働者は, 企業特殊技能の蓄積を行わず, 仕事を開始する前に職務について知っているという状況下において, よりよい賃金掲示がなされた場合に転職する賃金離職(wage quits)をすると想定し, 転職の内容については次の2つを設定する. 第1は何らかのショックに起因して賃金が相対的に低下した場合の動態的賃金離職(dynamic wage quits) であり, 第2は市場の長期的特性として相対的賃金が一定であっても職探しを行うことで発生する均衡賃金離職(equilibrium wage quits)である. Burdett (1978, p.213)は, 均衡賃金離職においては離職と年齢の間に因果関係が存在すること, 年齢と在職年数に正の相関関係があるために,離職率と在職年数に関連があるように見えることを指摘する. Burdett (1978, p.219)は, 転職理論の含意として, ある年齢の労働者グループの受け取る平均賃金は, そのグループが加齢するに従って増加すること, 増加の程度は低下することが得られることを指摘している[13]

Burdett(1978)の提示したモデルは, 転職行動を描写することが本来の目的であったが, 賃金プロフィールの形状が凹であることを説明することから, サーチ理論が賃金プロフィールの形状の説明に極めて有効であることを示すものである.

ここで, 日本における賃金関数に関する議論について触れておく. 小野(1989, pp. 29-46)は, 賃金構造基本統計調査(1970, 1975, 1980 年)を用いた賃金関数の推定に当たって, 説明変数として勤続年数, 外部経験年数, 年齢を用いており, 企業特殊技能よりも一般的技能の蓄積が大きいこと, 年齢の影響が大きいのは賃金決定に生活保障的要素が大きい比重を占めていることを指摘している. 但し小野(1989)においては推定バイアスについては議論されていない.

川口(2011,pp.68-70)は, 日本における賃金関数を用いた実証分析の研究成果を概観した結果として, 経験年数が賃金に与える効果が大きく, その要因を企業特殊技能の蓄積に求めていること,

---

[13] Jovanovic(1981, pp.108-109)は人的資本の立場に立ちつつ, サーチ理論をマッチングと合成することで, Burdett (1978)のモデルを改良できることを示している.

243

関数形についての議論は殆どなかったことを指摘している. このような検討結果からは, 日本においては, 在職期間のリターンの推定バイアスについては議論が殆どなかったことが示唆される.

　日本において賃金関数の推定結果が疑問を持たれずに受容されているのは, 推定の利便性から研究者が人的資本理論に立脚した賃金関数推定に固執していること, その背後には正社員を中心とした日本独自の雇用慣行があること, 賃金に関するデータの作成や利用可能性に制約があることが考えられる. 賃金格差要因についても, 人的資本理論の観点からのみ説明される傾向がある.

3. 対抗提案モデル(PosteI-Vinay and Robin)の概要

　ここでは, 労働市場の摩擦を前提としたサーチ理論を用いて, 人的資本の蓄積がない場合においても在職期間に応じて賃金が上昇することを示したモデルの1つである Postel-Vinay and Robin (2002a)の対抗提案モデルについて解説する.

　サーチ理論を用いて賃金構造を解明する動きは, Burdett(1978)を精緻化した BM モデルの賃金掲示方法を修正する方向で進むこととなった. BM モデルにおいては, 労働者と企業がそれぞれ同質であり, 等利潤条件か成立しており, 労働者の on the job search を認めることを前提としている. 企業は労働者について不完全な情報しか有していないため, 各企業は, 各時点において無条件に受け取るか否か(take-it-or-leave-it)の条件で, 全ての労働者に同一賃金を掲示する. マッチングの結果, 低い賃金と高い転職率, 高い賃金と低い転職率の組み合わせに分離して, 労働市場の摩擦による賃金格差が発生することが示される.

　BM モデルは画期的な優れたモデルであり, その後の賃金分散を検討する際の標準的モデルとなっているが, 賃金契約における現実性あるいは効率性に関して批判がなされている.

　Mortensen (2003, p.97)は BM モデルにおいて, 在職期間中の賃金が不変であるという前提は実証分析の観点から考えると奇妙であると指摘しその理由として, 在職期間の長さに応じて賃金を支払う雇用契約は珍しいものではないこと, 雇用者が正式な関係を結ぶ前に見習い期間を設定することや, 労働者にとって在職期間が長くなれは昇給や昇進が期待できることは一般的であることを挙げている.

　また, Burdett and Coles(2003, pp.1377-1378)と Stevens(2004, p.536)は, BM モデルが予想するよりも効率的な賃金契約が存在する可能性があること, つまり, 企業が固定賃金のみを掲示する場合, 効率性は最大化されていない可能性があり, 掲示を複雑化することで状況を改善できることを指摘する. この点について Mortensen(2003, pp.101-102)は, BM モデルに2層構造の賃金を掲示する企業を導入した場合, 効率性は最大化されず, より一般的な賃金制度を導入する必要性があることを示している.

これらの批判は BM モデルに修正を加えることでより効率的な賃金を掲示できること，その結果，通時的に変動する賃金を描写できること，賃金格差に関してより詳細な議論ができること等の可能性を示唆するものである.

対抗提案モデルは，Postel-Vinay et al. (2002a)により提示されたモデルであり，買手独占的労働市場において労働の限界生産力が賃金を上回っている限り，労働者の離職は企業にとって損失につながることから，企業は労働者引き抜きを目的とした外部からの提案(offer)に対して対抗提案をせざるをえないことに着目したものである[14]

Postel-Vinay et al.(2002a, p.990, p.993)は，対抗提案モデルはBM モデルと賃金決定機構において次の2つの局面で差があるとする．第1は，BM モデルでは，企業は応募者の留保賃金について不完全な情報しか持っていないが，対抗提案モデルでは，企業は完全情報の環境で最適化を行うことである．つまり，企業は先に行動し，交渉力を持ち，出会った労働者の特質に応じた賃金掲示を行う賃金差別的行動が可能であり，個々の労働者を惹きつける最低の賃金を掲示する．第2に，BMモデルでは，企業は受け身であり，外部からの賃金掲示を労働者が受諾するならば，企業は引き留めないが．対抗提案モデルでは，外部から提案がなされると，それに対する対抗提案がなされることである．

対抗提案モデルでは労働市場への新規参入者は，当初は失業状態にあり，留保賃金水準で雇い入れされること，その他の労働者も雇い入れされる場合は留保賃金が支払われることが想定されている．

外部からの提案と対抗提案によりどのように賃金が反応するかは，競合する 2 企業の生産性で決定される．入札に際して，外部からの掲示を行った企業の生産性p′ が，現在の雇い主の生産性 p よりも低いならば，労働者は企業に留まるが，現状よりも低い賃金掲示の場合は昇給せす，現状よりも高い賃金掲示の場合は外部の企業の生産性にまで賃金は上昇する．p′ が p よりも高い場合は，労働者は離職し，現在の契約で雇用を継続した場合の価値を代替的契約の価値と等しくさせる水準にまで賃金は上昇する．この際，労働者は将来の賃金上昇を予想して，雇い入れされる時に賃金の低下を受諾する場合もある．

個々の労働者をめぐる競合企業間での提案と対抗提案の応酬は，雇用し続けることの期待将来価値がいずれかの企業にとって 0 となるまで互いに入札しあうベルトラン入札であり，労働者が運営する現在の雇い主と代替的雇い主との間の第 2 価格封印オークション (sealed second price auction)である[15]．個々の労働者の賃金経路(wage path)は，オークションが継続的に行われること

---

[14] Dey and Flinn(2005)は，Postel-Vinay et al. (2002a)の対抗提案と類似のアイディアを独自に提示し企業の健康保険サービスの提供と雇用の関連について考察している．

[15] Mortensen(2003, p.98, 102, 104).

で通時的に変動するものであり，労働者と企業との接触状況により異なっているため，企業間，企業内の賃金格差が発生する[16].

　対抗提案モデルは，賃金が在職期間と総経験年数に応じて上昇すること，同一能力の労働者間に賃金格差が発生することが詳細に分析できるという利点があり，賃金構造を考察するに当たって非常に意義がある．

　対抗提案モデルにおいて，競合する 2 企業の生産性が等しい場合の賃金の動きについては，結論は比較的容易に得ることができる．Postel-Vinay et al. (2002a,pp.993-994)は，2 つの生産性が等しい企業(p = p)が競合すると，賃金掲示は最大の付け値 p にまで上昇して限界利益は 0 となるとしている[17].

　対抗提案モデルにおいて，競合する 2 企業の生産性に相違がある場合の賃金の動きについては，Postel-Vinay et al. (2002a, pp.994-1004, 1012-1014)において検討されており，以下では，その記述に従ってモデルの概要を解説する、モデルの体系は基本設定，労働者の価値関数の導出，留保賃金の導出，累積分布関数と失業率の導出から構成されている[18].

　まず，モデルの基本設定について解説する[19].

　労働者数は M とし，労働者は雇用されているか失業しているかのいずれかであり，危険中立型で将来の期待所得流列の現在価値を最大化する．雇われている労働者は on the job search が可能であり，仕事の到来確率はλ_1である、失業者の仕事の到来確率はλ_0である．マッチングの簡略化のために，労働者はランダムに企業に選択される無作為マッチング技術(random matching technology)が想定されている．失業は，確率 δ で発生するレイ・オフと，新しい労働者 μM が失業状態として登場することで発生し，失業率は u である．労働者数を一定に保つために，μ は死亡率と一致する．企業数は N とし，企業は労働に関して収穫一定で操業し，労働者は等しく技能を備えて相互に代替的であるものの，労働の限界生産力 p は，労働者によって操作される機械が異なるために，企業間で相違する、但し，企業の生産性 p の異質性は外生的に与えられている．企業は p 未満の賃金で労働者を雇う限り利得を得るため，代替的労働者を失業者から採用して解雇を行うことはしない．

---

[16]　Mortensen(2003, p.102, 104).

[17]　Mortensen (2003, pp.102-104)は，2 つの雇い主の生産性 p が同一で，最終的な賃金 w が p と等しくなることが事前に分かっている場合においても賃金プロフィールは在職期間に応じて増加する凹型であること，同一属性の労働者であっても提案の到達状況によって賃金格差が発生することを示している．仕事の到来確率は雇用されている労働者と失業者はともにλ，留保賃金を R，時間を t と置くと，外部の賃金提示が在職期間(0, t)の範囲内に到達する確率は$(1 - e^{-\lambda t})$となるので．在職期間 t に到達した労働者が受け取る平均賃金は，次式が成立する．

$$w(t) = \left(1 - e^{-\lambda t}\right)p + e^{-\lambda t}R = R + (p - R)\left(1 - e^{-\lambda t}\right)$$

[18]　Postel-Vinay et al.(2002a)で提示される対抗提案モデルは非常に複雑な構造となっているため，Mortensen(2003,pp.102-104)の解説では，雇われている労働者と失業者に仕事の到来確率の差がないこと，死亡率を考慮しないこと等の簡略化が行われている．

[19]　Postel-Vinay et al. (2002a, pp. 992-993)に従っている．

次に労働者の価値関数を導出し賃金掲示と昇給, 移動, 生産性との関係について解説する[20].

企業の生産性 p は, 区間 $\left[\underline{p},\overline{p}\right]$ について連続する累積分布関数 $\Gamma(\cdot)$ に従って分布する. 労働者は雇用の機会費用 $b(>0)$ について先験的に異質であり, b は区間 $[\underline{b},\overline{b}]$ について連続する累積分布関数 $H_0(\cdot)$ に従って分布する. 新しい労働者の b は, $H_0(\cdot)$ からランダムな籤引きで割り当てられる. 失業者の b は雇用されている労働者の賃金と同様に企業によって観察されている.

タイプ b 失業者の生涯効用を $V_0(b)$, タイプ p 企業に雇用されて賃金 w を支払われるタイプ b 労働者の生涯効用を $V(b,w,p)$ とする[21]. タイプ b 失業者を雇おうとするタイプ p 企業の最適な賃金掲示は, 次式で定義される雇用の機会費用を労働者に補償する最低賃金 $\varphi_0(b,p)$ であり, p に依存する.

$$V[b,\varphi_0(b,p),p]=V_0(b) \quad\cdots\cdots(3\text{-}1)$$

タイプ p' 企業が, タイプ $p(<p')$ 企業に雇用されているタイプ b 労働者に誘いかけて, 労働者が受諾する最適賃金掲示を $\varphi(p,p')$ とする. タイプ p 企業が労働者に対抗提案を行う場合の最善の掲示は, 賃金を p に等しく設定することである. 従って, 労働者がタイプ p 企業に留まることで得る効用の最大水準は $v(b,p,p)$ である. 労働者は, タイプ $p'(>p)$ 企業から少なくとも次で定義される賃金 $\varphi(p,p')$ を掲示されると転職することとなり, これよりも気前のよくない掲示は, タイプ p 企業に対抗される.

$$V[b,\varphi(p,p'),p']=V(b,p,p) \quad\cdots\cdots(3\text{-}2)$$

まず失業者の価値関数を求める. タイプ b 失業者に対しては, 生産性が少なくとも b の企業のみが賃金を掲示することから, 失業者の価値関数 $V_0(b)$ は次のベルマン方程式の解である.

$$(\rho+\mu+\lambda_0)V_0(b)=b+\lambda_0\overline{\Gamma}(b)\cdot E_p\{V[b,\varphi_0(b,p),p]|p>b\}+\lambda_0\,\Gamma(b)V_0(b) \quad\cdots\cdots(3\text{-}3)$$

ここで $\rho(\geq 0)$ は労働者の時間選好率, $\overline{\Gamma}(\cdot)=1-\Gamma(\cdot)$ である. (3-1)を(3-3)に代入すると賃金が下限に設定された場合の価値として, 次式が求められる.

$$V_0(b)=\frac{b}{\rho+\mu} \quad\cdots\cdots(3\text{-}4)$$

雇用されている労働者の価値関数を求める. タイプ p 企業に雇用されている労働者が賃金 $w(\leq p)$ を支払われているとする. $\varphi(p',p)\leq w$ が成立するタイプ p' 企業からの掲示がある場合, 挑戦者は現在の雇い主よりも生産性が低く, 現在の賃金を掲示できないため, 労働者は掲示を受諾せず, 現在の企業に留まる. $w<\varphi(p',p)\leq p$ が成立するタイプ p' 企業からの掲示がある場合, 生産性の低い挑戦者の掲示は魅力に乏しいが, 生産性の高い現在の雇い主は, 労働者が掲示を受諾しないようにするために $\varphi(p',p)$ までの昇給を約束する. タイプ $p'(>p)$ 企業から掲示がある場合, 労働者はタイプ p' 企業に転職して賃金 $\varphi(p,p')$ で働く.

---

[20] Postel-Vinay et al. (2002a,pp.994-996)に従っている.

[21] Postel-Vinay et al. (2002a, p.997)では $V(b,w,p)$ は w に関して増加すると想定する.

閾値生産性 $q(w, p)$ を $\varphi[q(w,p),p] = w$ と定義する. 雇用されている労働者の価値関数 $V(b,w,p)$ は, 将来の期待所得が外部からの提案を行う企業の生産性 p' に依存するため, 次のベルマン方程式を満たす.

$$\left(\rho + \delta + \mu + \lambda_1 \bar{\Gamma}[q(w,p)]\right)V(b,w,p) = w + \lambda_1\left[\Gamma(p) - \Gamma[q(w,p)]\right] \cdot$$

$$E_{p'}\{V[b,p',p']|q(w,p) < p' \le p\} + \lambda_1\bar{\Gamma}(p)V(b,p,p) + \delta V_0(b) \quad \cdots\cdots(3\text{-}5)$$

$p' \le q(w,p)$ ならば $\varphi(p',p) \le w$ が成立する. このときタイプ p' 企業からの掲示は, 現在の雇い主であるタイプ p 企業が w よりも低い賃金を掲示することで挑戦者よりも高い値を付けることができるために, 昇給には結びつかない. タイプ p' 企業が $q(w,p) < p' \le p$ を満たしているならば, タイプ p 企業は雇用を維持するものの, $V[b,\varphi(p',p),p] = V(b,p',p')$ を満たす賃金 $\varphi(p',p)$ まで労働者を昇給させる. $p' > p$ が成立している場合, タイプ p' 企業は競争に勝って, $V[b,\varphi(p,p'),p'] = V(b,p,p)$ を満たす賃金の $\varphi(p,p')$ で労働者を雇い入れる. (3-5) 式にタイプ p 企業の賃金の上限であ $w = p$ を課すと効用の最大値として次式が求められる.

$$V(b,p,p) = \frac{p+\delta V_0(b)}{\rho+\delta+\mu} \quad \cdots\cdots(3\text{-}6)$$

(3-6)式を(3-5)式に戻すことで(3-5)の期待項を書き替えると $V(b,w,p)$ の定義が得られる.

$$\left(\rho + \delta + \mu + \lambda_1 \bar{\Gamma}[q(w,p)]\right)V(b,w,p)$$

$$= w + \lambda_1 \int_{q(w,p)}^{p} \frac{p+\delta V_0(b)}{\rho+\delta+\mu}\,d\,\Gamma(x) + \lambda_1\bar{\Gamma}(p)\frac{p+\delta V_0(b)}{\rho+\delta+\mu} + \delta V_0(b) \quad \cdots\cdots(3\text{-}7)$$

次に, 求められた価値関数から留保賃金を導出し, その特質について解説する[22].

閾値生産性 $q(w, p)$ は, タイプ p 企業が労働者を賃金掲示 w で引き抜き可能な現在の雇用主のタイプを示している. 従って, (3-1)の関係を踏まえると次式が成立する.

$$V(b,w,p) = V(b,q(w,p),q(w,p)) = \frac{q(w,p)+\delta V_0(b)}{\rho+\delta+\mu} \quad \cdots\cdots(3\text{-}8)$$

(3-8)式を(3-7)式に代入すると次式が得られる.

$$q(w,p) = w + \frac{\lambda_1}{\rho+\delta+\mu} \int_{q(w,p)}^{p} \bar{\Gamma}(x)d\,x \quad \cdots\cdots(3\text{-}9)$$

失業者の留保賃金 $\varphi_0(\cdot)$ の特性について考える. 留保生産性の定義と(3-1)の関係を踏まえると, 次式が導かれる.

$$V(b,q[\varphi_0(b,p),p],q[\varphi_0(b,p),p]) = V[b,\varphi_0(b,p),p] = V_0(b) \quad \cdots\cdots(3\text{-}10)$$

(3-4), (3-6)から, (3-10)は $q[\varphi_0(b,p),p] = b$ を含意する. $\varphi_0(b,p) = \varphi(q[\varphi_0(b,p),p],p)$ であることに着目し, この2つの式を(3-9)に代入すると次式を得る.

$$\varphi_0(b,p) = b - \frac{\lambda_1}{\rho+\delta+\mu} \int_{b}^{p} \bar{\Gamma}(x)d\,x \quad \cdots\cdots(3\text{-}11)$$

(3-11)から留保賃金に関して次の4点が導かれる.

[22] Postel-Vinay et al. (2002a, pp.997-998)に従っている.

第1：失業者は雇用の機会費用 b 未満の賃金 $\varphi_0(b, p)$ で働く用意がある。これは，労働者が将来の賃金が上昇することを期待して，そのための足がかりをつかむためである[23]。

第2：生産性の高い企業では将来の展望を得やすいことから労働者を惹きつけることになるために，掲示賃金が低い場合でも立場は有利であることから，$\varphi_0(b, p)$ は p の減少関数となる。

　均衡労働市場において，$\varphi_0(b, p)$ と b の差額を支払うことで，労働者は現時点での低い賃金と将来のより生産性の高い雇い主からの賃金上昇の掲示とを取引することから，生産性の低い雇い主は高い当初賃金を提示しなければならないこと，生産性の高い雇い主は，低い当初賃金とより傾きの急な暗黙的な期待賃金プロフィールを提示することが示される[24]。

第3：賃金を掲示する企業の生産性が最下限である p = b の場合，$\varphi_0(b, p) = p$ が成立することから，タイプ p($\geq$ b) の企業のみがタイプ b の失業者を雇い入れることが保証される。

第4：通常のサーチ・モデルとは異なり，企業は留保賃金を常に掲示するので，留保賃金は λ_0 に依存しない。

　雇用者の留保賃金 $\varphi(\cdot)$ の特性について考える。生産性のペア p′ > p についての閾値賃金 $\varphi(p, p')$ を(3-9)の w に代入し，$q[\varphi(p, p'), p'] = p$ であることを考慮すると次式が得られる。

$$\varphi(p, p') = p - \frac{\lambda_1}{\rho + \delta + \mu} \int_p^{p'} \overline{\Gamma}(x) \, dx \quad \cdots\cdots (3\text{-}12)$$

(3-12)から留保賃金に関して次の2点が導かれる。

第1：提案と対抗提案の応酬が繰り返されるため，$\varphi(p, p')$ は労働者のタイプ b に依存しない。

第2：タイプ p 企業に雇われている労働者は，タイプ p′(> p とは限らない)企業から掲示を受けた場合，p′ が現在の賃金よりも高い値で入札可能な程度に大きいならば，昇給という形で利益を得る。

　タイプ p 企業はタイプ p′ 企業の掲示する最高の賃金と競合せざるを得ないので，賃金は p を上限として昇給する。現在の雇い主の生産性 p は現在の競争における可動性賃金 (mobility wage)の上限を課すことから，p は次の掲示から得られる可能性のある賃金の最小上界(supremum)であり，挑戦する企業の生産性 p′ は，潜在的挑戦者 p″>p との間の潜在的競争から得られる可動性賃金の上限を設定する[25]。労働者はある程度まで総レントの初期の小さいシェアと将来の大きいシェアを取引するため，$\varphi(p, p')$ は，p について増加，p′ について減少する。

　留保賃金に関するここでの議論から賃金の在り方に関して，次の2点の含意が得られる。

第1：労働者は，移動する場合，より生産性の高い企業に雇用されることのオプション・バリューがあるために，暗黙的な賃金カットを受け入れる可能性がある。

[23] Mortensen(2003, p. 107).

[24] Mortensen(2003, p. 107).

[25] Postel-Vinay et al.（2002a，pp. 993-994）.

タイプ p 企業に雇用されている賃金 w (= p) のトップ・ランクの労働者は，タイプ$p'(> p)$企業から掲示を受けると，現在の賃金 p よりも低いが，$\varphi(p, p')$ よりも上の賃金で，タイプ$p'(> p)$ 企業で働くことを選ぶ可能性がある．ここで最大 $(p - \varphi(p, p'))$ の暗黙的賃金カットが発生しているが，これは次の企業での外部からの提案に対して p' を上限とした将来の期待賃金上昇と等しくなるものである[26].

第 2：在職期間の長い労働者は若い労働者よりも平均して移動は少ない．

　　　在職期間の長い労働者は，これまで掲示を受けて昇給してきたので，外部からのより魅力のある掲示は少なくなる．

　次の段階では，労働者フローを考慮して企業内賃金分布を求めるとともに失業率を内生的に求める過程を解説する[27].

　賃金の累積分布関数 G(w) を求めるためには，w 未満の賃金で雇用される労働者数を企業タイプ別に求める必要がある．タイプ $p(\geq w)$ 企業に雇用されており，支払う賃金が w 以下の企業に雇用されている労働者数を L(w|p) とする．レイ・オフ，死亡，あるいはより生産性の高い企業からの提案による転職で，タイプ p 企業に w 未満の賃金で雇用されている労働者の範疇 (w, p) から退出する労働者数は，$d\Gamma(p)$ をタイプ p 企業が抽出される確率とすると，$L(w|p) \cdot Nd\Gamma(p)$ である．生産性が $q(w, p) \leq p$ 以上の企業から，$\lambda_1\overline{\Gamma}[q(w, p)]$ で掲示を受けた労働者のみが，賃金が w より高い値に昇給するか，タイプ p 企業を離職してタイプ$p'(> p)$ の企業に移ることになる．

　範疇 (w, p) への労働者の流入経路は 2 つある．生産性が q(w, p) より低い企業から雇用されることと，失業状態から脱出してくることである．タイプ p 企業に雇用される総労働者数は，労働者が支給される最も高い賃金は w = p であることを考慮すると L(p) = L(p|p) である．生産性が q(w, p) より低い企業からタイプ p 企業に雇い入れられる労働者数は，生産性が q(w, p) より低い企業の総労働者数を積分項で示すと，$\lambda_1 \cdot d\Gamma(p) \cdot \int_p^{q\{w, p\}} L(x)Nd\Gamma(x)$ である．

　タイプ p 企業に w よりも低い賃金で働こうとする失業者は，留保賃金 $\varphi_0(b, p)$ が w を超えない，つまり，賃金と生産性の相互関係において $\varphi_0(b, p) \leq w \Leftrightarrow b \leq q(w, p)$ を満たすタイプ b 失業者となる．失業者の雇用の機会費用の累積分布関数を$H(\cdot)$とすると[28]，失業者の範疇 (w, p) への流入者数は，$\lambda_0 \cdot d\Gamma(p) \cdot uMH[q(w, p)]$ となる．

　定常状態では労働者の範疇 (w, p) への流出入が均等となるので，次式が得られる．

$$(\Delta + \mu + \lambda_1\overline{\Gamma}[q(w, p)])L(w|p)N$$

---

[26] Mortensen (2003, pp.106-107).

[27] Postel-Vinay et al. (2002a, pp. 998-1000)に従っている.

[28] $H(\cdot)$と$H_0(\cdot)$の関係は次式で示される(Postel-Vinay et al. (2002a, p.1000)).

$$udH(b)[\delta + \mu + \lambda_0\overline{\Gamma}(b)] = (\delta + \mu)dH_0(b)$$

$$= \begin{cases} \lambda_0 uMH[q(w,p)] & \text{if } w \leq \varphi(\underline{p}, p) \\ \lambda_0 uMH[q(w,p)] + \lambda_1 N \int_{\underline{p}}^{q\{w,p\}} L(x)d\,\Gamma(x) & \text{if } w > \varphi(\underline{p}, p) \end{cases} \quad \cdots\cdots(3\text{-}13)$$

$w \leq \varphi(\underline{p}, p)$ の場合, 失業状態から流入した労働者のみ w より低い賃金を受け入れるため, $L(w|p)$ の閉じた形の解は容易に求められる.

$w > \varphi(\underline{p}, p)$ の場合, 1 期でも雇用された労働者は, 生産性が $\underline{p}$ より高い企業で雇用されるので, 留保賃金は$\varphi(\underline{p}, p)$ より大きくなることから, $L(w|p)$ の解は迂回的手法で求める. まず, タイプ p 企業に雇用されている総労働者数を求める. 生産性 p 未満の企業に雇用されている労働者のストックは, $N \int_{\underline{p}}^{p} L(x)d\,\Gamma(x)$ である. このストックは減耗率 $[\delta + \mu + \lambda_1 \overline{\Gamma}(p)]$ で縮小し, 一方で生産性 p 未満の企業への失業からの流入 $\lambda_0 uM \int_{\underline{p}}^{p} H(x)d\,\Gamma(x)$ で膨れる. 定常状態では, ストックへの流入と流出が等しいので, 次式が得られる.

$$N \int_{\underline{p}}^{p} L(x)d\Gamma(x) = \frac{\lambda_0 uM \int_{p}^{p} H(x)d\,\Gamma(x)}{[\delta + \mu + \lambda_1 \overline{\Gamma}(p)]} \quad \cdots\cdots(3\text{-}14)$$

$L(p)$ はこの式を p について微分することで得られる.

$$L(p) = \frac{\lambda_0 uM}{N} \frac{[\delta + \mu + \lambda_1 \overline{\Gamma}(p)]H(p) + \lambda_1 \int_{\underline{p}}^{p} H(x)d\,\Gamma(x)}{[\delta + \mu + \lambda_1 \overline{\Gamma}(p)]^2} = \frac{\lambda_0 uM}{N} \frac{\int_{\underline{p}}^{p}[\delta + \mu + \lambda_1 \overline{\Gamma}(p)]dH(x)}{[\delta + \mu + \lambda_1 \overline{\Gamma}(p)]^2} \quad \cdots\cdots(3\text{-}15)$$

$L(p)$ は p の増加関数であり, 労働者は p が閾値生産性と等しくなるまで雇用されるので, $p \equiv q(w,p)$において, (3-14)を(3-13)と合体すると, $\varphi_0(\underline{b}, p) \leq w \leq p$ の場合, 次式が成立する.

$$L(w|p) = L[q(w,p)] \quad \cdots\cdots(3\text{-}16)$$

対抗提案モデルでは, 生産性が雇用の機会費用未満の企業からの掲示を失業者が拒否できるので, 失業率は内生変数である. 失業状態の労働者が掲示を受諾して雇用される確率は $\lambda_0 \int_{\underline{b}}^{b} \overline{\Gamma}(b)dH(b)$ で示される. 定常状態において失業からの流出者数と失業への流入者数は等しくなるので, 次の均衡失業率が求められる.

$$u = \frac{\delta + \mu}{\delta + \mu + \lambda_0 \int_{\underline{b}}^{b} \overline{\Gamma}(b)dH(b)} \quad \cdots\cdots(3\text{-}17)$$

最後に, 企業内賃金分布を集計することで$G(w)$ を求める過程とその特性について解説する[29].

$G(w)$ は w 未満で雇用される企業タイプ別労働者数 $L(w|p)$ を積分することで求められる. 賃金の確率密度関数 $g(w)$ は $G(w)$ を微分することで求められる.

$G(w)$ の台は, 生産性と関連付けて捉えることができる. $\varphi_0(b,p)$ の 2 変数についての傾きは, 労働者が失業から脱出する賃金の下限は$\varphi_0(\underline{b}, \overline{p})$ であることを含意する. $\varphi(p, p')$ の性質から賃金の上限は $\varphi(\overline{p}, \overline{p}) = \overline{p}$ である. $\varphi_0(b,p)$ と $\varphi(p, p')$ の定義から$\varphi_0(\underline{b}, \overline{p}) \leq \overline{p}$ となるので, $G(w)$の台は $[\varphi_0(\underline{b}, \overline{p}), \overline{p}]$ となる.

---

[29] PosteI-Vinay et al. (2002a, pp.1000-1001, pp.1012-1014)に従っている.

$G(w)$ と $g(w)$ は，台を生産性との関連に従って３つに分割して求められる．これは，生産性が低い企業は低い賃金しか掲示できず，労働者を雇用できない場合があること，生産性が w よりも高い企業では w 以上の賃金で労働者を雇用することが可能であるためである．Postel-Vinay et al. (2002a)が提示した $G(w)$ と $g(w)$ の関数式は表7-1に示すとおりである．なお，$w \geq p$ の場合は，生産性 p で積分項の範囲を２分割して求める．

$g(w)$ は，$w > p$ の場合，関数式から $\overline{p}$ の近傍で連続，$g(\overline{p}) = 0$ であることから，賃金分布は右側の尾が薄い右方に歪んだ形状であることが含意される．この賃金分布は，労働市場の摩擦が０に近づくと賃金は限界生産力に接近することで左方に歪み，賃金格差は消滅することになる[30]．

表7-1 賃金 w の累積分布関数 $G(w)$ と確率密度関数 $g(w)$

台の区間	$\dfrac{(1-u)M}{N}G(w)$	$\dfrac{(1-u)M}{N}g(w)$
$\varphi_0(\underline{b}, \overline{p}) \leq w \leq \varphi_0(\underline{b}, \underline{p})$	$= \int_{s_0(w,\underline{b})}^{\overline{p}} L(w\|p)d\Gamma(p)$ $= \int_{s_0(w,\underline{b})}^{\overline{p}} L[q(w,p)]d\Gamma(p)$	$= \int_{s_0(w,\underline{b})}^{p} L'[q(w,p)]\dfrac{\partial q}{\partial w}(w,p)d\Gamma(p)$
$\varphi_0(\underline{b}, \underline{p}) \leq w \leq p$	$= \int_{\underline{p}}^{\overline{p}} L(w\|p)d\Gamma(p)$ $= \int_{\underline{p}}^{\overline{p}} L[q(w,p)]d\Gamma(p)$	$= \int_{\underline{p}}^{p} L'[q(w,p)]\dfrac{\partial q}{\partial w}(w,p)d\Gamma(p)$
$w \geq p$	$= \int_{\underline{p}}^{w} L(p)d\Gamma(x) + \int_{w}^{\overline{p}} L(w\|p)d\Gamma(p)$ $= \int_{\underline{p}}^{w} L(p)d\Gamma(p) + \int_{w}^{\overline{p}} L[q(w,p)]d\Gamma(p)$	$= \int_{w}^{p} L'[q(w,p)]\dfrac{\partial q}{\partial w}(w,p)d\Gamma(p)$

注：$s_0(w,\underline{b})$ は $\varphi_0[b, s_0(w,\underline{b})] = w$ を満たす生産性である．

出典：Postel-Vinay et al. (2002a, pp.1012-1014)に基づき作成．

以上で生産性を外生変数とした場合の対抗提案モデルは閉じた体系をもつことになる．なお，Postel-Vinay et al. (2002a, pp.1001-1004)においては対抗提案モデルと BM モデルとの比較検討が行われており，対抗提案モデルの方が企業の利潤が増えること，雇用されている労働者と失業者のレントの格差が大きいこと，賃金分散が大きくなることが指摘されている．つまり社会的な効率性が向上する状況では，転職が増えて企業利潤が増加する一方で格差は拡大することが示される．

---

[30] Mortensen(2003, p.109).

さらに, Postel-Vinay et al. (2002a, pp.1004-1005)においては, 生産性が内生的に決定される対抗提案モデルへの拡大が試みられており, 資本ストックを説明変数に追加した生産関数から生産性の分布を内生的に求める手法が提示されている[31].

4. 対抗提案モデルの意義と実現可能性

4.1 対抗提案モデルの意義

企業が外部からの労働者引き抜きを目的とした提案に対して対抗提案を行う場合, 生産性が高い企業から当該企業の生産性を上回る提案があった場合については, 対抗できないため, 労働者は転職する. 生産性が低い企業からの提案であっても, 対抗提案により相手企業の生産性にまで賃金を引き上げることとなるために労働者の賃金は上昇する. このような提案, 対抗提案が繰り返されることで在職期間に応じて賃金は上昇することになる. 但し, 在職期間が長くなると外部から提案を受ける機会が減少するために賃金プロフィールの傾きは緩やかになる. つまり凹型の賃金カーブが導かれる. また, 転職を通して賃金が上昇する場合も想定できるため, 総経験年数に応じて賃金が上昇することも説明が可能となる.

留保賃金との関係から, 生産性の高い企業では当初賃金を低く設定して賃金プロフィールの傾きを大きくすること, 生産性の低い企業では当初賃金を高く設定して賃金プロフィールの傾きを緩くすることが説明できる.

このようにサーチ理論を用いることで人的資本の蓄積を前提としていない場合においても右上がり賃金プロフィールが存在することを説明できる、個々の労働者は異なる経験をすることとなり, 賃金経路は個々の労働者によって異なる. この結果, 同一属性の労働者であっても運・不運によって賃金格差が発生するのである. さらに, BMモデルでは賃金分布が左方に歪んでいることが実態と異なっているという批判がなされていたが, 対抗提案モデルでは修正されて右方に歪んだ低賃金層の多い構造となっている.

対抗提案モデルが賃金分散について描写できることは, 賃金分散の要因分析に労働市場の摩擦要因を導入できるということである. 賃金分散の要因を検証した代表的な研究である Abowd , Kramarz and Margolis (1999)では, 賃金対数値の総分散のうち, 約50%は観察されない労働者の異質性, 約30%は企業の異質性で説明が可能であり, 残りの20%は説明できないままである[32].

残りの20%の解消に取り組んだのが, Postel-Vinay and Robin (2002b)である. Postel-Vinay et al.(2002b)は, Postel-Vinay et al. (2002a)の対抗提案モデルに計測できない労働者の異質性を導入することでモデルを拡大させた. その結果, 賃金分散の要因として労働者固有の貢献, 企業

---

[31] Postel-Vinay et al. (2002a, pp.1006-1011)においては, フランスを念頭に置いた対抗提案モデルのカリブレーションの結果が提示されている.

[32] Postel-Vinay et al. (2002b, p. 2297).

固有の貢献に加えて, 企業内分散のうち企業の貢献では説明できない部分を市場の摩擦の与える影響として考慮することが可能となった. Postel-Vinay et al.(2002b,pp.2309-2310)においては, 賃金対数値の総分散の要因分解についての検証手法が次のように提示されている.

　労働者の能力は分析家にとっては観察できないものであるが, 労働者が単位時間当たりに供給できる効率単位 ε で計測されるものとする. タイプ p 企業に雇用されている労働者の賃金 w は, 雇用の機会費用を b, 他企業の生産性を q とすると, 新規に雇用された場合, 対抗提案モデルの賃金表記に労働者の能力 ε を追加したランダム変数 $\varphi(\varepsilon, b, p)$, 継続して雇用されている場合, 同様に変数 $\varphi(\varepsilon, q, p)$ のそれぞれ実現値である. 効用関数に相対的リスク回避度一定(CRRA: constant relative risk aversion)を想定し. 賃金は労働者のタイプに比例することを考慮すると, 定常状態における賃金の均衡分布の期待値と分散について次式が求められる.

$$E(\ln w \,|\, p) = E \ln \varepsilon + E[\ln \varphi(1, q, p) \,|\, p] \quad \cdots\cdots(4\text{-}1)$$

$$V(\ln w \,|\, p) = V \ln \varepsilon + V[\ln \varphi(1, q, p) \,|\, p] \quad \cdots\cdots(4\text{-}2)$$

賃金対数値の総分散の分解は, 次式のとおりである.

$$V \ln w = EV(\ln w \,|\, p) + VE(\ln w \,|\, p) = V \ln \varepsilon + VE(\ln w \,|\, p) + (EV(\ln w \,|\, p) - V \ln \varepsilon)$$

$$= V \ln \varepsilon + VE[\ln \varphi(1, q, p) \,|\, p] + EV[\ln \varphi(1, q, p) \,|\, p] \quad \cdots\cdots(4\text{-}3)$$

ここで, $V \ln \varepsilon$：個人効果, $VE[\ln \varphi(1, q, p) \,|\, p]$：企業効果, $EV[\ln \varphi(1, q, p) \,|\, p]$：市場摩擦効果である、個人効果は, 観察されない個人の能力の分散の反映分である. 企業効果は, 企業間の賃金分散であり, いくつかの企業が平均よりも高い賃金を支払うことで発生するばらつきを反映する. 市場摩擦効果は, 観察されない個人の能力の分散に起因しない企業内賃金分散の貢献分であり, 同一能力の労働者が同一企業に雇用されている場合でも, 賃金掲示によって賃金が異なることを意味している.

　Postel-Vinay et al. (2002b,pp.2310-2310)は, INSEE (Institut National de Statistique et des Etudes Économiques)[33]33 が実施した DADS (Déclaration Annuelle des Données Sociales)の 1996 ~ 1998 年のデータのうち, イル・ド・フランス地域圏(Ile-de-France)の従業員が 5 人以上の企業に雇用される労働者を対象とし, 職種別に 7 分類して賃金分散の要因分解を行った.

　Postel-Vinay et al. (2002b,p.2297,p.2327)は, 賃金対数値の総分散のうち, 個人効果は, 経営者, 管理職, 技術者では 40%, 下層の経営者では 20%, 技師やサポート・スタッフでは 10%と観察される技能水準が低下すると急速に低下し. 低い技能水準の仕事では 0 であること, 仕事内容が洗練されると労働者の観察された能力のみでは, 労働者の効率性を予測しがたいこと, 高い技能を要求される職種では労働者の異質性が強く, そうでない職種では同質性が強いこと, 総分散の 45 ~ 60 %は摩擦効果として捉えられる過去の個人の履歴によって説明されること, 熟練を必要としない職務程, 摩擦による格差が大きいことを指摘している.

---

[33] 英語表記は. National Institute for Statistics and Economic Studies である.

254

Postel-Vinay et al.(2002b,p.2297)は，Abowd et al.(1999)の結果と比較して，個人効果の比率が低下したことの要因について，労働市場の摩擦がある場合，同質労働者であっても，代替的な仕事掲示の連続的サンプリングを通した内生的労働者移動が，同一企業内の賃金格差を生じさせるため，幸運な労働者や年長の労働者の賃金が高くなることを指摘している．

この結果は，労働市場の摩擦が賃金分散に大きな影響を与えていることを示したのみならず熟練度によってその程度が異なること，観察されない能力である労働者の異質性が賃金分散に与える影響は労働者の熟練度によって異なることを示したことに意義がある．熟練度が低下すると異質性の与える影響が小さくなるとともに摩擦の与える影響は大きくなるという結果は重要である、いわゆるホワイト・カラー層のトップ・ランク労働者については，学歴，経験年数では計測できない能力が賃金や地位に大きな影響を与えていること，逆に単純労働では運・不運が賃金格差を招くことになる．

4.2 対抗提案モデルの実現可能性

対抗提案の理論は現実的ではないという批判がある．Mortensen (2003,pp.99)は，多くの労働市場において，対抗提案を提示することは規範ではないことを指摘するとともに，その理由として以下の2点を挙げている．第1は情報の非対称性である．労働者が外部から賃金を掲示されたことを証明するためには 受諾する必要性があり，その時点では対抗提案を行うことは遅すぎる．第2は，モラル・ハザードである．サーチ行動を費用なしでは監視できない場合，対抗提案を行う企業に雇用される労働者は，外部からの契約の掲示を見つけようとする雇い主の方針に勇気づけられることとなり，それが将来の昇給と離職につながることになる．

人的資源管理の観点からも対抗提案について調査がなされており，対抗提案の採用には制約があるという議論を補強することが可能である．Scott, McMullen and Nolan(2005,pp.26-29)は，Hay Group が米国において 2004 年に実施した大・中堅企業の人的資源管理の専門家を対象とする調査結果を次のように紹介している．調査対象の企業のうち，対抗提案の公式の方針を持っているのは，4%の企業[34]，状況に応じて対抗提案を行う，あるいは非公式な対抗提案の方針を持っている企業はそれぞれ数%に過ぎない．調査対象の 9 割弱の企業では，対抗提案の正式な方針を持っていない．対抗提案を受け取るのは重役，次が管理職と専門職であり，その中でも，業績が最上位あるいは重要な地位を占める者となっており，サポート・スタッフが受け取ることはない．対抗提案により引き留めに成功あるいは時々成功すると回答したのは，6 割程度である．また，引き留め後に企業と労働者の関係が維持又は改善されたと回答したのは，7 割程度である．回答者の過去の経験から，業績が最上位あるいは重要な地位を占める者は対抗提案を望んでいる者が多く，引き留めに

---

[34] Scott et al. (2005, p.25) は，WoldatWork の 2003 年の調査では対抗提案の方策と戦略を持っている企業割合は 6 ％に過ぎないことを指摘している．

成功すると, 昇進あるいは職務内容の責任が高まる場合が 45 ％程度, 基準賃金の上昇が 35 ％程度である. 但し, 51 ％は, 対抗提案を行うことが組織に何らかの問題を起こす可能性を示唆している.

　Scott et al.(2005,p.29)は, 対抗提案に伴う問題を回避するためには, 雇用者が外部からの掲示があると考える確率を低下させることが必要であり, そのためには鍵となる雇用者を識別し, 組織内での将来の機会を保証するとともに替り得る次世代を育成すること, 臨時ボーナスの支給やメンターの配置は効果的でないことを指摘している、

　次に労働者が職探しの努力を決定できる場合, 労働市場にどのような影響が発生するかについて検討する. Postel-Vinay and Robin(2004)は, Postel-Vinay et al. (2002a)のモデルを, 雇用者の職探しの努力が内生的に決定されるとともに, 企業が事前に対抗提案を行うか否かの意思を持つように拡大して, 労働市場に与える影響を検討した.

　Postel-Vinay et al.(2004,p.298)は. 労働者が職探しの密度を変更できるのであれば, 企業の掲示・マッチング行動はモラル・ハザード問題にぶつかることを指摘し, 次のように述べている. 労働者は, 外部からの掲示が雇い主によって挑戦されて賃金の上昇につながることを知っているので, より高い密度で職探しを行うこととなる. それは企業にとって費用のかかるものであり, 企業は, 掲示に対して対抗しなければ低い頻度ではあるが利益をもたらす労働者を失うことと, 対抗すると高い頻度で賃上げを余儀なくされるというトレード・オフに直面する.

　PosteI-Vinay et al.(2004,pp.300-302)に従うと, モデルの改良点は次のようになる. 雇用者にとっての職務の到来確率は従来の λ_1 に職探しの密度 s を加算した $\lambda_1 + s$ と想定し, s に上限 $\bar{s}$ を設定するとともに, 費用を $c(s) > 0, c'(s) > 0, c''(s) \geq 0$ とする. 企業は予め対抗提案を行うか否かを決めており, 企業の姿勢 t は対抗する場合 t = m, 対抗しない場合 t = n とし t は生産性の関数 t (p) と想定する. 企業の姿勢別の生産性の密度を $\gamma_t(\cdot)$ とすると, $\gamma(p) = \gamma_m(p) + \gamma_n(p)$ が成立する. 企業は差別的に賃金を設定するので, 企業のタイプは(t, p)で示され, 賃金契約は(t, p,w)で示される.

　PosteI-Vinay et al.(2004,pp.302-305)は均衡の定義について述べており, PosteI-Vinay et al. (2004, pp.305-315)は, 労働者と企業の最適化行動とマッチングの均衡の特質から, 労働者 1 人当たりの対抗する場合としない場合の期待利潤の差 $\Delta\pi(p) = \pi_m(p) - \pi_n(p)$ を示している. この結果から, Postel-Vinay et al. (2004,pp.315-316)では, 次の含意が得られる. 第 1 は, p の関数 $\Delta\pi(p)$ は企業の生産性区間 $[\underline{p},\overline{p}]$ において連続であること, つまり, $[\underline{p},\overline{p}]$ は外部からの賃金掲示に競合する区間と競合しない区間の隣接区間の連続に分割されること, 第 2 は, 全ての企業が均衡において掲示に競合することの十分条件は, 労働者が少なくとも企業と同じ程度に辛抱強いことであり, この場合, 賃金は次第に上昇すること, 第 3 は, 極限ケースのうち $\bar{s} \rightarrow 0$ においては全ての企業は掲示に競合すること, $\lambda_1 \rightarrow 0$ においては競合しないことである.

　Postel-Vinay et al.(2004,p.317-325)は, 生産性が低い企業でその水準が一定以下の場合, 外部の掲示に反応しないために当該企業に雇用されている労働者の賃金は雇用の機会費用の近傍に集

中することを示した上で，カリブレーションにより，均衡状態において，外部からの掲示に対して競合する企業としない企業が共存する可能性があること，その場合に労働市場が，低生産性で競合を避け，企業内の不景気なキャリア・プロフィールを掲示する悪い仕事と，その逆の過程を示す良い仕事に労働市場が分割される2重構造となる可能性があることを示した．

　このカリブレーション結果は重要な意味を持つ．欧米においては，ホワイト・カラーを主とする専門職や管理職では賃金は在職期間に応じて上昇するがブルー・カラー層では上昇の程度が低いことが知られている[35]．つまり職種によって労働市場が分割されることを理論的，実証的に示したことになる．

5.　今後の展望

　本論においては，賃金関数を用いた在職期間が賃金に与える影響についての実証分析結果を概観するとともに，人的資本理論とインセンテイプ理論やマッチング理論との関係について考察した．その上でサーチ・モデルを用いた対抗提案モデルにより賃金プロフィールの形状と賃金格差の発生について検討を加えたところである．

　日本における賃金構造に関する実証分析では，従来，在職期間と総経験年数を区分するといった観点からの議論は少なかったように思われる．また，従前の賃金構造に関する実証分析には推定バイアスに関する配慮が欠けていたと言える．

　これは，在職期間と総経験年数を区分する必要性が低かったことに起因していると考えられる．正社員を対象として日本的雇用慣行が広く観察される状況において，正社員の在職期間は，総経験年数とほぼ同義であること，関連企業に出向，転籍しても職務内容が密接に関連しており，実質的には在職期間が延びたことに等しいことを背景としている．

　しかし，このことは日本において本論で紹介した議論が不必要であることを意味するものではない．日本においては，長期雇用による技能蓄積が高く評価される一方で，学歴や経験年数に基づく画一的処遇に対する疑念もあることは事実である．それは本当に経験年数が技能の代理変数として有効なのか，つまり技能が蓄積されていないのではないか，あるいは技能習得に個人差があるのではないかということである．また，技能以外の何かが賃金に影響されている可能性もある．

　極端な例として，技能蓄積の如何に関わらす，年齢に応じて生活費を考慮した賃金を支給するという年功序列型賃金を企業が採用している場合であっても，賃金関数の在職期間のパラメータは有意に推定される．尤も，労働者の限界生産力を無視して温情的な賃金制度を採用すれば，当該企業は市場から駆逐されるであろう．

---

[35]　小野(1989, pp. 18-29), 小池(2005, pp.83-93), 川口他(2007, pp. 65-66)参照.

サーチ理論を用いた賃金構造の理論は，買手独占的労働市場おいては，技能の蓄積がなくても在職期間に応じて賃金が右上がりとなる可能性を提示したことに大きな意義がある．現実には技能習得が全くないということはあり得ないものの，日本企業においても技能以外の要因が在職期間と賃金の関係に影響を与える可能性を示唆している．また，その逆に観察されない能力が人事考課において暗黙的に考慮されている可能性もある．このことは高い技能を求められる管理，専門職としてのホワイト・カラーの昇進の決定要因は何か，日本では製造現場における技能工の賃金カーブが欧米とは異なり，ホワイト・カラー層と同様に右上がり形状を示す要因は何かを考察する上で重要な意味を持つ[36]．

　日本では，新卒者一括採用の慣行の下で，初任給はほぼ横並びで決定される．このような日本の賃金決定システムについて人的資本理論師の観点から合理的な説明を試みることは困難であった．しかし対抗提案モデルを用いることで，初任給は企業の生産性の相違にも関わらす，雇用の機会費用にほぼ等しくなること，人気企業とは言えない企業で初任給を相対的に高く設定する場合があること，総合商社や都市銀行等の給与水準の比較的高いとされる業種で初任給が低く抑えられていること等が説明可能となる．つまり生涯給与の高い企業に入社する場合，相対的に低い初任給は将来の昇給を見越したオプション・バリューを反映していると考えられるのである．言い換えると入社時に手付金や納付金を支払っていると言える．

　外部からの提案を招くようにサーチ密度を内生化した場合，労働市場が良い仕事と悪い仕事に2分化されるというシミュレーション結果は，日本の労働市場の分析にも示唆するところは大きい。日本では，正社員と非正規雇用，大・中堅企業と中小企業の賃金格差については人的資本のみでは説明できない面がある．日本におけるこのような労働市場の 2 重構造の発生要因を労働市場の摩擦に求めることは重要な意義を持つものである．

　なお，対抗提案は日本企業では実施されることは稀であると考えられる．しかし，従業員を確保する観点から事前に右上がり賃金プロフィールを提示することで外部からの引き抜きを防止しているという解釈も成立する．

　BM モデルの賃金掲示方法の修正としては、Stevens(2004)によって提示され、Burdett and Coles(2003)によって展開された賃金・在職期間契約モデルがある。そこでは、企業が賃金とその後の上昇を含めた一般的契約を掲示することで在職期間の最適化も同時に図ることが意図されている．また、対抗提案モデルや賃金・在職期間契約モデルと人的資本理論を組み合わせる試みが、Yamaguchi(2010)、Burdett and Coles(2010)、Holzner(2011)等により発表されている．これらの動向については稿を改めて議論し、人的資本理論、BM モデル、対抗提案モデル、賃金・在職期間契約モデルの相互関係について検討を加える．

---

[36] 小池(2005, pp. 83-93)は日本においてはホワイト・カラー層もみならず，ブルー・カラー層も年功に応じて賃金が上昇することが示されており，小池(2005, pp. 11-22)は日本企業におけるブルー・カラー層の知的熟練が技能形成において重要であることを指摘している．

第7章　サーチ理論と賃金構造

(Part2：賃金・在職期間契約の場合と人的資本理論との融合)

　賃金は在職期間に応じて上昇することが観察される．近年のサーチ理論の発展により．買手独占的労働市場においては．マッチングの観点から右上がりの賃金プロフィールの形状を説明することが可能となった．その1つが対抗提案モデルであるが．企業が対抗提案を行わない場合においても，賃金・在職期間契約モデルでは，当初賃金を低く設定して一定期間後に賃金が上昇する，あるいは緩やかに上昇すると約束することが離職を防止して効率的であることが証明される．この結果，人的資本の蓄積がなくても在職期間に応じて賃金が上昇することが説明可能となる．また．企業間のみならず企業内賃金格差についての洞察を得ることができる．サーチ理論に基づく賃金構造の解明は，人的資本理論と補完的であると捉えることが可能であり，両者を統合したモデルが開発されているところである．

Key Words：賃金プロフィール，BM モデル，対抗提案．賃金・在職期間契約，人的資本

1. はじめに

　サーチ理論を用いて賃金構造を分析するためには，BM (Burdette-Mortensen)モデルを発展させる必要性がある．BM モデルは DMP (Diamond-Mortensen-Pissarides)モデルと並んで代表的なサーチ・モデルであり，賃金分布の解明において大きな貢献をしてきたところである．但し，BM モデルが想定するよりも効率的な賃金契約が存在する可能性があること，つまり，企業が固定賃金のみを掲示する場合，効率性は最大化されていない可能性があり，掲示を複雑化することで状況を改善できることが指摘されていたところである[1]．

　Postle-Vinay and Robin (2002a)は，より効率的な賃金契約を見出すことを目的として，BM モデルを修正した対抗提案(counteroffer)モデルを提示した。モデルでは，情報面で優位に立つ企業が労働者の離職を防ぐことを目的に，外部からの提案に対して対抗提案を行うと想定することで，在職期間と賃金に正の相関が生じること，賃金分散を発生させることが理論的に示された．

　但し，対抗提案の現実性には，疑問が呈されることもある[2]．このような事情を背景として，企業が情報面で優位に立っていないために対抗提案を行わない場合において，より効率的な賃金契約を見出す方向で BM モデルを修正した，賃金・在職期間契約(wage-tenure contracts)モデルが提示されてきたところである．賃金・在職期間契約モデルには，Stevens (2004)と Burdettet

---

[1]　Burdett and Coles (2003, pp.1377-1378), Stevens(2004, p.536).

[2]　Mortensen(2003, p.99)

al.(2003)がそれぞれ提示したモデルがある.在職期間が短い間は比較的低い賃金を支払い,在職期間が長くなると高い賃金を支払うことは,労働者の企業に対する忠誠心への報償であり,転職の誘引を低下させることで利潤を得ることができる[3].その結果,労働市場における摩擦を前提としたサーチ理論を用いることで人的資本の蓄積がない場合においても右上がり賃金プロフィールを形成することが証明されることとなった[4].

　しかしながら,賃金構造を説明することにおいて,サーチ理論と人的資本理論は必すしも二者択一的かつ対立的な関係にある訳ではない.両者を補完的関係と捉えることで賃金構造モデルを一層精緻化することが可能である.つまり,総経験年数の伸びによる人的資本の蓄積の有用性を認めて,マッチングの前後の経験が生産性を向上させるという想定を置くことでモデルの妥当性を高めることが試みられている.

　在職期間が賃金に与える効果と対抗提案モデルの概観は本章(Part1)においてなされているとおりである.Part2 ではその続編として,2 で Stevens (2004)と Burdett et al. (2003)の賃金・在職期間契約モデルについて解説し,3 でその内容について検討する.さらに 4 では対抗提案モデルや賃金・在職期間契約モデルと人的資本理論との統合について検討を加え,5 で今後の展望を述べる.

2. 賃金・在職期間契約モデルの概略

2.1　Stevens による賃金・在職期間契約モデルの概略

　Stevens (2004)の賃金・在職期間契約モデルでは,企業は情報面で優位に立っていないので,外部からの提案に対抗しない,労働者は危険中立的,資本市場は存在しないので借入制約に直面しており,将来の所得を担保とした資金の借り入れができないと想定する.この状況においては,BM モデルで想定される賃金固定契約は効率的な転職を発生させる最適な契約ではない.労働市場がマッチングにおいて効率的であるには,労働者は適切に仕事の受託の可否を決定し,マッチングの摩擦によって課された制約下で総産出量は最大化されることが求められる.効率的な賃金を設定する場合,企業の利潤最大化問題は,労働者募集(recruitment)と雇用確保(retention) の 2 段階となる.モデルで得られた最適契約は,いすれの場合も契約掲示ゲームの非協力解である.

　このモデルにおいて,企業が契約形態に制約を課せられていない場合,効率的な賃金は,入場料(entry fee)付きで賃金が生産性に等しい納付金契約(fee-contract)である[5].しかし,納付金契約は現実性に問題がある.労働者に借入制約があることを前提としている場合,将来の所得を担保にで

---

[3] Burdett,K. and M.Coles(2010b, p. 3).
[4] Mortensen (2003)の第 5 章では,対抗提案モデルに加えて賃金・在職期間モデルの概略が解説されている.本論の執筆に際しても参考にさせて頂いた.
[5] Mortensen(2003, p.99)は,適切な手付金(side payment)を前金で支払うことで仕事を購入し,その後は労働生産性に師しい賃金を労働者が受け取る契約であると指摘している.

きず, 納付金を調達することに疑問が生じる[6]. 納付金契約の他の問題点として, Stevens(2004, p.541)は, 入場料は支払った後に経営者の約束破りがあることから労働市場では殆ど観察されないこと, 退出料は労働者を拘束するものとして違法となる可能性が高いことを指摘している.

企業が契約形態に制約を課せられている場合, 企業は無条件に受け取るか否か(take-it-or leave-it)の賃金・在職期間契約を掲示する. 最適契約は, 階段契約(step-contract)であり, 均衡において非効率な転職は抑制される.

以下では Stevens (2004, pp.536-547)に従って, Stevens による賃金・在職期間契約モデルの概要を解説する. モデルの体系は基本設定, 制約のない契約の場合の最適契約と均衡, 契約が賃金・在職期間契約に制約される場合の最適契約と均衡で構成されている.

まず, モデルの基本設定について解説する[7].

労働者と企業は, 現在の縁組(match)とは独立にボアソン比率λで互いに出会う. 労働者はボアソン比率δで引退し, 失業状態の新たな労働者に置換される. 労働者と企業は共にリスク中立的であり, 割引率は 0 とする. 労働者は同質で失業の効用は b である. 企業は生産性において異質であり, タイプ p 企業はいずれの縁組においても生産性 p を生み出し, 最も生産性が低い企業で $\underline{p} > b$ となる.

労働者は生涯の期待所得の現在価値を最大化し, 良い縁組を求めて移動する. 企業は, 在職中に職探しを行う on the job search を伴う逐次サーチ(sequential search)の環境において, 全ての労働者に雇用状況に関わらす同一の, 無名の契約を掲示する. 賃金の支払い方法には, 在職期間あるいは一方の当事者からの縁組の解消に応じた即時的定額払い(instantaneous lump-sum payment)と, 在職期間 t に応じた賃金プロフィール w(t) があるとする.

労働者と企業は, 縁組を継続することと代替的機会の資産価値を比較することで縁組への参人・退出を決断する. 縁組は, 当事者のいずれかがいつでも解消できる. 企業が当初価値v 以下の契約を掲示する割合をF(v), 労働者の受諾確率, つまり留保価値の累積分布関数をG(v) とする. F(v) とG(v) は均衡契約掲示によって内生的に決定されるものであり, 累積分布関数の標準的性質を持つ.

縁組の生産性 p を想定し, 在職期間 t における, 労働者と企業にとっての契約の継続価値をV(t), Y(t) とすると, 縁組の結合価値は次式で示される.

$$J(t) \equiv V(t) + Y(t), \ J(t) \leq J_p^* \quad \cdots\cdots(2\text{-}1\text{-}1)$$

ここで J_p^* は最大の結合継続価値であり, 次のベルマン方程式で定義される.

$$\delta J_p^* = p + \lambda \left(E\left[\max\left(J_p^*, Z\right)\right] - J_p^* \right) \quad \cdots\cdots(2\text{-}1\text{-}2)$$

---

[6] Stevens(2004, p.541), Mortensen(2003, p.100)

[7] Stevens(2004, pp.536-538)に従っている.

ここで確率変数 Z は労働者にとっての代替的機会の資産価値であり，累積分布関数 F(v) を持つ．J_p^* は p に関して連続で増加する．但し，労働者と企業は契約の範囲内で独立に最適化を行うので，J_p^* は必すしも達成される保証はない．掲示が現在の縁組の結合継続価値以上に価値があると判断した場合にのみ労働者は受諾し，追加の結合利得を得る．失業者の資産価値は次式で示される性質を持つ．

$$V_u \equiv J_b^* < J_p^* \quad \cdots\cdots \quad (2\text{-}1\text{-}3)$$

企業が定常状態において期待利得を最大にする契約掲示を選択する 1 回限りのゲームを想定する．契約には多くの形態が想定されるので，労働市場の資源配分に同一の影響を与えるナッシュ均衡は複数存在する．そのため，契約掲示のナッシュ均衡の「結果」は，各タイプの企業によって掲示された契約の労働者にとっての当初価値の分布 F(v|p) であると「定義」される[8].

契約形態に制約がない状況における最適契約と均衡について解説する[9].

タイプ p 企業にとっての最適な契約は，完成した縁組から得られる企業の期待利益と受託確率の積を最大化するものである．企業の最適戦略は，労働者が効率的な離職決定ができるように労働者に事後に全余剰を与えること，事前に余剰の一部を抜き取るように入場料を設定することで，縁組の結合利得を最大化することである．最適契約は命題 1 で示される．

命題 1：タイプ p 企業にとって，固定賃金 w ＝ p と契約を受諾する際に労働者によって支払われる納付金 $\varphi^*(p) = \arg \max_{\varphi} \varphi G(J_p^* - \varphi)$ からなる契約が最適である．

企業は採用戦略を雇用維持戦略と分離するために納付金を用いている．掲示された契約の当初価値は，労働者にとっては $J_p^* - \varphi^*$，企業にとっては φ^*，受諾される確率は $G(J_p^* - \varphi^*)$，企業にとっての期待利得は $\Pi^* = \varphi^* G(J_p^* - \varphi^*)$ である．

最適な契約は他にも存在するので[10]，命題 2 が提示される．

命題 2：契約掲示におけるいずれのナッシュ均衡についても，いずれの企業も同一の採用と雇用維持の可能性，同一の期待利得を持つという意味で同一結果をもたらす納付金契約の掲示におけるナッシュ均衡が存在する．

「定義」から，納付金契約の均衡の F(v|p) を見つけること，対応する利得と転職を決定することが可能ならば，同一の掲示された契約の価値の分布を持つ均衡の性質を理解できることになる．労働者の流入，流出フローが均衡することから，定常状態での失業率は $u = \frac{\delta}{\delta+\lambda}$ である．均衡の性質として，企業が同質の場合は命題 3，異質な場合は命題 4 が提示される．

---

[8] Stevens(2004, p. 538)は，当初掲示の市場分布は $F(v) \equiv \int F(v|p) dP(p)$ であるとしている．

[9] Stevens (2004, pp. 538-541)に従っている．

[10] Stevens (2004, p.538)は，固定賃金 p－$\delta\varphi^*$で．労働者によって退職時に支払われる納付金 φ^* の契約は，両方の当事者に命題 1 の契約と同値の期待収益をもたらし，労働資源の配分効果は同一であるとしている．

命題3：全ての企業が同一の生産性 $p(>b)$ と制約の無い契約を選択する場合, 全ての企業は当初価値 $V_0 = \frac{b}{\delta}$ の契約を掲示し, 職から職への移動は存在しない唯一の均衡結果が存在する.

　均衡において, 企業は内部と外部の市場を差別的に価格設定して, 雇用者と失業者を別個に扱う. 企業は新規労働者に対する市場における買手独占力を活用することでマッチングの摩擦から発生するレントを全て吸収する. このとき契約掲示均衡は効率的である.

命題4：生産性が $\underline{p} < \overline{p}$ の2タイプの企業が同数存在し, 契約の選択に制約がない場合, 単一の均衡結果が存在する. $\frac{\overline{p}-b}{\underline{p}-b} \geq 1 + \frac{2\delta}{\lambda}$ ならば効率的な転職を伴う分離結果が存在し, そうでなければ職から職への移動を伴うプーリング結果となる.

　均衡において, いくつかの縁組は効率性の観点から望ましいにもかかわらず成立せず, 転職率は効率的水準よりも低い.

　次に, 契約が賃金・在職期間契約に限定される場合についての最適契約について解説する[11].

　企業は賃金・在職期間契約 $w(t)$ に制約されているので, 賃金を閾値 c より小さく設定することはできない. 全ての t について $w(t) \geq c, \underline{p} > c$ であり, c は, $c \geq b$ の場合, 最低賃金, $b > c$ の場合, 借入制約下での生活に最低限必要な賃金である.

　全ての t について, $J(t) \geq V(t) \geq V_u$ が成立している場合, 企業は縁組を終了せず, 労働者はより優れた掲示がある場合を除いて縁組を解消しない. $V(t)$ と $Y(t)$ は連続で右微分可能であり, 次のベルマン方程式を満たす.

$$\delta V(t) = V'(t) + w(t) + \lambda \left(E[\max(V(t), Z)] - V(t)\right) \quad \cdots\cdots(2\text{-}1\text{-}4)$$

$$\delta Y(t) = Y'(t) + p - w(t) + \lambda \left(1 - r(t)\right)Y(t) \quad \cdots\cdots(2\text{-}1\text{-}5)$$

ここで, 在職期間 t における雇用確保確率 $r(t)$ は, 代替案の価値が $V(t)$ よりも低くなる確率と定義される. $(2\text{-}1\text{-}4)$は労働者にとっての非定常職探し問題の資産価格方程式, $(2\text{-}1\text{-}5)$は企業の資産価格方程式である[12].

　企業にとっての最適化問題は, 時点 $t=0$ において結合価値との関係から, 次式となる.

$$\max_{w(t) \geq c} \Pi \equiv \left(J(0) - V(0)\right)G(V(0)) \quad \cdots\cdots(2\text{-}1\text{-}6)$$

契約に制約がある場合, 問題$(2\text{-}1\text{-}6)$は次の2段階に分離される.

$$\text{雇用確保：} \max_{w(t) \geq c} J(0) (= \overline{J}(v)) \quad \text{s.t.} V(0) = v \cdots\cdots(2\text{-}1\text{-}7)$$

$$\text{採用：} \max_{v}(\overline{J}(v) - v)G(V(0)) \quad \cdots\cdots(2\text{-}1\text{-}8)$$

$(2\text{-}1\text{-}7)$は, 契約の当初価値 v が労働者にとっての与件として, 縁組の結合価値を最大化する賃金契約を選択するものである. $(2\text{-}1\text{-}8)$は, 当初価値 v を最適に選択するものである.

---

[11] Stevens(2004, pp.541-544)に従っている.

[12] 境界条件は. 全ての $t(\geq \overline{t}(\geq 0))$ について$w(t) = \overline{w}$と想定することで得られる(Stevens(2004, p.542)).

263

制約のある場合の最適な賃金・雇用期間契約は(2-1-7)の解であり，賃金は当初期間(0〜$\bar{t}$)について最低の受諾可能水準cに等しく，引き続いて生産性pに等しく設定される階段契約である．

階段契約$(p, \bar{t})$の時点tでの労働者の評価を$V(t: p, \bar{t})$とすると，在職期間が$\bar{t}$に近づくと評価は増加して固定値となる．$t < \bar{t}$について，$V(t: p, \bar{t})$は，$w = c$とする場合の微分方程式(2-1-4)を満たしており，pと$\bar{t}$に依存しない．

階段契約の評価については，企業の生産性とは無関係に同一尺度で比較可能とするために，標準的価値プロフィール(standard value profile) $W(\cdot)$が導入される．$W(\cdot)$を，(2-1-4)に従って，次に示す微分方程式の解と定義する．

$$\delta W(t) = W'(t) + c + \lambda \left(E[\max(W(s), Z)] - W(s) \right) \text{ and } W(0) = J_p^* \quad \cdots\cdots \quad (2\text{-}1\text{-}9)$$

$W(\cdot)$はpと$\bar{t}$から独立であり，境界条件は最低の生産性$\underline{p}(\geq c)$に依存するように恣意的に設定される．階段契約の労働者にとっての価値は，$W(\cdot)$の一部分である．$(0\sim\bar{t})$の間の$V(t: p, \bar{t})$と，$(s_0 \sim s_0 + \bar{t})$の間の$W(s)$の一部分が一致する$W(s)$の出発点$s_0(p, \bar{t})$が存在する．在職期間tの労働者は$W(\cdot)$における立場sを持ち，s_0は契約のパラメータで決定され，$s_0 + \bar{t}$に達するまでtと1対1で対応しながら増加し，その後は一定となる[13]．

$W(s)$の性質から，タイプp企業は，$\bar{t} = W^{-1}(J_p^*) - W^{-1}(v)$を選択することで，望ましい当初価値$v \in (J_c^*, J_p^*)$の階段契約を見つけ出せる．階段契約の労働者にとっての価値$V(t)$は，当初価値vの他の契約よりも速く上昇してJ_p^*に達することから，いずれのtにおいても，他のいずれの契約よりも値が高いので，労働者の転職確率は最小化される．

命題5：企業が賃金契約に制約を課されている場合，企業にとって最適な階段契約が存在する．

さらに，階段契約の場合の均衡の性質について解説する[14]．

命題2の類推として，いずれの均衡も，同一の結果と資源配分を持つ階段契約における同値の均衡を持つ．雇用者の留保価値は，$W(\cdot)$の現在の地位sに依存し，雇用者は当初地位が$s_0 \geq s$の場合にのみ代替的掲示を受諾する．定常状態での失業率は$u = \frac{\delta}{\delta + \lambda}$である．企業が同質の場合は命題6が，異質な場合は命題7が成立する．

命題6：すべての企業が同一の生産性pを持ち，$c < p$について$w \geq c$である賃金・在職期間契約に制約されている場合，唯一の均衡結果か存在する．すべての企業は$\delta V_0 = \max (b, \frac{\lambda P + \delta c}{\lambda + \delta})$となる当初価値$V_0$の契約を掲示し，職から職への移動は発生しない．

---

[13] Stevens (2004, pp. 543-544)は，$W(s)$は範囲(J_c^*, ∞)において，sについて連続で厳密に増加関数であること，在職期間tの労働者が$W(s)$において地位$s(t) \equiv s_0 + \min (t, \bar{t})$を持つ唯一の$s_0(p, \bar{t})$が，いずれの$(p, \bar{t})$についても存在し，$V(t: p, \bar{t}) \equiv W(s)$となることを「補題」として提示している．

[14] Stevens(2004, pp. 544-547)に従っている．

企業が c を十分に小さくできる場合, 企業は全てのレント $V_0 = \frac{b}{\delta}$ を抽出できる. 労働者のレントの
シェアは, $\lambda \to \infty$ となるにつれて $V_0 \to \frac{p}{\delta}$ となり, 競争的労働市場の結果と一致する.

命題 7 ： 2 タイプの企業 $\underline{p} < \overline{p}$ が同数存在し $w \geq b$ の賃金・在職期間契約に制約されている場合、

   （ i ）転職 0 の均衡は存在しない.

   （ ii ）効率的な完全転職均衡が存在するのは, 次のときのみである.

$$\frac{\overline{p} - b}{\underline{p} - b} \geq 1 + K \ where \ 0 < K < \frac{2\delta}{\lambda}$$

   （iii）そうでなければ生産性の高い企業の一部または全ては, 生産性の低い企業の在職期間
        の長い労働者に受け入れられない契約を掲示する部分的転職均衡が存在する.

（ ii ）が成立する場合, 契約に制約がない場合よりも, 広い範囲で効率的な結果が得られる. さらに,
条件を満たしていない場合でも, （iii）から部分的転職が認められる. 制約がある場合, 企業は内部
と外部の労働者に対する価格差別的行動が抑制されることで, 賃金はより生産性を反映するため,
労働者は転職を決意しやすくなり, マッチングはより効率的になることが示される.

2.2 Burdett and Coles による賃金・在職期間契約モデルの概略

  Burdett et al.(2003)の賃金・在職期間契約モデルでは, Stevens(2004)のモデルと同様に企業
は情報面で優位に立っていないので, 外部からの提案に対抗しないと想定する. さらに, リスク回
避と借入制約の前提条件が賃金・在職期間契約に与える影響をより深く考察すことで, 賃金プロ
フィールが円滑かつ連続的に右上がりとなることが示されている.

  このモデルでは, 労働者には 2 つの制約が課されている[15]. 第 1 の制約は, 労働者は厳密にリス
ク回避的であることである. この場合, 労働者は平滑な消費流列を選好するため, 固定賃金が望ま
しい契約である、第 2 の制約は, 労働者は不完全な資本市場において借入制約に直面しているこ
とである. この場合, 労働者は将来の所得を担保に借り入れできない. 企業は無条件に受け取るか
否かの賃金・在職期間契約を掲示し, 前払い金を用意できない借入制約のある労働者, 流動資産を
保有していない失業者に対して, 限界生産力よりも低い賃金を掲示して利潤を得ることが可能で
ある. 労働者は, 最適離職戦略に基づいて, on the job search を行い, よりよい職に就こうとする.
労働者は外部から賃金の掲示を受けるが, 対抗提案を行わない状況において企業は, 現在の低い賃
金と将来のより大きい賃金を掲示することで, 企業に留まることの期待利得を増加させるため, 労
働者の転職率は低下する. 転職を抑制することと, 平滑な賃金による完全な所得保険は相反する性
質を持つ. 最適な賃金・在職期間契約は, 2 つの制約条件から発生する競合する効果を相殺するも
のであり, 掲示される賃金は在職期間に応じて緩やかに上昇することになる.

---

[15]Burdett et al.(2003, p.1378). Mortensen(2003, p.100).

このモデルでは，掲示された当初賃金の分布は非退化(nondegenerate)である．労働者は，外部からの賃金掲示を受けて移動することが可能であるため，賃金上昇には，在職期間に応じた契約に基づくものとジョブ・サーチによるものとが併存する．より寛大な賃金を掲示する企業は雇用者を集めることが可能であるが利潤は低下するトレード・オフが発生する．

以下では Burdett et al.(2003, pp.1380-1388)に従って Burdett and Coles による賃金・在職期間契約モデルの概要を解説する．モデルの体系は基本設定，労働者の利得と職探し戦略，企業利得，均衡の定義，最適契約の導出で構成される．

モデルの基本設定は次のとおりである[16]．

単位量の労働者と企業は同質であり，企業は単位時間当たり p を生み出す．労働者は職探しを行い，仕事のポアソン到来確率を λ とする．賃金は，全ての在職期間 $t \geq 0$ において定義された関数 $w(\cdot) \geq 0$ である．企業は新規採用者には同一の賃金・在職期間契約を掲示し労働者の呼び戻しはしない．

労働者の目的は生涯の期待効用の最大化，企業の目的は定常状態におけるフローの利潤最大化である．労働者，企業ともに時間選好率は 0 である．失業者は，単位時間当たり $b(p > b > 0)$ を得る．労働者の寿命はパラメータ $\delta(> 0)$ の指数分布で表わされ，定常状態を維持するために，δ は新たな失業者の労働市場への流入フローも示す．

労働者の利得と職探し戦略について説明する[17]．

企業が掲示する賃金契約 $w(t)$ を所与とし，所得 $w \geq 0$ を得る労働者は，直ちに消費することで効用$u(w)$ を得る．効用関数は，凹関数でコーナー制約 $w \geq 0$ が no-binding(不等式制約が等式で成立しない)であることを仮定する．

契約 $w(\cdot)$ を受諾すること，将来の選択的離職戦略を行使することを条件とする労働者の生涯の期待効用をV_0 とする．V_0 よりも大きくない期待生涯効用を生み出す掲示を行う企業の比率は $F(V_0)$ であり，F の台は $[\underline{V}, \overline{V}]$ とする．

契約 $w(\cdot)$ を掲示する企業に雇用されている在職期間 t の労働者の，将来の最適離職戦略行使を条件とする生涯の期待利得を$V(t|w(\cdot))$，失業者の生涯の期待利得をV_uとする．$V(t|w(t)) > V_u$ を満たしている契約 $w(t)$ と在職期間 t を与件とすると，労働者は，$V_0 > V(t|w(t))$ を満たす当初価値の仕事の掲示を受けた場合に限り，転職するので，$V(t|w(\cdot))$ は次のベルマン方程式を満たす．

$$\delta V(t|w(\cdot)) - \frac{dV(t|w(\cdot))}{dt} = u(w(t)) + \lambda \int_{V(t|w(\cdot))}^{\overline{V}} [V_0 - V(t|w(\cdot))] \, dF(V_0) \quad \cdots\cdots(2\text{-}2\text{-}1)$$

労働者にとって最適に離職して失業する時期を便宜上、$T = \inf\{t \geq 0 : V(t|w(\cdot)) < V_u\}$とすることで，労働者の最適職探し戦略が提示される．

---

[16] Burdett et al. (2003, pp.1380-1381)に従っている．
[17] Burdett et al. (2003, pp. 1381-1382)に従っている．

戦略1:失業している場合, 当初価値が $V_0 \geq V_u$ であれば, 労働者は仕事の掲示を受諾する.

戦略2:契約 $w(\cdot)$, 在職期間 $t < T$ で雇用されている場合, 労働者は当初価値が $V_0 > V(t|w(\cdot))$ を満たす仕事の掲示がなされた場合にのみ受諾して転職する.

戦略3:契約 $w(\cdot)$, 在職期間 $T < \infty$ で雇用されている場合, 労働者は離職して失業を選ぶ.

在職期間 $s < T$ での離職率は $\delta + \lambda(1 - F(V(s|w(\cdot))))$ で示されるので, 在職期間 $t < T$ についての新規雇用者が t 以前に離職しない可能性である雇用維持確率は次式で示される.

$$\psi(t|w(\cdot)) = e^{-\int_0^t \left[\delta + \lambda(1 - F(V(s|w(\cdot))))\right]ds} \quad \cdots\cdots(2\text{-}2\text{-}2)$$

但し, $T < \infty$ ならば, 全ての $t \geq T$ について, $\psi = 0$ である.

次に, 企業の利得について説明する[18].

定常状態において, V 以下の期待生涯効用で失業又は雇用されている労働者数を $G(V)$ とする. $V_0 \geq V_u$ の場合, $G(V_0)$ は企業からの仕事の掲示を受諾する意向の労働者数を示している. 定常状態における企業の利潤フローは次式で示される.

$$\Omega = \int_0^\infty \lambda G(V_0)\psi(t|w(\cdot))[p - w(t)]dt = [\lambda G(V_0)] \int_0^\infty \psi(t|w(\cdot))[p - w(t)]dt \quad \cdots\cdots(2\text{-}2\text{-}3)$$

ここで, $G(V_0)$ は雇用率, $\lambda G(V_0)\psi(t|w(\cdot))dt$ は在職期間 $[t, t + dt)$ の雇用者数, $[p - w(t)]$ は雇用者1人当たりの利潤フローである.

企業は, 新規雇用者に生涯効用 $V_0(\geq V_u)$ を生じさせる契約を掲示することを与件として, 新規採用者1人当たりの期待利潤を最大化する契約を選択する. 新規雇用者1人当たりの企業の最大利潤を $\Pi^*(\cdot|V_0)$ とすると, 最適な定常状態における利潤フローは $\Omega^*(V_0) = \lambda G(V_0)\Pi^*(0|V_0)$ である.

最適な賃金・在職期間契約の導出と均衡について解説する[19].

論理展開のために $F(\cdot)$ について, 暫定的に, すべての $V_0 \in (\underline{V}, \overline{V})$ について, 連続して微分可能であり, $F'(V_0) > 0$ を満たす「制約」が課される. これは, F の台は結合されて大量点を持たないことを意味している. また, 市場均衡の諸特性を次のように設定する.

特性1:「制約」を満たす当初利得 F の分布.

特性2:$V_0 \geq V_u$ に連動する最適賃金・在職期間契約 $w^*(t|V_0)$ の集合.

特性3:失業者による最適な職探しと雇用者の最適離職行動.

特性4:定常状態における転職と整合的な期待生涯利得の分布 G.

特性5:定常状態の利潤条件.

$$\begin{cases} \Omega^*(V_0) = \overline{\Omega} \geq 0 & \text{for all } V_0 \in [\underline{V}, \overline{V}] \\ \Omega^*(V_0) \leq \overline{\Omega} & \text{otherwise} \end{cases} \quad \cdots\cdots \quad (2\text{-}2\text{-}4)$$

---

[18] Burdett et al.(2003,pp.1382-1383)に従っている.

[19] Burdett et al.(2003, pp.1383-1387)に従っている.

以上が満たされることで，F の台に存在する当初価値 V_0 を持つ最適契約 w^* が，定常状態における利潤フローを最大化することとなる．

　企業の最適契約は，分布 F，失業者の期待効用はV_u，V_0 を受諾した雇用者が最適な離職戦略を行使することの 3 点を与件とした次の問題の解である．

$$\max_{w(\cdot)} \int_0^\infty \psi(t|w(\cdot))[p - w(t)]dt \quad \cdots\cdots(2\text{-}2\text{-}5)$$

$$\text{s.t.} \quad w(\cdot) \geq 0 \quad\quad \cdots\cdots(2\text{-}2\text{-}6)$$

$$V(0|w(\cdot)) = V_0 \quad \cdots\cdots(2\text{-}2\text{-}7)$$

$\underline{V} \geq V_u, \overline{V} < \frac{u(p)}{\delta}$ が満たされていることを前提とすると，企業が$V_0 \geq \overline{V}$ を掲示す場合の最適契約は次の「命題」で示される．

命題: $V_0 \geq \overline{V}$ であれば，最適な賃金契約は，全ての t に対して$u(w_0) = \delta V_0$を満たす $w(t) = w_0$であることを含意し，雇用される労働者は決して転職しない($T(w^*) = \infty$)．

最も寛大な契約は固定賃金契約であり，企業は転職のリスクに直面しない．与えられた F について，$\overline{w}$を $u(\overline{w}) = \delta\overline{V}$ と定義する．新規雇用者に最大の生涯効用$V_0 = \overline{V}$ を与える契約を掲示する企業は，完全な所得保険を供給すること，それは全ての t について固定賃金 $w(t) = \overline{w}$ を掲示することを意味する．このとき，企業の労働者 1 人当たり期待利潤は$\overline{\Pi} = \frac{[p-\overline{w}]}{\delta}, (\overline{w} < p)$となる．

　企業が $V_0, (\underline{V} \leq V_0 < \overline{V})$ を生み出す契約を掲示する場合の最適契約を $w^*(\cdot|V_0)$，契約w^* を掲示する企業に在職期間τで雇用された場合の労働者の期待生涯効用を$V^*(\tau|V_0)\{= V(\cdot|w^*)\}$，この雇用者を与件とした場合の企業の期待利潤を $\Pi^*(\tau|V_0)$ とすると，w^* について次の「定理」が提示される．

定理: いずれの $V_0 \in [\underline{V}, \overline{V})$ についても，最適契約w^*とこれに対応する労働者と企業の利得$[V^*, \Pi^*]$は，連立微分方程式システム$[w, V, \Pi]$ の解である．

$$\frac{-u^*(w)}{u'(w)^2}\frac{dw}{dt} = \lambda F'(V)\Pi \quad \cdots\cdots(2\text{-}2\text{-}8)$$

$$\delta V - \frac{dV}{dt} = u(w) + \lambda \int_V^{\overline{V}}[x - V]F'(x)dx \quad\cdots\cdots(2\text{-}2\text{-}9)$$

$$[\delta + \lambda(] - F(V))]\Pi - \frac{d\Pi}{dt} = [p - w] \quad \cdots\cdots(2\text{-}2\text{-}10)$$

$$\text{s.t.} \lim_{t\to\infty}\{w(t), V(t), \Pi(t)\} = (\overline{w}, \overline{V}, \overline{\Pi}) \quad \cdots\cdots(2\text{-}2\text{-}11)$$

$$V(0) = V_0 \quad \cdots\cdots(2\text{-}2\text{-}12)$$

　(2-2-9), (2-2-10)は，継続利得V^*, Π^* を描写する標準的フロー方程式である．(2-2-9)は (2-2-1)から含意される．(2-2-10)の積分と境界条件(2-2-11)から，現在の在職期間 t の雇用者を与件とする企業の期待将来収益$\Pi^*(t|\cdot)$ が導かれる．

　(2-2-8)は，賃金が在職期間に応じていかに最適に変動するかを描くものである．仮定から$\Pi > 0, F' > 0$ であるため，$V \in (\underline{V}, \overline{V})$ の間，賃金は在職期間とともに厳密に増加することを含意する．現在の期待利得 $V = V^*(\tau|\cdot)$ の雇用者を与件とすると，外部からの掲示が限界的にこの労働者を惹き

つける企業の数を確立密度関数 F'(V)で計測できる．F'(V) = 0 の場合，在職期間τにおいて賃金 w*(τ|·) を限界的に引き上げることは，時点 τ での労働者の離職率に限界的な影響を与えないので最適保険の観点から固定賃金が選択される．F'(V) > 0 の場合，若干高い賃金は限界的に離職率を低下させる結果となり，(2-2-8)は最適なトレード・オフ関係を示す．[0, τ]の範囲において(2-2-8)を積分することで，最適賃金契約が次式を満たすことの含意が得られる．

$$\frac{u'(w^*(0|\cdot))}{u'(w^*(\tau|\cdot))} = 1 + u'(w^*(0|\cdot)) \int_0^\tau \lambda F'(V^*(t|\cdot)) \Pi^*(t|\cdot)dt \quad \cdots\cdots \text{(2-2-13)}$$

在職期間 τ において支払われる賃金を限界的に引き上げることで，企業は [0, τ] について離職率を限界的に低下させる．積分項は離職率低下による企業利得を示しており，最適賃金契約は完全な所得保険からは乖離する．

賃金が在職期間とともに増加するならば，雇用の価値 $V^*(t|\cdot)$ も増加する．$V^* < \overline{V}$ の間に賃金が上昇し続けるため，V^* は $\overline{V}$ に接近する．「命題」の固定賃金は極限における最適契約を示していると解釈できるので，それ以外の場合の最適な賃金契約は，(2-2-8) (2-2-9) (2-2-1)で示されるシステム $\{w, V, \Pi\}$ について，終点 $(\overline{w}, \overline{V}, \overline{\Pi})$ を開始時点とする後退帰納法により識別される．循環計算の解は，$V = V_0$ となる時点で収束しその時点をt = 0とする．

「制約」と後退帰納法からは，最適契約 $w^*(t|\cdot)$ と雇用価値 $V^*(t|\cdot)$ は共に連続で τ に関して増加し，$\overline{w}$ と $\overline{V}$ にそれぞれ収束することが証明される．但し，「制約」を緩めてF' が極限において 0 に近づくことを認めると，最適賃金契約は鞍点経路となる．

企業間賃金を比較するために，共通尺度として基準賃金等級(baseline salary scale)を導入する [20]．最適契約の集合のうち，最も寛容でない企業による契約掲示$V_0 = \underline{V}$ を考慮することで，基準賃金等級は次のように定義される．

定義：$[w_s(t), V_s(t), \Pi_s(t)]$ で示される基準賃金等級は，$V_0 = \underline{V}$ とした場合の「定理」で定義された微分方程式と境界条件の解である．

基準賃金等級は．新規採用者の初期利得 $V_0 \in [\underline{V}, \overline{V})$ を掲示する企業の均衡における最適な賃金・在職期間プロフィールであり次の性質を持つ．

「制約」と「定理」は，$w_s(\cdot)$ と $V_s(\cdot)$ がそれぞれ $\overline{w}$ と $\overline{V}$ に収束する連続な増加関数であることを含意する．他のいかなる当初利得 $V_0 \in [\underline{V}, \overline{V})$ が与えられても，$V_s(t_0) = V_0$ が成立する基準賃金等級上の給与地点 $t_0 > 0$ が存在する．w_s の最適性は，当初利得 $V_s(t_0) = V_0$ が与えられた最適賃金契約は，$t \geq t_0$ について描写された賃金・在職期間契約 $w_s(\cdot)$ に相当することを含意する．ここから，$w^*(\tau|V_0) \equiv w_s(t + t_0)$ が成立し，当初給与地点 $t_0 \geq 0$ が与えられると，最適賃金契約は，在職期間 t の労働者に基準賃金等級上の地点 $(t_0 + t)$ に釣り合う賃金を支払う．そして企業の継続利得は，$\Pi^*(t|V_0) \equiv \Pi_s(t + t_0)$ である．

---

[20] 基準賃金等級の解説は Burdett et al. (2003, pp.1387-1388)に従っている．

Burdett et al. (2003, pp.1388-1396)では，均衡においては企業が内生的に決定される基準賃金等級に添った初期時点 $t_0 \in [0, \infty)$ を掲示すると考えることで，ここまでの議論を基準賃金等級を用いた議論に読み替えて，均衡の性質と存在条件が求められている．なお，均衡失業率は，労働者の流入，流出フローが均衡することから， $u = \frac{\delta}{\delta + \lambda}$ と導かれる．

支払われた賃金の累積分布関数は次のように提示される[21]．

$\underline{w} = w_s(0)$, $\overline{w} = w_s(\infty)$ とおく．$[\underline{w}, \overline{w}]$ は市場均衡において支払われた賃金の台であり，非退化，$\underline{w} < b$, $\overline{w} < p$である．このとき賃金の累積分布関数 K は次式で示される．

$$K(w) = \frac{\delta}{\lambda}\left[\sqrt{\frac{p-\underline{w}}{p-w}} - 1\right] \quad \cdots\cdots \quad (2\text{-}2\text{-}14)$$

b の増加は賃金の分布の下限と上限を増加させる．より高い$\underline{w}$ は，支払われた賃金の分布における1次確率優位[22]を含意するので，b の増加は支払い賃金の上昇を意味する．サーチに伴う摩擦の低下(λ の増加)は，$\overline{w}$ が増加して$\underline{w}$ が低下することを含意する．失業率は低下し，失業者はより低い当初賃金を受諾するので1次確率優位ではない．そのため，$\lambda \to \infty$ に従って，競争均衡に接近することとなり，全ての $w < p$ について $K(w) \to 0$, $\overline{w} \to p$ となる．

Burdett et al.(2003)のモデルは，包括的な柔軟性の高いものとなっているのに対して，Stevens(2004)のモデルは，極限状況を扱っている、Burdett et al. (2003, pp.1397-1399)が，労働者の効用関数を相対的リスク回避度一定の $u(w) = \frac{w^{1-\sigma}}{1-\sigma}$ と想定し，$\sigma(> 0)$ の値の変動が賃金プロフィールに与える効果を検証した結果，σ が小さくなると右上りで凹になること，σ が大きくなると平滑になり所得保険を供給することが示される．この結果は．Stevens (2004)のモデルは$\sigma = 0$ の場合の極限の結果の1つであり，BM モデルは$\sigma = \infty$ の極限の姿であることを示唆する[23]．

2.3 追記: Carrillo-Tudela による賃金・経験年数契約(wage-experience contracts)モデル

賃金・在職期間契約に総経験年数の与える影響を加えたのが，Carrillo-Tudela (2009b)の提示した賃金・経験年数契約(wage-experience contracts)モデルである．このモデルは，基本的にStevens(2004)の階段契約を応用したものであり，企業が同一の賃金契約を掲示するのではなく，労働者の観察できる特性である総経験年数と雇用状態に応じた昇進を約束する昇進契約(promotion contract)を掲示することが最適であることが示される．

Carrillo-Tudela(2009b, pp.110-114)に従うとモデルの概要は次のようになる．労働者はリスク中立的，労働者と企業は同質，企業は対抗提案を行わないと想定する．総経験年数の長い労働者は，オプション・バリューの高い職に就いている可能性が高く，企業は他の労働者よりも高い賃金を

---

[21] Burdett et al.(2003, pp.1395-1396)

[22] 1次確率優位とは，区間[a. b]に値をとる確率変数 X, Y について．対応する累積分布関数を $F_X(x), F_Y(x)$ とした場合，任意の$x \in [a,b]$について，$F_X(x) \leq F_Y(x)$が成立する場合．X は Y よりも1次確率優位にある(原，梶井(2000, pp.132-134))．

[23] Burdett et al. (2003, pp.1398-1399)

掲示することを想定する. 企業の雇用維持戦略としては, 当初は最低の受諾可能賃金, 昇進後は限界生産力に等しい賃金を支払う賃金後払いで離職を防止する. 失業者は雇い入れされた後の昇進までの期間を長く, 総経験年数の長い労働者には昇進までの期間を短く設定することが最適である. Carrillo-Tudela(2009b, p.119)は, シミュレーションにより摩擦が減少すると昇進までの期間が短縮されることを示している.

賃金・総経験年数モデルは, 労働市場の摩擦により在職期間と総経験年数に応じて賃金が上昇する可能性を示したこと, 総経験年数が learning-by-doing を通した生産性の伸びを反映する場合にも同様の結果が得られることを示したこと[24], 賃金掲示において労働者の特性を考慮しない場合は Stevens (2004)のモデルと一致することを示したこと[25]に意義があり, 次節で示すサーチ理論と人的資本理論との統合の橋渡しをする研究でもある.

3. 賃金・在職期間契約モデルの意義

ここまでに議論してきたように, BM モデルを拡張した賃金・在職期間契約モデルからは, 企業特殊技能の蓄積がない場合においても, サーチ理論の観点から, 賃金が在職年数に応じて上昇することが示される. これは, 労働者がリスク中立的あるいはリスク回避的で借入制約に直面している状況では, 買手独占的労働市場において, 企業が労働者の限界生産力以下に賃金を設定して超過利潤を得ることが可能なことによる. また, 賃金・在職期間契約モデルは, BM モデルよりも高い効率性を提示したことに大きな意義がある.

Stevens(2004)の賃金・在職期間契約モデルにおいては. 契約形態に制約がない場合, 納付金付きの固定賃金契約が効率的である. これは, 採用時の入場料の存在をサーチ理論の観点から正当化したものである. 契約形態に制約がある場合, 離職を防ぐために階段契約が効率的となることが示される. このことは, 在職期間が伸びると賃金が上昇することを示すものである. 但し賃金上昇は雇い入れから一定期間後の一回に限定されるため, 凹型の賃金プロフィールを導くことは難しい. このモデルの本来の目的は賃金プロフィールよりも契約の労働者にとっての価値が右上がりに円滑かつ速やかに上昇するのが最適契約であることを示すことにある.

納付金契約, 階段契約いずれも, 転職を抑制することから, 労働者と企業が同質な状況では, on the job search を通した賃金の上昇する可能性は否定されて, 賃金の分布は退化(degenerate)して, 企業間賃金格差は消滅する. しかし均衡において, 在職期間と相関する企業内賃金格差は発生する. 企業が異質な場合, 転職が発生することで, 企業間賃金格差が発生する. この点については各企業の賃金を標準的価値プロフィールに当てはめて比較検討する必要性がある.

---

[24] Carrillo-Tudela(2009b, pp.119-120).
[25] Carrillo-Tudela(2009b, p. 121).

271

Burdett et al.(2003)の賃金・在職期間契約モデルでは，労働者はリスク回避的であるとともに消費に関する選好が明示されており，最適なサーチ戦略を行使すると想定されている．最も寛大な契約を掲示する企業との間では固定賃金が最適となり，企業は完全な所得保険を供給する．しかし，実際には寛大な企業は存在しないので，企業がそれ以外の契約を掲示する場合，転職を防止する観点から右上がり賃金を掲示することが所得保険の機能を果たす．この場合，在職期間に比例して賃金が上昇することが示され，賃金プロフィールは右上がりとなる．

　均衡においては，共通の期待将来収益をもたらす異なる契約を同一企業が掲示する混合戦略均衡のみが存在する．このとき，在職期間の相違による企業内賃金分散と企業間賃金格差が発生する．企業間賃金格差は賃金プロフィールの共通尺度である基準賃金等級の異なる出発点を示す当初の賃金掲示に帰着する．但し，契約掲示により転職が抑制されて効率性が向上しても，on the job search を通した賃金の上昇する可能性は排除されない．基準賃金等級を用いて導出される賃金分布には転職効果が暗黙のうちに包含されていると考えられるため，実証分析では純粋な在職期間効果と転職効果を分離する必要に迫られる．また，この賃金の確率密度関数は，競争均衡に接近すると分布が左方に歪むという BM モデルの賃金の確率密度関数の性質を引き継いでいる．従って，賃金分布を現実性の高いものとするためには，実証分析に際して人的資本的要因等を導入する必要性がある．

　賃金・在職期間契約モデルは対抗提案モデルと必ずしも対立的かつ二者択一的な議論ではない．両者の導いた賃金プロフィールは近似する可能性がある．Mortensen(2003,p.100, 111)は，Stevens (2004)の提示した階段契約は，労働者と企業が同質の状況においては，猶予期間は低い賃金を受け取り，その後は限界生産力に等しい賃金を受け取ることにおいて，PosteI-Vinay and Robin(2002a)の対抗提案モデルと近似すること，当初賃金が失業の価値と雇用の価値を一致させるならば，両者の相違は，見習い期間が対抗提案では確率変数，雇用・賃金契約では決定論的数値(deterministic number)であること，賃金・雇用期間契約の形態は対抗提案戦略によって生まれる平均賃金経路と近似することを指摘している．

　企業の賃金政策には，外部からの賃金掲示に対して対抗提案を提示すること，賃金掲示を労働者の特質に応じて調節する[26]ことが想定できる．BM モデルでは，企業はいずれも行使せず，対抗提案モデルでは，企業がこの2つの賃金政策を同時に採用していると解釈できる[27]．賃金・在職期間契約を掲示する企業は，いずれも採用せず，時間的賃金構造の中で，離職抑制を図っていると解釈できる．

　Holzner(2011,pp.2-3)は，企業が賃金政策を決定する際に，対抗提案を行うことで雇用維持を達成することと，労働者がよりよい仕事を見つけようとしてジョブ・サーチをおこなう誘引が発生することのトレード・オフに直面することを指摘している．Holzner(2011,p.2-3, pp. 27-28)は，労

---

[26] 賃金掲示を労働者の特性に応じて調節することについての考察は，Carrillo-Tudela (2009a)が行っている．
[27] Holzner (2011, p.2).

働者がリスク中立的でサーチ努力を内生化したモデルを用いることで，労働者の特性に応じて賃金水準と引き上げ時期を調節する階段契約は，労働者が雇用されることの価値を最も速く上昇させることでジョブ・サーチを最小限に抑制することから，対抗提案を行うとともに賃金を調節する賃金政策においても最適契約であること，このとき対抗提案を行わない場合よりも昇進までの時間が長い階段契約となること，最低賃金が十分に高くなると BM モデルがレント吸収において有利になることを指摘している．

　なお，日本における研究で，サーチ・モデルを利用せずに，Steven (2004)や Burdett et al. (2003)と類似の結果を導いたものとして，脇田(1994)(2003)がある．脇田(1994,pp.33-49) (2003,pp.64-71)は，日本的雇用慣行を保険メカニズムと捉えて，企業は労働者の熟練の不確実性に対する保険を提供すると想定し，労働者がリスク回避的であれば，転職リスクがない場合，年齢に関係なく一定の賃金を支払うことが最適な賃金契約であることを指摘する．さらに脇田(2003, pp.74-79)は，このような保険メカニズムの下での熟練獲得のための努力を怠るモラル・ハザードを回避するために成功した熟練労働者の賃金を高く設定すること，熟練不確実性に対する保険は，労働者に貸し出しした金融機関のデフォルト・リスクを低下させる債務保証機能を有していることで労働者の借入制約を緩和するため，高勾配の年功賃金プロフィールが可能となることを指摘している．脇田(1994) (2003)の考察は，買手独占的労働市場を想定したものではないが，固定賃金による賃金・在職期間契約と共通する点があるため，Steven (2004)や Burdett et al. (2003)の先駆けとなる重要なものであると言える、

4. サーチ理論と人的資本理論の統合

　対抗提案モデルや賃金・在職期間契約モデルといったサーチ理論に立脚した賃金構造モデルの基本理念は，人的資本理論と相反するものと思われることが多い．しかし，両者は対立しているのではなく，補完的な関係にあると想定することが可能である．労働者がよりよい職を求めてジョブ・サーチを行うことと，仕事を通じて技能を向上させることは同時並行的に生じることが想定できる．このことは，対抗提案モデルや賃金・在職期間契約モデルの実証分析を行う際にも大きな役割を果たす．

　サーチ理論と人的資本理論を賃金構造モデル内において統合することは，双方の立場において必然性があったと言える．まず，人的資本理論の観点からの要請について考える．Rubinstein and Weiss(2006, pp.5 -17)は，CPS(Current Population Survey)の 1964 ～ 2002 年，PSID(Panel Study of Income Dynamics)の 1968 ～ 1997 年，NLSY(National Longitudinal Study of Youth)の1979 ～ 2000 年のデータをパネル・データとして用いて，米国の正規雇用された白人男子の賃金の推移から，賃金と教育水準，経験年数の関連を調査し，次の結果を得た．労働者の経歴の当初 10 年間についての賃金の伸びの年率は，大卒者では CPS で 6.3%, PSID で 7.6%, NLSY で 8.2%, 高卒者では 5.6%, 5.7% , 7.1%, 次の 5 年間については大卒者では 4.5%, 2.9%, 6.7% , 高卒者では 3.%,

2.1%, 1.9%, 大卒・高卒いずれも次の 10 年間の伸び率は 1 ％程度に低下して, 25 年以上の経歴では伸びはほぼ 0 ％かマイナスとなっている. このことは, 労働者の賃金は, 当初 10 年間は高い伸び, 次の 15 年間は緩やかな伸び, その後は伸びがゼロ又はマイナスとなる局面からなること, 教育水準が高い程, 伸び率は高いことを示しており, ミンサー型賃金関数では生涯に亘る賃金の動きを説明できないことを示唆している点に意義がある.

　Rubinstein et al.(2006)が提示した賃金プロフィールは, 米国における基本的な賃金の動きであり, これを説明するためには, 人的資本理論のみでは不十分である. Burdett, Carrillo-Tudela and Coles(2011, p.657)は, Rubinstein et al.(2006)が示したような賃金の動きを包括的に捉える首尾一貫した理論的枠組みが構築されてこなかったことを指摘した上で, 現代の労働経済学の 2 本の中心的支柱である人的資本蓄積理論とジョブ・サーチが行われる労働市場における労働移動均衡を統合することを提唱する.

　次にサーチ理論の観点からの要請について考える. BM モデルを修正することで賃金分布の説明を行う試みはこれまでに多数, 行われてきたところである. このような実証分析の技術面において, Bunzel, Christensen, Kiefer and Korsholm(2000,p.107)は, BM モテルのカリプレーションにおいて求められる賃金分布の歪みが実際のデータと異なっており, 両者を近づけるために, 賃金の計測誤差, 企業の生産性の異質性を導入することが効果的であると認識されてきたことを指摘するとともに, 外生的に生産性の異質性を与えることの代替的手法として, 仕事を通して賃金が上昇することを認めて, 経験の蓄積による人的資本の評価を考慮した手法があることを指摘する. つまり, サーチ理論に人的資本理論を加えることでモデルから導かれた賃金分布がよりデータを追跡できる可能性を示唆する.

　但し, サーチ・モデルにおいて, 人的資本蓄積を内生化するとともに, 投資行動としてモデル化するには困難が伴う. それは人的資本投資理論が, 完全競争を前提とする議論であることに起因する. つまり, 情報か完全であることで人的資本投資は費用負担が明確にされ, 借人制約がない状況下において労働者は借入金を人的資本投資に回すことが可能となるからである.

　労働市場に摩擦のある状況下においては, 状況は異なる. Acemoglu(1997, pp.445-447, p.460)は, 競売人が不在で移動費用を要する労働市場においては, 一般的技能への投資は将来の雇い主が利得を得るため, 仮に労働者が借入制約に直面していない場合においても, その投資量は過少であり効率的なものとはならないこと, 企業が費用を負担する状況が発生することを指摘した. 不完全な労働市場における人的資本投資についての研究を概観した Acemoglu and Pischke (1999, F119-125)は, 買手独占的労働市場においては賃金を限界生産力以下に抑制する圧縮賃金構造(compressed wage structure)が存在するので, 一般的技能訓練を利潤を得られる範囲内で企業が費用負担して実施すること, この賃金構造は摩擦と情報の非対照性に起因すること, 一般的技能は事実上の企業特殊技能(de facto specific skill)と転化することを指摘した. また, これらの結果に

ついては, 労働市場に摩擦が存在する場合, 労働者が借入制約に直面していない状況下においても発生する事象であることを示した点に意義がある.

　最新の研究では違う状況も考察されつつある. Holzner(2005)は, DMP モデルを改良したサーチ・モデルを用いて, 一般的技能への投資を検証した. Holzner (2005, p.1)は, 摩擦が存在していても, 労働者が借入制約に直面していない場合, 将来の雇い主が他企業の一般的技能訓練から利益を得る必要性がない状況では, 賃金交渉において, 一般的技能の訓練水準が効率的となることを保証する長期契約が結ばれることを指摘している. さらに Holzner(2005)は, 労働者が借入制約に直面している場合, 　教育訓練は一般的技能への投資に制約されること, 企業は, 非熟練労働者に一般的技能を蓄積させることの費用と熟練労働者を雇い入れることの費用を勘案して訓練投資を決断するので, 労働者の移動により訓練費用を回収できない可能性を考慮した場合, 投資水準は競争市場と比較して低い水準となることを指摘している.

　以下では, 本節でここまで述べた事情を念頭に, サーチ理論と人的資本理論の統合の試みを概観する. Rubinstein et al.(2006)が提示した賃金上昇モデルは, 労働者が OJT (on the job training)による人的資本投資を行い, 将来の賃金が上昇すること, ジョブ・サーチで人的資本投資の成果について, より高い評価をする企業の掲示を受諾することをモデル化したものである. このモデルでは人的資本投資が内生化されている. 但し均衡状態を扱っていないために賃金分布が導出されていない.

　Rubinstein et al.(2006, pp.18-25)に従うと, モデルの概要は次のとおりとなる. 労働者は基本的に同質であり, 生涯時間を T(i = 1, 2, … … T), 稼得能力をY_i, 人的資本をK_i, 賃貸率を R_i とおくと, $Y_i = R_i K_i$ となる. 人的資本は一般的技能の蓄積を想定する. 労働者が OJT により逸失した稼得能力比率を ℓ_i とすると, 稼得能力は, $y_i = R_i K_i (1 - \ell_i)$ に修正される. Ben Porath(1967)の人的資本生産関数を凹型の g(・) とすると, $K_{t+1} = K_t + g(\ell_i, K_i)$ が成立する. 一方, 労働市場に摩擦が存在すると企業は労働者が同質であっても R に異なる評価をする. そのため, 仕事の到来確率 λ のもとで労働者は掲示された賃金の分布F(R) から籤 $\tilde{R}$ を引き, R との大小関係から受託するか否かを決定する. 人的資本投資とサーチ・モデルを合体させた人的資本価値V_tのベルマン方程式から ℓ_i の最適な水準を求める.

　Rubinstein et al.(2006, pp.23-25)は, 人的資本投資とジョブ・サーチは平均的な賃金プロフィールが凹型を示すことについては共通していること, 人的資本理論に基づくと経歴の当初は賃金の分散が小さく, その後は投資効果により拡大すること, サーチ理論に基づくと経歴の当初は職探しにより分散が大きく, その後は縮小すること, ジョブ・サーチがない場合, 人的資本投資は拡大すること, ジョブ・サーチによる転職で人的資本投資は抑制されることを指摘している、

　BM モデルやその後継モデルである対抗提案モデル, 賃金・在職期間契約モデルに経験による人的資本蓄積が賃金を上昇させる手法とを導入することでモデルの説明力を向上させるには, 失

業者が企業とのマッチングにおいて発揮される生産性に加えて，その後に労働者は経験を積んで人的資本を蓄積し，職探しと相俟って賃金が在職中に上昇するという仕組みを導入することが必要である、

　以下に紹介する研究では，人的資本向上分が賃金に反映されるように，賃金を賃金単価(piece rate)と生産性に分離し，当初に将来の上昇も含めた単価契約が設定されて，生産性は人的資本の向上により上昇するといった仕組みを導入している．また，サーチ・モデルにおいては，在職期間と賃金の関係を労働市場の摩擦に起因すると捉えているために，在職期間を企業特殊技能の蓄積を示す変数と捉えることが難しい．そのため，総経験年数を一般的技能の蓄積を示す変数として組み込むことになる．技能については，OJT ではなく learning-by-doing を通して向上すると想定している場合が一般的である．これは OJT が労働と訓練が代替的な関係にあることからモデル内で人的資本投資を内生化することが必要であるのに対して，learning-by-doing を想定すると人的資本蓄積を外生変数として取り扱うことができることを考慮したためである[28]．このとき訓練費用は 0 と想定している場合が殆どである．

　標準的な BM モデルに人的資本蓄積を組み込んだのは，Bunzel et al.(2000), Barlevy (2008), Liu(2009)[29], Burdett et al.(2011), Carrillo-Tudela(2012)等である．

　Bunzel et al.(2000)は，BM モデルに仕事を通して賃金が上昇する仕組み(on the job wage growth)を導入する．Bunzel et al.(2000, pp.108-117)に従うとモデルの概略は次のようになる、労働者と企業は同質であり，労働者は learning-by-doing によって雇用されている期間に技能は向上するが，解雇されると人的資本を失うという強い仮定を置いている．仕事の到来確率は，失業者はλ_0，雇用されている労働者はλ_1，　失業者の所得は b ，雇用された時点の生産性をp_0，経験年数をτ，雇用されている間の技能蓄積率を$\alpha \geq 0$，解雇される確率をδ とおく．雇用された労働者の生産性は，$p_0 + \alpha\tau$ となり，労働者は生産性向上の便益を全て刈り取ると想定するため，当初賃金をw_0とすると，賃金は$w = w_0 + \alpha\tau$ となる．これら諸前提を BM モデルに導入して均衡が導かれ，賃金は職探しと人的資本蓄積で上昇すること，理論的に導かれた賃金分布は右方に歪んだ現実的な結果となることが示される．

　Bunzel et al.(2000,pp.117-127)は，デンマークの統計局データを用いて 1981~1990 年の間に 16~75 歳であった者について性別，学歴別，年齢階層別にモデルを推定し，次の結果を得ている．人的資本蓄積パラメータ α の推定値は年齢とともに大きくなる傾向があること，年齢が高い層では，経歴を重ねる必要のある職に就く可能性が高く，これが賃金格差につながること，女子の高卒未満では比較的若い時期に learning-by-doing で技能を伸ばすこと，ブルー・カラー労働者は職務を通して技能を磨くこと，高校の基礎的教育を通したホワイト・カラー職務への移行は，キャリア・バ

---

[28] OJT と learning by learning の性質については本章(Part1)においても指摘している．

[29] Bowlus and Liu (2013)は，Liu (2009)を拡大・発展させたものである．

スを描くための類似の人的資本投資としては不十分であり，より高い教育が必要であること，デンマークでは高校教育は労働市場における直接的質向上手段ではなく，より高い教育のための予備教育であることである．

Barlevy(2008)は，BM モデルに経験年数の効果を組み込んだモデルの実証分析を記録統計 (record statistics)の手法を用いて行った．この手法は，観察される連続値の最高値(record of records)を記録することが，最も良い賃金掲示を受諾する職探し行動と合致することに着目したものである．但し，均衡状態を扱っていないために賃金分布は導出されていない．

Barlevy(2008, pp. 32-37)は，モデルの前提を次のように設定する．労働者は同質であると想定し，失業者は単位時間当たり b を受け取り，潜在的雇い主には単位時間当たりの確率λ_0で出会い，雇い主 j の下で z_j を産出する、生産性が z_j の企業は，労働者に賃金w_j を掲示する．$\Gamma(z)$ は，生産性が z 以下の雇用者の比率を示しているので，掲示された賃金の分布 F(w) が導かれる．雇用者は新たな雇い主に確率λ_1で出会い，確率δで仕事を失う．失業者の切断賃金を$w^* = F^{-1}(0)$ として掲示賃金の切断分布 $F(w|w \geq w^*)$ を求める．さらに，実証分析のために労働者の異質性を導入すると，時間 t において労働者 i が企業 j に雇用されているとして，観察される賃金W_{ijt}，効率労働単位当たりの価格w_j，効率労働供給量ℓ_{it} の関係は，$W_{ijt} = w_j \ell_{it}$で示される．

Barlevy (2008)は，1979NLSY の 1993 年までのデータのうち，当該時点で最年長が 36 歳までの者に限定して用いて，モデル推定を行っている．その際に労働者のデータは転職を考慮するために雇用循環(employment cycle)に従って区切っている．賃金関数の推定においては，ℓ_{it} は総経験年数 X_{it} と在職年数 T_{it} の関数であると想定して，賃金上昇における経験年数の役割を検証している．Barlev(2008, pp.45-54)は，総経験年数と在職年数の収益率はそれぞれ年間 7.4 ％と 0.5 ％であること，自発的転職による賃金増と非自発的離職による賃金減はいずれも 8 ％ 程度で整合性が図れること，これらの結果として，総経験年数の収益は比較的大きいものの，在職期間の収益率は小さいことを示している．このことは，賃金上昇において，労働市場での経験年数と on the job search の組み合わせで賃金が上昇していることを示唆している[30]．

Liu(2009)は，BM モデルに，Ben-Porath(1967)の人的資本生産関数を用いて人的資本蓄積と職探し努力を内生化することを組み込んだモデルを構築した．但し，Liu(2009, pp. 2-9) に示されているように，モデルの基本設定において企業側の行動は捨象されており，職探しの努力に依存して仕事の到来確率が決定される仕組みになっている．従って，均衡状態を扱ったモデルではないため，賃金分布は求められていない．

---

[30] Barlevy (2008, pp.58-59).

Liu(2009)は，1979NLSY の白人高卒男子のデータを用いた間接推測(indirect inference)[31]による推定とシミュレーションを行い，生涯の賃金上昇の 40%は人的資本の蓄積，50%はジョブ・サーチの努力，10%は相互作用で説明できること，キャリアの前半はジョブ・サーチ，後半は人的資本の蓄積で賃金が上昇することを示した[32].

Burdett et al.(2011)は，労働者は learning-by-doing によって雇用されている期間に技能が向上するように BM モデルを拡張する．Burdett et al.(2011, pp.660-661)に従うと，モデルの基本は次のようになる．労働者と企業はリスク回避的である．企業は同質であるが．労働者は異質である．労働者は率 $\varphi > 0$ で労働市場から退出し，新たに参入する率も φ である．労働者のタイプは当初生産性で決定され，タイプ i 労働者の当初生産性 y_i は $y_i < y_2 < \cdots < y_I$ と想定する．A を当初生産性の累積分布関数，γ_i をタイプ i 労働者の数とする．Learning-by-doing により労働者の生産性は率 $\rho > 0$ で上昇するため，総経験年数を x とすると，タイプ i 労働者の生産性は $y = y_i e^{\rho x}$ となる．生涯の賃金に制約を課すために $\varphi > \rho$ とする．失業者の生産性 y は固定されたままである．各企業が雇用者に同一の賃金単価 θ を支払うため，賃金は $w = \theta y$，$(1 - \theta)y$ は企業の利潤となる．$F(\theta)$ は θ より高くない賃率を掲示する企業の比率を示しており，$[\underline{\theta}, \bar{\theta}]$ を台の下限と上限とする．雇用者が職を失う雇用喪失ショックはパラメータ $\delta > 0$ のポアソン過程で発生する．失業者は所得 by, $0 < b < 1$ を得る．失業者と雇用者は共にパラメータ $\lambda > 0$ のポアソン過程に従って仕事を掲示される．サーチはランダムであり，掲示 θ は，F からのランダムな籤引きである．

Burdett et al. (2011, pp.661-669)は，雇用されている労働者，失業している労働者の生涯の期待効用，企業の期待利潤から均衡における特質を導いている．均衡は留保賃金単価 θ^R，失業率 U，総経験年数の分布N(x)，総経験年数と賃金単価の結合分布H(x, θ)で決定され，F(・) は非退化で結合された台を持ち，$\underline{\theta} = \theta^R$ である．こから F の具体的形状と賃金関数が導かれる．Burdett et al. (2011, pp.699-672)は，シミュレーションを行い，F の形状は learning-by-doing によって右裾が厚くなることを示した．

Carrillo-Tudela(2012)は，Burdett et al.(2011)を改良したモデルを提示した．同モデルでは，労働者と企業はリスク中立的で異質とし，労働者の努力に依存する仕事の到来確率を導入している．Carrillo-Tudela (2012, pp.3-4, pp.27-30)は，BHPS(British Household panel Survey) における 1991 年時点で 16~30 歳の白人男子のデータのうち技能が低水準と中位水準を用いてカリプレーションを行い，賃金分布が右方に歪んでいること，賃金分散の 60 ～ 70%は労働市場の摩擦と一般的技能の蓄積を示す経験効果で説明可能であり，残りは観察されない労働者の異質性に起因することを示した．

---

[31] 間接推測は，シミュレーションに基づくパラメータ推定手法であり，補助モデルのパラメータを観察されたデータと構造モデルからシミュレートされたデータを用いた場合で比較し両者が最も接近する場合を構造モデルのパラメータとして採用するものである(Smith(2008)).

[32] Liu(2009, pp.20-38).

対抗提案モデルに人的資本蓄積を組み込んだのは，Yamaguchi (2010)，Bagger, Fontaine, PosteI-Vinay and Robin (2014)である．

　Yamaguchi(2010)は，人的資本の蓄積，縁組の質，外部のオプション・バリューが賃金に与える影響を検証する交渉付き on the job search モデルを構築した．Yamaguchi(2010,pp.596-597)は，learning-by-doing を通して一般的人的資本が蓄積することで賃金が上昇すること，賃金交渉において労働者が外部からの賃金掲示を活用することで賃金は上昇すること，外部からの生産性ショックにより縁組を解消する場合があることを想定する．

　Yamaguchi(2010,pp.599-602)はモデルの前提を次のように設定する．労働者と企業はリスク回避的であり，共通の割引率 r を持つ．労働者は生涯に亘る固定的かつ生得的能力(innate ability) γ_0 と仕事を通して向上する一般的人的資本 b に関して異質である．企業は縁組の質により事後的に異質である．失業者は確率 λ_0 で企業と出会い，雇用者は，生産量 y で賃金 w を受け取り，現在の雇用者以外と確率 λ_1 で出会う．雇用者の一般的技能は $\overline{b} < \infty$ を上限として learning-by-doing により上昇する．労働者は縁組の質 $\theta \in [\underline{\theta}.\overline{\theta}]$ と固有のショック $\varepsilon_\theta \in [\varepsilon_{\underline{\theta}}, \varepsilon_{\overline{\theta}}]$ をそれぞれの累積分布関数 F, G から籤を引く．生産性ショックにより縁組は内生的に解消するものの，外生的要因により率 δ_0 で消滅する．生産量 y は，γ_0, b, θ, ε_θ に関して厳密に増加する．縁組の質は確率 $\delta_1(\theta)$ で向上し，固有のショックはボアソン確率 δ で変動する．労働者と企業の継続価値から結合価値関数を定義して縁組の解消，内部での賃金交渉，外部との賃金交渉が発生するようにモデルが構築される [33]

　Yamaguchi(2010, pp.608-621)は，1979NLSY の，1979 年時点で 14 ～ 21 歳の白人男子の 1978 ～ 2002 年までの賃金と離転職行動についてのデータを用いて最小距離推定(simulated minimum distance estimator)[34"]によるモデル推定を行った．その結果，経歴の当初 10 年間において人的資本蓄積による生産性上昇は，高卒者で 39 %，大卒者で 62 %，失業の利得は最低賃金の下限に近いこと，縁組の質は高卒者で 4.5 %，大卒者で 4.4%上昇し，年率では高卒者は 0.9%，大卒者で 0.7%であること，言い換えると在職年数が賃金上昇に与える影響は小さいことが示される．

　さらに Yamaguchi(2010, pp.621-622)はシミュレーションにより，賃金上昇の要因として，人的資本蓄積と対抗提案の貢献分を次のように示した．経歴の当初 5 年間の賃金の伸びは高卒者で 35 %，大卒者で 34 %，人的資本蓄積がない場合，伸びは高卒者で 10%，大卒者で 7%に低下，on the job search がない場合，伸びは高卒者で 4%，大卒者で 6%に低下する．次の 5 年間の賃金の伸びは高卒者で 19%，大卒者で 27%，人的資本蓄積がない場合，伸びは高卒者で 3%，大卒者で 4%に低下，この期間に on the job search を行わない場合，賃金の伸びは高卒者で 14%，大卒者で 21%である．さらに次の 5 年間の賃金の伸びは高卒者で 11%，大卒者で 17%，人的資本蓄積がな

---

[33] Yamaguchi(2010, pp.602-607).

[34] 最小距離推定とは，誤差項の階差 2 次式を最小化するパラメ-タを求めるものであり，サンプル数が大きい場合は漸近的に一致推定量となること，バイアスは GMM よりも小さいことが知られている (北村(2000))．

い場合, 伸びは高卒者で 1%, 大卒者で 2%に低下, on the job search がない場合, 伸びは高卒者で 10%, 大卒者で 15%に低下する.

Yamaguchi(2010, pp. 621-623)は, 全期間では人的資本の蓄積が賃金上昇に m、夫も貢献すること, 当初の 5 年間は on the job search の貢献度が人的資本蓄積よりも高いこと, 次の 5 年間は人的資本蓄積の貢献度が on the job search よりも高いこと, その次の段階の 5 年間はその傾向がさらに強まることを指摘している.

Yamaguchi (2010, pp. 623-629)は, 外部のオプション・バリューを失業の価値に固定した場合の賃金上昇率を求めて, バーゲニングがない場合の賃金上昇率は, 当初 5 年間は高卒者では 19%, 大卒者では 21%, 次の 5 年間では高卒者では 20%, 大卒者では 27%, その次の 5 年間では高卒者では 13%, 大卒者では 19%とし, 外部からの掲示が賃金に影響を与えるのは, 経歴の当初の 5 年間に限定されることを指摘している.

Bagger et al.(2014)は, 企業の対抗提案, 経験を通した一般的技能の蓄積が賃金に与える効果を考慮したモデルを構築してシミュレーションを行った.

Bagger et al.(2014, pp.1555-1562)は, モデルの基本を次のように設定する. 労働者は異質で効用関数は対数型とする. 労働者の学校卒業後の経験年数を t, 企業との縁組で決定される生産量 $y_t = \ln Y_t$ は, 企業の異質性を示すパラメータを $p \in [\underline{p}, \overline{p}]$, 効率労働量を$h_t$ とすると $y_t = p + h_t$ で示される. さらに h_t は, 労働者の異質性を示すパラメータを α, 人的資本蓄積を反映する状態依存的で決定性のあるトレンドを$g(t)$, 攪乱項をε_t とすると, $h_t = \alpha + g(t) + \varepsilon_t$ で示される. 雇用者は $t - 1$ 期から t 期の間に経験を通して効率労働量を更新し, 各期の終わりに確率 μ で労働市場を離れ, 確率 δ で縁組は解消され, 確率 λ_1 で外部からの掲示に出会う. 再配置確率をκ とすると, 非自発的移動確率は$\delta\kappa$, 失業確率は$\delta(1 - \kappa)$ となる. 失業時には効率労働量は更新されす, 確率 λ_0 で外部からの掲示に出会う. 労働者は賃金掲示を受けると, 台が $[\underline{p}, \overline{p}]$ の累積分布関数 F (·) から掲示が生まれるタイプ p 企業を抜き出す. 賃金は単価契約となり, 契約単価を $R = e^r \leq 1$ とすると$w_t = r + p + h_t$ で示される. 時点 t における雇い主は, タイプ p 企業とその時点までの情報を基に競合する. 生産性が $p' > p$であれは, タイプp' 企業は密漁者として賃金 r' を掲示する. このとき労働者は時点 t で得られる最大価値と交渉力$\beta \in [0, 1]$ に比例した取り分を獲得する. $p' < p$ であれば労働者は留まり, p' が閾値$q \equiv q(r, h\_t, p)$ より低い場合, 提案は無視される.

Bagger et al. (2014)は, Danish Matched Employee-Employer Data の 1985 年～ 2003 年のデータに企業情報を組み込んだパネル・データを用いて実証分析を行っている。推定は構造モデルが複雑であるため, 間接推測が用いられている. Bagger et al. (2014,pp.1567-1577)は, 労働者を教育年数に応じて 7～11 年, 12～14 年, 15～20 年の 3 グループに分類して推定しており, 労働者の異質性αについては, 学歴が高い程, 分散が大きくなること, 人的資本蓄積を反映する$g(t)$については, 高学歴の方が水準は高いものの, 当初 10 年の上昇速度は高く, 以後は減速する凹型となっていることを指摘している.

Bagger et al. (2014,pp.1577-1586)は, 賃金は人的資本蓄積と企業の生産性p(t)で決定されることを踏まえて, シミュレーションにより賃金上昇の推移を構造分解して次の結果を得ている. 賃金上昇要因はいずれの学歴グループについても近似しており, 人的資本蓄積とジョブ・サーチの貢献に分解され, 後者はさらに, 職種間と職種内の競争からなる. 高学歴層の賃金が高いのは, キャリア初期での人的資本の蓄積とジョブ・サーチの利得による。ジョブ・サーチの貢献度は当初 10 年間のジョブ・ショッピング期間中に低下する. その後, 労働者は良い仕事について外部からの掲示と対抗提案により賃金上昇に成果を得る. 職種内要素は職種間要素を上回っており, 特に 10 年目以降にその傾向は顕著である.

　賃金・在職期間契約モデルに人的資本を組み込んだ研究は未だ著しい進展が見られない。Burdett et al.(2003)の賃金・在職期間契約モデルに人的資本を組み込んだのは, Burdett and Coles (2010b)である. Burdett et al. (2010b, p.2,5)は, 労働者は先験的に同質な場合と異質な場合を検討しており, learning-by-doing によって一般的技能を蓄積することで総経験年数に応じて賃金が上昇するとともに, 賃金・在職期間契約により在職期間効果が発生すること, 企業が掲示する賃金・在職期間契約には相違があり, 当初賃金と在職期間の効果には差があることを前提とすることで, 企業間賃金格差が発生することを示している.

　Burdett et al.(2010b, pp.5-7)はモデルの基本を次のように設定する. 労働者の相対的リスク回避度一定の効用関数を想定し, 生涯の効用を最大化する. 企業は危険中立的であり, 定常状態のフロー利得を最大化する. 労働者の寿命は$\varphi > 0$ の指数分布に従う. 企業は同質であり規模に関して収穫一定の技術を有している. 期間dt において労働者が市場から退出する確率はφdt, 新規労働者の流入確率も φ で示される. 新規参入者は当初は失業しており, 生産性はy_0とする. Learning-by-doing による生産性増加率を$\rho > 0$ とおくと, 経験年数 x で労働者の生産性は$y = y_0 e^{\rho x}$ となり, 生涯の利得は制約されるので$\rho < \varphi$ である. 失業者の生産性は一定, 生産性が y の労働者は雇用されている場合に収入 y, 失業している場合に所得 by$(0 < b < 1)$ を受け取る. 企業は在職期間τ に依存した賃金が支払われる賃金・在職期間契約を掲示し, 賃金単価を$\theta_j(y, x, \tau)$ とすると, 企業jの掲示する契約は賃金 $w = w_j(y, x, \tau) = y\theta_j(y, x, \tau)$ と書き換えられる. さらに従前の経験年数をx_0 とすると, 総経験年数は$x = x_0 + \tau$ となるため, 単価契約は $\theta = \theta_j(\tau, x_0)$ に限定できる. 全ての企業が新規雇用者に同一の契約$\theta = \theta_j(\tau)$ を掲示するものとし, 経験を積んだ労働者には当初賃金 $w = y\theta_j(\tau)$ が支払われる. 失業者も雇用者もポアソン確率λ で仕事を掲示される, 雇用者は, 在職期間 τ における現在の契約 $\theta(\cdot)$ と在職期間 0 での掲示された契約 $\tilde{\theta}(\cdot)$ を比較して去就を決定する. 雇用喪失ショックにより, 雇用者はパラメータ $\delta > 0$ の指数分布に従い失業へと移行する.

　Burdett et al. (2010b, pp.7-20)は, 最適単価在職期間契約(piece rate tenure contract)を次のように求めている. 労働者がリスク中立的$(\sigma = 0)$の場合, 最適単価在職期間契約は一定の在職期間$(\tau < T)$は$\theta = 0$, その後は$\theta = 1$ で限界生産力に等しい賃金が支払われる. 労働者がリスク回避的$(\sigma > 0)$ の場合, 労働者はより平滑な消費流列を好むため, 最適契約は低い変動性と離職抑制のト

レード・オフを包摂する. 労働者が受け取る賃金は, 労働者の採用時点での従前の経験を x_0 とすると, $\theta(\tau)e^{\rho\tau}y_0e^{\rho x_0}$ となる. 賃金が在職期間中に増加する範囲内で. $\theta(\tau)$ は増加又は減少する. 掲示される単価契約の価値 U はU^∞ に収束するものとし, 上限と下限の関係は$\underline{U} < U^\infty < \overline{U}$ とする. 当初価値$U_0 = \underline{U}$ では, 最適な $\theta^{s1}(\tau)$ は増加過程を辿り, 極限値 θ^∞ に向けて収束する. 当初価値 $U_0 = \overline{U}$ では, 最適な $\theta^{s2}(\tau)$ は減少過程を辿り, 極限値 θ^∞ に向けて収束する. 低い基準単価等級上では, 出発点 t_0 に対応して$U^{s1}(t_0) = U_0$ が成立するので最適な契約は $\theta^*(\tau|U_0) = \theta^{s1}(t_0 + \tau)$ が成立する. 一方, 高い基準単価等級上では$\theta^*(\tau|U_0) = \theta^{s2}(t_0 + \tau)$ が成立する. 出発時点の分布をΨ^i とおくと, 最適単価契約の分布は, $(\theta^{s1}(\cdot), \Psi^1, \theta^{s2}(\cdot), \Psi^2)$ で描写される. このうち均衡では,$\overline{U} = U^\infty$ が成立するため, 低い基準単価等級のみが存在する. Burdett et al.(2010b, pp.21-24)では, y_0 を y_i へと修正することで労働者間の異質性を導入して, 重層的実証分析につながることが指摘されている.

　サーチ理論と人的資本理論を統合した実証分析結果からは, 欧米の賃金プロフィールの説明においては, 総経験年数の伸びによる一般的技能の蓄積はキャリアを通して重要であること, 特に高学歴層はその傾向は強いことが示される. 人的資本蓄積は経歴の相当期間, 重要であり, 人的資本の蓄積を考慮することで, 賃金分布はより観察される形状に近づくこと, つまり賃金格差の拡大が説明できることが確認される. 一方, 在職期間はジョブ・サーチによる賃金上昇を反映している. その効果はキャリアの初期に著しいものの, その後は逓減することが示唆される.

　このようにサーチ理論と人的資本理論の統合からは, これまで得られなかった知見が得られる. 但しモデルの性格上, 人的資本向上は learning-by-doing による一般的技能の蓄積に限定される場合が多いことに留意が必要である. 企業特殊技能の蓄積が果たす役割については不明確なままである. 借入制約下でのジョブ・サーチが行われる状況での人的資本投資の研究は未だ, 完成されておらず, サーチ・モデルにおいても改良が必要である.

　なお, 日本企業においては正社員の賃金プロフィールの形状は欧米とは異なる面があることに注意が必要である. 脇田(2003, P.29)は実証分析結果から, 勤続年数が賃金に与える純粋な効果は日本の方が諸外国よりも大きいことを, 樋口(1991, pp.38-51)は, 日本では30歳を過ぎても勤続効果が大きいことが米国や EC (当時)諸国と異なるとしている[35]. 日本の労働者のみが中高年に到達しても人的資本の蓄積が著しいとは考えられない. サーチ・モデルを用いた日本の賃金プロフィールに関する考察が今後, 一層必要となる.

---

[35] 川口(2014)は「賃金構造基本統計調査」(厚生労働省)を用いて 1957 ～ 1961 年生まれの男子一般労働者の賃金プロフィールを提示している. そこからは経歴開始から 10 年間程度の賃金の伸びが高く, その後の伸びは鈍化すること, 25 年以降は給与が上昇していないことが読み取れる. 但し経歴 15 ～ 25 年間の伸びの鈍化は米国程顕著ではないことが伺える.

5. 今後の展望

　サーチ理論に基づいて，対抗提案モデルや賃金・在職期間契約モデルを用いて労働市場に摩擦が存在する場合に，労働者のジョブ・サーチが右上がり賃金プロフィールをもたらすことを説明したことは，在職期間と賃金の関連を説明することに大きく貢献するものである．

　賃金・雇用期間契約モデルは，日本の正社員を中心とする長期雇用された労働者の賃金プロフィールの説明においても有益であると考えられる．日本における正規雇用者賃金の企業内，企業間賃金格差や横並び初任給は，対抗提案モデルのみならず，賃金・在職期間契約モデルによっても説明が可能であると考えられる．

　賃金・在職期間契約モデルは，日本企業で観察される年功賃金は，企業が優位に立つ日本の労使関係において，企業が離職防止のために設定した賃金であるという解釈を可能とする．また，企業が買手独占的労働市場において，レントを獲得することを前提にパターナリスティックな観点から所得保険を供給しているという解釈も可能である．

　新規学卒者については，モデルにおける当初は失業状態の労働者と捉えることができる．企業は異なる契約を掲示することで，離転職を防止するとともに，採用活動を有利に進めようとする．初任給は横並びで決定されるものの，バラつきがある．これは，基準賃金等級上の当初地点の分散を反映していると捉えることができる．

　但し，企業規模間の賃金格差の大きい日本の賃金構造を分析するためには，企業規模別に複数の基準賃金等級を想定しなければならない．さらに出発時点の分散のみならず，異なる企業規模の等級への移行といったことも想定する必要がある．

　賃金・在職期間契約モデルを人的資本理論と二者択一的なものとして捉えることは形式的かつ皮相的である．総経験年数が一般的技能の蓄積を表わすと想定することで対抗提案モデルや賃金・雇用期間契約モデルに人的資本蓄積を導入することにより，モデルからはより多くの示唆を得られる．

　両者を統合することで，欧米の賃金プロフィールの構成要因を実証したことは大きな意義がある．欧米において，ジョブ・サーチの観点から若年層の頻繁な離転職による賃金上昇と，キャリアを通じての一般的技能の蓄積の重要性が確認された．

　但し，統合モデルにおいて，総経験年数を外生変数と想定するとジョブ・サーチと人的資本投資との関連が検証しにくいこと，特に，ジョブ・サーチと人的資本投資の相互作用に与える影響が考慮しにくいことという問題点がある．また，企業特殊技能の役割を評価しにくいという点も今後の改善点である，買手独占的労働市場において，労働者の流動性制約がある状況下で，企業特殊技能が人的資本蓄積として機能するか否かの議論は，ホールド・アップ問題を含めて議論が必要であろう。また，借入制約下における人的資本投資の意思決定についても今後，考察を深めなければならない．

日本企業においてはジョブ・サーチと人的資本投資が賃金プロフィールに影響を与えていることが想定できる．特に人的資本投資の重要性はあえて言及するまでもない．但し前節において指摘したように，日本企業における正規雇用者の右上がり賃金プロフィールを説明する際には，諸外国とは多少，事情が異なることに留意しておく必要がある．欧米では学卒後の 10 年間の賃金上昇率が特に高い．しかし，日本では職業人生の中盤以降においても相当に賃金が上昇する場合がある．このような状況下ではジョブ・サーチが賃金上昇に与える影響は欧米とは異なる可能性がある．

　欧米では，若年層のジョブ・ショッピング，つまり適職探しが重要な賃上げのための行動となる．しかし，日本においては若年時の過度な離転職行動はより条件の悪い職への移動や非正規雇用化につながりかねないものであり、生涯の良い仕事を失うことにつながりかねない危険性を秘めている。こうしたことから、日本の賃金プロフィールの形成要因の探究する際には、理論の修正等を行うことが、今後の大きな課題である.

第 8 章　サーチ理論に基づく賃金格差の実証分析

　　失業と賃金分散の発生要因の分析にはサーチ理論が有効であることが Pissarides や Mortensen によって確立されている. 特に賃金分散については BM (Burdette-Mortensen) モデルによって労働市場の摩擦に起因する格差分析が定着している. BM モデルに人的資本理論を組み込むことで賃金分散についてより精度の高い分析が可能となることが Bunzel, Carrillo-Tudela 等により確認されている. これらのモデルに基づくと欧米において賃金格差はサーチ行動と人的資本によって発生することが確認されている. 本研究では日本のデータを用いてこれらのモデルに基づき賃金格差発生要因を分析した. その結果は日本の賃金分散はサーチ行動と人的資本によって説明可能であること, 但し人的資本の貢献度は低下している可能性があり, サーチ要因が大きいという結果となった.
Key words：サーチ行動, 人的資本, 賃金分散, 異質性, 経験年数

1.　はじめに[*][※]

　サーチ理論は失業問題のみならず, 賃金格差を分析するための有力な理論である. その代表的なモデルとして BM (Burdette-Mortensen) モデルがある[1]. BM モデルにおいては, 労働者は on the job search を行うことで外部からの賃金掲示を受諾して転職することにより, 賃金が上昇する. この結果として賃金格差が発生することになることから, 賃金格差と右上がり賃金プロフィールとは不即不離の関係にあることになる. 言い換えれば, サーチ理論に従うと, 労働市場の摩擦によって賃金格差と右上がり賃金プロフィールが観察されることになる.

　BM モデルは汎用性の高い優れたモデルであり, これを発展させることには大きな意義がある[2]. ここで課題となるのは, サーチ行動により賃金は限界生産力に近づくことになるために, BM モデルで導出される賃金分布が, 競争的賃金の方に収斂することである. 賃金分布は一般的に右方に歪んでいることが知られているが, BM モデルから導出される賃金分布は実績と一致しない. もう一点は BM モデルにおいて掲示される賃金契約の硬直性である. これは, より効率的賃金契約が存在することを示唆する.

---

[*] [二次分析] に当たり, 東京大学社会科学研究所附属社会調査・データアーカイブ研究センターSSJ データアーカイブから [「全国就業実態パネル調査, 2021」(リクルートワークス研究所)] の個票データの提供を受けました The data for this secondary analysis,"JPSED;Japanese Panel Study of Employment Dynamics 2021, Recruit Works Institute," was provided by the Social Science Japan Data Archive,Center for Social Research and Data Archives, Institute of Social Science, The University of Tokyo.
東京大学社会科学研究所及びリクルートワークス研究所にお礼申し上げる次第です.

[1] Burdett and Mortensen (1998).
[2] 本節の以下の議論は, 第 7 章に基づいている.

導出された賃金分布の精度向上については，BM モデルに企業の生産性の異質性を導入することが検討されてきた．Mortensen (2003)第 3 章 は，BM モデルに企業の生産性の異質性を導入することで賃金分布が改善されることを示している．

　賃金契約の硬直性の改善については，在職期間に応じて賃金が上昇する右上がり賃金プロフィールを説明する理論として対抗提案 (counteroffer) モデルと賃金・在職期間契約 (wage-tenure contract) モデルがある．このようなモデルは賃金プロフィールが右上がりであることを示唆するものであるが，導出される賃金分布が右方に歪む場合，より説得力の高いモデルとなる．

　対抗提案モデルについては，Postel-Vinay and Robin(2002a)，賃金・在職期間契約モデルについては，Burdett and Coles (2003) と Stevens (2004) を嚆矢とする．Postel-Vinay et al. (2002a) は，摩擦の度合いが大きいと賃金分布が右方に歪むこと，摩擦が低減すると賃金は限界生産力に近づくことを提示している．Stevens (2004) は，賃金分布を求めるには至っていない．Burdett and Coles (2003) では，基本的に BM モデルと同様の賃金分布を提示している．これは賃金・在職期間モデルが BM モデルの効率性向上を目指す性質から自然な結果であると言える．

　賃金が在職年数に従って上昇することを説明するためには，従前から人的資本理論がある．サーチ理論と人的資本理論は労働経済学の二本柱なので，その両立を考える必要性がある．標準的な BM モデルに人的資本蓄積を組み込んだのは Bunzel,Christensen,Kiefer and Korsholm(2000) であり，賃金分布については一定の改善が見られるに至っている．

　対抗提案モデルに人的資本理論を組み込んだのは，Yamaguchi(2010)，Bagger,Fontaine, Postel-Vinay and Robin (2014) であるが，いずれも賃金分布は扱っていない．Postel-Vinay et al.(2002a) の結論がどれだけ修正されるかについては検討の余地がある．対抗提案モデルと賃金分散の関係については，対抗提案が日本企業においても実行されていることから重要な課題である[3]．一方，賃金・在職期間モデルに人的資本を組み込んだモデルとしては Burdett and Coles(2010b) があるが，完成されたものではなく賃金分布には言及していない．

　以上の議論から BM モデルから得られる賃金分布をデータから得られるものに近づけるためには，BM モデルに労働者と企業の異質性を導入する，人的資本理論と組み合わせることが想定できる．一方，賃金プロフィールをより精緻に説明するためには，対抗提案モデルや賃金・在職期間契約モデルを導入する必要性がある．但し，これら諸理論を同時に組み込むことは難しいことがこれまでの研究成果から判明している．

---

[3]エン・ジャパン (2017) では，退職意向の社員にカウンターオファーをしたことがある企業は 65%, そのうち 21%は昇給，9%は昇進・昇格の提示を行ったとされている．

本章では，サーチ理論に基づく BM モデルと人的資本理論を組み合わせることによって右上がり賃金プロフィールの下で賃金格差が発生することを検討する．但し，賃金・在職期間契約と人的資本理論の組み合わせ，対抗提案と人的資本理論の組み合わせについては今後の課題とする．2.で BM モデルから導かれる賃金の確率密度関数について検討し，3. 4.で BM モデルに人的資本を導入したモデルから導かれる賃金の確率密度関数について検討する．5.ではクロスセクションデータを用いて BM モデルに人的資本を導入した場合の賃金格差について実証分析を行う．

2. BM モデルにおける賃金分布の検討

BM モデルにおける賃金分布状況は次式で示される[4]．ここでは賃金 w，企業の生産性 p，外生的な雇用喪失率，職務の到来確率，留保賃金 b，掲示賃金と支払われた賃金の累積分布関数はF(w) と G(w) である．

$$F(w) = \frac{\delta+\lambda}{\lambda}[1 - \sqrt{(\frac{p-w}{p-b})}] \cdots (2\text{-}1)$$

$$G(w) = \frac{\delta F(w)}{\delta+\lambda[1-F(w)]} = \frac{\delta}{\lambda}[\sqrt{(\frac{p-b}{p-w})} - 1] \cdots (2\text{-}2)$$

$$F'(w) = f(w) = (\frac{\delta+\lambda}{2\lambda})(\frac{p-b}{p-w})^{\frac{1}{2}} \cdots (2\text{-}3)$$

$$G'(w) = g(w) = (\frac{\delta}{2\lambda})(\frac{p-b}{p-w})^{\frac{3}{2}} \cdots (2\text{-}4)$$

ここで求められた賃金の確率密度関数を図 8-1 に示す．$\delta = 0.055$，$\lambda = 0.15$，$p = 1$，b＝0.35 としている[5]．図からは，賃金が限界生産力に接近していく様子が読み取れる．

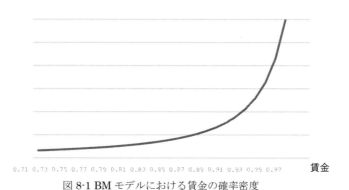

0.71 0.73 0.75 0.77 0.79 0.81 0.83 0.85 0.87 0.89 0.91 0.93 0.95 0.97　賃金

図 8-1 BM モデルにおける賃金の確率密度

---

[4] Burdett and Mortensen (1998), Mortensen (2003,chapter2) に従った．
[5] Burdett.Carrillo-Tudela and Coles(2011,p.669) に従った．

Carrillo-Tudela (2009a) は, BM モデルをベースに企業が労働者の雇用状態を観察できる場合に賃金掲示を行うことで賃金格差が発生することを示した. この場合, 失業者に対しては留保賃金が賃金として掲示されるため, 賃金分布が右方の歪みを反映する方向に改善される. 但し, 雇用されている労働者の賃金分布に変化はない.

　Burdett and Coles (2003) は, BM モデルに企業が賃金・在職期間契約を掲示することを導入している. 基本的に効率性の向上を目的としているため, BM モデルと同様の賃金分布が導かれる.

　Carrillo-Tudela(2009b) による賃金・経験年数契約 (wage-experience contracts) モデルは, 基本的に Stevens (2004) の階段契約を応用したものであり, 企業が同一の賃金契約を掲示するのではなく, 労働者の観察できる特性である経験年数と雇用状態に応じた昇進を約束する昇進契約 (promotion contract) を掲示することが最適であることが示される.

　賃金・経験年数モデルは, 労働市場の摩擦により在職期間と経験年数に応じて賃金が上昇する可能性を示したこと, 経験年数が learning-by-doing を通した生産性の伸びを反映する場合にも同様の結果が得られることを示したこと[6], 賃金掲示において労働者の特性を考慮しない場合は Stevens (2004) のモデルと一致することを示したこと[7]に意義があり, 次節で示すサーチ理論と人的資本理論との統合の橋渡しをする研究でもある.

3. サーチ理論と人的資本理論の融合 (その 1)

　ここでは BM モデルに人的資本を組み込むことで賃金の確率密度関数をより現実的なものとした研究について取り上げる. Bunzel et al.(2000) は, BM モデルに仕事を通して賃金が上昇する仕組み (on the job wage growth) を導入する. モデルの概要を Bunzel et al.(2000,pp.108-117) に従って述べる. 労働者と企業はそれぞれ同質であり, 労働者は learning-by-doing によって雇用されている期間に技能は向上するが, 解雇されると経験により蓄積された人的資本を失う. 仕事の到来確率は, 失業者λ_0, 雇用されている労働者λ_1, 失業者の所得 u, 留保賃金 b, 経験年数 x, 雇用されている間の技能蓄積率 $\rho \geq 0$, 解雇される確率 δ, 割引率 r とおく. 雇用された労働者は生産性$p + \rho x$をもたらす. 労働者は生産性向上の便益を全て刈り取ると想定するため, 当初賃金をw_0とすると, 賃金は$w = w_0 + \rho x$となる.

　均衡状態においては掲示された当初賃金の累積分布関数F(w) と確率密度関数f(w), 稼得された賃金の累積分布関数G_0(w) と確率密度関数 g_0(w) は BM モデルの場合と同一である. 但し, 時点 t

---

[6] Carrillo-Tudela(2009a, pp119-120).

[7] Carrillo-Tudela(2009a, p121).

における人的資本が蓄積された場合の稼得された賃金のクロスセクションデータでの分布は, 積分変数が t から $\tau = w - \rho t$ へと変動すると次のようになる.

$$g(w) = \frac{\delta}{\rho} e^{-\frac{\delta}{\rho}w} \int_b^{min(h,w)} e^{\frac{\delta}{\rho}\tau} g_0\left(\tau; \frac{\delta}{\lambda_1}\right) d\tau = K\left(w; \frac{\delta}{\rho}, \frac{\delta}{\lambda_1}\right) \frac{\delta}{\rho} e^{-\frac{\delta}{\rho}w} \quad \cdots\cdots(3\text{-}1)$$

ここで

$$K\left(w; \frac{\delta}{\rho}, \frac{\delta}{\lambda_1}\right) = \int_b^w g_0\left(\tau; \frac{\delta}{\lambda_1}\right) e^{\frac{\delta}{\rho}\tau} d\tau, \text{for } w \leq h$$

$$K\left(w; \frac{\delta}{\rho}, \frac{\delta}{\lambda_1}\right) = K\left(\frac{\delta}{\rho}, \frac{\delta}{\lambda_1}\right), \text{for } w \geq h \quad \cdots\cdots(3\text{-}2)$$

このことは賃金の確率密度関数が h で最大になることを意味しており, 賃金分布は両裾を持つことが示される.

ここで標準正規分布関数$\Phi(\cdot)$, 自由度 f のλ^2分布の a における上側確率$\lambda^2(a, f)$とすると, 次式が導かれる.

$$K(w) = \frac{\delta}{\lambda_1} \left\{ \sqrt{\frac{p-b}{p-w}} e^{\frac{w\delta}{\rho}} - e^{\frac{b\delta}{\rho}} \right\} - 2\frac{\delta}{\lambda_1} \sqrt{\frac{\pi\delta}{\rho}} \sqrt{p-b} : e^{\frac{p\delta}{\rho}}$$

$$\times \left[\chi^2\left(2\left(\frac{\delta}{\rho}\right)(p-w), 1\right) - \chi^2\left(2\left(\frac{\delta}{\rho}\right)(p-b), 1\right) \right] = \frac{\delta}{\lambda_1} \left\{ \sqrt{\frac{p-b}{p-w}} e^{\frac{w\delta}{\rho}} - e^{\frac{b\delta}{\rho}} \right\} - 2\frac{\delta}{\lambda_1} \sqrt{\frac{\pi\delta}{\rho}} \sqrt{p-b} : e^{\frac{p\delta}{\rho}}$$

$$\times \left[\Phi\left(\sqrt{2\left(\frac{\delta}{\rho}\right)(p-b)} \right) - \Phi\left(\sqrt{2\left(\frac{\delta}{\rho}\right)(p-w)} \right) \right], \text{for } b \leq w \leq h$$

$$= K(h), \text{for } w > h \quad \cdots\cdots(3\text{-}3)^{[8]}$$

ここで求められた賃金の確率密度関数は図8-2に示される. $\delta = 0.055$, $\lambda = 0.15$, $\rho = 0009$, p $=1$, b$=0.35$ としている[9]. ここから, 賃金分布は頂点を持った両裾のある状況に改善されていることが示される.

---

[8] 式中の"："は項を置換しても計算が成立することを示す.

[9] Burdett.Carrillo-Tudela and Coles(2011,p.669) に従った. 留保賃金については, (r,ρ) = (0,0) の場合, BM モデルと一致する (Bunzel et al.(2000,p.112)). 議論を簡略化して BM モデルと比較可能とするために BM モデルの場合と同一水準に設定している.

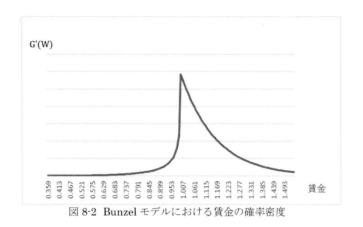

図 8-2 Bunzel モデルにおける賃金の確率密度

4. サーチ理論と人的資本理論の融合 (その 2)

Burdett.Carrillo-Tudela and Coles (2011)[10]は, BM モデルに人的資本理論を導入することで賃金格差と賃金上昇について考察している. ここでは労働者の異質性を導入している. 但し, 賃金・在職期間契約については考慮していない. この内容は, より一般化されて Carrillo-Tudela(2012), Burdett,Carrillo-Tudela and Coles (2016) へと発展している.

モデルの概要を Burdett.Carrillo-Tudela and Coles(2008)(2011) に従って述べる. 企業は, 生産性が同一で収穫一定である. つまり p＝1 と想定する. 労働者は当初生産性 yi(i＝1,2,……I), 当初能力の累積分布関数A(・), 新規参入者比率 γ_i とする. 労働市場からの退出率 $\varphi > 0$, learning-by-doing による一般的技能獲得に伴う労働者の生産性増加率 $\rho > 0, (\rho < \varphi)$, 経験年数 x とすると労働者の生産性は$y = y_i e^{\rho x}$ となる. 企業は賃金単価である賃金率 θ を支払うので賃金は$w = \theta y$, 企業利潤は$\pi = (1 - \theta)y$ となる. θ の累積分布関数は $\{\underline{\theta}, \overline{\theta}\}$ を台とする$F(\theta)$ で示される. 雇用喪失ショックはパラメータδ とするポアソン分布, 失業者が仕事を提示される確率はパラメータλ のポアソン分布に従う. 失業者の所得は$by(0 < b < 1)$ とおく.

定常状態において, 失業率 U, x の累積分布N(x), x とθ の結合累積分布H(x, θ), 雇用者がθ を掲示されたときに企業を退出する確率 q(θ), 留保賃金 θ^R, 中位賃金 θ^M, 平均賃金$\tilde{\theta}$ とする.

$$U = \frac{\varphi+\delta}{\varphi+\delta+\lambda} \cdots\cdots(4\text{-}1)$$

$$N(x) = 1 - \frac{\lambda\delta}{(\varphi+\lambda)(\varphi+\delta)} e^{-\frac{\varphi(\varphi+\delta+\lambda)}{(\varphi+\lambda)}x} \cdots\cdots(4\text{-}2)$$

$$H(x, \theta) = \frac{(\varphi+\delta)F(\theta)}{q(\theta)}\left[1 - e^{-q(\theta)x}\right] - \frac{\delta F(\theta)}{q(\theta)-\varphi F(\theta)}\left[e^{-\frac{\varphi(\varphi+\delta+\lambda)}{(\varphi+\lambda)}x} - e^{-q(\theta)x}\right] \cdots\cdots(4\text{-}3)$$

---

[10] Burdett. Carrillo-Tudela and Coles (2008) の改訂版である.

290

$$F(\theta) = \left(\frac{\varphi+\delta-\rho+\lambda}{\lambda}\right)\left[1 - \left(\frac{1-\theta}{1-\underline{\theta}}\right)^{\frac{1}{2}}\right] \quad\cdots\cdots(4\text{-}4)$$

$$q(\theta) = \varphi + \delta + \lambda\big(1 - F(\theta)\big), \quad q(\theta) > 0 \quad\cdots\cdots(4\text{-}5)$$

$$\underline{\theta} = \theta^R = b - \rho\,\frac{(\varphi+\delta-\rho+\lambda)^2 b + \lambda^2(1-b)}{\varphi(\varphi+\delta-\rho+\lambda)^2 - \rho\lambda^2} \quad\cdots\cdots(4\text{-}6)$$

$$\overline{\theta} = 1 - \left(\frac{\varphi+\delta-\rho}{\varphi+\delta-\rho+\lambda}\right)^2 (1 - \underline{\theta}) \quad\cdots\cdots(4\text{-}7)$$

賃金の摩擦的分散がθに起因すると想定されているので，生産性が等しい労働者の平均賃金と最低賃金の比率である Mm 比率[11]は, $Mm = \dfrac{\overline{\theta}}{\theta^R}$ と定義することができる.

$$Mm \cong \frac{1 - \frac{\lambda\rho}{\varphi(\varphi+\delta-\rho+\lambda)}}{\frac{\beta(\varphi-\rho)}{\varphi} - \frac{\lambda\rho}{\varphi(\varphi+\delta-\rho+\lambda)}} \quad\cdots\cdots(4\text{-}8)$$

但し, $\tilde{\theta} = \theta^R + \int_{\theta^R}^{\overline{\theta}}[1 - H(\infty, 0)]\,d\theta$, $b = \beta\overline{\theta}$

x と θ の結合確率密度 $h(x,\theta) = \dfrac{\partial^2 H(x,\theta)}{\partial x\,\partial\theta}$ とすると, 賃金の累積分布関数は次式となる.

$$G(w) = \sum_i \gamma_i \int_{\theta=\underline{\theta}}^{\overline{\theta}} \int_{x=0}^{\frac{1}{\rho}\ln\frac{w}{\theta y_i}} h(x,\theta)\,dx\,d\theta \quad\cdots\cdots(4\text{-}9)$$

$$G'(w) = \frac{dG(w)}{dw} \quad\cdots\cdots(4\text{-}10)$$

$A(\cdot)$ がガンマ分布に従うとすると確率密度関数は次式となる.

$$A'(x|k_0, k_1) = \left(\frac{\left(\frac{x}{k_0}\right)^{k_1-1} e^{-\left(\frac{x}{k_0}\right)}}{k_0\,\Gamma(k_1)}\right) \quad\cdots\cdots(4\text{-}11)$$

ここで$k_0, k_1 > 0$, $\Gamma(\cdot)$ はガンマ関数である. ここで求められた賃金の確率密度関数は図 8-3 に示される. $\delta = 0.055, \lambda = 0.15, \rho = 0009, p = 1, \theta^R = 0.35$ としている[12]. ここから, 賃金分布は頂点を持った両裾のある状況に改善されている.

[11] Hornstein,Kruselland Violante (2011,pp.2879-2883).
[12] Burdett.Carrillo-Tudelaand Coles(2011,p.669) に従った.

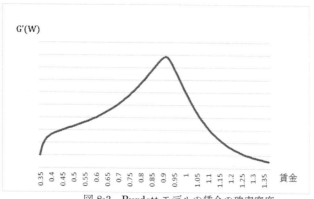

図8-3　Burdett モデルの賃金の確率密度

Burdett,Carrillo-Tudela and Coles (2016) は, Burdett et al.(2008) (2011) に企業の生産性の異質性を導入して一般化したものである. ここでは企業の生産性 p は異質であり台$[\underline{p}, \bar{p}]$ の$\Gamma(\cdot)$に従って分布する. また賃金率(賃金単価)については $z = p\theta$ を改めて設定する. 但し, 式が複雑になるため賃金の確率密度関数については言及されていない.

　次に実証分析のための手法を Burdett et al.(2008) (2011) (2016) に従って解説する. 賃金分散は, 労働者の当初能力に分散があること, 労働者の経験年数により同一時点において生産性格差が生じること, サーチ行動による摩擦と配置転換(sorting) により支払われる賃金に差が出ることにより発生する[13]. Burdett et al.(2008) (2011) においては, 時点 t において企業 j に雇用された経験年数 x_{it} のタイプ i 労働者によって稼がれた賃金は,

$$\ln w_{ijt} = \ln y_i + \ln \theta_j + \rho x_{it} \quad \cdots\cdots (4\text{-}12)$$

で示される. ここで市場賃金の対数を分散分解すると次式となる.

$$\mathrm{var}(\ln w) = \mathrm{var}(\ln y) + \mathrm{var}(\ln \theta) + \rho^2 \mathrm{var}(x) + 2\rho \mathrm{cov}(x.\ln\theta) \quad \cdots\cdots(4\text{-}13)$$

ここで var(lny) は事前の労働者の生産性の対数値分散, var(lnθ) は on the job search によって遭遇した企業の事後的生産性の対数値分散, ρ^2var(x) は経験蓄積による世代効果, 2ρcov(x.lnθ) は労働者と企業の配置転換効果[14]を示す. Burdett et al.(2016) においては, この式に企業の生産性 p の異質性を考慮することで次式になる.

$$\mathrm{var}(\ln w) = \mathrm{var}(\ln y) + \mathrm{var}(\ln z) + \rho^2 \mathrm{var}(x) + 2\rho \mathrm{cov}(x, \ln z) \quad \cdots\cdots (4\text{-}14)$$

ここで var(lnz) は on the job search によって遭遇する企業から支払われる固有の賃金 $z = p\theta$ の対数値分散であり, これをさらに次式のように分解する.

---

[13] Burdett,Carrillo-Tudela and Coles(2016,p.25).

[14] 生産性の高い企業は経験年数の長い労働者を雇い入れる配置転換効果を示す.

$$\text{var}(\ln z) = \text{var}(\ln\theta) + \text{var}(\ln p) + \text{cov}(\ln p, \ln\theta) \cdots\cdots(4\text{-}15)$$

ここで$\text{var}(\ln p)$は企業の固有の生産性の対数値分散, $\text{cov}(\ln p, \ln\theta)$は企業の固有の生産性と事後の生産性の交絡効果を示す.

Burdett et al.(2016) は British household Panel Survey (BHPS) を用いて英国の 1991 年時点で 16〜30 歳であった白人男子の経年データを用いて賃金の分散分析を行った. Burdett et al.(2016,pp.30-32) は, 経験年数の効果である$\rho^2\text{var}(x) + 2\rho\text{cov}(x, \ln z)$の賃金の対数値分散に占める比率は高技能労働者で高く, 低技能労働者で低くなること, 同一技能内での賃金分散は企業の生産性格差による面が大きいが, 高技能労働者でのその影響は低減することを示し, その要因として高技能労働者は on the job search でより高次の職に就くこと, 低技能労働者は失業を挟んで職を変わること, 高学歴労働者は流動性が高いことにより高次の職に就く職務階梯(job ladder) 効果が大きいこと, 低技能労働者には職務階梯果が小さいことを指摘している.

5. 実証分析

本節では, 日本における賃金格差の実態について個票データを用いて考察する. 用いたのは,「全国就業実態パネル調査, 2021」(リクルートワークス研究所) の個票データである. この調査はリクルートワークス研究所が毎年定期的に実施している就業者の追跡調査である. 同調査では前年 12 月時点での就業状態等について調査がなされている.

解析に当たっては, 65 歳以下の正規雇用者及び役員に対象を限定し, 回答した年収が 150 万円未満と記されたものについては除外した. これは時間当たり賃金が最低賃金を下回る計算結果となることによる. また, 正規雇用者, 役員であっても週労働日が 3 日以下の者については除外した.

データの概要は表 8-1 に示すとおりである. 年齢は平均で男子が 42 歳, 女子が 40 歳, 年収は平均で男子が 537 万円, 女子は 367 万円となっている. 経験年数は年齢と最終学歴から計算した推定値で男子 21 年, 女子 19 年である. 転職回数は男子 1.29 回, 女子 1.63 回であり, 比較的同一企業に継続して就業している場合が多いことが分かる. 仕事に関する自発的学習 (自己啓発) をしている者の比率は男子 43%, 女子 38%である.

学歴構成は詳細に調査されており, 大卒以上については修士課程, 博士課程修了の区別がなされていることが特徴である. このデータには中学時代の相対的な学業成績が自己評価で申告されていることが特徴であり, 5 段階評価がなされている. 産業別就業者数では男子は製造業 23%, 女子は医療・福祉が 24%と多くなっている. 企業規模別就業者数では男子では 5,000 人以上で 15 %, 女子では 100〜299 人で 14%と多くなっている. 職種別就業者数では, 男子は専門職・技術職が 27%, 事務・営業・販売職が 26%, 女子では事務・営業・販売職が 53%, 専門職・技術職が 29%と多くなっている.

表 8-1 データの概要

項目	男子 n=16290		女子 n=6730		項目	男子		女子	
年齢	41.8		39.5		産業(人):農林漁業	82	0.5%	15	0.2%
年収(万円)、標準偏差	537.0	270.3	366.7	180.1	鉱業	17	0.1%	7	0.1%
学歴(人):義務教育	280	1.7%	71	1.1%	建設業	1008	6.2%	368	5.5%
高等学校	5139	31.5%	1815	27.0%	製造業	3810	23.4%	937	13.9%
専修各種学校	2430	14.9%	1279	19.0%	電気・ガス・熱供給・水道業	306	1.9%	41	0.6%
短期大学	341	2.1%	1257	18.7%	運輸業	1417	8.7%	361	5.4%
高等工業専門学校	333	2.0%	41	0.6%	情報通信	1488	9.1%	242	3.6%
大学	6592	40.5%	2082	30.9%	卸売・小売業	1237	7.6%	665	9.9%
大学院修士課程	1006	6.2%	166	2.5%	金融・保険業	553	3.4%	470	7.0%
大学院博士課程	169	1.0%	19	0.3%	不動産業	266	1.6%	169	2.5%
経験年数(年)、標準偏差	21.3	12.7	19.3	12.2	飲食店・宿泊業	327	2.0%	130	1.9%
中学時代の成績(人) 上位	3182	19.5%	1364	20.3%	医療・福祉	1210	7.4%	1645	24.4%
やや上位	4124	25.3%	1923	28.6%	教育・学習支援	594	3.6%	305	4.5%
中位	5474	33.6%	2323	34.5%	サービス業	1499	9.2%	596	8.9%
やや下位	2323	14.3%	837	12.4%	公務	1729	10.6%	322	4.8%
下位	1187	7.3%	283	4.2%	分類不能	747	4.6%	457	6.8%
企業規模(人):4人以下	694	4.3%	336	5.0%	職業(人):サービス業	948	5.8%	346	5.1%
5〜9人	821	5.0%	547	8.1%	保安・警備職	530	3.3%	26	0.4%
10〜19人	1000	6.1%	556	8.3%	農林・漁業関連職	68	0.4%	6	0.1%
20〜29人	650	4.0%	331	4.9%	運輸・通信関連職	1053	6.5%	40	0.6%
430〜49人	952	5.8%	504	7.5%	生産工程・労務職	2033	12.5%	241	3.6%
50〜99人	1501	9.2%	692	10.3%	管理職	1938	11.9%	242	3.6%
100〜299人	2237	13.7%	968	14.4%	事務・営業・販売職	4294	26.4%	3591	53.4%
300〜499人	983	6.0%	476	7.1%	専門職・技術職	4434	27.2%	1927	28.6%
500〜999人	1147	7.0%	490	7.3%	分類不能	992	6.1%	311	4.6%
1000〜1999人	1049	6.4%	411	6.1%	役員(人)	942	5.8%	216	3.2%
2000〜4999人	994	6.1%	338	5.0%	転職回数	1.29		1.63	
5000人以上	2389	14.7%	692	10.3%	仕事に関する自発的学習　有	6952	42.7%	2533	37.6%
公務(官公庁)	1873	11.5%	389	5.8%					

　ここで焦点となるのは所得分布である. 年間給与所得のヒストグラムを男女別に図 8-4, 図 8-5 に示す. いずれも右方に歪んだ両裾のある形状となっている. 男子は中央値が 450〜499 万円, 女子は 300〜349 万円の階層に存在し, 男女共に中央値は平均値よりも低いものとなっている. 最頻値は男子で 400〜449 万円, 女子で 300〜349 万円となっている.

　ヒストグラムの形状は BM モデルに人的資本を導入した場合と概ね一致する. 従って BM モデルに人的資本を組み込んだモデルでこの賃金分散を説明することが適切であると判断できる.

　賃金分散の要因を検証するために, まず人的資本を説明変数とした賃金関数を推定する. ここでは, 年収の対数値lnw を被説明変数としたミンサー型賃金関数を男女別に最小二乗法で推定した.

$$lnw = \alpha + \beta school + \gamma experience + \delta zokusei + \eta dummy + \varepsilon \cdots\cdots (5\text{-}1)$$

ここで school：学歴, experience：経験年数, zokusei：その他の属性, dummy は産業, 企業規模、職種等のダミーである.

294

推定結果は表 8-2, 8-3 に示される. 基本ケースとしたのは説明変数として人的資本を示す学歴と経験年数, 役員ダミーを用いたものである. 学歴については, 義務教育を基準として高校, 専門学校, 短大, 高専, 大学, 修士課程, 博士課程の別にダミー変数を作成している. なお, 役員は一般の正規雇用者とは立場が異なるのでダミー変数を用いた. ケース 2 では, 個人の能力を示すものとして, 中学時代の相対的成績を基本ケースの説明変数に追加した. ここでは最も下位を基準として用いている[15].

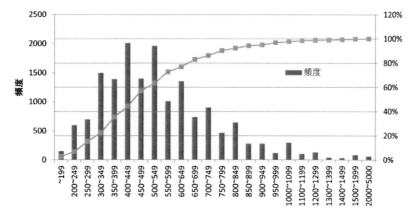

資料：リクルートワークス研究所「全国就業実態パネル調査, 2021」を用いて筆者作成

図 8-4　所得階級別ヒストグラム (男子)

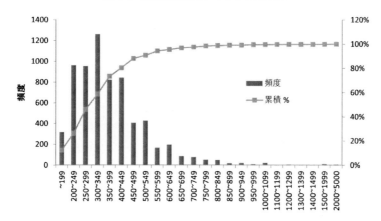

資料：リクルートワークス研究所「全国就業実態パネル調査, 2021」を用いて筆者作成

図 8-5　所得階級別ヒストグラム (女子)

基本ケース (ケース 1) の結果を見ると, 男子では学歴の与える効果は顕著であること, 女子では高校卒業以外の学歴の効果は顕著であることが示される. 特に大学院修士課程, 博士課程修了者は男女共に学歴の収入増加効果が大きいという結果となっている. 経験年数は男子で 1 年当り 1.3%,

---

[15] この成績評価は自己申告であるため, 実態を反映していない可能性がある. 成績が正規分布している場合, 標準偏差を用いて 5 段階評価すると上位の比率は 7% 程度となるはずである (大村 (2016,pp.7277)). ここでは男女共に上位の比率が 20% 程度となっている. この場合上方バイアスが発生している可能性がある.

女子で 1.0%収入を増加させるという結果となっている. 男子の方が経験に基づく技能蓄積率が高いことについては, 規模の大きい企業に勤務する割合が高いこと, 職種の偏りが小さいこと等の要因があげられる. なお, 通常のミンサー型賃金関数では経験年数の2乗も説明変数に加えるが, 分散分析に対応するために説明変数として採用していない[16].

ケース1に中学時代の相対的成績を説明変数に加えると, 男子では成績が中位以上, 女子ではやや上位以上の場合, 給与に与える効果は顕著である. この場合, 学歴の効果は若干低下するものの有意性に変動はないという結果となっている. ここから中学時代の成績と学歴は必ずしも一致している訳ではないことが示される. 労働者の生産性の異質性を示す変数として学歴と中学時代の成績の双方が想定できる. なお, 本研究では労働者の能力や技能に関しては認知能力 (cognitive skill) を示す説明変数のみを用いている. 非認知能力 (noncognitive skill) が賃金に影響を与えることは知られているが[17], 本研究ではデータが得られないため用いていない.

次に産業, 企業規模, 職種を考慮した回帰式を求めた. 産業については農林漁業, 企業規模については4人以下, 職種についてはサービス職を基準としている. 但し, 公務については産業と企業規模で変数がほぼ一致しているため, 産業と企業規模を説明変数として同時に用いることはできない. また, 職業選択には産業構成と高い相関関係がある職種が存在するため, 職種と産業を説明変数として同時に用いることが難しい. このため人的資本を説明変数とした回帰式に, それぞれを別個に加えて推定した. なお, 推定に際しては, 過去の転職回数, 仕事以外での自己啓発の有無についても変数として追加した.

産業 (ケース3) については男子では産業別賃金格差が読み取れる. 鉱業, 製造業, 電気・ガス・熱供給・水道業, 金融・保険業, 不動産業, 公務で年収が多いという結果となっている. 一方, 女子については教育・学習支援, 公務以外は有意ではなく, 産業別の賃金格差は殆どないという結果となっている. これは女子の場合, 職種に偏りがあることに起因していると考えられる.

企業規模 (ケース4) については男女ともに企業規模が大きくなると賃金が高くなることが示される. 特に男子にその傾向が顕著である. 日本では企業規模による賃金格差が大きいことが裏付けられる. ここから企業規模を企業の生産性の異質性を表す指標として考えることができる.

職種 (ケース5) については, 男女ともに職種間で格差のあることが示される. 男女共に, 管理職の年収が高く, 次いで保安・警備職, 専門職・技術職が高いという結果となっている. 男子では農林・漁業関連職が低く, 女子では生産工程・労務職が低い.

---

[16] 表8-2, 8-3には結果は掲載していないが, 経験年数の2乗を説明変数として加えた場合, 経験年数の年当り技能蓄積率は男女共に30年間で1%程度となる.

[17] Heckman, Stixrud and Urzua(2006).

転職回数 (ケース3〜5) は男女共に負で有意となっており, 転職1回当たりで男子5%, 女子3%の賃金低下がみられる. この結果は転職を重ねると技能水準が低下して賃金の伸びが停滞することを示している. ここからは, 技能蓄積は職場を変えると減耗するという解釈が成立する. 但し, on the job search により賃金が高い企業に移動するというサーチ理論の仮説との整合性がとれないようにも見える. そのため, 転職回数と学歴の相関関係を求めたところ, 男女共に基本的に負の関係があることが確認できた. これは正社員は転職しない高賃金正社員と転職を重ねる低賃金正社員に分かれることを示している.

自己啓発 (ケース3〜5) は男女共に賃金を7%程度上昇させるという結果となっている. これは技能蓄積にはOJTのみでは不十分であることを示している. なお, 自己啓発の有無と学歴の相関関係を求めたところ, 男女共に正の相関が確認された. つまり学歴と自己啓発は相乗効果で賃金を押し上げている可能性がある.

以上の結果から, 学歴, 経験年数といった人的資本要因は男女共に賃金を上昇させる. 中学時代の成績も賃金に影響を与える. 中学時代の成績は自己申告に伴うバイアスが発生している可能性があるが, 基礎的学力を反映していると考えられる. 経験年数は賃金を上昇させること, 転職等による職務継続性の低下は経験による技能蓄積を損なうことを示している. 産業間の賃金格差は男子で顕著であるが, 女子では見られない. このことは女子には事務等の職種に偏る傾向があることに起因すると考えられる. 企業規模については男女共に規模間格差が存在する. これが企業の生産性格差を示すと解釈することは可能であるが, 情報の非対称性等の要因も考慮する必要性がある. 職種については, 職務内容が高い能力を要する職種の賃金は高いことが示される. 男女で賃金格差が存在することの一因として, 女子の比較的小規模企業と特定職種への集中があると考えられる. 決定係数は総じて低いものとなっており, ミンサー型賃金関数では人的資本は賃金格差の一部しか説明できないことが示される[18].

女子正社員の賃金関数を, 1991年に住友生命総合研究所 (当時) が実施した「女性の就業と出産・育児の両立に関する意識調査」のデータを用いて推定した山上 (1999) の結果によれば, 決定係数0.4程度, 経験年数のパラメータ推定値は企業内経験で0.025, 企業外経験で0.01程度となっている. また, 同研究では配偶者である夫の賃金関数も推定しており, 決定係数0.4程度, 経験年数

---

[18] 表8-3には記載していないが, 女子の賃金関数については, 子供数を説明変数に加えたものの推定も試みた. その結果は, 子ども一人当たり賃金は4%低下するという結果となっている. 但し, ここで留意しなければならないのは, 賃金が高くなると子供数が低下するという逆の因果関係が存在する可能性が高いということである. そのため, 本論では子供数を説明変数として採用することを見送った. なお, 子供数と転職回数の相関係数は0.133と低いものであり, 子どもが多いと転職が増えて賃金が低下するという関係があるか否かについては断定できなかった.

のパラメータ推定値から年当り技能蓄積率は30年間で0.027程度となっている. 本研究では2021年のデータを用いており, 決定係数や経験年数のパラメータ推定値が低いものとなっている. 約30年間で雇用形態の多様化が進展し, 低賃金の正社員が増加するといった雇用構造の変動の影響を受けている可能性がある[19].

以上の結果を踏まえて, 賃金分散の要因分解を行う. ここでは (4-14) (4-15) に従って行った. その結果を男女別に示したのが表8-4, 8-5 である. 試算に際しては, 年収を w, 企業の掲示する賃金率を z とし, z は事後的に計算した値を用いた. 労働者の事前の異質性を示す指標 y_i として学歴と中学時代の成績を用いた. 学歴についてはミンサー型賃金関数の基本ケース (ケース 1) における学歴の係数を異質性を示すものとして用いた[20]. 中学時代の成績については, 賃金関数に中学時代の成績を説明変数として追加した場合 (ケース 2) の係数を異質性を示すものとして用いた. 経験年数 x に伴う人的資本の蓄積率については賃金関数の推定結果 (ケース 1) から男子 $\rho = 0.013$, 女子 $\rho = 0.010$ とした. 企業の事前の生産性 p の異質性については賃金関数の推定結果 (ケース 4) における企業規模に係る係数を用いた. 事後的な企業の異質性θについては事後的に計算して求めた.

年収の対数値分散である var(lnw) は男子で 0.177, 女子で 0.149 と男子の方が格差が大きいという結果となっている. 表8-4, 8-5 のうち年収の対数値分散の要因としては, 学歴で異質性を表した場合, 個人の能力の異質性 var(lny) で男子は 6%, 女子は 7%程度の説明が可能である. 賃金率の対数値分散 var(lnz) で男子は 85%程度, 女子は 88%程度説明が可能である. これは on the job search による企業とのマッチングが男女共に賃金決定に重要という結果となっている. 経験年数の効果 $\rho^2 var(x)$ に に起因するのは男子で 12%程度, 女子で 10%程度である. 配置転換効果を示す経験年数と賃金率の共分散 2ρcov(x, lnz) は男女共に負であり, 賃金分散に負の影響を与えている. 特に女子では−2%程度となっている. これは労働者が定着すると掲示する賃金率が低下することで賃金分散が縮小されることを示している.

賃金率の対数値分散 var(lnz) の要因については, 企業の事後的生産性の対数値分散 var(lnθ) で男子は 76%, 女子では 80%が説明可能である. 企業の固有の生産性の対数値の分散 var(lnp) は男子で 6%, 女子で 5%程度の影響を与えている. 企業の固有の生産性と事後的生産性の共分散 cov(lnp, lnθ) はプラスの影響を与えるが規模は男女共に 1%程度と小さい. このことは, 企業の事後

---

[19] 正社員の待遇劣化については小林(2008) による詳細な調査がある. また, 森岡(2009) は正規雇用と非正規雇用の境界線が曖昧となり, 低賃金正社員が増加している実態を詳細に述べている. 日本経済新聞 (2022) が厚生労働省「賃金構造基本統計調査」をもとに分析したところ, 20 代前半の給与水準を 100 とすると 30 代前半は 1990 年は 151.0, 2020 年は 129.4 と伸びが低下しているとしている.

[20] ここで学歴の場合は賃金関数のパラメータγについてマクローリン展開により、$\ln(1 + \gamma) = \gamma - \frac{\gamma^2}{2} + \frac{\gamma^3}{3}\cdots\cdots$が成立するので、$(1 + \gamma)$ を指標として用いた.

的生産性が賃金分散に最も大きい影響を与えていることを示している。この結果を Burdett et al. (2016,pp.30-32) の英国での結果と比較すると，var(lnw) の要因として var(lny)，ρ^2var(x)，2ρcov(x, lnz)の比重が小さく，サーチ要因が大きくなっている。但し，このことは日本の労働市場における on the job search による労働者移動と賃金上昇を反映していると解釈することは適切ではない。

次に労働者の固有の生産性を中学時代の成績に置換した場合の結果について検討する。基本的な結果に大きな相違はない。var(lnw) の要因として労働者の固有の能力の異質性 var(lny) の比重は男女共に2％程度に低下する。このことは職務遂行能力については中学時代の成績では説明が不充分であるということを示している。賃金率の対数値分散 var(lnz) の影響は強く，マッチングが男女共に賃金決定に重要という結果となっている。その内訳として，企業の事後的生産性の対数値分散 var(lnθ)の要因が大きい。配置転換効果を示す経験年数と賃金率の共分散 2ρcov(x, lnz)は男女共に負であり，その規模が大きくなっている。

以上の結果は，日本企業においては経験年数の長い労働者が生産性の高い職務に配置転換されて効率性が向上している訳ではないこと，言い換えれば経験年数の長い労働者に高賃金を掲示して引き抜く，あるいは引き留めるといった事実は確認できないことが示唆される。その一方でジョブ・サーチによって経験年数とは関係なく高賃金企業と出会っている可能性が示唆される。この場合，学卒時の就職活動を含めた広義の on the job search と卒業後の企業との相性が賃金格差に大きな影響を与える可能性を示している。就職活動や卒業後の人的繋がりの重要性が示唆される。

次に Mm 比率を計算してみた。その結果は表 8-6 に示すとおりである。ここでは男女別に学歴別と中学時代の成績別に年収の平均値と最低額の比率を示している。ここから言えることは男女共に学歴が高い程，一部の例外はあるものの基本的に平均年収は高くなるとともに Mm 比率が高くなること，中学時代の成績が良い程，平均年収は高くなるとともに Mm 比率が高くなることである。つまり学歴が高い程，基礎的学力が高い程高収入に恵まれるものの同一グループの中での格差は拡大する傾向がある。これは，日本においても，高学歴労働者にはより高次の職に就く階梯効果の大きい可能性が高いこと，そうでない場合，高次の職に就く機会が少ないことに起因すると考えられる。

男女を比較すると同一属性においても男子の方が格差が拡大することになる。男女共に学歴が高い程，経験年数を活かせる可能性が高いことにより賃金は高くなるものの格差は拡大すること，男子の方が女子よりも技能蓄積率が高いことで格差が拡大する傾向があることが示される。

ここで学歴には同一学歴内での格差があることに注視しておかなければならない。大卒以上の高学歴層においては同一学歴内において，賃金が高い層と低い層に分離する傾向がある。これは同一

学歴内での雇用機会格差に起因していると考えられる. つまり, 学歴が高い程, その内部での競争が激しくなり, サーチ行動もより厳しいものとなる可能性がある.

有力大学 (prestigious university) の卒業生であれば, 卒業時により良い企業と遭遇する確率は高くなると考えられるため, 相対的に高い年収が得られる可能性が高い. 卒業後の人的繋がりや自己啓発という点においても有力大学の卒業生は有利であると考えられる. そうであれば有力大学への進学と就職活動への力の傾注は現行の雇用慣行を与件とした場合, 合理的行動となる.

有力大学の卒業生が大学院に進むことは収入をさらに押し上げると考えられる. そうでない場合も, 大学院に進学することは, 高収入へと逆転できる可能性があるため, 年収を増やす有効な手段となりうる. つまり大学院進学による再チャレンジも合理的行動となる.

6. 結論

日本における賃金決定要因に関する研究はミンサー型賃金関数の推定に終始していた感がある. 賃金関数推定結果の決定係数は必ずしも高くはなかったものの, 残差の説明できない部分をいかに解釈するかが課題として残っていた. 本論ではその空白部分を労働市場の摩擦によるものと解釈して分析を行った.

本論の検討結果からは, 日本においては, 正社員の賃金分散について対抗提案による賃金上昇, on the job search による転職といったことを要因として示唆する結果は得られなかった. しかしながら, サーチ行動による企業とのマッチングが重要な役割を果たしていることも事実である.

この場合, 学卒時点での生産性の高い企業, つまり賃金支払い能力の高い企業との出会いが重要であることを意味している. また, その後の個別の労働者と企業の相性の良し悪しも大きな影響を与えることになる. 日本では学卒時の新規採用時点でのマッチングや卒業後の人的繋がりが賃金格差に大きな影響を与えている可能性が高い.

日本においては長期雇用には配置転換効果は小さく, 外部からの賃金掲示を抑制する機能があったと考えられる. 現在も基本的に労働市場において経験による技能蓄積と企業の生産性とのマッチングの再配置が効率的に行われているとは言い難い. 経験による技能蓄積があっても他企業が高賃金を掲示するとは言い難い. 従って転職を重ねても賃金が上昇する可能性は高くないと言える.

日本企業においては成果主義の普及で部分的に職務給的要素を取り入れる企業が増えたものの, ジョブ型雇用導入が喧伝される現在においても欧米式の職務記述書に基づく職務給は浸透していない. しかし企業内において実質的に職務階梯は存在する. 高学歴層には企業内において高次の職に就ける階梯が存在するが, そうでない場合は難しいと考えられる. いわゆる日本的雇用慣行は正

社員の賃金分散の拡大を抑制あるいは固定化するとともに，一定に賃金水準を保証していたと考えられる．

　経験による技能蓄積率は 1990 年代以降，趨勢的に低下している可能性が高く，賃金分散における人的資本要因の比重は低下している可能性がある．このことは就業者全体の技能蓄積が停滞するとともに，人的資本以外の要因による賃金格差拡大を招いている可能性がある．労働関係法改正等による部分的規制緩和で非正規雇用者比率が上昇するといった状況下において，日本的雇用慣行も影響は免れない．正社員間にも一方では基幹社員として雇用が保護され，他方では非正規雇用に待遇が接近する正社員が増えるという正社員間の格差が拡大している可能性がある．その結果，学歴，基礎的学力格差に起因する所得格差のみならず，同一属性内における所得格差も一層拡大する．

　本論では単一年度での就業者のデータを基に論じている．傾向的に正社員の賃金分散が拡大しているか否か，経験に基づく技能蓄積の有効性が低下しているか否か，マッチングの重要性が高まっているか否かについてはパネルデータを用いて長期的に追跡する必要性がある．また企業の生産性を外生変数としてより的確に把握するため，事業所データとの突合せが可能な matched employer-employee data の活用が重要となる．

表 8-2　賃金関数の推定結果（男子）

n=16290 説明変数	ケース1 係数	t値	ケース2 係数	t値	ケース3 係数	t値	ケース4 係数	t値	ケース5 係数	t値
（定数）	5.649	231.977 **	5.623	224.255 **	5.469	119.081 **	5.446	208.623 **	5.677	221.404 **
学歴（基準：義務教育）										
高等学校	0.149	6.311 **	0.120	5.089 **	0.051	2.274 **	0.006	0.276	0.033	1.496
専修各種学校	0.152	6.246 **	0.120	4.954 **	0.075	3.222 **	0.036	1.641	0.021	0.931
短期大学	0.176	5.686 **	0.139	4.522 **	0.091	3.079 **	0.052	1.832 *	0.047	1.616
高等工業専門学校	0.285	9.164 **	0.201	6.464 **	0.146	4.918 **	0.075	2.651 **	0.120	4.122 **
大学	0.349	14.810 **	0.269	11.246 **	0.209	9.189 **	0.149	6.889 **	0.156	6.965 **
大学院修士課程	0.569	21.693 **	0.453	16.981 **	0.398	15.710 **	0.304	12.541 **	0.339	13.539 **
大学院博士課程	0.769	20.513 **	0.644	17.107 **	0.627	17.281 **	0.522	15.224 **	0.572	16.189 **
経験年数	0.013	42.792 **	0.012	41.337 **	0.015	51.043 **	0.015	54.868 **	0.013	44.308 **
役員（役員=1）	0.184	14.035 **	0.180	13.894 **	0.199	15.836 **	0.353	27.512 **	0.116	9.246 **
中学時代の成績（基準：下位）										
上位			0.206	15.072 **						
やや上位			0.120	9.287 **						
中位			0.061	4.967 **						
やや下位			0.024	1.753 *						
産業（基準：農林漁業）										
鉱業					0.327	3.386 **				
建設業					0.279	6.713 **				
製造業					0.301	7.429 **				
電気・ガス・熱供給・水道業					0.376	8.333 **				
運輸業					0.335	8.134 **				
情報通信					0.278	6.757 **				
卸売・小売業					0.219	5.310 **				
金融・保険業					0.417	9.713 **				
不動産業					0.325	7.094 **				
飲食店・宿泊業					0.147	3.276 **				
医療・福祉					0.226	5.458 **				
教育・学習支援					0.272	6.335 **				
サービス業					0.207	5.031 **				
公務					0.384	9.368 **				
分類不能					0.202	4.800 **				
企業規模（基準：4人以下）										
5～9人							0.120	6.601 **		
10～19人							0.203	11.553 **		
20～29人							0.196	10.075 **		
430～49人							0.216	12.057 **		
50～99人							0.257	15.412 **		
100～299人							0.311	19.531 **		
300～499人							0.342	18.967 **		
500～999人							0.391	22.221 **		
1000～1999人							0.403	22.469 **		
2000～4999人							0.453	24.973 **		
5000人以上							0.512	31.721 **		
公務（官公庁）							0.453	27.315 **		
職業（サービス職）										
保安・警備職									0.264	13.547 **
農林・漁業関連職									-0.178	-3.983 **
運輸・通信関連職									0.132	8.208 **
生産工程・労務職									0.069	4.877 **
管理職									0.367	25.001 **
事務・営業・販売職									0.166	12.737 **
専門職・技術職									0.174	13.288 **
分類不能									0.078	4.788 **
転職回数					-0.053	-31.316 **	-0.043	-25.982 **	-0.054	-32.383 **
自己啓発（有=1）					0.086	14.635 **	0.075	13.280 **	0.075	12.931 **
R^2・　修正R^2	0.170	0.170	0.190	0.189	0.263	0.261	0.320	0.319	0.283	0.283

注：t値については，**5%水準，*10%水準で有意である.

302

表 8-3 賃金関数の推定結果（女子）

説明変数	ケース1 係数	t値	ケース2 係数	t値	ケース3 係数	t値	ケース4 係数	t値	ケース5 係数	t値
n=6730										
(定数)	5.430	123.615 **	5.408	116.589 **	5.386	54.443 **	5.230	114.757 **	5.391	118.085 **
学歴(基準：義務教育)										
高等学校	0.055	1.271	0.036	0.834	0.027	0.648	0.023	0.554	0.034	0.810
専修各種学校	0.178	4.044 **	0.154	3.519 **	0.130	3.071 **	0.142	3.437 **	0.112	2.655 **
短期大学	0.189	4.289 **	0.158	3.590 **	0.131	3.090 **	0.135	3.266 **	0.124	2.943 **
高等工業専門学校	0.242	3.412 **	0.175	2.482 **	0.168	2.464 **	0.129	1.954 *	0.162	2.397 **
大学	0.339	7.744 **	0.270	6.128 **	0.253	5.980 **	0.239	5.809 **	0.254	6.046 **
大学院修士課程	0.504	9.800 **	0.417	8.073 **	0.395	7.945 **	0.372	7.715 **	0.367	7.432 **
大学院博士課程	0.908	9.742 **	0.814	8.767 **	0.775	8.599 **	0.742	8.497 **	0.788	8.875 **
経験年数	0.010	23.974 **	0.009	23.298 **	0.012	28.873 **	0.013	31.757 **	0.012	28.310 **
役員(役員=1)	0.061	2.421 **	0.060	2.416 **	0.065	2.672 **	0.143	5.930 **	-0.009	-0.366 **
中学時代の成績(基準：下位)										
上位			0.159	6.564 **						
やや上位			0.078	3.373 **						
中位			0.039	1.720 *						
やや下位			-0.005	-0.198						
産業(基準：農林漁業)										
鉱業					-0.152	-0.962				
建設業					0.023	0.255				
製造業					0.081	0.897				
電気・ガス・熱供給・水道業					0.102	0.977				
運輸業					0.134	1.466				
情報通信					0.093	1.009				
卸売・小売業					0.021	0.235				
金融・保険業					0.130	1.437				
不動産業					0.087	0.935				
飲食店・宿泊業					-0.040	-0.422				
医療・福祉					0.103	1.145				
教育・学習支援					0.194	2.122 **				
サービス業					0.041	0.454				
公務					0.228	2.493 **				
分類不能					0.024	0.266				
企業規模(基準：4人以下)										
5～9人							0.079	3.391 **		
10～19人							0.110	4.689 **		
20～29人							0.167	6.353 **		
430～49人							0.171	7.134 **		
50～99人							0.195	8.592 **		
100～299人							0.211	9.709 **		
300～499人							0.258	10.563 **		
500～999人							0.289	11.825 **		
1000～1999人							0.310	12.247 **		
2000～4999人							0.348	13.147 **		
5000人以上							0.350	15.201 **		
公務（官公庁）							0.400	15.495 **		
職業(サービス職)										
保安・警備職									0.282	4.052 **
農林・漁業関連職									0.150	1.061
運輸・通信関連職									0.219	3.799 **
生産工程・労務職									-0.027	-0.951
管理職									0.346	11.711 **
事務・営業・販売職									0.064	3.270 **
専門職・技術職									0.175	8.626 **
分類不能									0.034	1.256
転職回数					-0.039	-16.406 **	-0.034	-14.535 **	-0.041	-17.670 **
自己啓発(有=1)					0.082	9.177 **	0.074	8.528 **	0.074	8.315 **
R2　　修正R²	0.119	0.118	0.133	0.132	0.184	0.181	0.229	0.227	0.200	0.198

注：t値については，**5%水準, *10%水準で有意である．

表 8-4　　　　　　賃金 と賃金率 の分散分解 (男子)

$\rho = 0.013$

固有の能力を学歴とした場合

var(lnw)	var(lny)	var(lnz)	^{2}var(x)	2cov(x,lnz)
0.177	0.011	0.150	0.021	-0.001
Total＝100%	6.2	84.6	11.6	-0.8
var(lnz)	var(ln θ)	var(lnp)	cov(lnp,ln θ)	-
0.150	0.135	0.011	0.002	-
Total＝84.6%	76.3	6.2	1.1	-

固有の能力を中学校時代の成績とした場合

var(lnw)	var(lny)	var(lnz)	^{2}var(x)	2cov(x,lnz)
0.177	0.004	0.158	0.021	-0.010
Total＝100%	2.0	89.0	11.6	-5.5
var(lnz)	var(ln θ)	var(lnp)	cov(lnp,ln θ)	-
0.158	0.140	0.011	0.003	-
Total＝89.0%	79.0	6.2	1.9	-

表 8-5　賃金 と賃金率 の分散分解 (女子)

$\rho = 0.010$

固有の能力を学歴とした場合

var(lnw)	var(lny)	var(lnz)	^{2}var(x)	2cov(x,lnz)
0.149	0.010	0.131	0.015	-0.003
Total＝100%	7.0	87.7	9.9	-1.9
var(lnz)	var(ln) θ	var(lnp)	cov(lnp,ln θ)	-
0.131	0.119	0.007	0.002	-
Total＝87.9%	80.1	5.0	1.3	-

固有の能力を中学校時代の成績とした場合

var(lnw)	var(lny)	var(lnz)	^{2}var(x)	2cov(x,lnz)
0.149	0.002	0.140	0.015	-0.011
Total＝100%	1.6	93.7	9.9	-7.3
var(lnz)	var(ln θ)	var(lnp)	cov(lnp,ln θ)	-
0.140	0.126	0.007	0.003	-
Total＝93.7%	84.3	5.0	2.2	-

表 8-6 平均年収と最低年収

学 歴		義務教育	高等学校	専修各種学校	短期大学	高等工業専門学校	大学	大学院修士課程	大学院博士課程
男子	平均年収(万円)	458.2	502.6	479.1	514.6	578.5	561.3	654.7	861.8
	最低年収(万円)	150	150	150	150	150	150	150	200
	Mm 比率	3.05	3.35	3.19	3.43	3.86	3.74	4.36	4.31
女子	平均年収(万円)	309.7	329.1	351.1	376.3	374.3	394.3	464.5	710.3
	最低年収(万円)	160	150	150	150	150	150	150	396
	Mm 比率	1.94	2.19	2.34	2.51	2.50	2.63	3.10	1.79

中学時代の成績		下位	やや下位	中位	やや上位	上位
男子	平均年収(万円)	454.9	470.5	506.5	558.6	640.7
	最低年収(万円)	150	150	150	150	150
	Mm 比率	3.03	3.14	3.38	3.72	4.27
女子	平均年収(万円)	310.6	321.8	349.8	375.2	423.0
	最低年収(万円)	150	150	150	150	150
	Mm 比率	2.07	2.15	2.33	2.50	2.82

{補論Ⅶ：賃金関数と欠落変数バイアス}

　本章においては、ミンサー型賃金関数の推定において、学歴に加えて中学3年時の相対的成績の自己申告結果を用いている．これは賃金分散の要因分析において中学3年時の成績を固有の生産性の代理変数として用いているためである．このようなデータを得られることは非常に貴重である．

　ミンサー型賃金関数は人的資本理論を基本としている．ここでは欠落変数バイアスの観点から，説明変数として中学3年時の相対的成績の自己申告結果を用いることの意義について検討する．

　人的資本理論においては教育や職業訓練を投資と見なしている．人的資本投資を通して技能が蓄積されれば賃金は上昇する．人的資本理論の考え方は，知識の源泉は理性よりも経験にあるとする経験論[1]を反映しているものと考えられる．しかしながら、生得論的立場からは，生得的能力(inherent/ innate/ endowed ability)が賃金を決定するという主張が提起されるであろう．

　個人の能力に差異があると想定すること自体は自然である．人的資本理論の創始者のひとりであるBeckerは，個人の能力に差異があることを想定して議論を構築しているいる．Becker（1993,pp.97-98）は，所得が能力(ability)を反映しており、所得格差が能力を示すという考えを反対方向の極論として排除する．Becker(1993,pp.98-102)は，能力の高い者程、人的資本投資を行うために賃金格差が発生するとしている．Becker(1993,pp.119-131)は，運や家族の資産等の環境の相違、言い換えると機会の相違は人的資本投資の供給曲線を，能力は需要曲線をシフトさせることで投資量を左右することを示す．つまりBeckerは人的資本投資と能力を対立的なものとは扱っていない．

　ミンサー型賃金関数に能力や環境の代理変数を説明変数として用いない場合、欠落変数バイアス(omitted variable bias)が発生することになる．賃金関数に学歴と個人の能力や環境を示す代理変数を同時に説明変数として用いる場合、教育の収益率も影響を受けて一般的には低下する．

　ミンサー型賃金関数の推定に際しては、能力を示す指標として何を用いるかが問題となる．知能指数を入手することは一般的に困難である．日本ではしばしば能力の代理変数として用いられるのが中学時代の成績である．これは自己申告で中学時代の成績を尋ねるものである．

　中学時代の成績が賃金に正で有意に働くのであれば、それを説明変数として用いない場合の学校教育の収益率には欠落変数バイアスが生じていることになり、過大推定となる．中学3年時の

---

[1] 経験論の定義は平野(1970)による．

306

成績が能力を正確に反映しているとは断定できないが, 教育投資の収益率のバイアス補正には少なからず貢献している.

Ono(2004)は、ミンサー型賃金関数推定に際して、1995年の「社会階層と社会移動全国調査」を用いており、個人の能力の代理変数として中学3年時の個人成績申告値を用いている. その結果, Ono(2004, p.610)は, 男子については能力を考慮することで学校教育の収益率は1年当り0.084から0.069に低下するという結果を示している.

Ono (2007)は, Ono(2004)と同一データを用いて有力大学の収益率を推定した. Ono(2007, p.278)では, 賃金に関して中学3年時の成績は有意な影響を与えていないという結果が示されている. これは有力大学の卒業生の基本的な能力に差異はないことに起因すると考えられる.

安井,佐野(2009a)は、ミンサー型賃金関数の推定に際して「くらしの好みと満足度に関するアンケート」(大阪大学)の2005~2007年を用いており、個人の能力を示すものとして中学3年時の個人成績申告値を用いている. 安井,佐野(2009a,p.28)では, 中学3年時の成績と生活水準を賃金関数の説明変数として追加すると教育年数の係数は男女計で0.0926から0.0703へと低下することが示される.

安井,佐野(2009b)は、ミンサー型賃金関数の推定に際して「日本版 General Social Surveys」の2000~2003年, 2005, 2006年を用いており、個人の能力を示すものとして中学3年時の個人成績申告値を用いている. 安井,佐野(2009b,p.80)は中学3年時の成績と生活水準を賃金関数の説明変数として追加すると教育年数の係数は男女計で0.0834から0.0596へと低下するとしている.

本論では, 中学時代の成績を賃金関数の説明変数として加えると、学歴の係数が男子大卒で0.349から0.269, 女子大卒で0.339から0.270へと低下する. 中学3年時の成績を説明変数として用いることで, 教育の収益率の過大推定が修正されることを示している.

現時点では, 日本の賃金関数の推定における欠落変数バイアス補正はこれらの研究に限定されている. 本章での推定結果は従前のものと整合的な結果となっている. 教育と能力は対立するものではなく補完的関係にあると解釈するのが適切である.

結章　総括及び今後の展望

　本書では，サーチ理論の労働市場分析への適用について議論してきた．その結果，失業の発生要因，労働市場政策の効果，賃金格差の発生要因等，従前，曖昧であった議論が明確になったと考える．第Ⅰ部では，失業の発生要因，雇用創出・雇用喪失の理論的基礎，雇用保護立法の労働市場に与える効果，失業対策としての公的職業紹介機能の役割，積極的労働市場政策と受動的労働市場政策の効果，雇用調整助成金等の短時間労働補助政策の効果，転職が労働市場の効率性に与える効果，第Ⅱ部では，同質労働者間において賃金格差が発生することの要因，人的資本蓄積がなくても継続的雇用により賃金が上昇すること,について考察した．

　これらの問題に対して新古典派経済学理論を直に適用しても解は求められない．但し，このことは新古典派経済学が無用であることを意味するのではない．新古典派経済モデルに摩擦の概念を導入することで，様々な諸問題を解明できるようになったことを示すことが重要である．人的資本理論のみでは説明できない事象について，摩擦要因を考慮することで相当部分が解明できることとなった．本書はそのことを体系的に示したことに意義がある．労働市場においては人的資本とミスマッチを同時に考慮しなければならない．

　労働市場において，労使は対等ではない．雇用主は労働者に対して優越的地位にある．従って，労働者保護政策が法律上，あるいは社会政策の観点から必要とされる．DMP モデルにおいて買手独占的労働市場を前提とすることは意義がある．この前提がなければ交渉に基づく賃金決定も均衡失業も説明できない．さらには，雇用保護立法や労働市場政策についての議論も深めることはできない．

　均衡失業とは，労働需給が均衡する賃金水準においても，ミスマッチや構造的要因に起因した失業が発生することである．DMP モデルでは定常状態において，雇用創出曲線と賃金関数，UV 曲線から雇用量，賃金，失業率の均衡値が決定されることとなる．ここでパレート最適に変わるホシオス条件は分配の公正と失業者の存在の有効性を指摘する．DMP モデルに外生ショックを導入することで雇用創出・雇用喪失をモデルに組み込んだ MP version では，賃金関数に替わって雇用喪失曲線を導入することで，均衡失業率の変動を追跡することが可能となる．このとき，政策変数を導入することで，労働市場政策の効果を検証できる．この場合，雇用保護立法については，解雇費用の負担という形で政策付き MP version に組み込むことができる．

　労働市場政策の効果を一般均衡における定常状態において把握できることは重要である．MP version を用いることで積極的労働市場政策，受動的労働市場政策，雇用保護立法の雇用創出・雇用喪失を通しての失業に

与える効果，これら諸政策を同時実施した際の相互依存関係，課税による財源との関係，ホシオス条件を考慮した分析等が可能となる．

　DMP モデルを成長モデルに発展させることで一般的な生産性の向上は雇用創出を促し失業率を低下させることが示される．これは技術進歩が雇用創出につながる可能性を示すものである．つまり，生産性向上は人員削減に結びつくとは限らず，雇用創出を促す効果がある．但し，技能の update は必要となる．

　MP version を用いたシミュレーション結果からは，雇い入補助金や雇用補助金は失業率低下に寄与すること，雇い入れ補助金の財源を解雇税に求めることは政策の補完性から説得力があることが示される．従って，日本において 2000 年前後の金融不安時にこれらの政策を発動したことは妥当であったと考えられる．問題は政府当局に政策効果の検証と政策の継続性が欠けていたことである．政策の財源をどこに求めるかについて，相互の依存関係を考えなければならない．単に，右から左に財源を移すという数値合わせの議論ではない．

　シミュレーション結果からは，失業手当置換率の引き上げは失業率を高めることが確認できる．但し，これは置換率を低下させることが効率性を高めることを必ずしも意味するものではない．ホシオス条件の観点から議論されるべきものである．また，財源との関連を念頭に置く必要性がある．

　シミュレーション結果からは，解雇費用の上昇は雇用喪失を抑制することで必ずしも失業率を上昇させないことが示される．雇用保護立法に関して言えることは，雇用保護が強い場合，正社員の雇用を抑制して失業率を上昇させるということを先験的に断定することはできない．これは雇用保護立法に雇用喪失を防ぐ機能があるためである．

　ここで重要なことは，雇用保護立法の緩和は部分的緩和とならざるを得ないことである．これは事後法の禁止の原則によるものである．つまり，従前の正社員を対象とした長期雇用契約を変更することは部分的なものに限定される．そのため，新規雇用契約のみが緩和の対象となる．この部分的緩和は雇用創出・雇用喪失の変動を大きくする．現時点において，日本の雇用保護立法が正社員を保護しているため，非正規雇用を増やしているということを示す論拠はないと言える．最も現実性のある雇用契約は，新規雇用に単一雇用契約を適用することである．但し，単一雇用契約を定着させることは相当な説得力が要求される．

　事後法の禁止は他の改革議論においても考慮されなくてはならない．年金制度改革においても，制度改正は新規受給者からの適用となる．このことを無視して，受給者の支給額を理由なく低下させる年金制度改革を論じても机上の空論である．

解雇に際しては，懲戒解雇以外は手切れ金を支払うことが欧米においても認識されている．このことは手切れ金を支払えば自由に解雇可能ということを意味するものではない．日本においては手切れ金を支払う解雇の金銭解決と解雇自由が一体となって議論されている場合が多い．特に解雇促進を唱える論者にその傾向が強い．手切金は労使の合意の上で支払われる場合と法規上の規定に基づき支払われる場合があり，いずれの場合においても最適額を提示することは生活保障等において重要な意義を持つ．

雇用調整助成金については，その性質が失業を未然に防ぐことを目的としており，失業発生過程に補助金の失業回避効果を組み込むことが従前はできなかった．また補助金が無い場合の反事実的成果を求めることができまかった．本書では，休業選択の意思決定に雇用継続のオプションバリューを用いることでモデル化することを可能とした．この結果，雇用調整助成金には一定の失業回避効果があることが理論的に確認されるとともに，シミュレーション結果からも確認された．

転職については，形の上では一旦離職して新しい職に就くのであるが，ここで問題とすべきは在職中に行う職探しの効率性である．失業状態を経ることなく，職から職に労働者が移動することは，しばしば観察される事実であるものの，従前，なぜ在職中に職探しをするのかについては十分な考察がなされてこなかった．

在職中の職探しを行うための二段階留保賃金を導入したDMPモデルは，職務と労働者のフローを分離して捉えることができることを意味しており，景気変動に伴う労働市場の動態を的確に説明することができるようになった．この結果，政策議論の精度を高めることとなった．

労働者が自発的に転職することは，より賃金の高い職務に移動することを意味しており，労働市場の効率性を向上させるものである．ここから整理解雇された生産性が高いとは言えない労働者を転職させることは，労働市場の効率化につながる保証はないことが導かれる．つまり雇用保護立法を緩和して労働者の移動を促進しても生産性の向上にはつながらない．

シミュレーション結果からは，在職中の職探しを伴う転職活動は雇用創出と雇用喪失を共に抑制して結果的に失業率は低下することが示される．このことは労働市場が効率化する際の経路を明確にしたことに意義がある．生産性の向上は転職希望者を増加させる．つまり転職が多くなると生産性が上昇する訳ではない．転職により労働市場を効率化するためには，転職費用を低下させることが重要となる．但し，在職中の求職活動は賃金格差につながるものであり，転職が活発になると賃金格差が拡大することは重要である．

BM モデルにおいては，継続雇用されている労働者は，常に外部からの賃金掲示に反応する用意ができている．外部からの賃金掲示を受諾することで賃金が上昇する．この結果，労働者の職務から職務への移動と賃金分散を同時に説明することが可能となる．

　人的資本理論に従うと，賃金格差は技能蓄積に起因する．これは流動性制約や能力や環境の差異を考慮しても基本的に変わらない．従前から人的資本理論に依拠したミンサー型賃金関数の実証分析においては，説明不可能な部分が相当にあった．つまり人的資本理論は重要な理論であるが，万能ではない．これに対して BM モデルでは，賃金掲示がなされるか否かの確率の問題，労使の相性の問題，言い換えると運の良し悪しで賃金格差が発生することを示唆する．

　日本企業における新卒一括採を行う場合でも，卒業時点における景気動向で就職先は左右される．このことが生涯の賃金格差につながる世代効果が発生する．この場合，いつの時点で学校を卒業するかという問題が発生する．もう一つの問題は，新卒一括採用において，良好な労働条件の掲示されない学生が発生するということである．これは景気後退期に特に多く発生する．就職氷河期と呼ばれる時代に正社員の仕事に就けなかった卒業生が該当する．これらも広義の求職活動における運の良し悪しと言える．従って，再チャレンジという就職氷河期時代の卒業生に職務に就ける機会を与えることは重要な政策である．

　経験年数に応じて賃金が上昇することについては，従前は人的資本理論に基づいて説明されていた．BM モデルでは買手独占的労働市場を前提としており，企業は相性のいい労働者を雇用することで利潤を得ることが可能なので，継続雇用しようとすると想定している．そのため，外部からの賃金掲示に対抗する対抗提案，あるいは賃金が階段状に上昇する賃金・在職期間契約により賃金が上昇すると想定する．

　日本企業において年功賃金は人的資本蓄積のみで説明できるとは思われない．摩擦要因は重要な説明変数となり得る．日本企業において新卒一括採用では初任給はいずれの企業にも大きな相違はない．しかしその後は大きな差異が発生する．これは高賃金の企業に入社するためには，入社時に手付金や納付金を支払うことを示唆する．サーチ理論はこのような事象の解明に寄与する，

　人的資本理論は完全競争を前提としているが，買手独占的労働市場を前提とする BM モデルとの融合を図ることが今後の重要な課題となっている．現時点では，買手独占的労働市場においても learning by doing で技能蓄積がなされると想定している．企業特殊技能の向上が OJT で行われる場合の合理性についても考察しなければならない

日本の正社員を対象とする実証分析結果からは，賃金決定における人的資本蓄積率が低下していること，人的資本要因以外の要因が与える影響が大きいことが示された．このことは日本において on the job search による転職で賃金が上昇していることを必ずしも意味しない．むしろ労働市場制度の硬直性を反映している．新卒一括採用の下で有力大学への進学することが就職活動におけるマッチングやその後の昇進に影響を与えている可能性を示唆する．恣意的な立法や制度設計に拠ることなく，自発的な労働者移動や労働力再配置.が図れるような労働市場の整備が重要である．

今後の課題としては，以下の項目が挙げられる．

・DMP モデルを組み込んだ RBC モデルを用いて，日本の失業変動について考察すること，

・労働者移動のデータを整備して，転職実態を把握すること，

・on the job search を考慮したマッチング関数を推定すること，

・DMP モデルを成長モデルに組み込んで，技術進歩と雇用創出・雇用喪失，失業との関連を検証すること，

・雇用保護立法を内生化した DMP モデルを構築すること，

・失業手当と解雇補償の関係を理論化すること，

・雇用調整助成金等の STW の受給意思決定と失業発生の同時決定モデルを完成すること，

・買手独占的労働市場においては，最低賃金は雇用量を増加させる．DMP モデルに最低賃金制度を導入して，雇用・賃金与える効果について検証すること，

・サーチ理論に OJT による技能向上を組み込むこと，特に企業特殊技能を考慮することで賃金格差を説明すること，

本書を通して浮かび上がってくることは，労働市場の諸問題の理論的解明には相当な労力が必要であるということである．このような問題解明に費やしたエネルギーは無駄ではない．労働市場に関する通説を批判し，正しい政策を追求するためには，絶えざる観察と分析精度の向上が求められる．

参考文献

Abowd,J.,R.Creecy and F.Kramarz (2002) "Computing Person and Firm Effects Using Linked Longitudinal Employer-Employee Data" U.S.Census Bureau,Technical PaperNo.TP-2002-06

Abowd,J., R.Finer and F.Kramarz(1999) "Individual and Firm Heterogeneity in Compensation: An Analysis of Matched Longitudinal Employer and Employee Data for the State of Washington" in *"The Creation and Analysis of Employer-Employee Data"* edited by Haltiwanger,J., J.Lane, J.Spletzer, J.Theeuwes and K.Troske, North-Holland, Amsterdam

Abowd,J. and F.Kramarz (1999) "The Analysis of Labor Markets Using Matched Employer Employee Data" in *"Handbook of Labor Economics Vol.3B"* edited by Ashenfelter,O. and D.Card, North-Holland, Amsterdam

Abowd, J., F. Kramarz, P. Lengermann and S. Roux (2005) "Persistent Inter-Industry Wage Differences: Rent Sharing and Opportunity Costs" mimeo

Abowd,J., F.Kramarz and D.Margolis(1999) "High Wage Workers and High Wage Firms" Econometrica Vol.67,No.2 pp.251-333

Abowd,J.,F.Kramarz and S.Woodcock(2006) "Econometric Analyses of Linked Employer-Employee Data" in *"The Econometrics of Panel Data"* edited by Mátyás,L.and P.Sevestre, Springer-Verlag, Berlin

Abraham, K. and H. Farber (1987) "Job Duration, Seniority, and Earnings" American Economic Review, Vol. 77, No. 3 pp. 278-297

Abraham K. and S.Houseman (1994) "Does Employment Protection Inhibit Labor Market Flexibility? Lessons from Germany, France, and Belgium " in *"Social Protection versus Economic Flexibility: Is There a Trade-Off?"* edited by R.Blank, University of Chicago Press, Chicago

Acemoglu, D. (1997) "Training and Innovation in an Imperfect Labour Market" Review of Economic Studies, Vol. 64, pp. 445-464

Acemoglu, D. and J.-S. Pischke (1999) "Beyand Becker: Training in Imperfect Labour Markets" Economic Journal, Vol. 109 F112-F142

Addison,J.and J.-L. Grosso (1996) "Job Security Provisions and Employment:Revised Estimates" Industrial Relations,Vol.35,Issue4,pp.585-603

Addison,J. and P.Teixeira (2003) "The Economics of Employment Protection" Journal of Labor Research,Vol.24,Issue1,pp.85-128

Addison,J.and P.Teixeira (2005) "What Have We Learned about the Employment Effects of Severance Pay? Further Iterations of Lazear et al."Empirica,Vol.32,pp.345-368

Aghion,P. and P.Howitt(1994) "Growth and Unemployment "Review of Economic Studies,Vol.61, pp.477-494

Akerlof,G.(1982) "Labor Contracts as Partial Gift Exchange" Quarterly Journal of Economics Vol97 No.4 pp.543-569.

Akerlof, G., A. Rose and J. Yellen (1988) "Job Switching and Job Satisfaction in the U.S. Labor Market" Brookings Papers on Economic Activity Vol. 2, pp. 495-594

Albrecht,J.and B.Axell (1984) "An Equilibrium Model of Search Unemployment" Journal of Political Economy,Vol.92,No.5,pp.824-840

Altonji, J. and Shakotoko, R. (1987) "Do Wages Rise with Job Seniority?" Review of Economic Studies Vol. 54, issue3, pp. 437-459

Altonji, J. and Williams, N. (2005) "Do Wages Rise with Job Seniority? A Reassessment" Industrial and labor Relation Review Vol. 58, No. 3, pp. 370-397

Alvarez,F. and M .Veracierto (2001) "Severance Payments in an Economy with Frictions" Journal of Monetary Economics Vol.47,pp.477-498

Anderson,P. and S.Burgess(2000) "Empirical Matching Functions: Estimation and Interpretation Using State-Level Data" Review of Economics and Statistics,vol.82,No.1,pp.93-102.

Andolfatto,D. (1996) "Business Cycles and Labor-Market Search" American Economic Review, Vol.86, No.1, pp.112-132

Andrés ,J.et al.(2009) "Propuesta para la Reactivacion Laboral en Espaa" in English "A Proposal to Restart the Spanish Labor Market" fedea

Arpaia,A., N.Curci, E.Meyermans, J.Peschner and F.Pierini(2010) "Short Time Working Arrangements as Response to Cyclical Fluctuations" Occasional Papers No.64,European Commission

Ashenfelter O.and D.Card (1985) "Using the Longitudinal Structure of Earnings to Estimate the Effect of Training Programs" The Review of Economics and Statistics,Vol.67,No.4,pp.648-660.

Auray,S.,S.Danthine and M .Poschke (2014) "Mandated versus Negotiated Severance Pay" IZA Discussion PaperNo.8422

Bagger, J., F. Fontaine, F. Postel-Vinay and J.-M.Robin (2014) "Tenure, Experience, Human Capital and Wages: A Tractable Feasible Equilibrium Search Model of Wage Dynamics" American Economic Review, Vol. 104, No. 6, pp. 1551-1596

Bak, T. (2015) "Determinants of on-the-job Search Behavior: an Empirical Analysis" Advances in Economics and Business, Vol. 3, No. 1, pp. 22-32

Barlevy, G. (2002) "The Sullying Effect of Recessions" Review of Economic Studies, Vol. 69, No. 1, pp.65-96

Becker, G.(1975) *"Human Capital".* 2nd edition. University of Chicago Press, 邦訳『人的資本』佐野陽子訳, 東洋経済新報社

Becker, G.(1993) *"Human Capital".* 3rd edition. University of Chicago Press

Press.Ben-Porath, Y. (1967) "The Production of Human Capital and the Life Cycle of Earnings" Journal of Political Economy, vol. 75, No. 4, pp. 352-365

Bentolila.S and G.Bertola (1990) " Firing Costs and Labour Demand: How Bad is Eurosclerosis?" Review of Economic Studies,Vol.57,No.3,pp.381-402

Bentolila,S.,P.Cahuc,J.Dolado and T. Le Barbanchon (2012) "Two-Tier Labour Markets in the Great Recession: France Versus Spain" Economic Journal,Vol.122,Issue562,pp.F155-F187

Bentolila,S.,J.Dolado and J.Jimeno (2008) "Two-Tier Employment Protection Reforms: The Spanish Experience" CESifo DICE Report4/2008,pp.49-56

Bentolila,S.,J.Dolado and J.Jimeno (2012) "The New Labour Market Reform in Spain: Objectives, Instruments, and Shortcomings" CESifo DICE Report2/2012,pp.3-7

Bertola,G.(1990) "Job Security, Employment and Wages" European Economic Review, Vol.34,Issue4, pp.851-879

Beveridge,W .(1944) *"Full employment in a free society"* Allen & Unwin, London

Blanchard,O. and P.Diamond (1990) "Aggregate Matching Function" in *"Growth/Productivity/ Unemployment"* edited by P.Diamond, MIT Press

Blanchard,O.and A.Landier(2002) "The Perverse Effects of Partial Labour Market Reform :Fixed Term Contracts in France" Economic Journal,Vol.112,F214-244

Blanchard,O.and P.Portugal (2001) "What Hides Behind an Unemployment Rate: Comparing Portuguese and U.S. Labor Markets" American Economic Review,Vol.91,No.1 pp.187-207

Blanchard,O.and J.Tirole(2003) "Protection de L'emploi et Procédures de Licenciement" Les Rapports du Conseil d'analyse économique

Blanchard,O.and J.Tirole (2008) "The Joint Design of Unemployment Insurance and Employment Protection:A First Pass" Journal of the European Economic Association,Vol.6,No.1,pp.45-77

Boeri,T. and H.Bruecker(2011) "Short-Time Work Benefits Revisited: Some Lessons from the Great Recession" IZA Discussion PaperNo.5635

Boeri,T. and P.Garibaldi(2007) "Two Tier Reforms of Employment Protection: a Honeymoon Effect?* Economic Journal,vol.117,pp.F357-F385

Boeri,T.,P.Garibaldi and E. Moen (2014) "Severance Pay" 16th IZA/CEPR European Summer Symposium in Labour Economics

Bontemps, C., J.-M. Robin and G. J. van den Berg (1999) "An Empirical Equilibrium Job Search Model with Search on the Job and Heterogeneous Workers and Firms" International Economic Review, Vol. 40, No. 4 pp. 1039-1075

Bontemps, C., J. -M. Robin and G. J. van den Berg (2000) "Equilibrium Search with Continuous Productivity Dispersion: Theory and Nonparametric Estimation" International Economic Review, Vol. 40, No. 4 pp. 305-358

Bowlus, A. and H. Liu (2013) "The Contribution of Search and Human Capital to Earnings Growth over the Life Cycle" European Economic Review vol. 64, pp. 305-331

Brown,C. and J.Medoff (1989) "The Employer Size-Wage Effect" Journal of Political Economy, Vol.97, No.5, pp.1027-1059

Brown,C.,J.Hamilton and J.Medoff (1990) "Employers Large and Small" Harvard University Press, Cambridge

Bunzel, H., B. Christensen, N. Kiefer and L. Korsholm (2000) "Equilibrium Search with Human Capital Accumulation" in *"Panel Data and Structural Labour Market Models"* edited by Bunzel, H, B. Christensen, P. Jensen, N. Kiefer and D. Mortensen, Elsevier

Burda,M (1992) "A Note on Firing Costs and Severance Benefits in Equilibrium Unemployment" Scandinavian Journal of Economics,Vol.94,No.3,pp.479-489

Burdett, K. (1978) "A Theory of Employee Job Search and Quit Rates" American Economic Review, Vol. 68, No. 1, pp. 212-220

Burdett,K.(1990) "New Framework for Labor Market Policy" in *"Panel Date and Labor Market Studies"* edited by Hartog,J.,G.ridder and J.Theeuwes, North-Holland, Amsterdam

Burdett,K.,C.Carrillo-Tudela and M.Coles(2008) "Human Capital Accumulation and Labor Market Equilibrium" Institute for Fiscal Studies mimeo

Burdett, K, C. Carrillo-Tudela and M. Coles (2011) "Human Capital Accumulation and Labor Market Equilibrium" International Economic Review, vol. 52 No. 3, pp. 657-677

Burdett,K.,C.Carrillo-Tudela and M .Coles(2016) "Wage Inequality: A Structural Decomposition" Review of Economic Dynamics,vol.19,pp.20-37

Burdett, K. and M. Coles (2003) "Equilibrium Wage-Tenure Contracts" Econometrica Vol. 71 No.5 pp. 1377-1404

Burdett, K. and M . Coles (2010a) "Wage/Tenure Contracts with Heterogeneous Firms" Journal of Economic Theory,Vol.145,No.4,pp.1408-1435

Burdett, K. and M. Coles (2010b) "Tenure and Experience Effects on Wages: A Theory" CESifo WorkingPaper Series No. 3203

Burdett,K. and K.Judd (1983) "Equilibrium Price Dispersion" EconometricaVol.51,No.4,pp.955-970

Burdett, K. and Mortensen, D. (1998) "Wage Differentials, Employer Size, and Unemployment" International Economic Review Vol. 39 pp. 257-273

Burgess, S., J. Lane and D. Stevens (2002) "Job Flows, Worker Flows, and Churning" Journal of Labor Economics, Vol. 18, No. 3, pp. 473-502.

Butters,G.(1977) "Equilibrium Distributions of Sales and Advertising Prices" Review of Economic Studies Vol.44,No.3 pp.465-491

Caballero, R. and M. Hammour (1994) "The Cleansing Effect of Recessions" American Economic Review, Vol. 84, No. 5 pp. 1350-1368

Cahuc, P. , F. Postel-Vinay and J.-M. Robin (2006) "Wage Bargaining with On-the-Job Search: Theory and Evidence" Econometrica, Vol. 74, Issue 2, pp. 323-364

Cahuc, P, and T.Le Barbanchon(2010) "Labor Market Policy Evaluation in Equilibrium: Some Lessons of the Job Search and Matching Model" Labor Economics Vol.17, pp.196-205

Cahuc,P.and S.Carcillo (2011) "Is Short-Time Work a Good Method to Keep Unemployment Down?" Nordic Economic Policy Review,No.1/2011,pp.133-164

Cahuc,P. and F.Postel-Vinay (2002) "Temporary Jobs, Employment Protection and Labor Market Performance" Labour Economics,Vol.9,Issue1,pp.63-91

Cahuc,P.and A.Zylberberg (2004) *"Labor Economics"* MIT Press, Cambridge, 2nd edition では S.Carcillo が加わっている.

Calavrezo,O.,R.Duhautois and E.Walkoviak (2009a) "Short-Time Compensation and Establishment Survival: An Empirical Analysis with French Data, Comparative Analysis of Enterprise Data" (CAED) Conference,2-4 October,Tokyo,Japan

Calavrezo,O.,R.Duhautois and E.Walkoviak (2009b) "The Short-Time Compensation Program in France: An Efficient Measure against Redundancies?" Working Paper HAL Id: hal-00831348

Calavrezo,O.,R.Duhautois and E.Walkoviak (2010) "Short-Time Compensation and Establishment Exit: An Empirical Analysis with French Data" IZA Discussion PaperNo.4989

Calmfors,L.A.Forslund and M .Hemstrm (2001) "Does Active Labour Market Policy Work? Lessons from the Swedish Experiences" Swedish Economic policy Review,Vol.8,No.2,pp.61-123

Carmichael, L. (1990) "Efficiency Wage Models of Unemployment-One View" Economic Inquiry Vol. 28, Issue2, pp. 269-295

Carrillo-Tudela, C. (2009a) "An Equilibrium Search Model When Firms Observe Workers' Employment Status" International Economic Review, Vol. 50, No. 2, pp. 485-506

Carrillo-Tudela, C. (2009b) "An Equilibrium Search Model with Optimal Wage-Experience Contracts" Review of Economic Dynamics Vol. 12 pp. 108-128

Carrillo-Tudela, C. (2012) "Job Search, Human Capital and Wage Inequality" CESifo Working Paper, No. 3679

Cebrián, I., G. Moreno and L. Toharia (2005) "Are Spanish Open-Ended Contracts Permanents? Duration and Trajectory Analyses" VI Jornadas de Economía Laboral, Universidad de Alicante

Christensen, B., R. Lentz, D. Mortensen, G. Neumann and A. Werwatz (2005) "On the Job Search and the Wage Distribution" Journal of Labor Economics, Vol. 23, pp. 31-58.

Coe,D.and D.Snower(1997) "Policy Complementarities: The Case for Fundamental Labor Market Reform" IMF StaffPapersVol.44,No.1,pp.1-35

Cole,H.and R.Rogerson (1999) "Can the Mortensen-Pissarides Matching Model Match the Business-CycleFacts?" International Economic Review, Vol.40, No.4 pp.933-959

Coles,M.(2001) "Equilibrium Wage Dispersion, Firm Size, and Growth" Review of Economic Dynamics, Vol.4, issue1, pp.159-187

Coles,M. and E.Smith (1996) "Cross-Section Estimation of the Matching Function: Evidence from England and Wales" Economica,vol.63,pp.589-597

Costain,J. and M.Reter(2008) "Business cycles, unemployment insurance, and the calibration of matching models" Journal of Economic Dynamics and Control,Vol.32,No.4,pp.1120-1155

Davis,S. and J.Haltiwanger(1992) "Gross Job Creation, Gross Job Destruction, and Employment Reallocation" Quarterly Journal of Economics,Vol.107,pp.819-863

Davis,S., J.Haltiwanger and S.Schuh (1996) *"Job Creation and Destruction"* MIT Press, Cambridge

Davis,S.J. and J.Haltiwanger(1996) "Employer Size and the Wage Structure in U.S. Manufacturing" Annales D'Economie et de Statistique,Vol.41/42 pp.323-367

den Haan,W., G.Ramey and J.Watson (2000) "Job Destruction and Propagation of Shocks" American Economic Review,Vol.90,No.3,pp.482-498

Devine, T. and N. Kiefer (1991) "Empirical Labor Economics: The Search Approach" Oxford University Press, Oxford

Dey, M. and C. Flinn (2005) "An Equilibrium Model of Health Insurance Provision and Wage Determination" Econometrica, Vol. 73, No. 2, pp. 571-627

Diamond,P.(1971) "A Model of Price Adjustment" Journal of EconomicTheory,Vol.3,pp.213-225

Diamond,P.(1981) "Mobility Costs, Frictional Unemployment, and Efficiency" Journal of Political Economy Vol.89,pp.798-812

Diamond,P.(1982a) "Aggregate Demand Management in Search Equilibrium" Journal of Political Economy Vol.90,pp.881-894

Diamond,P.(1982b) "Wage Determination and Efficiency in Search Equilibrium "Review of Economic Studies,Vol.49,pp.217-227

Dickens,W. and L.Katz(1987) "Inter-Industry Wage Differences and Industry Characteristics" in *"Unemployment and the Structure of Labor Market"* edited by Lang,K. and J.Leonard, Basil Blackwell, Oxford

Dolado,J.(2012) "The Pros and Cons of the Latest Labour Market Reform in Spain" Spanish Labour Law and Employment Relations Journal,Vol.1,No.1-2,pp.22-30

Dolado,J.,E.Lalé and N.Siassi(2015) "Moving Towards a Single Labour Contract: Transition vs. Steady-State" CEPR Discussion Paper11030

Dow,C. and Dicks-Mireaux,L.(1958) "The Excess Demand for Labour, A Study of Conditions in Great Britain,1946-56"Oxford Economic Papers,Vol.10,pp.1-33

Duell,N., D.Grubb Singh,S. and P.Tergest(2010) "Activation Policies in Japan" OECD Social, Employment and Migration Working papersNo.113

Dustman, C. and C. Meghir (2005) "Wages, Experience and Seniority" Review of Economic Studies Vol. 72, No. 1 pp. 77-108

Eckstein,Z. and K.Wolpin(1990) "Estimating a Market Equilibrium Search Model from Panel Data on Individuals" Econometrica,Vol.58,No.4,pp.783-808

Emerson, M.(1988) "Regulation or Deregulation of the Labour Market: Policy Regimes for the Recruitment and Dismissal of Employees in the Industrialized Countries" European Economic Review, Vol. 32, Issue4, pp.775-817

Eriksson, S. and N. Gottfries(2005) "Ranking of job applicants, on-the-job search, and persistent unemployment" Labour Economics, vol. 12, No. 3, pp. 407-428

Eriksson, S. and J. Lagerstrom(2006) "Competition between Employed and Unemployed Job Applicants: Swedish Evidence" Scandinavian Journal of Economics, Vol. 108, Issue3, pp. 373-396

Faberman, R., A. Mueller, A. Sahin and G. Topa (2017) "Job Search Behavior among the Employed and Non-Employed" IZA Discussion Paper, No. 10960

Fallick, B and C. Fleischman (2004) "Employer-To-Employer Flows in the U. S. Labor Market: The Complete Picture of Gross Worker Flows" Board of Governors of the Federal Reserve System

Fay,R.(1996) "Enhancing the Effectiveness of Active Labor Market Policies:Evidence from Programme Evaluations in OEDE Countries" Labour Market and Social Policy Occasional Papers No.18

Fay,J.and J.Medoff(1985) "Labor and Output Over the Business Cycle: Some Direct Evidence" American Economic Review,Vol.75,No.4,pp.638-655

Fella,G.(2012) "Matching,Wage Rigidities and Efficient Severance Pay" The B.E.Journal of Economic Analysis& Policy.Vol.12,Issue1,pp.1935-1682

Fella,G.and C.Tyson (2013) "Privately-Optimal Severance Pay" B.E.Journal of Macroeconomics, Vol.13,No.1,pp.415-453

Flinn, C.(2006) "Minimum Wage Effects on Labor Market Outcomes under Search, Matching, and Endogenous Contact Rates" Econometrica Vol.74 Issue4, pp.1013-1062

Flinn, C.(2011) *"The Minimum Wage and Labor Market Outcomes"*MIT Press, Cambridge

Friedman,M .(1968) "The Role of Monetary Policy" American Economic Review,Vol.58,No.1,pp.117

Fuentes, A. (2002a) "On-the-Job Search and the Beveridge Curve" IMF Working Paper No. 02/37

Fuentes, A. (2002b) "The Determinants ofOn-the-job Search: An Empirical Exploration" IMF Working Paper No. 02/156

Garcia-Perez,J.I. and V.Osuna.(2014) "Dual Labor Market and the Tenure Distribution: Reducing Severance Pay or Introducing a Single Contract" Labour Economics,Vol.29,pp.1-13

García-Pérez,J.I. and V.Osuna(2014) "Dual Labour Markets and the Tenure Distribution: Reducing Severance Pay or Introducing a Single Contract" Labour Economics,Vol.29,pp.1-13

García-Pérez ,J.I. and M .Jansen (2015) "Assessing the Impact of Spain´s Latest Labour Market Reform" Spanish Economic and Financial Outlook, May,pp.5-15

Garibaldi,P.(1998) "Job Flow Dynamics and Firing Restrictions" European Economic Review Vol.42, pp.245-275

Garibaldi,P. and G.Violante (2005) "The Employment Effects of Severance Payments with Wage Rigidities" Economic Journal,Vol.115,issue506,pp.799-832

Gibbons, R. and L. Katz (1991) "Layoffs and Lemons" Journal of Labor Economics, vol. 9, No. 4, pp.351-380

Gibbons,R. and L.Katz (1992) "Does Unmeasured Ability Explain Inter-Industry Wage Differentials?" Review of Economic Studies, Vol.59, issue3, pp.515-535

Giersch,H.(1985) "Eurosclerosis" Kieler Diskussionsbeitrage,No.112

Griffin,N.(2010) "Labor Adjustment, Productivity and Output Volatility: An Evaluation of Japan's Employment Adjustment Subsidy." Journal of the Japanese and International Economies, vol.24, issue1,pp.28-49

Groshen,E.(1991) "Sources of Intra-Industry Wage Dispersion: How Much Do Employers Matter?" Quarterly Journal of Economics, Vol.106,No.3,pp.869-884.

Grubb,D. and W.Wells(1993) "Employment Regulation and Patterns of Work in EC Countries" OECD Economic Studies,No.21,pp.7-58

Hagedorn,M. and I.Manovskii(2008) "The Cyclical Behavior of Equilibrium Unemployment and Vacancies Revisited" American Economic Review,Vol.98,No.4,pp.1692-1706

Hall,R.(2005) "Employment Fluctuations with Equilibrium "American Economic Review,Vol.95,No. 1,pp.50-65

Hansen,B.(1970) "Excess Demand, Unemployment, Vacancies, and Wages" Quarterly Journal of Economics,Vol.84,pp.1-23

Heckman, J., L. Lochner, and R. Cossa (2003) "Learning-By-Doing vs. On-the-Job Training: Using Variation Induced by the ElTC to Distinguish Between Models of Skill Formation" in *"Designing Inclusion: Tools to Raise Low-end Pay and Employment in Private Enterprise"* Cambridge University Press, Cambridge

Heckman,J., J.Stixrud, and S.Urzua(2006) "The Effects of Cognitive and Non-Cognitive Abilities on Labor Market Outcomes and Social Behavior" Journal of Labor Economics,Vol.24,No.3,pp.411-482

Hersch, J. and P. Reagan (1990) "Job Match, Tenure and Wages Paid by Firms" Economic Inquiry Vol. 28, Issue3, pp. 488-507

Hijzen,A.and S.Martin (2013) "The Role of Short-Time Work Schemes during the Global Financial Crisis and Early Recovery: : A Cross-Country Analysis" IZA JournaloflaborPolicy,vol.2-5,pp.131

Hijzen,A. and D.Venn(2011) "The Role of Short-Time Work Schemes during the 2008-2009 Recession" OECD Social Employment and Migration Working PapersNo.115

Hoffmann, F. and S. Shi (2016) "Burdett-Mortensen Model of On-the-Job Search with Two Sectors" Review of Economic Dynamics, Vol. 19, pp. 108-134

Holzmann,R.,Y.Pouget, M.Vodopivec and M .Weber(2012) "Severance Pay Programs around the World: History, Rationale, Status, and Reforms" in *"Reforming Severance Pay, An International Perspective"* edited by R.Holzmann, and M .Vodopivec, International Bank for Reconstruction and Development/ The World Bank, Washington, USA

Holzmann,R. and M.Vodopivec(2012) "Severance Pay under Review:Key Issues, Policy Conclusions, and Research Agenda" in *"Reforming Severance Pay, An International Perspective"* edited by R.Holzmann, and M.Vodopivec, International Bank for Reconstruction and Development/The World Bank, Washington, USA

Holzner, C. (2005) "Search Frictions, Credit Constraints and Firm Financed General Training" Ifo Working Paper No. 6

Holzner, C. (2011) "Optimal Wage Policy with Endogenous Search Intensity" mimeo

Hopenhayn,H. and R.Rogerson (1993) "Job Turnover and Policy Evaluation: A Genera Equilibrium Analysis" Journal of Political Economy,Vol.101,No.5,pp.915-938

Hornstein,A.,P.Krusell,and G.L.Violante,(2005) "Unemployment and Vacancy Fluctuations in the Matching Model: Inspecting the Mechanism" Economic Quarterly, Federal Reserve Bank of Richmond, Vol.91, No.2, pp.19-51

Hornstein,A.,P.Krusell and G.Violante(2011) "Frictional Wage Dispersion in Search Models: A Quantitative Assessment" American Economic Review,Vol.101,No.7,pp.2873-2898

Hosios,A.(1990) "On the Efficiency of Matching and Related Models of Search and Unemployment" Review of Economic Studies,Vol.57,pp.279-298

Hwang,H., D.Mortensen and R.Reed(1998) "Hedonic Wages and Labor Market Search" Journal of Labor Economics Vol.16, No.4, pp.815-847

Hyatt, H. and J. Spletzer (2013) "The Recent Decline in Employment Dynamics" IZA Journal of Labor Economics, Vol. 2, issue3, pp. 1-21

Idson,T.and H.Ishii(1993) "Gender Differences in Employer Size Effects in Japan and the United States" in "Industrial Relations Research Association Series, Proceedings of the Forty-Fifth Annual Meeting, January5-7" edited by Burton,J. Industrial Relations Research Association, University of Wisconsin-Madison

Jovanovic, B. (1979a) "Job Matching and the Theory of Turnover" Journal of Political Economy Vol. 87, No. 5, pp. 972-990

Jovanovic, B. (1979b) 'Firm-Specific Capital and Turnover" Journal of Political Economy Vol. 87, No.6, pp. 1246-1260

Jovanovic, B. (1984) "Matching, Turnover, and Unemployment" Journal of Political Economy" Vol.92, No. 1, pp. 108-122

Kano,S.and M.Ohta(2005) "Estimating a Matching Function and Regional Matching Efficiencies: Japanese Panel Data for 1973-1999" Japan and the World Economy,vol.17,pp.25-41

Keynes,J.M .(1936) "The General Theory of Employment,Interest and Money" Macmillan and Co., Limited, London 『雇用・利子および貨幣の一般理論』 塩野谷九十九訳, 東洋経済新報社

Kramarz,F.(2002) "Inter-Industry and Firm-Size Wage Differentials in France and the United States" Keynote Speech for the Conference "Incentives and Beyond - the Economics of Personnel and Organizations" A CEPR/SITE Stockholm School of Economics Workshop Stockholm May 6

Krause, M and T. Lubik (2010) "On the Job Search and the Cyclical Dynamics of the Labor Market" Federal Reserve Bank of Richmond, Working Paper 10-12

Krueger,A. and L.Summers(1987) "Reflections on the Inter-Industry Wage Structure" in "Unemployment and the Structure of Labor Market" edited by Lang,K. and J.Leonard, Basil Blackwell, Oxford

Krueger,A. and L.Summers (1988) "Efficiency Wages and the Inter-Industry Wage Structure" Econometrica,Vol.56,No.2,pp 259-29

Lalé, E. (2015) "Penalty vs. Insurance: A Reassessment of the Role of Severance Payments in an Economy with Frictions" University of Bristol Discussion PaperNo.15/648

Lazear, E. (1979) "Why Is There Mandatory Retirement?" Journal of Political Economy Vol. 87, No. 6, pp. 1261-1284

Lazear,E.(1990) "Job Security Provisions and Employment" Quarterly Journal of Economics, Vol.105, No.3, pp.699-726

Lepage-Saucier,N.,J.Schleich and.Wasmer(2013) "Moving towards a Single Contract? Pros, Cons and Mixed Feelings" OECD economics Department Working PaperNo.1026

Liu, H. (2009) "Life Cycle Human Capital Formation, Search Intensity, and Wage Dynamics" mimeo

Ljungqvist,L.(2002) "How Do Lay-off Costs Affect Employment?* Economic Journal,Vol.112,pp. 829-853

Loveman,G. and W.Sengenberger(1991) "The Emergence of Small-Scale Production: An International Comparison" Small Business Economics Vol.3,No.1 pp.1-37

Lubik,T.(2009) "Estimating a Search and Matching Model of the Aggregate Labor Market" Economic Quarterly,Vol.95,No.2,pp.101-120,Federal Reserve Bank of Richmond

Ljungqvist,L.and T..Sargent,(2004) *"Recursive Macroeconomic Theory"* 2nd Edition, MIT Press, Cambridge

MacMinn,R.(1980) "Job Search and the Labor Dropout Problem Reconsidered" Quarterly Journal of Economics, Vol.95,No.1,pp.69-87.

Marshall, R. and G. Zarkin (1987) "The Effect of Job Tenure on Wage Offers" Journal of Labor Economics vol. 5, No. 3, pp. 301-324

Martin,J.(2000) "What Works among Active Labor Market Policies: Evidence from OECD Countries' Experiences" OECD Economic Studies, No.30, pp.79-113

Martin,J.(2015) "Activation and Active Labour Market Policies in OECD Countries: Stylised Facts and Evidence on Their Effectiveness" IZA Journal of Labor Policy:

Mattila, P. (1974) "Job Quitting and Frictional Unemployment" American Economic Review vol.64, No.1, pp.235-239

McCall,J.(1970) "Economics of Information and Job Search" Quarterly Journal of Economics Vol.84, No.1, pp.113-126

Meidner,R (1969) "Active Manpower Policy and the Inflation Unemployment-Dilemma" Swedish Journal of Economics,Vol.71,No.3,pp.162-183

Merz.M .(1995) "Search in the Labor Market and the Real Business Cycle" Journal of Monetary Economics" Vol.36, pp.269-300

Mincer, J. (1974) *"Schooling, Experience and Earnings"* Human Behavior & Social Institutions No. 2. National Bureau of Economic Research, New York

Mincer, J. and B. Jovanovic (1981) "Labor Mobility and Wages" in *"Studies in Labor Markets"* edited by S. Rosen, National Bureau of Economic Research, New York

Ministerio de Empleoy Seguridad Social(2013) "Evaluating the Impact of the Labour Reform"

Miyamoto, H. and Y. Takahashi(2011) "Productivity Growth, on-the-job Search, and Unemployment" Journal of Monetary Economics, vol. 58, No. 6, pp. 666-680.

Moore,H.(1911) *"Laws of Wages: An Essay in Statistical Economics"* Macmillan, New York

Mortensen,D.(1982) "The Matching Process as a Noncooperative Bargaining Game" in *"The Economics of Information and Uncertainty"* edited by J.McCall, University of Chicago Press, Chicago

Mortensen,D.(1986) "Job Search and Labor Market" in *"Handbook of Labor Economics Vol.2"* edited by Ashenfelter,O.C.and R.Layard, North-Holland, Amsterdam

Mortensen,D.(1990) "Equilibrium Wage Dispersions: A Synthesis" in *"Panel Date and Labor Market Studies"* edited by Hartog,J., G.ridder and J.Theeuwes, North-Holland, Amsterdam

Mortensen, D. (1994) "The Cyclical Behavior of Job and Worker Flows" Journal of Economic Dynamics and Control, Vol.18, pp.1121-1142

Mortensen,D.(2003) *"Wage Dispersion: why are similar workers paid differently?"* MIT Press, Cambridge

Mortensen,D. and É.Nagypál(2007a) "More on Unemployment and Vacancy Fluctuations" Review of Economic Dynamics,Vol.10,pp.327-347

Mortensen, D. and É.Nagypál(2007b) "Labor-market Volatility in Matching Models with Endogenous Separations" Scandinavian Journal of Economics,Vol.109,No.4,pp.645-665

Mortensen,D. and C.Pissarides(1993) "The Cyclical Behavior of Job Creation and Job Destruction" in *"Labor Demand and Equilibrium Wage Formation"* edited by Van Ours,J.C., G.A.Pfann, and G.Ridder, North-Holland, Amsterdam

Mortensen,D. and C.Pissarides(1994) "Job Creation and Job Destruction in the Theory of Unemployment" Review of Economic Studies, Vol.61, pp.397-415

Mortensen,D. and C.Pissarides(1998) "Technological Progress, Job Creation, and Job Destruction" Review of Economic Dynamics,Vol.1, pp.733-753

Mortensen,D. and C.Pissarides(1999a) "Job Reallocation, Employment Fluctuations and Unemployment" in *"Handbook of Macroeconomics Vol.1B"* edited by Taylor,J.B. and M.Woodford, North Holland, Amsterdam

Mortensen,D. and C.Pissarides(1999b) "New Developments in Models of Search in the Labor Market" in *"Handbook of Labor Economics Vol.3B"* edited by Ashenfelter,O.C. and C.Card, North-Holland, Amsterdam

Mortensen,D. and C.Pissarides(1999c) "Unemployment Responses to 'Skill-Biased' Technology Shocks:The Role of Labour Market Policy" Economic Journal,Vol.109,pp.242-265

Mortensen,D. and C.Pissarides(2003) "Taxes, Subsidies and Equilibrium Labor Market Outcomes" in *"Designing Inclusion"* edited by E.Phelps, Cambridge University Press, Cambridge

Mukoyama, T. (2014) "The Cyclicality of Job-to-Job Transitions and Its Implications for Aggregate Productivity" Journal of Economic Dynamics and Control, Vol. 39, pp. 1-17

Murphy,K. and R.Topel(1987) "Unemployment, Risk and Earning" in *"Unemployment and the Structure of Labor Market"* edited by Lang,K. and J.Leonard, Basil Blackwell,Oxford

Murphy,K. and R.Topel(1990) "Efficiency Wages Reconsidered: Theory and Evidence" in *"Advances in the Theory and Measurement of Unemployment"* edited by Weiss,Y. and G.Fishelson, Macmillan, London

Nagypál,É.(2005) "On the Extent of Job-to-Job Transitions" Unpublished manuscript, Northwestern University

Nagypál,É.(2006) "Amplification of Productivity Shock; Why Don't Vacancied\s Like to Hire the Unemployed?" in "Structural Models of Wage and Employment Dynamics" edited by Bunzel, H. J. Christensen, G. Neumann and J. -M. Robin. Amsterdam: Elsevier.

Nagypál,É.(2007) "Labor-Market Fluctuations and On-the-Job Search" Unpublished manuscript, Northwestern University

Nagypál,É.(2008) "Worker Reallocation over the Business Cycle: The Importance of Employer-to-Employer Transitions" Unpublished manuscript, Northwestern University

OECD(1964) *"Active Manpower Policy, International Management Seminar, Brussels,14th-17th April 1964:finalreport"* OECD,Paris

OECD(1993) "Active Labor Market Policies:Assessing Macroeconomic and Microeconomic Effects" in *"Employment Outlook"* OECD,Paris

OECD (1994a) *"The OECD Jobs Study, Facts, Analysis, Strategies"* OECD,Paris

OECD (1994b) *"The OECD Jobs Study-Evidence and Explanations PartII: The Adjustment Potential of the Labour Market"* OECD,Paris

OECD (1999a) *"Implementing the OECD Jobs Strategy, Assessing Performance and Policy"* OECD, Paris

OECD (1999b) "Employment Protection and Labour Market Performance" in *"Employment Outlook",* OECD, Paris

OECD (2004) "Employment Protection Regulation and Lobour Market Performance" in *"Employment Outlook",* OECD, Paris

OECD (2006) *"Boosting Jobs and Income, Policy Lessons from Reassessing the OECD Jobs Strategies",* OECD, Paris

OECD (2009) *"The Political Economy of Reform"* OECD, Paris

OECD (2013) "Protecting Jobs, Enhancing Flexibility: A New Look at Employment Protection Legislation" in *"Employment Outlook",* OECD, Paris

OECD (2014) *"The 2012 Labour Market Reform in Spain: A Preliminary Assessment"* OECD, Paris

OECD (2015) *"Back to Work: Japan: Improving the Re-employment Prospects of Displacement Workers"* OECD, Paris

Oi,W (1962) "Labor as a Quasi-Fixed Factor" Journal of Political Economy,Vol.70, No.6, pp.538-555

Oi,W. and T.Idson(1999) "Firm Size and Wages" in *"Handbook of Labor Economics Vol.3B"* edited by Ashenfelter,O. and D.Card, North-Holland, Amsterdam

Ono, H. (2004) "College Quality and Earnings in the Japanese Labor Market" Industrial Relations, Vol.43, pp.595-617.

Ono, H. (2007) "Does Examination Hell Pay off ? A Cost–Benefit Analysis of "Ronin" and College Education in Japan" Economics of Education Review Vol.26, pp.271–284

Parsons, D. (1973) "Quit Rates Over Time: A Search and Information Approach" American Economic Review, Vol. 63, No. 3, pp. 390-401

Petrongolo,B. and Pissarides,C.(2001) "Looking into the Black Box: A Survey of the Matching Function" Journal of Economic LiteratureVol.39,pp.390-431

Picot,G.and A.Tassinari(2014) "Liberalization, Dualization, or Recalibration? Labor Market Reforms under Austerity, Italy and Spain 2010-2012" Nuffield College Working Paper Series in Politics

Pissarides,C.(1985a) "Short-run Equilibrium Dynamics of Unemployment, Vacancies and Real Wages" American Economic Review,Vol.75,No.4,pp.676-690

Pissarides,C.(1985b) "Taxes, Subsidies and Equilibrium Unemployment" Review of Economic Studies, Vol.52, No.1, pp.121-134

Pissarides,C.(1990) *"Equilibrium Unemployment Theory"* Basil Blackwell, Oxford

Pissarides,C. (1994) "Search Unemployment with On-the-job Search" The Review of Economic Studies, Vol. 61, No. 3, pp. 457-475

Pissarides,C.(1998) "The Impact of Employment Tax Cuts on Unemployment and Wages: The Role of Unemployment Benefits and Tax Structure" European Economic Review,Vol.42,pp.155-183

Pissarides,C.(2000) *"Equilibrium Unemployment Theory"* second edition MIT Press, Cambridge

Pissarides,C.(2001) "Employment Protection" Labour Economics" Vol.8, Issue 2, pp.131-159

Pissarides,C.(2009) "The Unemployment Volatility Puzzle: Is Wage Stickiness the Answer?" Econometrica, Vol.77, No.5, pp.1339-1469

Pissarides,C.(2010) "Why Do Firms Offer 'Employment Protection' ?" Economica, Vol.77, Issue308, pp.613-636

Pissarides,C. and G.Vallanti(2007) "The Impact of TFP Growth on Steady-state Unemployment" International EconomicReview,Vol.48,No.2,pp.607-640

Pissarides, C and J. Wadsworth (1994) "On-the-job search: Some Empirical Evidence from Britain" European Economic Review, Vol. 38, Issue2, pp. 385-401

Polachek, S. and W. Siebert (1993) "The Economics of Earnings" Cambridge University Press, Cambridge

Postel-Vinay, F. and J-M.Robin(2002a) "The Distribution of Earnings in an Equilibrium Search Model with State-Dependent Offers and Counteroffers" International Economic Review Vol. 43 No. 4 pp. 989-1016

Postel-Vinay, F. and J.-M. Robin (2002b) 'Equilibrium Wage Dispersion with Worker and Employer Heterogeneity" Econometrica Vol. 70 No. 6 pp. 2295-2350

Postel-Vinay, F. and J.-M. Robin (2004) "To Match or Not to Match? Optimal Wage Policy with Endogenous Worker Search Intensity" Review of Economic Dynamics Vol. 7, No. 2, pp. 297-330

Pries, M. and R. Rogerson (2005) "Hiring Policies, Labor Market Institutions, and Labor Market Flows" Journal of Political Economy, Vol. 113, No. 4, pp. 811-839

Rebick, M. (1993) "The Persistence of Firm-Size Earnings Differentials and Labor Market Segmentation in Japan" Journal of the Japanese and International Economies Vol.7, issue2, pp.132-156

Rogerson,R. R.Shimer and R.Wright(2005) "Search-Theoretic Models of the Labor Market: A Survey" Journal of Economic Literature,Vol.43,pp.959-988

Rogerson,R. and R.Shimer(2011) "Search in Macroeconomic Models of the Labor Market" in *"Handbook of Labor EconomicsVol.4a"* edited by Ashenfelter,O. and D.Card, North-Holland, Amsterdam

Rosenbaum,P. and D.Rubin (1983) "The Central Role of the Propensity Score in Observational Studies for Causal Effects" Biometrika,Vol.70,No.1.pp.41-55.

Rothschild,M(1973)"Models of Market Organization with Imperfect Information: A Survey" Journal of Political Economy Vol.81,No.6,pp.1283-1308

Roy,.D.(1950) "The Distribution of Earnings and of Individual Output" Economic Journal Vol.60, No.239,pp.489-505

Rubinstein, Y. and Y.Weiss(2006) "Post Schooling Wage Growth: Investment, Search and Learning" in *"Handbook of the Economics of Education Vol.1"* edited by Hanushek, E. and F. Welch, North Holland Elsevier, Amsterdam

Saint-Paul,G (2000) *"Political Economy of Labor Market Institutions"* Oxford University Press, Oxford

Sala,H.,J.Silva and M .Toledo (2012) "Flexibility at the Margin and Labor Market Volatility in OECD Countries" Scandinavian Journal of EconomicsVol.114,No.3,pp.991-1017

Scholz,T.(2012) "Employers' Selection Behavior during Short-Time Work" IAB-Discussion Paper 18/2012

Scott,D., T.McMullen and J.Nolan(2005) "Taking Control of Your Counter-Offer Environment" World at Work Journal Vol. 14,NO.1 pp. 25-34.

Semykina,A. and J.Wooldridge(2010) "Estimating Panel Data Models in the Presence of Endogeneity and Selection" Journal of Econometrics,Vol.157,Issue 2,pp.375-380

Shapiro,C. and J.Stiglitz (1984) "Equilibrium Unemployment as a Worker Discipline Device" American Economic Review Vol.74,No.3,pp.433-444

Shimer, R.(2005a) "The Cyclical Behavior of Equilibrium Unemployment and Vacancies" American Economic Review, Vol. 95, No. 1, pp. 24-49

Shimer, R.(2005b) "The Cyclicality of Hires, Separations, and Job-to-Job Transitions" Federal Reserve Bank of St. Louis Review, Vol. 87, No. 4, pp. 493-508

Shimer,R.(2010) "Nobel Prize in Economics,2010:TheDiamond-Mortensen-Pissarides Contribution to Economics" IGM Forum ,University of Chicago, Booth School of Business

Slichter,S.(1950) "Notes on the Structure of Wages" The Review of Economics and Statistics Vol.32, No.1,pp.80-91

Smith,A.(2008) "Indirect Inference" in *"The New Palgrave Dictionary of Economics, 2nd edition"*, Palgrave Macmillan

Stevens,M.(2004) "Wage-Tenure Contracts in a Frictional Labour Market: Firms' Strategies for Recruitment and Retention" Review of Economic Studies Vol. 71 Issue2 pp. 535-551

Stigler,G.(1961) "The Economics of Information" Journal of Political Economy, Vol.69,No.3,pp. 213-225

Stigler,G.(1962) "Information in the Labor Market" Journal of Political Economy,Vol.70,No.5,pp. 94-105

Suárez Corujo, B (2013) "Crisis and Labour Market in Spain" Labour Law Research Network Inaugural Conference

Sunde,U.(2007)"Empirical Matching Functions: Searchers, Vacancies, and (Un-)biased Elasticities" Economica,vol.74,pp.537-560

Tachibanaki,T.(1996) *"Wage Determination and Distribution in Japan"* Clarendon Press, Oxford

Tachibanaki,T. and S.Ohta(1994) "Wage Differentials by Industry and the Size of Firm" in *"Labour Market and Economic Performance: Europe, Japan and the USA"* edited by Tachibanaki,T., ST.Martin's PressNew York

Tasci, M.(2007) "On-the-Job Search and Labor Market Reallocation" Working Paper No. 7-26, Federal Reserve Bank of Cleveland

The Royal Swedish Academy of Science(2010) "The Prize in Economics 2010"

Tobin, J.(1972) "Inflation and Unemployment" American Economic Review, vol. 62, No. 1, pp. 1-18.

Toharia,L. and M.Malo(2000) "The Spanish Experiment: Pros and Cons of Flexibility at the Margin" in *"Why Deregulate Labour Markets"* edited by Esping-Andersen, G. and M. Regini, Oxford University Press, Oxford, 邦訳「スペインの経験」(澤田幹訳),『労働市場の規制緩和を検証する』青木書店

Topel, R. (1991) "Specific Capital, Mobility, and Wages: Wages Rise with Job Seniority," Journal of Political Economy, vol. 99, No. l, pp. 145-76

Van Audenrode,M .(1994) "Short-Time Compensation, Job Security, and Employment Contracts: Evidence from Selected OECD Countries" Journal of Political Economy,Vol.102,No.1,pp.76-102 van den Berg,G.(1999) "Empirical Inference with Equilibrium Search Models of the Labor Market" Economic Journal Vol.109, issue456, F283-F306

Venn,D.(2009) "Legislation, Collective Bargaining and Enforcement: Updating the OECD Employment Protection Indicators" OECD Social,Employment and Migration Working PapersNo.89

Weiss,L.(1966) "Concentration and Labor Earnings" American Economic Review Vol.56,No.1/2,pp.96-117

Weitzman,M.(1984) "The Share Economy" Harvard University Press, Cambridge, 『シェア・エコノミー』林敏彦訳, 岩波書店

Wölfl,A. and S.Mora-Sanguinetti(2011) "Reforming the Labour Market in Spain" OECD Economics Department Working Papers No.845

Yamaguchi, S. (2010) "Job Search, Bargaining, and Wage Dynamics" Journal of Labor Economics" Vol. 28, No. 3, pp. 595-631

Yavas,A.(1994) "Middleman in Bilateral Search Model" Journal of Labor Economics,Vol.12,No.3, pp.406-429

Yashiv,E.(2000)"The Determinants of Equilibrium Unemployment" American Economic Review, Vol.90,No.5,pp.1297-1322

Yashiv,E.(2007)"Labor Search and Matching in Macroeconomics" European Economic Review, Vol. 51,pp.1859-1895

相澤直貴, 山田篤裕 (2008)「常用・非常用雇用間の移動分析：『就業構造基本調査』に基づく時点間比較分析」三田経済学会誌, Vol. 101, No. 2, pp. 235-265

相澤直貴, 山田篤裕 (2009)「転職に関する労働市場モデルの発展－景気循環, 賃金格差と Job to Job Transition の役割」清家篤, 駒村康平, 山田篤裕編著 『労働経済学の新展開』 所収, 慶應義塾大学出版会

青木昌彦 (2002)「制度の大転換推進を」日本経済新聞 1 月 4 日

浅沼萬里 (菊谷達弥編集) (1997) 『日本の企業組織 革新的適応のメカニズム』 東洋経済新報社

阿部正浩 (2005) 『日本経済の環境変化と労働市場』 東洋経済新報社

阿部正浩 (2017)「雇用調整助成金を申請する企業, しない企業」『雇用調整助成金の政策効果に関する研究』所収, 労働政策研究・研修機構

荒井勝彦(2013)『現代の労働経済学』梓出版社

有賀健, 郭秋薇 (2017)「雇用調整に与える雇用調整助成金の効果」『雇用調整助成金の政策効果に関する研究』所収, 労働政策研究・研修機構

石川経夫 (1991) 『所得と富』 岩波書店

井上信宏 (2000)「炭鉱離職者対策」高梨昌, 花見忠編 『事典・労働の世界』 所収, 日本労働研究機構

猪木武徳 (2001)「離転職と人材育成」『「転職」の経済学』 猪木武徳, 連合総合生活開発研究所編著所収, 東洋経済新報社

今井亮一 (2013)「労働移動支援政策の課題」日本労働研究雑誌, 641 号, pp.50-61

今井亮一 (2007)「転職と賃金交渉」今井亮一, 工藤教孝, 佐々木勝, 清水崇著 『サーチ理論』 所収, 東京大学出版会

今井亮一 (2007)「投資と訓練」今井亮一, 工藤教孝, 佐々木勝, 清水崇著 『サーチ理論』 所収, 東京大学出版会

今井亮一 (2010)「サーチ理論-取引相手を探す」日本経済新聞 『やさしい経済学』 2010 年 10 月 27, 28, 29 日, 11 月 1, 2, 3, 5, 8 日

上島康弘, 舟場拓司 (1993)「産業間賃金格差の決定因について」日本経済研究 No.24 pp.42-72

エルンスト (1987)「労働市場の柔軟性 (Ⅱ) －西ドイツ・日本の国際比較―」野村正實ノルベルト・アルトマン編 『西ドイツの技術革新と社会変動』 所収, 第一書林

エン・ジャパン (2017)「「カウンターオファー」調査」News Release No.2663, 4 月 27 日

太田清 (2010)「賃金格差－個人間, 企業規模間, 産業間格差」『労働市場と所得分配 (バブル デフレ期の日本経済と経済政策)』 樋口美雄編 慶應義塾大学出版会

太田聰一 (2002)「若年失業の再検討：その経済的背景」玄田有史, 中田喜文編 『リストラと転職のメカニズム』 所収 東洋経済新報社

大竹文雄 (1999)「高失業率時代における雇用政策」」日本労働研究雑誌, No.466, pp.14-26

大竹文雄 (2000)「転換期迎える雇用対策」エコノミックス 春号, pp.98-110

大竹文雄, 太田聰一 (2002)「デフレ下の雇用対策」日本経済研究 3 月, No.44, pp.22-45

大橋勇雄, 中村二朗 (2002)「転職のメカニズムとその効果」玄田有史, 中田喜文編 『リストラと転職のメカニズム－労働移動の経済学』 所収, 東洋経済新報社

岡本弥, 照山博司 (2010)「仕事の「満足度」と転職」瀬古美喜, 山本勲, 樋口美雄, 照山博司編集 『日本の家計行動のダイナミズムⅥ 経済危機下の家計行動の変容』 所収, 慶応義塾大学出版会

大村平 (2017) 『評価と数量化のはなし【改訂版】』 日科技連

奥井めぐみ (2000)「パネルデータによる男女別規模間賃金格差に関する実証分析」日本労働研究雑誌 No.485 pp.66-79

奥井めぐみ, 大竹文雄 (1997)「「職種格差」か「能力格差」か？」日本労働研究雑誌 No.449 pp.37-49

何芳 (2017)「雇用調整助成金の政策効果」『雇用調整助成金の政策効果に関する研究』 所収, 労働政策研究・研修機構

加瀬和俊 (2000)「失業対策の歴史的展開—日本における失業救済事業の経験から—」加瀬和俊, 田端博邦編 『失業問題の政治と経済』 所収, 日本経済評論社

小野旭(1989)『日本的雇用慣行と労働市場』東洋経済新報社

鎌倉哲史 (2017)「東日本大震災の被災事業所における雇用調整助成金の雇用維持効果」『雇用調整助成金の政策効果に関する研究』 所収, 労働政策研究・研修機構

川口大司(2011)「ミンサー型賃金関数の日本の労働市場への適用」『現代経済学の新潮流 2007』所収　阿部顕三、大垣昌夫、小川一夫、田淵隆俊編、東洋経済新報社

川口大司(2014)「日本の賃金体系⑪　年功カーブ、平坦化進む」日本経済新聞　2 月 5 日

川口大司, 神林龍, 金榮愨, 権赫旭, 清水谷諭, 深尾京司, 牧野達治, 横山泉 (2007)「年功賃金は生産性と乖離しているか－工業統計調査・賃金構造基本調査個票データによる実証分析－」経済研究 Vol.58,No.1 pp.61-90

神林龍 (2012)「労働市場制度とミスマッチ—雇用調整助成金を例に」日本労働研究雑誌, 626 号, pp.34-49

北村行伸(2000)「パネルデータ分析の上級編」比較統計システム論　第 6 講　一橋大学講義録

北村行伸(2005)『パネルデータ分析』岩波書店

木村匡子, 照山博司 (2013)「転職の誘因と転職による賃金変化－KHIS を用いた検証－」瀬古美喜, 照山博司, 山本勲, 樋口美雄編集 『日本の家計行動のダイナミズム Ⅸ 家計パネルデータからみた市場の質』所収, 慶応義塾大学出版会

玄田有史 (1996)「「資質」か「訓練」か？－規模間賃金格差の能力差説－」日本労働研究雑誌 No.430 pp.17-29

玄田有史 (2004)『ジョブクリエーション』日本経済新聞出版

玄田有史, 近藤絢子 (2003)「構造的失業とは何か」日本労働研究雑誌, No.516,pp.4-15

厚生労働省 (2001) 『労働経済白書』

厚生労働省 (2015) 「雇用形態別の推移と近年の特徴」労働市場分析レポート, 第 47 号

厚生労働省 (2021) 『労働経済白書』

小池和男(2005)『仕事の経済学』第 3 版　東洋経済新報社

児玉俊祥, 阿部正浩, 樋口美雄, 松浦寿幸, 砂田充 (2005)「入職経路はマッチング効率にどう影響するか」樋口美雄, 児玉俊祥, 阿部正浩編著 『労働市場設計の経済分析』 所収, 東洋経済新報社

小林徹(2021)「新型コロナウイルス流行下（2020 年 2〜9 月）の企業業績と雇用—「第 2 回新型コロナウイルス感染症が企業経営に及ぼす影響に関する調査」二次分析—」JILPT リサーチアイ 第 53 回

小林美希(2008) 『ルポ"正社員"の若者たち—就職氷河期世代を追う』 岩波書店

近藤絢子 (2010)「失職が再就職後の賃金にもたらす影響の経済分析－先行研究の展望と今後の課題」日本労働研究雑誌, No. 598, pp. 29-37

坂口尚文 (2004)「UV カーブにおける一考察」『構造的・摩擦的失業の増加に関する研究 中間報告』労働政策研究報告書, No.L-8 労働政策研究・研究機構

坂口尚文 (2008)「失業と欠員の関係 その理論的な側面について」『失業率の理論的分析に関する研究＿＿中間報告』 労働政策研究報告書, No.95 労働政策研究・研究機構

酒光一章(2021)「新型コロナ感染症拡大下における雇用調整助成金利用企業の特徴と助成金の効果―JILPT企業調査二次分析」JILPT リサーチアイ 第 58 回

佐々木勝 (2004)「年齢階級間ミスマッチによるＵＶ曲線のシフト変化と失業率」日本労働研究雑誌, No.524,pp.57-71

佐々木勝 (2007)「サーチ・モデルの特徴」今井亮一, 工藤教孝, 佐々木勝, 清水崇著 『サーチ理論』 所収, 東京大学出版会

篠塚英子 (1985a)「企業の雇用調整と政府の助成金の役割-雇用調整助成金の評価」『労働力需給構造の変化と雇用政策に関する研究』 雇用職業総合研究所, 統計研究会所収

篠塚英子 (1985b)「雇用調整と雇用調整助成金の役割」日本労働協会雑誌, 10 月 pp.2-18

篠塚英子 (1986)「雇用調整助成金のあり方をめぐって—論争あとしまつ記—」『労働力需給構造の変化と雇用政策に関する研究』 雇用職業総合研究所, 統計研究会所収篠塚英子 (1989)『日本の雇用調整』 東洋経済新報社

篠塚英子 (1999)「現在の雇用問題―流動化 vs 固定化―」日本銀行調査月報, 6 月, pp.1-10

清水崇 (2007)「価格・賃金掲示モデル」今井亮一, 工藤教孝, 佐々木勝, 清水崇著 『サーチ理論』 所収

田原孝明 (2017)「雇用調整助成金研究の経緯等と研究成果」『雇用調整助成金の政策効果に関する研究』所収, 労働政策研究・研修機構

中小企業庁 (2010) 『中小企業白書 (2010 年版)』

中馬宏之, 大橋勇雄, 中村二朗, 阿部正浩, 神林龍 (2002)「雇用調整助成金の政策効果について」日本労働研究雑誌, 510 号, pp.55-70

張俊超(2017)「雇用調整助成金およびその教育訓練費が雇用維持に与える効果」『雇用調整助成金の政策効果に関する研究』 所収, 労働政策研究・研修機構

内閣府 (2012a) 『経済財政白書 (平成 24 年度)』

内閣府 (2012b) 『日本経済 2012－2013』

内閣府 (2016) 『平成 28 年度 経済財政白書』

内閣府 (2021) 『日本経済 2020－2021』

中田 (黒田) 祥子 (2001)「解雇法制と労働市場」日本労働研究雑誌,No.491,pp.46-61

中村二朗 (2002)「転職支援システムとしての公的職業紹介機能」日本労働研究雑誌,No.506,pp.26-37

日本経済新聞(2022)「上がらぬ若年層の給与」6 月 28 日朝刊

萩原牧子, 照山博司(2017)「転職が賃金に与える短期的・長期的効果−転職年齢と転職理由に着目して」 Works Discussion Paper No. 16, リクルートワークス研究所

濱口桂一郎(2016)『日本の雇用紛争』労働政策研究・研修機構

原千秋,梶井厚志(2000)「経済学のための数学」京都大学経済研究所

樋口美雄(1991)『日本経済と就業行動』東洋経済新報社

樋口美雄 (2001) 『雇用と失業の経済学』 日本経済新聞社

平野耿(1970)「経験論」山崎正一, 市川浩編『現代哲学事典』講談社

降矢憲一 (2000)「ニコヨン」高梨昌, 花見忠編 『事典・労働の世界』 所収, 日本労働研究機構

水野朝夫 (1992) 『日本の失業行動』 中央大学出版会

みずほ総合研究所 (2009)「雇用調整助成金の失業抑制効果—助成金がなければ失業率は 6％台に—」みずほ日本経済インサイト

宮本弘暁 (2009)「労働市場のマクロ分析― サーチ理論とマクロ経済分析―」清家篤, 駒村康平, 山田篤裕編著 『労働経済学の新展開』 所収, 慶應義塾大学出版会

宮本弘暁(2018)『労働経済学』新世社

宮本弘暁, 加藤竜太 (2014)「財政政策が労働市場に与える影響について」フィナンシャル・レビュー, No.120,pp.45-67

森岡孝二 (2009)『貧困化するホワイトカラー』筑摩書房

安井健悟、佐野晋平(2009a)「教育が賃金にもたらす因果的な効果について－手法のサーヴェイと新たな推定」日本労働研究雑誌, No.558, pp.16-33.

安井健悟、佐野晋平(2009b)「日本における教育のリターンの推計」国民経済雑誌 Vol.200、No.5

山上俊彦 (1999)「出産・育児と女子就業との両立可能性について」季刊・社会保障研究 Summer Vol.35, No.1, pp.52-64

山上俊彦, 秋山寛暢 (2002)「あらたな雇用対策を求めて－海外事例と実証分析を踏まえた今後の雇用対策のあり方についての提言－」『2002・2003 年度改訂経済見通し』所収, 住友生命総合研究所

勇上和史 (2001)「転職時の技能評価－過去の実務経験と転職後の賃金－」猪木武徳, 連合総合生活開発研究所編著『「転職」の経済学─適職選択と人材育成』所収, 東洋経済新報社

労働新聞社 (2009)『雇用調整助成金・中小企業緊急雇用安定助成金制度の実務解説』労働新聞社

労働政策研究・研修機構 (2005)『雇用調整助成金受給事業所の経営と雇用』調査シリーズ No.10

労働政策研究・研修機構 (2009)『マッチング効率性についての実験的研究』JILPT 資料シリーズ No.40

労働政策研究・研修機構 (2007)『解雇規制と裁判』資料シリーズ N0.29

労働政策研究・研修機構 (2011)『雇用創出指標・雇用消失指標』資料シリーズ N0.95

労働政策研究・研修機構 (2012a)『雇用調整助成金による雇用維持機能の量的効果に関する一考察』資料シリーズ No.99

労働政策研究・研修機構 (2012b)『日本の雇用終了』JILPT 第 2 期プロジェクト研究シリーズ　No.4

労働政策研究・研修機構 (2013)『従業員の採用と退職に関する実態調査─労働契約をめぐる実態に関する調査（Ⅰ）』JILPT 国内情報 14-03

労働政策研究・研修機構 (2014)『雇用調整の実施と雇用調整助成金の活用に関する調査』調査シリーズ No.123

労働政策研究・研修機構 (2015)『労働局あっせん, 労働審判及び裁判上の和解における雇用紛争事案の比較分析』労働政策研究報告書 No.174

労働政策研究・研修機構 (2017)『雇用調整助成金の政策効果に関する研究』労働政策研究報告書 No.18

脇田茂(1994)『市場・企業・職場における日本的雇用慣行』三菱経済研究所

脇田茂(2003)『日本の労働経済システム』東洋経済新報

本書は以下の論文を修正・改定の上, 加筆したものである.

山上俊彦 (2011)「サーチ理論と均衡失業率－2010 年ノーベル経済学賞に寄せて－」日本福祉大学経済論集,No.43,pp.127-152

山上俊彦(2012)「サーチ理論と賃金格差」日本福祉大学経済論集 No.45 pp.93-119

山上俊彦(2014a)「サーチ理論と賃金構造(その 1：対抗提案の場合)」日本福祉大学経済論集 No.47・48, pp.45-70

山上俊彦(2014b)「サーチ理論と賃金構造(その 2：賃金・在職期間契約の場合)」日本福祉大学経済論集 No.49 pp.93-119

山上俊彦 (2015)「サーチ理論による雇用保護立法の評価 (その 1)」日本福祉大学経済論集 No.52, pp.97-126

山上俊彦 (2016b)「サーチ理論による雇用保護立法の評価 (その 2)」日本福祉大学 経済論集, vol.53, pp.39-69

山上俊彦 (2017)「サーチ理論による雇用調整助成金の評価」日本福祉大学経済論集, No.55, pp.1-32

山上俊彦 (2019)「サーチ理論と転職行動」日本福祉大学経済論集,No.59,pp.171-201

山上俊彦(2020a)「サーチ理論による労働市場政策の評価」日本福祉大学経済論集 No.61 pp.33-49

山上俊彦(2020b)「サーチ理論による転職を伴う労働市場政策の評価」日本福祉大学経済論集 No.61 pp.51-58

山上俊彦(2021)「サーチ理論による雇用調整助成金の失業回避効果」日本福祉大学経済論集 No.62 pp.1-12

山上俊彦(2023)「サーチ理論に基づく賃金格差の実証分析」日本福祉大学経済論集 2023 年 No.66 pp.53-74

人名索引

英文名

Abowd, J. 218, 220, 221, 253, 255, 313

Abraham, K. 125-127, 236, 238-241, 313

Acemoglu, D. 274, 313

Addison, J. 42, 44, 67, 313

Aghion, P. 25, 313

Akerlof, G. 175, 217, 313

Albrecht, J. 223, 313

Altonji, J. 238-241

Alvarez,F. 67, 313

Anderson, P. 108, 313

Andolfatto, D. 33, 34, 314

Andrés, J. 69, 314

Arpaia, A. 122, 126-128, 131, 137, 314

Ashenfelter, O. 117, 313, 314, 320, 321, 322

Auray, S. 48, 68, 80-83, 107, 314

Axell, B. 223, 313

Bagger, J. 279, 280, 281, 286, 314

Bak, T. 190, 191, 210, 314

Barlevy, G. 170, 175, 276, 277, 314

Becker, G. 13, 306, 313, 314

Ben Porath, Y. 275, 277, 314

Bertola, G. 42, 44, 45, 314

Bentolila, S. 42, 44, 55-57, 59, 61, 69, 94-96, 314

Beveridge, W. 15, 314, 317

Blanchard, O. 46, 47, 69, 70, 108, 314

Boeri, T. 41, 47, 56, 68, 69, 84, 127, 137-139, 160, 314, 315

Bontemps, C. 182, 232, 233, 315

Bowlus, A. 276, 315

Brown, C. 212, 215, 315

Bruecker, H. 127, 314

Bunzel,H. 274, 276, 285, 286, 288-290, 315, 321

Burda, M. 45, 315

Burdette, K. 259, 285

Burgess,S. 108, 168, 313, 315

Butters, G. 223, 315

Caballero, R. 169, 315

Carcillo, S. 122, 316

Cahuc, P. 4, 14, 17-19, 21, 26, 31-33, 47, 55, 56, 59-61, 65, 69, 100, 119, 122, 123, 127, 128, 134, 138, 146, 314-316

Calavrezo, O. 134, 139, 316

Calmfors, L. 99, 316

Card,D. 117, 313, 314, 321, 322

Carmichael, L. 236, 316

Carrillo-Tudela, C. 270-272, 274, 276, 278, 285, 287-292, 315, 316

Cebrián, I. 316

Christensen, B. 182, 183, 230, 232, 274, 286, 315, 316, 321

Coe, D, 31, 242, 316

Cole, H. 34, 36, 108, 231, 237, 244, 258-260, 265, 266, 274, 281, 286-292, 315, 316

Coles, M. 108, 231, 237, 244, 258-260, 265, 266, 274, 281, 286-292, 315, 316

Cossa, R. 235, 318

Costain,J. 35, 316

Creecy,R. 221, 313

Curci, N. 122, 314

Danthine, S. 48, 314

Davis, S. 17, 22, 203, 204, 210, 316

den Haan, W. 33, 316

Devine, T. 240, 316

Dey, M. 245, 316

Diamond, P. 3, 13, 14, 16, 17, 26, 42, 64, 100, 108, 167, 222, 227, 237, 259, 314, 316, 317, 323

Dickens, W. 212, 317

Dicks-Mireaux, L. 15, 317

Dolado, J. 55, 69, 70, 86, 87, 94, 96-98, 314, 317

Dow, C. 1, 15, 306, 316, 317

Duell, N. 99, 108, 115, 317

Duhautois, R. 134, 139, 316

Dustman, C. 238, 241, 242, 317

Eckstein, Z. 223, 317

Emerson, M. 42, 317

事項索引

著者略歴

山上　俊彦　【やまがみ　としひこ】

1957年生まれ
1981年　京都大学経済学部卒業
1988年　ウィスコンシン大学ミルウォーキー校大学院修士課程卒業，経済学修士
1993年~2004年　住友生命総合研究所
2005年～2022年　日本福祉大学経済学部教授
労働経済学、統計学専攻

主要論文
「高速道路の交通量と景気動向」高速道路と自動車 1991年 Vol.34 No.11
「大都市高齢サラリーマンOBの就業行動」日本労働研究雑誌 1996年 10月号 No.438
「高齢世帯の遺産動機と貯蓄行動」季刊家計経済研究 1997年 春号
「出産・育児と女子就業との両立可能性について」季刊・社会保障研究 1999年 Summer Vol.35 No.1
"Utilization of Labor Resources in Japan and the United States" Monthly Labor Review 2002 April
　　Vol.125 No.4
「日本の雇用調整と実質賃金の伸縮性」国民経済 2003年 No.166
その他, 日本福祉大学経済論集に多数寄稿

サーチ理論に基づく労働市場の研究 —失業と賃金格差の経済分析—

2023年12月14日　　初版発行

著　者　　山上　俊彦

発行所　　株式会社　三恵社
〒462-0056 愛知県名古屋市北区中丸町2-24-1
TEL 052(915)5211
FAX 052(915)5019
URL http://www.sankeisha.com